Die Einführung einer Verbandsklage im Antidiskriminierungsrecht

Europäische Hochschulschriften Recht

European University Studies in Law

Publications Universitaires Européennes de Droit

Band/Volume 6840

Hanna Elisabeth Lucassen

Die Einführung einer Verbandsklage im Antidiskriminierungsrecht

Unterbreitung eines Gestaltungsvorschlags unter Zugrundelegung bereits geregelter Verbandsklagen

PETER LANG
Berlin · Bruxelles · Chennai · Lausanne · New York · Oxford

Bibliografische Information der Deutschen Nationalbibliothek
Die Deutsche Nationalbibliothek verzeichnet diese Publikation in der Deutschen Nationalbibliografie; detaillierte bibliografische Daten sind im Internet über http://dnb.d-nb.de abrufbar.

Zugl.: Oldenburg, Univ., Diss., 2025

DE-715
ISSN (Print) 3052-8291
ISSN (eVersion) 3052-8305
ISBN 978-3-631-94040-2 (Print)
ISBN 978-3-631-94071-6 (ePDF)
ISBN 978-3-631-94072-3 (ePUB)
DOI 10.3726/b23048

Verlegt durch Peter Lang GmbH, Berlin (Deutschland)

info@peterlang.com

www.peterlang.com

Kontaktadresse nach EU-Produktsicherheitsverordnung: gpsr@peterlang.com

Inhaltsverzeichnis

Vorwort

Die vorliegende Arbeit wurde von der Fakultät für Informatik, Wirtschafts und Rechtswissenschaften der Carl von Ossietzky Universität Oldenburg im Wintersemester 2024/2025 als Dissertation angenommen. Die mündliche Prüfung fand am 23. April 2025 statt.

An dieser Stelle möchte ich all denen, die mich während der Erstellung meiner Dissertation begleitet und unterstützt haben, meinen herzlichen Dank aussprechen. Mein besonderer Dank gilt *Frau Prof. Dr. Christiane Brors*, die mir den Anstoß für diese Arbeit gab und mir stets mit Rat und Tat zur Seite stand. Außerdem möchte ich *Herrn Prof. Dr. Peter Rott* für die Anfertigung des Zweigutachtens und den wertvollen Austausch danken.

Schließlich möchte ich mich allen bedanken, die mich während meines Promotionsvorhabens stets liebevoll unterstützt haben. Mein größter Dank gilt meinen Eltern, die mich schon immer bedingungslos gefördert und ermutigt haben und auch dann an mich glaubten, wenn ich es selbst nicht tat. Ihnen ist diese Arbeit gewidmet.

Bremen, im Mai 2025 Hanna Elisabeth Lucassen

Abkürzungsverzeichnis

Hinsichtlich der verwendeten Abkürzungen wird auf Kirchner, Hildebert, Abkürzungsverzeichnis der Rechtssprache, 19. Auflage, Berlin 2021, verwiesen.

Einleitung

Dass Diskriminierung ein gesamtgesellschaftliches Problem und nicht lediglich ein Randphänomen ist, belegen unter anderem die Ergebnisse der Repräsentativbefragung der Studie „Diskriminierungserfahrungen in Deutschland"[1] aus dem Jahr 2017, die im Auftrag der Antidiskriminierungsstelle des Bundes angefertigt worden ist. So gaben 31,4 % der Befragten der bevölkerungsrepräsentativen Zufallsstichprobe an, in den vergangenen zwei Jahren in Deutschland anhand mindestens eines der im Antidiskriminierungsgesetz geschützten Merkmale Diskriminierung gegen die eigene Person erfahren zu haben.[2] Zudem hat sich seit dem Jahr 2019 die Zahl an Beratungsanfragen bei der Antidiskriminierungsstelle des Bundes mehr als verdoppelt.[3] Zurückgeführt wird dies im Jahresabschlussbericht der Antidiskriminierungsstelle des Bundes aus dem Jahr 2020 vor allem auf die Corona-Krise, in welcher beispielsweise Dienstleistungen mit dem Verweis auf die asiatische Herkunft gegenüber Personen verweigert wurden.[4] Der fortwährende Anstieg der Beratungsanfragen im Jahr 2022 ist allerdings nicht

---

1 *Beigang et al.*, Diskriminierungserfahrungen in Deutschland (2017).

2 *Beigang et al.*, Diskriminierungserfahrungen in Deutschland (2017), S. 94.

3 *Ataman*, Jahresbericht 2023, S. 35, abrufbar unter: https://www.antidiskriminierungsstelle.de/SharedDocs/downloads/DE/publikationen/Jahresberichte/2023.pdf?__blob=publicationFile&v=3 (zuletzt abgerufen am 25.09.2024).

4 Antidiskriminierungsstelle des Bundes, Jahresbericht 2020, S. 43–45, abrufbar unter: https://www.antidiskriminierungsstelle.de/SharedDocs/downloads/DE/publikationen/Jahresberichte/2020.pdf?__blob=publicationFile&v=6 (zuletzt abgerufen am 25.09.2024).

mehr auf die Corona-Krise zurückzuführen. Laut dem Abschlussbericht aus dem Jahr 2022 betraf der Anstieg des gesamten Beratungsaufkommens zum allergrößten Teil Diskriminierungserfahrungen unter Normalbedingungen und nicht im Ausnahmezustand.[5] Auch im Jahr 2023 setzte sich der Anstieg der Beratungszahlen fort: 2.000 Menschen mehr als im Jahr 2022 – insgesamt 10.772 Menschen – haben sich an die Antidiskriminierungsstelle des Bundes gewandt. Die Diskriminierungsbeauftragte *Ataman* sprach aufgrund des drastischen Anstiegs der Beratungsanfragen von einer ernsten Lage.[6]

Trotz tatsächlicher Diskriminierung klagen sehr wenige der Betroffenen ihre Ansprüche ein.[7] Das in § 23 Abs. 2 S. 1 AGG normierte Recht der Antidiskriminierungsverbände, als Beistand von Benachteiligten in der Verhandlung im gerichtlichen Verfahren aufzutreten, scheint nicht die benötigte Hilfestellung der benachteiligten Personen zu sein. Das zeigte bereits die Evaluierung des Antidiskriminierungsgesetzes aus dem Jahr 2016. Die Autorinnen und Autoren[8] der Studie stellten fest, dass der Blick in die diskriminierungsrechtliche Praxis Anlass zur Sorge um die tatsächliche Effektivität des Antidiskriminierungsgesetzes biete.[9] Die Gerichte kämen zu großen Teilen kaum mit dem Antidiskriminierungsgesetz in Berührung, was vor allem für das allgemeine Zivilrecht gelte.[10] Für das Antidiskriminierungsgesetz wird seit der Einführung des Gesetzes – und spätestens seit der Evaluierung des

---

5 *Ataman*, Jahresbericht 2022, S. 25–26, abrufbar unter: https://www.antidiskriminierungsstelle.de/SharedDocs/downloads/DE/publikationen/Jahresberichte/2022.pdf?__blob=publicationFile&v=9 (zuletzt abgerufen am 25.09.2024).

6 *Ataman*, Jahresbericht 2023, S. 1, Link unter Fn. 3.

7 So bereits *Berghahn/Klapp/Tischbirek*, Evaluation des AGG (2016), S. 160 f. und ausführlich unter § 1 B.

8 Im Sinne einer geschlechtergerechten Sprache werden in dieser Untersuchung sowohl weibliche und männliche Bezeichnungen (z. B. Autorinnen und Autoren) als auch neutrale Bezeichnungen (z. B. Personen, Betroffene) verwendet. Davon ausgenommen sind rechtstechnische Begriffe (z. B. Verbraucher gem. § 13 BGB) oder Formulierungen, die den Sprachfluss stören.

9 *Berghahn/Klapp/Tischbirek*, Evaluation des AGG (2016), S. 160 f.

10 *Berghahn/Klapp/Tischbirek*, Evaluation des AGG (2016), S. 161.

Antidiskriminierungsgesetzes im Jahr 2016[11] – eine Verbandsklagemöglichkeit als Sonderform des kollektiven Rechtsschutzes[12] gefordert.[13]

Diese Forderung wird in dieser Arbeit aufgegriffen. Wichtig ist voranzustellen, dass der Begriff ‚Verbandsklage' zunächst untechnisch benutzt wird. Auch der Begriff ‚Verband' wird zunächst weit verstanden, ohne dass mit ihm eine bestimmte Rechtsform einhergeht.[14] Vorerst wird der Begriff ‚Verbandsklage' benutzt, um ein eigenständiges[15] und allgemeines[16] Klagerecht eines Verbands – im Sinne eines Zusammenschlusses von (natürlichen oder juristischen) Personen zur Förderung gemeinsamer Interessen[17] – zu beschreiben. Im zweiten Kapitel in § 3 wird erläutert, welche verschiedenen Arten von Unterstützungsmöglichkeiten und Klagen unter dem Begriff ‚Verbandsklage' gefasst werden. Erst mit den Untersuchungsergebnissen dieser Arbeit kann der Begriff ‚Verbandsklage' im Hinblick auf das Antidiskriminierungsrecht im dritten Kapitel konkretisiert werden.

Die Einführung einer Verbandsklage zur Stärkung des Diskriminierungsschutzes in Deutschland wird auch von den Vertreterinnen und Vertretern der Antidiskriminierungsstelle des Bundes in ihren Jahresberichten, die seit dem Jahr 2018 veröffentlicht werden, gefordert.[18] Die ins Leben gerufene

---

11 *Berghahn/Klapp/Tischbirek*, Evaluation des AGG (2016).

12 Vgl. zur Bezeichnung in Begründung des RegE zum Gesetz zur Einführung einer zivilprozessualen Musterfeststellungsklage vom 04.06.2018, BT-Drs. 19/2439, 15 f.

13 Siehe *Berghahn/Klapp/Tischbirek*, Evaluation des AGG (2016), S. 8, 136–137, 160 f.; S. 73; *Beigang et al.*, Diskriminierungserfahrungen in Deutschland (2017), S. 275; *Antidiskriminierungsstelle des Bundes*, Vierter Gemeinsamer Bericht (2023), S. 102; *Herberger*, RdA 2022, 985; *Ponti/Tuchtfeld*, ZRP 2018, 139; *Raasch*, ZESAR 2005, 209 (210 ff.); *Kocher*, Gesetzentwurf (2002); *Pfarr/Kocher*, Kollektivverfahren im Arbeitsrecht (1998), S. 236 f.; *Kocher*, ZRP 2017, 112 (114); *Braunroth*, VuR 2018, 455 (460); *Vianden*, ESGZ 2024, 22 (23); *Groteclaes*, GVRZ 2024, 8; *Bayreuther*, NZA 2008, 986 (989).

14 Siehe zur allgemeinen Definition Weber Rechtswörterbuch/*Lohse* (2024), Verbände.

15 Vgl. *v. Roetteken* (2024), AGG § 23 Rn. 55, der den Begriff für das Klagerecht gem. § 3 UKlaG nutzt.

16 Diese Bezeichnung verwendend *Herberger*, RdA 2022, 220 (223).

17 Weber Rechtswörterbuch/*Lohse* (2024), Verbände.

18 Siehe Jahresberichte der Antidiskriminierungsstelle des Bundes seit dem Jahr 2018, Übersicht der Jahresberichte inklusive weiterführende Links in: Antidiskriminierungsstelle des Bundes, Publikationsübersicht (2024), S. 24 f., abrufbar unter: https://www.antidiskriminierungsstelle.de/DE/was-wir-machen/publikationen/publikationen-node.html (zuletzt abgerufen am 25.09.2024).

„Fokusgruppe Anwält*innen“ verlautbarte im Rahmen der Studie „Möglichkeiten der Rechtsdurchsetzung des Diskriminierungsschutzes und Beendigung zivilrechtlicher Schuldverhältnisse“ aus dem Jahr 2021 ebenfalls, dass sie in vielen Fällen eine Verbandsklage präferieren würde.[19] Auch in der von dem Bündnis „AGG Reform-Jetzt!“ veröffentlichten gemeinsamen Stellungnahme von 100 Organisationen zur Stärkung des rechtlichen Diskriminierungsschutzes im Jahr 2023 wird unter Ziffer 2 die Einführung einer Verbandsklage gefordert.[20] Ebenfalls im Jahr 2023 legte die unabhängige Bundesbeauftragte für Antidiskriminierung ein Grundlagenpapier zur Reform des Antidiskriminierungsgesetzes vor, mit der Aufforderung in Ziffer 17, ein Verbandsklagerecht in das Antidiskriminierungsgesetz einzuführen.[21] Die Forderung eines Verbandsklagerechts wird zudem im Rahmen der Debatte um die Entgeltgleichheit von Frauen und Männer verlautbart.[22]

Das Deutsche Institut für Menschenrechte empfahl dem Bundesgesetzgeber erst in jüngster Vergangenheit das Verbandsklagerecht im Allgemeinen Gleichbehandlungsgesetz einzuführen: Mittels einer Verbandsklage könnten Verbände Rechtsverstöße – etwa gegen das Diskriminierungsverbot – unabhängig von eigener Betroffenheit geltend machen.[23]

Auf europäischer Ebene forderte der Beratende Ausschuss des Europarates im Jahr 2022 die Lücken im Antidiskriminierungsrecht des Bundes und der Länder zu schließen und insbesondere die Möglichkeit zu prüfen, eine Verbandsklage zuzulassen.[24] Der Beratende Ausschuss ist der Ansicht, dass die Möglichkeit für die Antidiskriminierungsstellen und die Verbände,

---

19 *Beigang et al.*, Möglichkeiten der Rechtsdurchsetzung des Diskriminierungsschutzes (2021), S. 123 mit Zitat von Susette Jörk der Fokusgruppe 1 (Anwält*innen) vom 09.09.2019: „Also wenn ich es mir aussuchen könnte, würde ich eine Verbandsklage in vielen Fällen präferieren.“

20 Vgl. *Groteclaes*, GVRZ 2024, 8 Rn. 77; *Bündnis AGG-Reform-Jetzt!*, Mehr Fortschritt wagen heißt auch mehr Antidiskriminierung wagen! (2023), abrufbar unter: https://agg-reform.jetzt/wp-content/uploads/2023/08/2023-08-08_Stellungnahme_Buendnis.pdf (zuletzt abgerufen am 25.09.2024).

21 Vgl. *Groteclaes*, GVRZ 2024, 8 Rn. 77; *Ataman*, Grundlagenpapier (2023), S. 11.

22 Vgl. hierzu *Dörenbach*, Verfassungsblog, 28.02.2023 und *Groteclaes*, GVRZ 2024, 8 Rn. 77.

23 Unterrichtung Deutsches Institut für Menschenrechte, BT-Drs. 20/9650, 19.

24 *Advisory Committee on the Framework Convention for the Protection of National Minorities*, Fünfte Stellungnahme zu Deutschland (2022), S. 15 Rn. 65.

Diskriminierungsopfer vor Gericht zu vertreten und Gerichtsverfahren einzuleiten, wichtig ist, um den Zugang zum Recht insbesondere für schutzbedürftige Gruppen wie Angehörige nationaler Minderheiten zu erleichtern.[25] Laut der Unterrichtung der Bundesregierung im Dezember 2023 werde dies in erster Linie aus Sicht des materiellen Fachrechts unter Berücksichtigung der entsprechenden europarechtlichen Vorgaben zu beurteilen sein.[26] Auf internationaler Ebene adressierte das Komitee der ,Convention on the Elimination of All Forms of Discrimination against Women' (CEDAW) in ihren Bemerkungen zu dem von Deutschland vorlegten Bericht vom 31.05.2023 über die ergriffenen Maßnahmen zur Umsetzung der Konvention, dass das Antidiskriminierungsgesetz entsprechend den Empfehlungen der Antidiskriminierungsstelle reformiert werden sollte, was ebenfalls ein Verbandsklagerecht umfasse.[27] Die Einführung eines Verbandsklagerechts forderte bereits das Komitee des ,International Covenant on Civil and Political Rights' im November 2021 in seinen abschließenden Bemerkungen.[28]

Die angeführten Vorteile einer Verbandsklage sind umfangreich und vielseitig. Vor allem wird sie als Mittel zur Beseitigung struktureller und mittelbarer Diskriminierung betrachtet,[29] bei denen ein Diskriminierungsopfer oft nicht identifizierbar ist und ein handlungsfähiger Rechtsträger fehlt.[30] Bei Diskriminierung handle es sich häufig um kollektive Sachverhalte, die nur mittels eines kollektiven Rechtsbehelfs hinreichend beurteilt werden können.[31] Mit einem Verbandsklagerecht bestünde die Möglichkeit, unabhängig von der individuellen Betroffenheit Einzelner, einen Verstoß gegen

---

25 *Advisory Committee on the Framework Convention for the Protection of National Minorities*, Fünfte Stellungnahme zu Deutschland (2022), S. 14 Rn. 59.

26 Unterrichtung durch die Bundesregierung (Vorabfassung), BT-Drs. 20/9865, 31.

27 CEDAW, Concluding observations on the ninth periodic report of Germany, CEDAW/C/DEU/CO/9, S. 4 Rn. 14; *Nebe/Schmieder*, ZESAR 2024, 265 (267).

28 CCPR, Concluding Observations on 7th periodic report of, CCPR/C/DEU/CO/7, S. 3, *Nebe/Schmieder*, ZESAR 2024, 265 (266).

29 *Groteclaes*, GVRZ 2024, 8 Rn. 138 und 163; *Herberger*, RdA 220 (226 f.); *Dern*, FoR 4/2005, 120 (124); *Raasch*, ZESAR 2005, 209 (210); *Kocher*, Gesetzesentwurf (2002), S. 18; vgl. zum LADG Däubler/Beck/*Klose* (2022), Anhang 2, Rn. 140.

30 *Egidy*, ZUM 2023, 725 (729); *Kocher*, ZRP 2017, 112 (114).

31 *Herberger*, RdA 220 (227); *Kocher*, Gesetzesentwurf (2002), S. 18; *Pfarr/Kocher*, Kollektivverfahren im Arbeitsrecht (1998), S. 24.

das Diskriminierungsverbot gerichtlich feststellen zu lassen.[32] Die sich daraus ergebene Möglichkeit, einen Verstoß gegen das Antidiskriminierungsgesetz bereits im Vorfeld einer Diskriminierung oder ohne ein identifizierbares Diskriminierungsopfer zu sanktionieren, habe ein „spürbares und breitenwirksames Sanktionspotential"[33] und damit eine starke Präventivwirkung.[34] Dies entspricht auch den europarechtlichen Anforderungen, auf welche im zweiten Kapitel § 4 unter Abschnitt A. genauer eingegangen wird. Darüber hinaus könne die Verbandsklage ermöglichen, die Verstöße gegen die Vorschriften des Antidiskriminierungsgesetzes auch in den Fällen gerichtlich zu verfolgen, in denen der Zugang zum Recht für den Einzelnen erschwert ist.[35]

In der jüngeren Vergangenheit wird die Einführung einer Verbandsklage insbesondere in Anbetracht der wachsenden Diskriminierungsrisiken durch Verwendung von Algorithmen und künstlicher Intelligenz gefordert.[36] Hier besteht in der Regel kein Einzelfallbezug, weshalb eine subjektive Rechtsdurchsetzung wenig effektiv ist.[37] Es ist für das Individuum oftmals schwer, eine mittelbare und strukturelle Diskriminierung durch Algorithmen und künstliche Intelligenz zu erkennen.[38] Noch schwieriger ist es für den Einzelnen, eine

---

32 *Berghahn/Klapp/Tischbirek*, Evaluation des AGG (2016), S. 161; *Kocher*, ZRP 2017, 112 (114); *Braunroth*, VuR 2018, 455 (460); *Ponti/Tuchtfeld*, ZRP 2018, 139 (141); *Braunroth*, Repräsentative Kollektivklagen (2021), S. 293–298; *Herberger*, RdA 2022, 220 (226); *Egidy*, ZUM 2023, 725 (729); Begründung zu § 9 der Senatsvorlage zum LADG vom Abgeordnetenhaus Berlin (LADG-E), Drs. 18/1996, 33.

33 *Braunroth*, Repräsentative Kollektivklagen (2021), S. 296.

34 Vgl. Begründung zu § 9 LADG-E, Drs. 18/1996, 33; Däubler/Beck/*Klose* (2022), Anhang 2 LADG, Rn. 140; vgl. dazu EuGH, Urt. v. 10.07.2008 – C54/07 – AP Nr. 1 zur Richtlinie 2000/43/EG – NZA 2008, 929.

35 *Egidy*, ZUM 2023, 725 (729); *Herberger*, RdA 2022, 220 (226); *Groteclaes*, GVRZ 2024, 8 Rn. 163; *Kocher*, ZRP 2017, 112 (114); Antrag von Abgeordneten vom 04.11.2015, BT-Drs. 18/6550, 6.

36 *Herberger*, RdA 2022, 220 (228); *Spieker gen. Döhmann/Towfigh*, Automatisch benachteiligt (2023), 85–87; *Lauscher/Legner*, ZfDR 2022, 367 (388 f.); *Duygu, Dagmar*, Chancen und Risiken von Künstlicher Intelligenz und Algorithmen aus Antidiskriminierungsrechtlicher Perspektive (2021), S. 41–42; *Sombetzki, Pia*, Gesetzlicher Schutz vor Grundrechtsverletzungen in Europa und Deutschland: Mängel beim AI Act, Potenziale beim AGG, 22.12.2022, abrufbar unter: https://algorithmwatch.org/de/schutz-vor-grundrechtsverletzungen-ai-act-agg/ (zuletzt abgerufen am 25.09.24).

37 *Herberger*, RdA 2022, 220 (228); Däubler/Beck/*Beck* (2022), AGG § 23 Rn. 1.

38 *Herberger*, RdA 2022, 220 (228).

solche Diskriminierung nachzuweisen, weil die Entscheidungsfindung von Algorithmen intransparent ist.[39] Auf die neuen Herausforderungen hinsichtlich künstlicher Intelligenz und das damit erhöhte Diskriminierungspotenzial wird im zweiten Kapitel in § 4 unter Ziffer B. I. 2. eingegangen.

Ein Tätigwerden ist auch angesichts der neuen Form der Diskriminierung – der digitalen Gewalt – erforderlich. Digitale Gewalt ist die gewaltsame Fortsetzung von Diskriminierung im digitalen Raum und „[bezweckt oder jedenfalls bewirkt] die Verletzung und den Ausschluss von Personen durch sexistische, rassistische, homo oder transphobe sowie sonstige menschenverachtende Hassrede [...]".[40] Neben der Verletzung der Rechte der Adressaten der Hassrede, kann digitale Gewalt die Demokratie bedrohen, weil die öffentliche digitale Meinungsäußerung unterdrückt und erschwert wird.[41]

Für eine eigenständige Klagemöglichkeit von Verbänden im Antidiskriminierungsrecht spricht letztlich, dass es nicht die Aufgabe eines Einzelnen sein kann, strukturelle Diskriminierung, die gesamtgesellschaftlich unerwünscht ist,[42] mittels einer individuellen Klage aufzudecken und somit zu unterbinden.[43] Schließlich wird mit dem Antidiskriminierungsgesetz auch das Allgemeininteresse an einem wirksamen Diskriminierungsschutz durchgesetzt.[44] So stellt *Lüttringhaus* zutreffend heraus, dass das Antidiskriminierungsgesetz neben den individuellen Rechtsgütern gleichzeitig einfachgesetzlich die objektiven Wertentscheidungen des Art. 3 GG sowie menschenrechtliche Verbürgungen in völkerrechtlichen Abkommen schützt.[45] Die besondere Bedeutung der von dem Antidiskriminierungsgesetz geschützten Belange für die Allgemeinheit – und nicht nur für Individuen – wird durch die vom

---

39 *Martini*, JZ 2017, 1017 (1018); *Orwat*, Diskriminierungsrisiken durch Verwendung von Algorithmen (2020), S. 108.

40 *Lembke*, Kollektive Rechtsmobilisierung gegen digitale Gewalt (2017), S. 4.

41 *Lembke*, Kollektive Rechtsmobilisierung gegen digitale Gewalt (2017), S. 4.

42 *Herberger*, RdA 2022, 220 (226).

43 *Herberger*, RdA 2022, 220 (226); *Ponti/Tuchtfeld*, ZRP 2018, 139.

44 *Braunroth*, Repräsentative Kollektivklagen (2021), S. 297 und 335. *Lüttringhaus*, Grenzüberschreitender Diskriminierungsschutz (2010), S. 230; vgl. *Ponti/Tuchtfeld*, ZRP 2018, 139 (139, 141).

45 *Lüttringhaus*, Grenzüberschreitender Diskriminierungsschutz (2010), S. 230 mit Verweis auf den Entwurf der Bundesregierung für ein Gesetzes zur Umsetzung europäischer Richtlinien zur Verwirklichung des Grundsatzes der Gleichbehandlung vom 08.06.2006 (RegE AGG), BT-Drs. 16/1780, 1.

Bund eingerichtete Behörde in Gestalt der ‚Antidiskriminierungsstelle des Bundes' verdeutlicht.[46] Die Einhaltung der Diskriminierungsverbote im Antidiskriminierungsgesetz muss aufgrund dieser besonderen Bedeutung so wirksam wie möglich sichergestellt werden. Diskriminierung sollte als „gesamtgesellschaftliches"[47] und nicht als individuelles Problem betrachtet werden.[48]

Neben einem eigenständigen Verbandsklagerecht werden auch bessere Unterstützungsmöglichkeiten für Betroffene durch Verbände gefordert. Häufig wird die Möglichkeit der Prozessstandschaft von Verbänden genannt.[49] Mit dieser könnten die Hindernisse der individuellen Rechtsdurchsetzung wie „rationales Desinteresse"[50] oder das Zurückschrecken vor Prozesskosten oder Sanktionierungen[51] überwunden werden. Auch die Einführung einer Prozessstandschaft für Verbände wird in dieser Arbeit untersucht.

Einleitend wird im ersten Kapitel der Arbeit kurz dargestellt, welche individuellen sowie kollektiven Rechtsschutzmöglichkeiten den von Diskriminierung persönlich Betroffenen derzeit zur Verfügung stehen und erörtert, womit die Vollzugsdefizite des Antidiskriminierungsrechts zu begründen sind. Aufgrund der festgestellten Unzulänglichkeiten dieser Rechtsbehelfe wird im zweiten Kapitel untersucht, ob ein Verbandsklagerecht die Vollzugsdefizite unter Berücksichtigung der europarechtlichen Vorgaben ausgleichen kann. Dafür wird der Begriff „Verbandsklage" zunächst erläutert und definiert. Im Anschluss werden die europarechtlichen Vorgaben zur Prozessrolle der Verbände zum Schutz vor Diskriminierung sowie die Zielbestimmungen untersucht, die ein Verbandsklagerecht im deutschen Antidiskriminierungsrecht erfüllen sollte. Darauf aufbauend wird die Wirksamkeit

---

46 *Lüttringhaus*, Grenzüberschreitender Diskriminierungsschutz (2010), S. 230.

47 *Ponti/Tuchtfeld*, ZRP 2018, 139.

48 Antrag von Abgeordneten vom 04.11.2015, BT-Drs. 18/6550, 6; *Ponti/Tuchtfeld*, ZRP 2018, 139.

49 *Hayen*, AuR 2007, 6 (11); *Berghahn/Klapp/Tischbirek*, Evaluation des AGG (2016), S. 161; *Beigang et al.*, Diskriminierungserfahrungen in Deutschland (2017), S. 275; *Herberger*, RdA 2022, 220 (228); *Ataman*, Grundlagenpapier (2023), S. 11; *Spieker gen. Döhmann/Towfigh*, Automatisch benachteiligt (2023), S. 87 f.; *Groteclaes*, GVRZ 2024, 8 Rn. 163; vgl. *v. Roetteken* (2024), AGG § 23 Rn. 17; nur für die Einführung einer gesetzlichen Prozessstandschaft *Scholten*, Diskriminierungsschutz im Privatrecht? (2004), S. 236.

50 *Braunroth*, Repräsentative Kollektivklagen (2021), S. 73.

51 S.o. § 1 B.

verschiedener Verbandsklagen in der deutschen Rechtsordnung betrachtet. Es wird geprüft, wie effektiv diese Klagerechte die festgelegten Ziele umsetzen, um festzustellen, ob sie als Vorbild für das Antidiskriminierungsrecht geeignet sind. Basierend auf den Ergebnissen sowie den Regelungsstrukturen und Norminhalten bestehender Verbandsklagerechte wird im dritten Kapitel ein konkreter Vorschlag zur Gestaltung eines eigenständigen und einzelfallbezogenen Verbandsklagerechts im Antidiskriminierungsrecht unterbreitet.

Damit greift die Arbeit einen bereits seit längerem bestehenden, jedoch nicht weiter ausgearbeiteten Ansatz zur Einführung kollektiver Rechtsmittel im Antidiskriminierungsgesetz auf. Eine rechtsgebietsübergreifende Untersuchung ausgewählter Verbandsklagen in der deutschen Rechtsordnung im Hinblick auf deren Vorbildfunktion für die Regelung von Verbandsklagerechten im Antidiskriminierungsrecht sowie ein darauf basierender Vorschlag zur Ausgestaltung entsprechender gesetzlicher Ermächtigungen liegen bislang nicht vor. Bislang wurden die Möglichkeiten der Gestaltung und Ausgestaltung einer Verbandsklage im Antidiskriminierungsrecht nur vereinzelt und lediglich knapp in den Blick genommen,[52] ohne dass dafür rechtsgebietsübergreifend die Verbandsklagebefugnisse der deutschen Rechtsordnung untersucht wurden. Die Untersuchung der Zielbestimmungen der Verbandsklagebefugnisse im zweiten Kapitel der Arbeit, die sich aus dem Vollzugsdefizit des jeweiligen Gesetzes ergeben, und die Beurteilung, wie und ob die Verbandsklagebefugnisse die Zielbestimmungen umsetzen, ermöglichen einen über oberflächliche Forderungen eines Verbandsklagerechts hinausgehenden Gestaltungsvorschlag von Klagebefugnissen eines Verbands, der sowohl das System der deutschen Rechtsordnung im Hinblick auf kollektive Rechtsmittel als auch die praktischen Herausforderungen berücksichtigt.

52 U. a. *Raasch*, ZESAR 2005, 290; *Kocher*, ZEuP 2004, 260; *Bayreuther*, NZA 2008, 986 (989); *Berghahn/Klapp/Tischbirek*, Evaluation des AGG (2016), S. 8, 27, 161; *Ponti/Tuchtfeld*, ZRP 2018, 139; *Herberger*, RdA 2022, 220; *Groteclaes*, GVRZ 2024, 8 Rn. 131 ff.

Defizite in der Durchsetzung des Antidiskriminierungsrechts

Das im Jahr 2006 eingeführte Antidiskriminierungsgesetz, das vier europäische Richtlinien umsetzt,[53] soll der Diskriminierung im Privaten in Deutschland entgegentreten.[54] Es hat zum das Ziel, die Gleichheit der Menschen vor dem Gesetz zu sicherzustellen und sie vor Diskriminierung zu schützen.[55] Es geht um die Umsetzung grundlegender Werte wie Schutz vor Rassismus, Gleichheit der Geschlechter, Gleichbehandlung in der Gesellschaft und Schutz der Würde des Menschen.[56]

Die verschiedenen Anspruchsmöglichkeiten des Gesetzes für die von Diskriminierung betroffenen Personen sind unterteilt in „Schutz der Beschäftigten vor Benachteiligung" (Zweiter Abschnitt, §§ 6 ff. AGG) und „Schutz vor Benachteiligung im Zivilrechtsverkehr" (Dritter Abschnitt, §§ 19–21 AGG). Im vierten Abschnitt des Antidiskriminierungsgesetzes befinden sich die Regelungen zum Rechtsschutz. Der Gesetzgeber sieht für das Antidiskriminierungsrecht grundsätzlich den Individualrechtsschutz vor (vgl. § 15 AGG und § 21 AGG),[57] welcher – bis auf besondere Fristenregelungen und Sonderregeln zur Beweislast – nach den Vorgaben des Arbeitsgerichtsgesetzes

---

53 RL 2000/43/EG des Rats vom 29.06.2000 (ABl. EG L 180, 22), RL 2000/78/EG des Rats vom 27.11.2000 (ABl. EG L 303, 16), RL 2002/73/EG des Rats vom 23.09.2002 (ABl. EG L 269, 15) sowie RL 2004/113/EG vom 13.12.2004 (ABl. EG L 373, 37).

54 RegE AGG, BT-Drs. 16/1780, 23.

55 RegE AGG, BT-Drs. 16/1780, 1.

56 RegE AGG, BT-Drs. 16/1780, 16; BeckOK BGB/*Horcher* (2024), AGG § 1 Rn. 1.

57 *Herberger*, RdA 2022, 220 (221); *Beigang et al.*, Möglichkeiten der Rechtsdurchsetzung des Diskriminierungsschutzes (2021), S. 95.

und der Zivilprozessordnung erfolgt.[58] In bestimmten Fällen kommen aber auch kollektive Rechtsschutzmöglichkeiten in Betracht. Die individuellen sowie kollektiven Rechtsbehelfe werden im Folgenden kurz vorgestellt und anschließend ausgewertet, um die Gründe für das Vollzugsdefizit des Antidiskriminierungsgesetzes nachvollziehen zu können.

§ 1 Schwächen der individuellen Rechtsbehelfe

A. Individuelle Rechtsbehelfe des Antidiskriminierungsgesetzes

Individuelle Rechtsdurchsetzung meint, dass die Betroffenen die Verletzung des eigenen Rechts selbst geltend machen.[59]

I. Arbeitsrechtlicher Entschädigungs und Schadensersatzanspruch

Arbeitnehmer, die entgegen §§ 7 Abs. 1, Abs. 3 AGG von ihrem Arbeitgeber benachteiligt worden sind, können im Falle des Vertretenmüssens des Arbeitgebers gemäß § 15 Abs. 1 AGG Schadensersatz gegen diesen geltend machen. Sollte der Schaden kein Vermögensschaden sein, kann der Arbeitnehmer gemäß § 15 Abs. 2 AGG eine angemessene Entschädigung in Geld verlangen. Die Ansprüche müssen in der Regel gemäß § 15 Abs. 4 AGG innerhalb einer Frist von zwei Monaten geltend gemacht werden.

Voraussetzung für die Haftung des Arbeitgebers nach § 15 Abs. 1 AGG ist ein nicht nach §§ 5, 8, 9 oder 10 AGG gerechtfertigter Verstoß gegen das Benachteiligungsverbot des § 7 Abs. 1 AGG, durch den dem benachteiligten Beschäftigten ein Vermögensschaden entstanden ist.[60] Hingegen genügt für den Anspruch nach § 15 Abs. 2 AGG ein Verstoß gegen das Benachteiligungsverbot.[61] Der Kläger muss den Vollbeweis führen, dass er von einer anderen Person ungünstig behandelt worden ist.[62] Er trägt zudem die Beweislast für

---

[58] Vgl. *Beigang et al., Möglichkeiten der Rechtsdurchsetzung des Diskriminierungsschutzes* (2021), S. 94.

[59] *Beigang et al.*, Möglichkeiten der Rechtsdurchsetzung des Diskriminierungsschutzes (2021), S. 94.

[60] Erman BGB/*Riesenhuber* (2023), AGG § 15 Rn. 4.

[61] Erman BGB/*Riesenhuber* (2023), AGG § 15 Rn. 12 f.

[62] Begründung zu § 22 RegE AGG, BT-Drucks. 16/1780, 47; Erman BGB/*Armbrüster* (2023), AGG § 22 Rn. 1; *Wackerbarth*, ZIP 2007, 453 (456).

die haftungsausfüllende Kausalität.[63] Die Beweiserleichterung[64] nach § 22 AGG greift lediglich hinsichtlich der Kausalität zwischen der Benachteiligung und einem Merkmal nach § 1 AGG.[65] Nach § 22 AGG genügt es, wenn der Kläger ein Indiz beweist, die seine Benachteiligung wegen eines verbotenen Merkmals als überwiegend wahrscheinlich erscheinen lässt.[66] Das Verschulden des Arbeitgebers im Rahmen des § 15 Abs. 1 AGG wird wie nach § 280 Abs. 1 BGB das Verschulden des Arbeitgebers vermutet.[67] Der Arbeitgeber trägt die Beweislast für das fehlende Vertretenmüssen.[68] Der Entschädigungsanspruch nach § 15 Abs. 2 AGG ist hingegen verschuldensunabhängig.[69]

II. Zivilrechtlicher Beseitigungs, Unterlassungs und Schadensersatzanspruch

Gemäß § 21 Abs. 1 AGG können alle Menschen bei einem Verstoß gegen das zivilrechtliche Benachteiligungsverbot i.S.d. § 19 Abs. 1 AGG – wonach bei der Begründung, Durchführung und Beendigung zivilrechtlicher Schuldverhältnisse Diskriminierung untersagt ist – die Beseitigung der Beeinträchtigung verlangen und im Falle der Wiederholungsgefahr, die Unterlassung einklagen. Zudem können Benachteiligte einen Anspruch auf Schadensersatz beziehungsweise Entschädigung gemäß § 21 Abs. 2 AGG geltend machen. Ob als allgemeine zivilrechtliche Rechtsfolge ein Kontrahierungszwang resultieren

63 Erman BGB/*Riesenhuber* (2023), AGG § 15 Rn. 7.

64 *Thüsing* spricht von einer „Beweislasterleichterung" in MünchKomm-BGB (2021), AGG § 22 Rn. 20 und *Armbrüster* von einer „Beweismaßerleichterung mit Gegenbeweis" in Erman BGB (2023), AGG § 22 Rn. 2 spricht.

65 Begründung zu § 23 des Abgeordneten-Entwurfs des ADG, BT-Drs. 15/4538, 45; Begründung zu § 22 RegE AGG, BT-Drucks. 16/1780, 47; MünchKomm-BGB/*Thüsing* (2021), AGG § 22 Rn. 6.

66 BAG, Urt. v. 26.01.2017 – 8 AZR 736/15; Erman BGB/*Armbrüster* (2023), AGG § 22 Rn. 1.

67 Erman BGB/*Riesenhuber* (2023), AGG § 15 Rn. 7.

68 BGH, Urt. v. 23.04.2012 – II ZR 163/10 – NJW 2012, 2346 (2350); Erman BGB/*Riesenhuber* (2023), AGG § 15 Rn. 7.

69 Begründung zu § 15 RegE AGG, BT-Drs 16/1780, 38; BAG, Urt. v. 22.01.2009 – 8 AZR 906/07 – NZA 2009, 945; Erman BGB/*Riesenhuber* (2023), AGG § 15 Rn. 12.

kann, wenn ein versagter Vertrag ohne diskriminierendes Verhalten geschlossen worden wäre, ist strittig.[70]

Voraussetzung ist, dass die §§ 19 ff. AGG anwendbar sind, eine Benachteiligung gemäß § 19 Abs. 1 oder Abs. 2 vorliegt und diese nicht gemäß den §§ 5, 19 Abs. 3 und § 20 gerechtfertigt ist.[71] Den Benachteiligten kommt ebenfalls die Beweiserleichterung nach § 22 AGG hinsichtlich der Kausalität zwischen der Benachteiligung und einem Merkmal nach § 1 AGG zugute. Für den Unterlassungsanspruch nach § 21 Abs. 1 S. 2 AGG muss eine hinreichende Wiederholungsgefahr beziehungsweise eine Erstbegehungsgefahr einer Verletzung des zivilrechtlichen Benachteiligungsverbots vorliegen.[72] Der Beseitigungs und Unterlassungsanspruch nach § 21 Abs. 1 AGG besteht verschuldensunabhängig bereits beim objektiven Verstoß gegen das zivilrechtliche Benachteiligungsverbot.[73] Für den Schadensersatzanspruch nach § 21 Abs. 2 S. 1 AGG sind eine Verletzung des Benachteiligungsverbotes und ein Vertretenmüssen des Benachteiligenden erforderlich.[74] Die Ansprüche müssen gemäß § 21 Abs. 5 AGG in der Regel innerhalb einer Frist von zwei Monaten geltend gemacht werden.

B. Wirksamkeit der individuellen antidiskriminierungsrechtlichen Rechtsbehelfe

Die individuelle Rechtsdurchsetzung der Rechte aus dem Antidiskriminierungsgesetz wird unterschiedlich, aber vorwiegend kritisch bewertet. Zwar sei es vorteilhaft, dass die Betroffenen ihre Rechte eigenmächtig durchsetzen können und nicht auf die Rechtsdurchsetzung anderer angewiesen sind.[75] Den Betroffenen werde mit den Ansprüchen, die auf Unterlassung, Beseitigung oder Schadensersatz gerichtet sind, die Möglichkeit geboten, ihre Opferrolle

---

[70] Siehe zum Ganzen und letztlich ablehnend Erman BGB/*Armbrüster* (2023), § 21 AGG Rn. 15 ff.

[71] MünchKomm-BGB/*Thüsing* (2021), AGG § 21 Rn. 7.

[72] MünchKomm-BGB/*Thüsing* (2021), AGG § 21 Rn. 31.

[73] MünchKomm-BGB/*Thüsing* (2021), AGG § 21 Rn. 7, 31; Erman BGB/*Armbrüster* (2023), AGG § 21 Rn. 2, 6; jurisPK-BGB/*Overkamp* (2023), AGG § 21 Rn. 2; Däubler/Beck/*Deinert* (2022), AGG § 21 Rn. 26; *Bauer/Krieger/Günther* (2018), AGG § 21 Rn. 3.

[74] MünchKomm-BGB/*Thüsing* (2021), AGG § 21 Rn. 37.

[75] *Schiek*, Differenzierte Gerechtigkeit (2000), S. 413.

zu verlassen.[76] Kritisiert wird jedoch, dass dies gleichzeitig zur Folge hat, dass die Betroffenen den Prozess und in der Regel damit einhergehend die nötigen Beweise führen müssen, was diese oftmals vor besondere Herausforderungen stellt.[77] Außerdem könnten mit der Individualklage nicht die Interessen verfolgt werden, die über die direkt involvierten Parteien hinausgehen, obwohl das Antidiskriminierungsrecht gerade auch die kollektiven Partikularinteressen schützt[78] und das gesamtgesellschaftliche Rechtsverfolgungsinteresse von den individuellen Verfolgungsinteressen abweichen kann.[79]

Die eher negative Bewertung der Effektivität der individuellen Rechtsbehelfe durch die Vertreterinnen und Vertreter der Literatur wird durch die Ergebnisse der Studie „Diskriminierungserfahrungen in Deutschland" aus dem Jahr 2017 weitestgehend bestätigt. Wie bereits in der Einleitung dargelegt, wird von den individuellen Rechtsschutzmöglichkeiten wird nur wenig Gebrauch gemacht. Die wenigsten, die eine Diskriminierung erfahren haben, erheben Klage.[80] Die Betroffenenbefragung im Rahmen der Studie „Diskriminierungserfahrungen in Deutschland" aus dem Jahr 2017 ergab, dass nur 6,2 % der befragten Personen, die in den letzten 24 Monaten Diskriminierung erlebt haben, eine Klage erhoben haben.[81] Demgegenüber hat das Forschungskonsortium zur Untersuchung des „Rückgangs der Eingangszahlen bei den Zivilgerichten" festgestellt, dass 27,7 % der Befragten, die einen Konflikt hatten, [82] ihren bedeutsamsten Konflikt mit einem gerichtlichen Urteil gelöst haben.[83] Dabei ist zu berücksichtigen, dass sowohl nach Konflikten gefragt wurde, in denen die Personen selbst Ansprüche gegen eine andere Person oder ein Unternehmen geltend machen wollten als auch solche Konflikte, bei

---

76 *Schiek*, Differenzierte Gerechtigkeit (2000), S. 413.

77 *Beigang et al.*, Möglichkeiten der Rechtsdurchsetzung des Diskriminierungsschutzes (2021), S. 52.

78 *Schiek*, Differenzierte Gerechtigkeit (2000), S. 419, 421.

79 *Ponti/Tuchtfeld*, ZRP 2018, 139.

80 Siehe Einleitung.

81 *Beigang et al.*, Diskriminierungserfahrungen in Deutschland (2017), S. 269 f.

82 Dabei sollten nur Probleme und Konflikte berücksichtigt werden, die einen Wert von 25 € übersteigen und die zum Zeitpunkt der Befragung bereits abgeschlossen sind. Ob die Person selbst einen Anspruch geltend machen wollte oder sich verteidigen musste, spielte hingegen keine Rolle.

83 *Meller-Hannich/Höland/Nöhre*, Erforschung der Ursachen des Rückgangs der Eingangszahlen bei den Zivilgerichten (2023), S. 104.

dem die Befragten eine Forderung oder einen Anspruch erfüllen sollten.[84] Die meisten Befragten (insgesamt 72,4 %) berichteten jedoch von einem Konflikt, bei dem die Personen selbst Ansprüche gegen eine andere Person oder ein Unternehmen geltend machen wollten.[85] Die Untersuchung lässt daher den Schluss zu, dass Personen, die Ansprüche gegen andere Personen oder Unternehmen geltend machen, einen Konflikt grundsätzlich häufiger durch eine gerichtliche Entscheidung lösen als Personen, die Ansprüche aufgrund einer erlittenen Diskriminierung geltend machen.

Die Gründe, warum von Diskriminierung betroffene Personen nur selten ihre Rechte geltend machen, liegen in der fehlenden Wahrnehmung von Diskriminierung, in dem erschwerten Zugang zum Recht und sowie in der fehlenden Effektivität der Rechtsfolgen.[86]

I. Wahrnehmung von Diskriminierung und Zugang zum Recht

Ein Problem ist, dass Diskriminierung häufig nicht als eine solche erkannt wird. Eine Studie, die im Auftrag der Antidiskriminierungsstelle des Bundes im Jahr 2021 angefertigt worden ist, hat dargelegt, dass es vieler Voraussetzungen bedarf, eine Diskriminierung überhaupt wahrzunehmen.[87] So müsse zunächst ein Grundverdacht der Möglichkeit einer Diskriminierung vorliegen, welcher nur dann erwachsen kann, wenn ein Bewusstsein über die unterschiedliche Behandlung und Machtposition von verschiedenen Bevölkerungsgruppen vorhanden ist. Diskriminierung müsse als Konzept im Deutungsmuster der Menschen als etwas verwurzelt sein, was sie betreffen kann. Außerdem müsse festgestellt werden, dass man selbst schlechter behandelt wurde als andere. Das setze wiederrum voraus, dass ein Wissen darüber vorliegt, wie andere behandelt werden, was selten der Fall sei. Zuletzt sei notwendig, dass die Benachteiligung von der betroffenen Person auch als illegitim eingeschätzt wird. Die Einstufung einer Fehlbehandlung als Diskriminierung geschehe jedoch äußert selten. Als Gründe werden bereits seit

84 *Meller-Hannich/Höland/Nöhre*, Erforschung der Ursachen des Rückgangs der Eingangszahlen bei den Zivilgerichten (2023), S. 96.

85 *Meller-Hannich/Höland/Nöhre*, Erforschung der Ursachen des Rückgangs der Eingangszahlen bei den Zivilgerichten (2023), S. 96.

86 So auch *Schiek*, Differenzierte Gerechtigkeit (2000), S. 413 ff.

87 *Beigang et al.*, Möglichkeiten der Rechtsdurchsetzung des Diskriminierungsschutzes (2021), S. 47 f.

längerem institutionelle Begründungen des diskriminierenden Verhaltens, eine fehlende Intention des Diskriminierenden, ein geringer eigener Schaden oder das Gefühl der eigenen Schuld angeführt.[88] Insgesamt lägen die Voraussetzungen der Wahrnehmung einer Diskriminierung laut der Studie oft nicht vor, sodass diese in vielen Fällen gar nicht erkannt wird.[89]

Selbst wenn die Diskriminierung erkannt wird, setzen sich die wenigsten Betroffenen gegen den Verursacher der Diskriminierung und für ihre Rechte ein. Hindernisse der Rechtsdurchsetzung liegen schon im Zugang zum Recht.[90] Die Autorinnen und Autoren der Studie *Möglichkeiten der Rechtsdurchsetzung des Diskriminierungsschutzes bei der Begründung, Durchführung und Beendigung zivilrechtlicher Schuldverhältnisse* aus dem Jahr 2021 sehen die Scheu beim Zugang zum gerichtlichen Rechtsschutz auch in der Diskriminierungserfahrung selbst begründet, da die Erfahrung der sozialen Ausgrenzung sich negativ auf das Selbstwertgefühl der Betroffenen auswirke.[91] Das erschwere, sich selbst Kenntnisse zum Antidiskriminierungsrecht anzueignen.[92] Hierfür bedürfe es besonderer Durchsetzungsfähigkeit und Resilienz.[93] Das hat zur Folge, dass 30,8 % der Betroffenen nach einer erfahrenen Diskriminierung nicht wissen, was sie tun sollen.[94] Verstärkt werde das Gefühl der Hilfslosigkeit der Betroffenen laut den Autorinnen und Autoren der Studie dadurch, dass sich nur wenige Anwälte auf das Gleichbehandlungsrecht spezialisiert haben und somit ein professioneller Rechtsrat schwer zugänglich ist.[95]

---

88 So bereits *Beigang et al.*, Diskriminierungserfahrungen in Deutschland (2017), S. 33, 66;

89 *Beigang et al.*, Möglichkeiten der Rechtsdurchsetzung des Diskriminierungsschutzes (2021), S. 47 f.

90 *Schiek*, Differenzierte Gerechtigkeit (2000), S. 414.

91 *Beigang et al.*, Möglichkeiten der Rechtsdurchsetzung des Diskriminierungsschutzes (2021), S. 53.

92 *Beigang et al.*, Möglichkeiten der Rechtsdurchsetzung des Diskriminierungsschutzes (2021), S. 53; siehe auch *Ponti/Tuchtfeld*, ZRP 2018, 139 (139); *Raasch*, ZESAR 2005, 209 (210); *Schiek*, Differenzierte Gerechtigkeit (2000), S. 422.

93 *Beigang et al.*, Möglichkeiten der Rechtsdurchsetzung des Diskriminierungsschutzes (2021), S. 53.

94 *Beigang et al.*, Diskriminierungserfahrungen in Deutschland (2017), S. 273 f.

95 *Beigang et al.*, Möglichkeiten der Rechtsdurchsetzung des Diskriminierungsschutzes (2021), S. 52.

Die psychologische Hürde der Betroffenen drücke sich zudem in einem „Gefühl der Unterlegenheit“ aus.[96] Insbesondere im Arbeitsrecht werde die psychologische Hürde durch das Machtgefälle zwischen Arbeitgeber und Arbeitnehmer verstärkt.[97] Der Arbeitnehmer will häufig aus Angst vor negativen Konsequenzen, wie zum Beispiel einer Kündigung, Mobbing oder weiterer Diskriminierung,[98] nicht mit dem Arbeitgeber in Konflikt geraten wollen.[99] So befürchteten 29,2 % der Befragten im Rahmen der Studie „Diskriminierungserfahrung in Deutschland“ aus dem Jahr 2017 bei einer Beschwerde Nachteile zu erleiden.[100] Das führt unter anderem dazu, dass während des Arbeitsverhältnisses nur die wenigsten Arbeitnehmer aufgrund einer Benachteiligung Klage erheben.[101] Die Mehrzahl der Arbeitnehmer entscheidet sich dafür, erst nach Ende des Arbeitsverhältnisses gegen den Arbeitgeber gerichtlich vorzugehen.[102] Außerdem gaben 23,6 % der Betroffenen an, aufgrund der Annahme, dass sich die Situation mit dem Verursacher nicht wiederholen würde, nicht auf die Diskriminierung reagiert zu haben.[103] Diese Gründe, die Betroffene davon abhalten, sich gegen eine Benachteiligung zur Wehr zu setzen, verdeutlichen, dass die Entscheidung, gegen Diskriminierung vorzugehen, stark von persönlichen Umständen und Empfindungen abhängt.[104] Laut der Studie aus dem Jahr 2021 erhöht dies die Hürden für einen effektiven und präventiv wirkenden Diskriminierungsschutz erheblich.[105]

---

96 *Schiek*, Differenzierte Gerechtigkeit (2000), S. 422.

97 *Nielebock*, in: FS Preis (2021), S. 914; *Kocher*, ZPR 2017, 112 (114); *Ponti/Tuchtfeld*, ZPR 2018, 139 (139); *Herberger*, RdA 2022, 220 (220).

98 *Beigang et al.*, Diskriminierungserfahrungen in Deutschland (2017), S. 185, 245, 273; *Kocher*, ZEuP 2004, 260 (270); *Hayen*, AuR 2007, 6 (11); *Höland*, in: FS Bepler (2012), 221 (238); *Nielebock*, in: FS Preis (2021), 913 (914); *Herberger*, RdA 2022, 220.

99 *Nielebock*, in: FS Preis (2021), S. 914; *Höland* AuR 2010, 452 (453 f.) mit Forschungsergebnissen und Statistiken.

100 *Beigang et al.*, Diskriminierungserfahrungen in Deutschland (2017), S. 273–275.

101 *Nielebock*, in: FS Preis (2021), S. 914; *Höland*, AuR 2010, 452 (455).

102 *Nielebock*, in: FS Preis (2021), S. 914; *Höland*, AuR 2010, 452 (455).

103 *Beigang et al.*, Diskriminierungserfahrungen in Deutschland (2017), S. 273–275.

104 *Beigang et al.*, Möglichkeiten der Rechtsdurchsetzung des Diskriminierungsschutzes (2021), S. 48.

105 *Beigang et al.*, Möglichkeiten der Rechtsdurchsetzung des Diskriminierungsschutzes (2021), S. 48.

Zu diesen psychologischen Hürden tritt die Beweislast der Betroffenen. Es bliebe trotz der Beweiserleichterung nach § 22 AGG für die meisten Betroffenen schwierig, die Beweiserleichterung zu nutzen, wenn Ausgrenzung und Diskriminierung nicht in Worte gefasst werden können und der Vergleich zu anderen Dienstleistungsnehmern wegen Unbekanntheit nicht hergestellt werden kann.[106] Beispielsweise sei bei einer negativ beschiedenen Bewerbung auf eine Wohnung der abgelehnten Person regelmäßig nicht möglich nachzuvollziehen, welche Kriterien die Auswahlentscheidung des Vermieters motiviert hat – nicht zuletzt, weil die Mitbewerber auf die Wohnung oft nicht bekannt seien.[107] So liefe auch hier die Beweiserleichterung ins Leere.

Auch Zeit oder Geldmangel sind Gründe für eine sehr zögerliche Geltendmachung der eigenen Rechte gegen den Verursacher der Diskriminierung. Dies gaben laut der Studie aus dem Jahr 2017 11 % der Betroffenen an.[108] Die Autorinnen und Autoren der Studie aus dem Jahr 2021 weisen auf Verteilung des Prozesskostenrisikos im Zivilprozess als Hürde der Rechtsdurchsetzung hin: Akzeptiert das Gericht die Indizien einer Ungleichbehandlung nicht oder schätzt das Gericht die Ungleichbehandlung als gerechtfertigt ein, muss der Kläger die gesamten Kosten tragen.[109] Ob der Betroffene im Fall des Obsiegens einen Anspruch auf Ersatz der Kosten für vorgerichtliche anwaltliche Vertretung geltend machen kann, wird danach entschieden, ob der anwaltliche Beistand erforderlich und zweckmäßig war, was sich wiederum danach bestimmt, wie komplex der Sachverhalt war und welche Kenntnisse und Fähigkeiten die gegnerische Partei hat.[110] Nur durch eine entsprechende Rechtsschutzversicherung könne die Kostenlast abgefangen werden, über welche – was zutrifft[111] – allerdings die wenigsten Betroffenen

---

[106] *Beigang et al.*, Möglichkeiten der Rechtsdurchsetzung des Diskriminierungsschutzes (2021), S. 53.

[107] *Beigang et al.*, Möglichkeiten der Rechtsdurchsetzung des Diskriminierungsschutzes (2021), S. 53.

[108] *Beigang et al.*, Diskriminierungserfahrungen in Deutschland (2017), S. 274.

[109] *Beigang et al.*, Möglichkeiten der Rechtsdurchsetzung des Diskriminierungsschutzes (2021), S. 54.

[110] *Beigang et al.*, Möglichkeiten der Rechtsdurchsetzung des Diskriminierungsschutzes (2021), S. 97 mit Verweis auf st. Rspr. BGH, Urt. v. 17.09.2015 – IX ZR 280/14 – NJW 2015, 3793 Rn. 8; *Hunecke*, NJW 2015, 3745 (3737).

[111] *Beigang et al.*, Möglichkeiten der Rechtsdurchsetzung des Diskriminierungsschutzes (2021), S. 54; die Versicherungsdichte bezüglich einer Rechtsschutzversicherung lag

verfügen würden.[112] Und selbst wenn Prozesskostenhilfe gewährt werden sollte, sei die Möglichkeit, dass diese zu einem späteren Zeitpunkt vom Gericht zurückgefordert werden kann und der Fakt, dass im Unterliegensfall trotzdem die Kosten der Gegenseite von der klagenden Partei nach § 92 Abs. 2 ZPO übernommen werden müssen, ein Hindernis für die Bereitschaft der Erhebung einer Klage.[113]

Die individuelle Rechtsdurchsetzung könne laut der Studie aus dem Jahr 2021 auch an der zweimonatigen Frist des § 21 Abs. 5 AGG scheitern.[114] Das Antidiskriminierungsgesetz lasse mit dieser Frist nicht zu, dass Betroffene auch mehrere Monate oder Jahre nach dem Vorfall eine gerichtliche Klärung erwirken können.[115]

Häufig fehlt zudem die notwendige individuelle Betroffenheit für entsprechende materielle Ansprüche.[116] Das wird unter anderem im Bereich digitaler Gewalt deutlich. Bei einer digitalen Volksverhetzung gegen eine Personengruppe ist es beispielsweise selten möglich, die Betroffenen klar zu identifizieren.[117]

II. Effektivität

Auch die geringe Effektivität der Individualklage führt dazu, dass die einzelnen Betroffenen ihre Rechte nur zögerlich gerichtlich durchsetzen.[118]

---

laut dem Statistischen Bundesamt im Jahr 2018 bei nur 46,3 Prozent: *Statistisches Bundesamt*, Fachserie 15, Heft 1, Wirtschaftsrechnungen, , S. 33, abrufbar unter: https://www.destatis.de/DE/Themen/Gesellschaft-Umwelt/Einkommen-Konsum-Lebensbedingungen/Ausstattung-Gebrauchsgueter/Publikationen/Downloads-Ausstattung/evs-ausstattung-privater-haushalte-2152601189004.pdf?__blob=publicationFile (zuletzt abgerufen am …).

112 *Beigang et al.*, Möglichkeiten der Rechtsdurchsetzung des Diskriminierungsschutzes (2021), S. 54.

113 *Beigang et al.*, Möglichkeiten der Rechtsdurchsetzung des Diskriminierungsschutzes (2021), S. 54.

114 *Beigang et al.*, Möglichkeiten der Rechtsdurchsetzung des Diskriminierungsschutzes (2021), S. 106.

115 *Beigang et al.*, Möglichkeiten der Rechtsdurchsetzung des Diskriminierungsschutzes (2021), S. 106.

116 *Egidy*, ZUM 2023, 725 (726).

117 Vgl. BGH, Urt. v. 14.06.2022 – VI ZR 172/20 – ZUM 2022, 717; *Egidy*, ZUM 2023, 725 (726).

118 *Schiek*, Differenzierte Gerechtigkeit (2000), S. 413 f.

So gaben 10,2 % der Betroffenen in der Studie aus dem Jahr 2017 an, dass die juristischen Schritte zu aufwendig erschienen.[119] Insbesondere bei Bagatellschäden fällt die Kosten-Nutzen-Abwägung oft zu Lasten einer Klageerhebung aus.[120] Bei Bagatellschäden stünden Aufwand und Kostenrisiko für eine Klage gegen eine Diskriminierung völlig außer Verhältnis zum erlittenen Schaden und eine effektive Bekämpfung dieser Diskriminierung im Wege der Individualklage sei unrealistisch.[121]

Problematisch ist zudem, dass ein Urteil im Individualverfahren nur inter partes wirkt, sich die Rechtskraft der Gerichtsentscheidung also auf die beteiligten Parteien beschränkt und keine „Breitenwirkung auf vergleichbare Fälle“[122] erzeugt.[123] Hier wirkt die „subjektive Grenze der Rechtskraft“[124], obwohl bei den meisten Diskriminierungsfällen mehrere Personen betroffen sind.[125] Die begrenzte Wirkung der Gerichtsentscheidung widerspricht auch dem Willen vieler Betroffenen, die mit ihrer Klage bewirken wollen, dass eine diskriminierende Praxis insgesamt abgestellt wird.[126] Möglicherweise hat die subjektive Grenze der Rechtskraft sogar zu Folge, dass sich die Diskriminierung ökonomisch lohnt.[127]

Dass der Individualrechtsschutz bei gruppenbezogenen Benachteiligungen häufig unzureichend ist, wird auch am Beispiel einer sachlich nicht gerechtfertigten Zutrittsverweigerung einer bestimmten Personengruppe

---

119 *Beigang et al.*, Diskriminierungserfahrungen in Deutschland (2017), S. 274.

120 *Ponti/Tuchtfeld*, ZRP 2018, 139; *Höland*, in FS Bepler (2012), S. 239; *Schiek*, Differenzierte Gerechtigkeit (2000), S. 421; *Beigang et al.*, Möglichkeiten der Rechtsdurchsetzung des Diskriminierungsschutzes (2021), S. 105.

121 *Ponti/Tuchtfeld*, ZRP 2018, 139.

122 *Raasch*, ZESAR 2005, 209 (210).

123 *Raasch*, ZESAR 2005, 209 (210).

124 *Herberger*, RdA 2022, 220 (221); *Raasch*, ZESAR 2005, 209 (210).

125 *Herberger*, RdA 2022, 220 (221); *Pfarr/Kocher*, Kollektivverfahren im Arbeitsrecht (1998), S. 24.

126 *Beigang et al.*, Möglichkeiten der Rechtsdurchsetzung des Diskriminierungsschutzes (2021), S. 105 mit Verweis auf die Aussage von Susette Jörk (Fokusgruppe 1 [Anwält*innen] vom 09.09.2019): „Die meisten wollen, dass sich was ändert. Die wollen [das Ergebnis, Erg. d. Autors] nicht nur für sich, sondern formulieren auch ganz klar das Anliegen, wenn mir das jetzt schon passiert ist, muss sich [da] was ändern.“; *Herberger*, RdA 2022, 220 (221). *Schiek*, Differenzierte Gerechtigkeit (2000), S. 414.

127 *Pfarr/Kocher*, Kollektivverfahren im Arbeitsrecht (1998), S. 25; *Herberger*, RdA 2022, 220 (221).

deutlich: Hier können die Betroffenen lediglich als Individuen die unzulässige Diskriminierung i.S.d. § 19 AGG gemäß § 21 Abs. 1, Abs. 2 AGG bezogen auf ihre Person adressieren, obwohl die Diskriminierung eine viel größere Auswirkung hat.[128] Nur ein überindividueller Rechtsschutz kann die gruppenbezogene Benachteiligungsverbote des Antidiskriminierungsgesetzes – insbesondere das in §§ 1, 19 AGG – durchsetzen.[129]

Der häufige Verzicht auf eine Klageerhebung habe wiederum zur Folge, dass keine „Schatten des Rechts" erzeugt werden, welche sich auf das reale Verhalten auswirken würden.[130] Das Sanktionspotenzial des Prozesses sei – wie *Schiek* zutreffend feststellt – ein entscheidender Faktor für die Effektivität zivilrechtlichen Diskriminierungsschutzes.[131] Je realistischer der Arbeitgeber – beziehungsweise der Unternehmer – mit einem Gerichtsverfahren bei rechtswidrigem Verhalten rechnen muss, desto eher unterlasse er Rechtsverletzungen in Form von Diskriminierung.[132]

Das Sanktionspotenzial wird von über der Hälfte der Betroffenen jedoch als gering erachtet. So haben in der Betroffenenbefragung 58,3 % der Betroffenen angegeben, das Gefühl zu haben, dass eine Reaktion auf die Diskriminierung nichts bringen würde.[133] Setzen sich Betroffene von digitaler Gewalt[134] beispielsweise gegen diese zu Wehr, erleben sie sogar häufig negative Erfahrungen.[135] Oft intensiviere sich die Gewalt und dehne sich auf die nichtvirtuelle Welt aus.[136] Zudem werde Diskriminierung in Form der digitalen Hassrede oftmals als harmlos oder persönliches Problem abgetan.[137] Zudem sei die Erkenntnis, dass durch eine antidiskriminierungsrechtliche Klage in der Regel nur eine Entschädigung in Geld erlangt wird und ein

---

128 Vgl. *Braunroth*, Repräsentative Kollektivklagen (2021), S. 295 f.

129 *Braunroth*, Repräsentative Kollektivklagen (2021), S. 295; vgl. *Rädler*, Verfahrensmodelle (1999), S. 50; *Röttgen*, Zivilrechtliche Schutz vor Diskriminierung (2004), S. 217; *Schiek*, Differenzierte Gerechtigkeit (2000), S. 427 f.

130 *Schiek*, Differenzierte Gerechtigkeit (2000), S. 414.

131 *Schiek*, Differenzierte Gerechtigkeit (2000), S. 414; ähnlich auch *Meller-Hannich*, in: EU-Sammelklage (2013), S. 46 ff.

132 *Schiek*, Differenzierte Gerechtigkeit (2000), S. 414.

133 *Beigang et al.*, Diskriminierungserfahrungen in Deutschland (2017), S. 274.

134 Definition siehe Einleitung.

135 *Lembke*, Kollektive Rechtsmobilisierung gegen digitale Gewalt (2017), S. 5.

136 *Lembke*, Kollektive Rechtsmobilisierung gegen digitale Gewalt (2017), S. 5.

137 *Lembke*, Kollektive Rechtsmobilisierung gegen digitale Gewalt (2017), S. 5.

Unterlassungsanspruch gegebenenfalls durch weitere gerichtliche Verfahren durchgesetzt werden muss, der Grund dafür, dass in der Klage kein Nutzen gesehen wird, denn der schnelle Erhalt zum Beispiel der Dienstleistung oder Ware kann nicht herbeigeführt werden.[138] Erschwerend seien die geringen gerichtlich zugesprochenen Schadenssummen bei Ansprüchen auf immateriellen Schadensersatz.[139] Im Bereich der Entgeltgleichheit müssen Frauen zudem in Kauf nehmen, über eine längere Zeit ein Verfahren führen zu müssen.[140] So dauerten die ersten drei Verfahren zur Entgeltgleichheit von Frauen mit abschließenden Entscheidungen des Bundesarbeitsgerichts mehrere Jahre.[141] Das vermindert ebenfalls Effektivität und somit die Attraktivität der Klage.[142] Die Attraktivität der individuellen Rechtsdurchsetzung werde zudem dadurch geschmälert, dass häufig kein Anspruch auf die begehrte Leistung besteht, zum Beispiel wenn die Betroffenen einen Mietvertrag schließen möchten, dies aber nicht mehr möglich ist, weil die Wohnung schon anderweitig vermietet worden ist (§ 275 Abs. 1 BGB).[143]

III. Zwischenfazit

Die individuellen Ansprüche des Antidiskriminierungsgesetzes werden unzureichend durchgesetzt. Die Ursachen der geringen Anzahl an Individualklagen nach dem Antidiskriminierungsgesetz liegen in der Wahrnehmung der Diskriminierung, den Hürden beim Zugang zum Recht und in dem ungenügenden Sanktionspotenzial eines Prozesses bei Rechtsverletzungen durch Diskriminierung. Das Hindernis in der Rechtsdurchsetzung liegt grundlegend bereits darin, dass die objektiv von der Diskriminierung betroffenen Personen, sich auch subjektiv diskriminiert fühlen müssen. Unter

---

138 *Beigang et al.*, Möglichkeiten der Rechtsdurchsetzung des Diskriminierungsschutzes (2021), S. 53.

139 *Beigang et al.*, Diskriminierungserfahrungen in Deutschland (2017), S. 270–272; *Beigang et al.*, Möglichkeiten der Rechtsdurchsetzung des Diskriminierungsschutzes (2021), S. 54 mit quantitativer Erhebung von AGG-Urteilen im Anhang 1.

140 *Röhner*, ZRP 2023, 145 (146).

141 BAG, Urt. v. 25.06.2020 – 8 AZR 145/19 – AP Nr. 1 zu § 10 EntgTranspG; BAG, Urt. v. 21.01.2021 – 8 AZR 488/19 – AP Nr. 1 zu § 3 EntgTranspG – NZA 2021, 1011 Rn. 16 ff.; *Röhner*, ZRP 2023, 145 (146).

142 Vgl. *Röhner*, ZRP 2023, 145 (146).

143 *Beigang et al.*, Möglichkeiten der Rechtsdurchsetzung des Diskriminierungsschutzes (2021), S. 105; vgl. BeckOK BGB/*Wendtland* (2024), AGG § 21 Rn. 20.

anderem die fehlende Kenntnis über die Besserbehandlung von Mitgliedern einer Vergleichsgruppe und die unterbleibende Einstufung einer Fehlbehandlung als Diskriminierung führen häufig dazu, dass für die Betroffenen die Diskriminierung unerkannt bleibt. Selbst wenn die Diskriminierung als solche erkannt wird, führen weitere Hindernisse in vielen Fällen dazu, dass Betroffene von der gerichtlichen Durchsetzung ihrer Rechte absehen. Oft geht mit der Diskriminierung ein Gefühl der Unterlegenheit und Hilflosigkeit einher, welches die Betroffenen letztlich daran hindert, tätig zu werden. Zeit und Geldmangel sowie Zurückschrecken vor der Belastung mit einem Gerichtsprozess mit der entsprechenden Darlegung und Beweislast stellen weitere Hürden zur Klageerhebung dar. Zum Teil fehlt es an der notwendigen Betroffenheit für einen gerichtlich durchsetzbaren Individualanspruch.

Auch die geringe Effektivität der Klage führt dazu, dass sich nur wenige Betroffene durchringen, gerichtlich tätig zu werden. Die Kosten-Nutzen-Abwägung fällt insbesondere in Massenverhältnissen mit Bagatellschäden für den Einzelnen zulasten der Klagerhebung aus. Problematisch ist weiterhin, dass das Antidiskriminierungsrecht gruppenbezogenen Benachteiligungsverbote vorsieht, insbesondere in §§ 1, 19 AGG, welche nicht – beziehungsweise im arbeitsrechtlichen Bereich unzureichend – mit korrespondierenden überindividuellen Rechtsmitteln sanktioniert werden können. Die aufgrund der subjektiven Begrenztheit fehlende Breitenwirkung der Urteile im Individualverfahren entspricht zudem oftmals nicht dem Interesse der Betroffenen. Die Anspruchsziele wie Schadensersatz oder Entschädigung führen außerdem häufig nicht die Erfolge herbei, die die Einzelnen mit einer Klage bewirken wollen. Die Individualklage führt selten, zeitlich oft verzögert und häufig nur mit einem weiteren gerichtlichen Verfahren zu der erforderlichen Rechtsfolge. Letztlich fehlt das Sanktionspotenzial der Individualklage, welches die Unternehmen und Arbeitgeber dazu anhalten würden, sich an die Diskriminierungsverbote zu halten.

C. Unterstützung durch Verbände

I. Befugnisse von Verbänden nach dem Antidiskriminierungsgesetz

1. *Beistand und Besorgung von Rechtsangelegenheiten*

Das Antidiskriminierungsgesetz sieht Unterstützungsmöglichkeiten der Verbände für Individualverfahren vor. Nach § 23 Abs. 2 S. 1 AGG dürfen Antidiskriminierungsverbände, die die Voraussetzungen gemäß § 23 Abs. 1

AGG erfüllen, im Rahmen ihres Satzungszwecks bei Individualverfahren als Beistand der Benachteiligten in der Verhandlung auftreten. Der Satzungszweck muss umfassen, die Durchsetzung der im konkreten Diskriminierungssachverhalt betroffenen Rechte der einzelnen Person zu unterstützen.[144] Die Antidiskriminierungsverbände müssen jedoch nicht durch die jeweiligen Rechtsvorschriften oder subsidiär von dem zuständigen Gericht zugelassen werden, weil sich ihre Befugnis zum Beistand aus dem Gesetz ergibt.[145] Die Verfahrensvorschriften der jeweiligen Verfahrensordnungen bleiben gemäß § 23 Abs. 2 S. 2 AGG unberührt.

Die Verbände sind gemäß § 90 Abs. 2 ZPO – mit dem Einverständnis der benachteiligten Person[146] – dazu befugt, im Prozess vorzutragen. Die Funktion des Beistands ist aber auf die mündliche Verhandlung begrenzt.[147] Der Vortrag des Verbands gilt von der Partei als vorgebracht, insoweit er nicht von dieser sofort widerrufen oder berichtigt wird, sodass sich ein (vermeintlich) Benachteiligter die Erklärungen des Antidiskriminierungsverbands grundsätzlich als eigene Erklärung zurechnen lassen muss.[148] Im Arbeitsrecht kann dies weitreichende (negative) Konsequenzen haben, zum Beispiel wenn der Arbeitgeber den Vortrag zum Anlass einer verhaltensbedingten Kündigung oder Auflösungsantrag nimmt.[149]

Außerhalb der mündlichen Verhandlung dürfen die Antidiskriminierungsverbände gemäß § 23 Abs. 3 AGG nur im Rahmen ihres Satzungszwecks die Rechtsangelegenheiten von Benachteiligten besorgen. Die ursprünglich im Gesetzentwurf angedachte Befugnis der Verbände als Bevollmächtigte von Diskriminierung Betroffenen Personen aufzutreten,[150] wurde letztlich vor dem Hintergrund, dass dies die Vorgaben der europäischen Richtlinie

---

144 *Bauer/Krieger/Günther* (2018), AGG § 23 Rn. 11.

145 Ausführlich hierzu siehe Staudinger-BGB AGG/*Serr*, AGG § 23 Rn. 19.

146 *Bauer/Krieger/Günther* (2018), AGG § 23 Rn. 11; Däubler/Beck/*Beck* (2022), AGG § 23 Rn. 23.

147 Staudinger-BGB AGG/*Serr* (2020), AGG § 23 Rn. 20.

148 *Bauer/Krieger/Günther* (2018), AGG § 23 Rn. 12.

149 Vgl. BAG. Urt. v. 30.06.1959 – 3 AZR 111/58 – AP Nr. 56 zu § 1 KSchG § 1; BAG, Urt. v. 03.11.1983 – 2 AZR 250/82; *Bauer/Krieger/Günther* (2018), AGG § 23 Rn. 12.

150 Begründung zu § 23 des RegE AGG, BT-Drs. 16/1780, 11 u. 48; Begründung zu § 24 des Abgeordneten-Entwurfs des ADG, BT-Drs. 15/4538, 46.

überschreiten würde, gestrichen.[151] Ebenso wurde die ursprünglich vorgesehene Möglichkeit einer Abtretung von Ansprüchen an Antidiskriminierungsverbände ausdrücklich gestrichen.[152] Lediglich die Prozessstandschaft zugunsten Menschen mit Behinderung – also insbesondere die gesetzliche Prozessstandschaft gemäß § 85 SGB IX[153] – ist durch § 23 Abs. 2 und Abs. 3 AGG nach § 23 Abs. 4 AGG nicht betroffen und somit nach dem Gesetz zulässig.

2. *Anderweitige Prozessführungsbefugnis*

Zum Teil wird die gewillkürte Prozessstandschaft abseits des § 23 AGG für möglich gehalten. Weder Wortlaut noch Gesetzgebungsgeschichte würden diese ausschließen.[154] Allerdings stehen die von der Rechtsprechung entwickelten Grundsätze zur gewillkürten Prozessstandschaft einer gewillkürten Prozessstandschaft der Antidiskriminierungsverbände nahezu immer entgegen,[155] weil der Prozessstandschafter grundsätzlich ein eigenes Interesse an der Rechtsverfolgung haben muss.[156] Ein schützenswertes Eigeninteresse an der Prozessführung ist gegeben, wenn die Entscheidung Einfluss auf die eigene Rechtslage des Prozessführungsbefugten hat.[157] Ein lediglich ein ideelles Interesse genügt nicht.[158] Der Bundesgerichtshof hat zwar ein eigenes Interesse eines Verbands anerkannt, als dieser Rechte seiner Mitglieder

---

151 Vgl. Beschlussempfehlung und Bericht des Rechtsausschusses zu Gesetzentwürfen des AGG, BT-Drs. 16/2022, 7 und 14; *Klocke*, Verbandsklage im Arbeits und Verbraucherrecht (2016), S. 130.

152 Entwurf von Abgeordneten und der Fraktion Bündnis 90/Die Grünen für ein Gesetz zur Umsetzung europäischer Antidiskriminierungsrichtlinien vom 19.12.2005, BT-Drs. 16/297, 9 f.; *Herberger*, RdA 2022, 220; *Bauer/Krieger/Günther* (2018), AGG § 23 Rn. 19.

153 Begründung zu § 23 des RegE AGG, BT-Drs. 16/1780, 48.

154 jurisPK-BGB/*Overkamp* (2023), AGG § 23 Rn. 13; *v. Roetteken* (2024), AGG § 23, Rn. 152; Wendeling-Schröder/Stein/*Stein* (2008), AGG § 23 Rn. 15; *Maier-Reimer*, NJW 2006, 2577 (2582).

155 jurisPK-BGB/*Overkamp* (2023), AGG § 23 Rn. 13; vgl *v. Roetteken* (2024), AGG § 23 Rn. 153.

156 statt vieler BGH, Urt. v. 27. November 2020 – V ZR 71/20 –, juris Rn. 10; Zöller/*Althammer*, ZPO (2024), Vorb. zu §§ 50–58 Rn. 40.

157 BGH, Urt. v. 5. 2. 2009 – III ZR 164/08 – NJW 2009, 1213 (1215); BGH, Urt. v. 10.07.2016 – V ZR 125/15 – NJW 2017, 486 Rn. 5; Zöller/Althammer, ZPO (2024), Vorb. zu §§ 50–58, Rn. 40.

158 *v. Roetteken* (2024), AGG § 23 Rn. 153.

wahrgenommen hat,[159] allerdings wird dies bei Antidiskriminierungsverbänden seltener in Betracht kommen, weil die wenigsten Mitglieder eines Antidiskriminierungsverbands sind.[160]

V. Roetteken vertritt, die Prozessstandschaft dürfe lediglich davon abhängig gemacht werden, dass die Rechtsverfolgung der Vereinigung dem in der jeweiligen Satzung definierten Auftrag entspricht und die betroffene Person in die Prozessstandschaft einwilligt.[161] Die weiteren Voraussetzungen der gewillkürten Prozessstandschaft entfielen im Hinblick auf den Vorrang des Unionsrechts.[162] Er verweist auf Art. 6 Abs. 3 RL 76/207/EWG in der durch die RL 2002/73/EG geänderten Fassung, Art. 7 Abs. 2 RL 2000/43/EG, Art. 9 Abs. 2 RL 2000/78/EG, Art. 8 Abs. 3 RL 2004/113/EG und Art. 17 Abs. 2 RL 2006/54/EG, wonach die Mitgliedstaaten sicherstellen, dass Verbände, Organisationen oder andere juristische Personen, die gemäß den im nationalen Recht festgelegten Kriterien ein rechtmäßiges Interesse daran haben, für die Einhaltung der Bestimmungen der jeweiligen Richtlinie zu sorgen, sich entweder im Namen der beschwerten Person oder zu deren Unterstützung mit deren Einwilligung an den zur Durchsetzung der Ansprüche vorgesehenen Gerichten und/oder Verwaltungsverfahren beteiligen können.[163] Gerichtlich bestätigt wurde seine Auffassung bisher jedoch nicht.

In der Literatur wird außerdem diskutiert, ob aufgrund der fehlenden Normierung eines Abtretungsverbotes, die Abtretung der Individualansprüche auf einen Verband gemäß §§ 398 ff. BGB möglich ist.[164] Einige halten dies für ausgeschlossen, weil sich aus dem Umkehrschluss des § 23 Abs. 4 AGG ergebe, dass die Abtretung der Ansprüche gerade nicht vorgesehen

---

[159] vgl. BGH, Urt. v. 22.10.1987 – II ZR 21/87 – NJW 1988, 1585 (1586 f.).

[160] Wendeling-Schröder/Stein/*Stein* (2008), AGG § 23 AGG Rn. 15; jurisPK-BGB/*Overkamp* (2023), AGG § 23 Rn. 13.

[161] *v. Roetteken* (2024), AGG § 23 Rn. 152, 155.

[162] *v. Roetteken* (2024), AGG § 23 Rn. 155.

[163] *v. Roetteken* (2024), AGG § 23 Rn. 18, 152, 155.

[164] *Ponti/Tuchtfeld*, ZPR 2018, 139 (140); dafür: *Gaier/Wendtland/Gaier* (2006), AGG, § 5 Rn. 275; Hey/Forst/*Kremer* (2015), AGG § 23 Rn. 32 ff.; MHdB ArbR Bd. 1/*Oetker* (2024), AGG § 17 Rn. 106; MünchKomm-BGB/*Thüsing* (2007), § 23 Rn. 4; dagegen: Däubler/Beck/*Beck* (2022), AGG § 23 Rn. 3; *Bauer/Krieger/Günther* (2018), AGG § 23 Rn. 17; ErfK/*Schlachter* (2024), AGG § 23 Rn. 1; Staudinger-BGB AGG/*Serr* (2020), AGG § 23 Rn. 24; *Adomeit/Mohr* (2011), AGG § 23 Rn. 23; für eine Abtretbarkeit der Ansprüche aus § 15 AGG: *Meinel/Heyn/Herms* (2010), AGG § 23 Rn. 9.

ist.[165] Zudem spreche gegen die Abtretungsmöglichkeit die Tatsache, dass die Vorschrift, die die Abtretung ausdrücklich zuließ, im Gesetzgebungsverfahren gestrichen worden ist.[166] Wäre die Möglichkeit des Verbands, das Recht der benachteiligten Person im eigenen Namen geltend zu machen vom Gesetzgeber gewollt gewesen, hätte er sie ausdrücklich geregelt.[167] *Serr* hebt hervor, dass die Möglichkeit der Antidiskriminierungsverbände, die Ansprüche Benachteiligter im fremden Namen geltend zu machen, auf ein Verbandsklagerecht hinauslaufen würde, welche gerade nicht in das Gesetz aufgenommen worden ist.[168] *Oetker* hingegen versteht § 23 Abs. 2 AGG nicht in dem Sinne, dass die Rechtsstellung von Antidiskriminierungsverbänden abschließend umschrieben wird und hält eine Abtretung für möglich.[169] Er vertritt wie einige andere, dass allein der Umstand, dass eine entsprechende Vorschrift, die die Abtretung ausdrücklich zuließ, im Gesetzgebungsverfahren gestrichen wurde, die Schlussfolgerung einer in § 23 Abs. 2 AGG abschließend geregelten Rechtsstellung der Antidiskriminierungsverbände nicht trage.[170] Gerichtlich bestätigt wurde bisher auch keine dieser Auffassungen.

Im Ergebnis bleibt festzuhalten, dass Uneinigkeit über den Umfang der Unterstützungsmöglichkeiten der Verbände außerhalb des § 23 AGG besteht. Das Antidiskriminierungsrecht sieht weder ausdrücklich die Prozessstandschaft noch die Abtretungsmöglichkeit von Individualansprüchen an Antidiskriminierungsverbände vor, noch verbietet es diese Möglichkeiten. Damit ist die Rechtslage sehr unsicher. Betroffene sind derzeit darauf angewiesen, es auf eine gerichtliche Prüfung ankommen zu lassen, was ein hohes Prozessrisiko birgt.

---

165 *Bauer/Krieger/Günther* (2018), AGG § 23 Rn. 17.

166 *Bauer/Krieger/Günther* (2018), AGG § 23 Rn. 17; a.A. Hey/Forst/*Kremer* (2015), AGG § 23 Rn. 32.

167 *Bauer/Krieger/Günther* (2018) AGG § 23 Rn. 17; vgl. Staudinger-BGB AGG/*Serr* (2020), AGG § 23 Rn. 24.

168 Staudinger-BGB AGG/*Serr* (2020), AGG § 23 Rn. 24.

169 MHdB ArbR Bd. 1/*Oetker* (2024), AGG § 17 Rn. 106.

170 MHdB ArbR Bd. 1/*Oetker* (2024), AGG § 17 Rn. 106; *Hey/Forst/Kremer* (2015), AGG § 23 Rn. 32; jurisPK-BGB/*Overkamp* (2023), AGG § 23 Rn. 13; *Mayer-Riemer*, NJW 2006, 2577 (2582).

3. *Wirksamkeit*

Die Beistandsmöglichkeit von Verbänden nach § 23 Abs. 2 S. 1 AGG kann die Schwächen des Individualrechtsschutzes nicht ausgleichen. Die geringe Anzahl an Verfahren aufgrund von Diskriminierung verdeutlicht, dass die Möglichkeit, im Verfahren von einem Verband als Beistand unterstützt zu werden, die Vollzugsdefizite des Individualrechtsverfahrens nach dem Antidiskriminierungsgesetz nicht ausgleichen kann.[171] Letztlich bleibt es dabei, dass der Einzelne einen Individualprozess führen muss, an welchem die Verbände lediglich teilnehmen,[172] sodass auch das Prozesskostenrisiko für die Durchsetzung seiner diskriminierungsrechtlichen Ansprüche allein bei dem Benachteiligten verbleibt.[173] Insgesamt ist die Beistandschaft der Verbände daher eine eher schwache Hilfe bei der Durchsetzung der individuellen Rechte der benachteiligten Personen.[174]

Prozessrollen von Antidiskriminierungsverbänden außerhalb des § 23 AGG sind gesetzlich und richterlich nicht anerkannt, sodass dahingehend keine oder nur eine sehr risikoreiche Unterstützung von Verbänden erwartet werden kann.

II. Befugnisse von Verbänden nach anderen Gesetzen

Andere Gesetze enthalten Regelungen, die es Betroffenen ermöglichen, die Prozessführung an einen Verband zu übertragen und sich dadurch zu entlasten. Nach § 14 BGG sind bestimmte Verbände berechtigt, im Rahmen der Prozessstandschaft die Rechte von Menschen mit Behinderungen geltend zu machen. Auch § 85 SGB IX gewährt Verbänden die Befugnis, im Namen von Menschen mit Behinderungen prozessual tätig zu werden. Zudem hat das

---

171 *Herberger,* RdA 2022, 220 (222): „schwache, lediglich unterstützende Rolle"; Wendeling-Schröder/Stein/*Stein* (2008), AGG § 23 Rn. 3: „kleine Münze"; Rust/Falke/*Micklitz,* AGG § 23 Rn. 7; *Ponti/Tuchtfeld,* ZRP 2018, 139; *Beigang et al.,* Möglichkeiten der Rechtsdurchsetzung des Diskriminierungsschutzes (2021), S. 110.

172 *Klocke,* Verbandsklage im Arbeits und Verbraucherrecht (2016), S. 130; *Herberger,* RdA 2022, 220 (222).

173 *Groteclaes,* GVRZ 2024, 8 Rn. 106.

174 *Herberger,* RdA 2022, 220 (222): „schwache, lediglich unterstützende Rolle"; Wendeling-Schröder/Stein/*Stein* (2008), AGG § 23 Rn. 3: „kleine Münze"; Rust/Falke/*Micklitz* (2007), AGG § 23 Rn. 7; *Beigang et al.,* Möglichkeiten der Rechtsdurchsetzung des Diskriminierungsschutzes (2021), S. 110; *Groteclaes,* GVRZ 2024, 8 Rn. 106.

Land Berlin in § 9 Abs. 3 LADG eine Regelung eingeführt, die die Prozessstandschaft für berechtigte Verbände ermöglicht.

Der sachliche Anwendungsbereich dieser Befugnisse ist jeweils sehr begrenzt. Alle oben genannten prozessualen Rollen von Verbänden kommen nur bei Diskriminierungen durch Träger öffentlicher Gewalt zur Anwendung. Die Befugnis nach § 9 Abs. 3 LADG ist auf Verstöße gegen das Landesantidiskriminierungsgesetz des Landes Berlin beschränkt und erfasst keine Ansprüche nach dem Allgemeinen Gleichbehandlungsgesetz (AGG). § 14 BGG betrifft im Wesentlichen nur die in § 7 Abs. 1, § 8 Abs. 1, § 9 Abs. 1, § 10 Abs. 1 S. 2 und § 12a BGG genannten Rechte und umfasst weder den Anwendungsbereich des § 7 Abs. 1 AGG noch des § 19 Abs. 1 AGG. [175] § 85 SGB IX bezieht sich ausschließlich auf Rechte, die durch das SGB IX gewährt werden. Das Benachteiligungsverbot nach § 164 Abs. 2 SGB IX gilt gemäß § 151 Abs. 1, 3 SGB IX nur für Schwerbehinderte (§ 2 Abs. 2 SGB IX) und ihnen Gleichgestellte (§ 2 Abs. 3 SGB IX) sowie, gemäß § 151 Abs. 4 SGB IX, für behinderte Jugendliche und junge Erwachsene. Dadurch gewährt § 85 SGB IX nur einem kleinen Teil der durch das Antidiskriminierungsgesetz geschützten Personen einen erweiterten Rechtsschutz.[176] Insgesamt bieten diese Rechtsschutzinstrumente den Betroffenen nur begrenzte Unterstützung bei der Durchsetzung ihrer Rechte.

§ 2 Schwächen der kollektiven Rechtsbehelfe

Der Begriff „kollektiver Rechtsbehelf" bezeichnet im weiten Sinne, dass in einem Zivilprozess auf Klägerseite eine Vielzahl an Prozessparteien in Erscheinung treten, die ein gleiches, zumindest ähnliches Rechtsverhältnis zu der gegnerischen Partei aufweisen.[177] Im engeren Sinne meint er die „gebündelte" Rechtsverfolgung durch eine Vielzahl gleichartig Betroffener in einem einzigen Verfahren mit Zuständigkeitskonzentration.[178] Hierunter fallen die Masseverfahren (§§ 59 ff. ZPO), auch als „Sammelklage" und „Gruppenklage" bezeichnet, die durch die Instrumente der gemeinsamen Vertretung

---

[175] *v. Roetteken* (2024), AGG § 23 Rn. 54.

[176] *v. Roetteken* (2024), AGG § 23 Rn. 54.

[177] Weber Rechtswörterbuch/*Groth* (2024), Kollektiver Rechtsschutz.

[178] Zöller/*Althammer* (2024), ZPO Vorb. zu §§ 50–58 Rn. 55.

und Prozessverbindung unterstützt werden (z. B. § 246 Abs. 2 S. 6 AktG).[179] Auch die Verbandsklagebefugnis wird hierunter gefasst, die sich gesetzlich sowie aus gewillkürter Prozessstandschaft kraft besonderer Ermächtigung oder aus treuhänderischer Abtretung ergeben kann.[180]

A. Kollektiver Rechtsbehelf des Antidiskriminierungsgesetzes

Das Antidiskriminierungsgesetz sieht neben individuellen Ansprüchen die Antragsbefugnis des Betriebsrates und der Gewerkschaft vor. Weitere kollektive Rechtsbehelfe sieht das Antidiskriminierungsgesetz nicht vor.

I. Antragsbefugnis des Betriebsrats und der Gewerkschaft

Es besteht gemäß § 17 Abs. 2 AGG die Möglichkeit des Betriebsrates oder einer im Betrieb vertretenen Gewerkschaft, unter den Voraussetzung des § 23 Abs. 3 S. 1 BetrVG, bei einem groben Verstoß des Arbeitgebers gegen Vorschriften des Abschnitts zwei des Antidiskriminierungsgesetzes einen Antrag bei dem Arbeitsgericht zu erheben. Sie können nach § 17 Abs. 2 AGG beantragen, dem Arbeitgeber eine Handlung, Duldung oder Unterlassung aufzuerlegen, um Benachteiligungen wirksam zu unterbinden[181] und die Herstellung der Gleichbehandlung herbeizuführen.[182] Antragsziel ist das zukünftig gesetzeskonforme Verhalten des Arbeitgebers.[183]

Der Betriebsrat oder die im Betrieb vertretene Gewerkschaft dürfen auch ohne ausdrücklich legitimiert zu sein und ohne Zustimmung des Benachteiligten, einen Antrag gemäß § 17 Abs. 2 AGG einreichen.[184] Sie müssen daher nicht (nur) zugunsten ihrer Mitglieder tätig werden.[185] Es handelt sich um eine eigenständige prozessuale Antragsbefugnis.[186] Ansprüche der Beschäf-

---

179 Zöller/*Althammer* (2024), ZPO Vorb. zu §§ 50–58 Rn. 55.

180 Zöller/*Althammer* (2024), ZPO Vorb. zu §§ 50–58 Rn. 55 f.; hierzu in § 3.

181 Begründung zu § 17 des RegE AGG, BT-Drs. 16/1780, 39.

182 *Brors*, AuR 2019, 398 (399).

183 ErfK/*Schlachter* (2024), AGG § 17 Rn. 2; MHdB ArbR Bd. 1/*Oetker* (2024), AGG § 17 Rn. 96.

184 Staudinger-BGB AGG/Serr (2020), AGG § 17 Rn. 19; *Nielebock*, in: FS Preis (2021),913 (920).

185 Staudinger-BGB AGG/Serr (2020), AGG § 17 Rn. 19; ErfK/*Schlachter* (2024), AGG § 17 Rn. 3.

186 Däubler/Beck/*Buschmann* (2022), AGG § 17 Rn. 19.

tigten dürfen nach § 17 Abs. 2 S. 2 AGG ausdrücklich nicht geltend gemacht werden. Damit wird sichergestellt, dass die Vorschrift keine Möglichkeit der Prozessstandschaft eröffnet.[187] Teilweise wird mit dem Hinweis auf § 17 Abs. 2 S. 2 AGG gefordert, dass die Pflichtverletzung, die dem Arbeitgeber vorgeworfen wird, einen kollektiven Bezug aufweist.[188] Überwiegend wird dies aber abgelehnt.[189]

Die sogenannte „kleine Verbandsklage“[190] kann nur im Fall eines groben Verstoßes des Arbeitgebers gegen seine Pflichten erhoben werden. Ein grober Verstoß ist in der Regel zu bejahen, wenn der Arbeitgeber mehrfach und erkennbar gegen seine sich aus dem Antidiskriminierungsgesetz ergebenden Pflichten verstoßen hat, ohne dass er seine Rechtsposition in einer schwierigen und ungeklärten Rechtsfrage verteidigt.[191] Ausnahmsweise soll aber auch der einmalige Verstoß des Arbeitgebers eine grobe Pflichtverletzung darstellen können.[192] Auf ein Verschulden des Arbeitgebers kommt es nicht an.[193]

II. Wirksamkeit in Bezug auf das Antidiskriminierungsrecht

Von dem Erzwingungsverfahren im Arbeitsrecht gemäß § 17 Abs. 2 S. 1 AGG wird selten Gebrauch gemacht.[194] Bislang ergingen lediglich vier rechtskräftige Entscheidungen, die sich mit dem Anspruch aus § 17 Abs. 2 AGG

---

187 Beschlussempfehlung und Bericht zu Gesetzentwürfen des AGG, BT-Drs. 16/2022, 12; BeckOK ArbR/*Roloff* (2024), AGG § 17 Rn. 13; Richardi BetrVG/*Thüsing* (2022), BetrVG § 23 Rn. 74.

188 MHdB ArbR Bd. 1/*Oetker* (2024), § 17 Rn. 99; *Adomeit/Mohr* (2011), AGG § 17 Rn. 13; *Klumpp*, NZA 2006, 904 (906).

189 Erman BGB/*Riesenhuber* (2023), AGG § 17 Rn. 7; BeckOK ArbR/*Roloff* (2024), AGG § 17 Rn. 6; Staudinger-BGB AGG/*Serr* (2020), AGG § 17 Rn. 19; *Besgen*, BB 2007, 213 (214).

190 So bezeichnet von *Joussen/Husemann/Mätzig*, RdA 2014, 279 (284); *Berghahn/Klapp/Tischbirek*, Evaluation des AGG (2016), S. 142; *Herberger*, RdA 2022, 220 (222).

191 Mit weiteren Nachweisen BAG, Beschl. v. 18. 8. 2009 – 1 ABR 47/08 – AP Nr. 1 zu § 3 AGG.

192 BAG, Urt. v. 14.11.1989 – 1 ABR 87/88 – AP Nr. 76 zu § 99 BetrVG 1972; *Bauer/Krieger/Günther* (2018), AGG § 17 Rn. 17; SSP/*Schleusener* (2022), AGG § 17 Rn. 19.

193 BAG, Urt. v. 09.03.2011 – 7 ABR 137/09 – NZA 2011, 871 Rn. 15; Erman BGB/*Riesenhuber* (2023), AGG § 17 Rn. 6; MHdB ArbR Bd. 1/*Oetker* (2024), AGG § 17 Rn. 100.

194 *Berghahn/Klapp/Tischbirek*, Evaluation des AGG (2016), S 143; *Brors*, AuR 2019, 398 (399); *Nollert-Borasio/Dickerhof-Borello/Wenckebach* (2019), AGG § 17 Rn. 1.

auseinandersetzen.[195] Ein möglicher Grund ist laut der Evaluation des Antidiskriminierungsgesetzes aus dem Jahr 2016 mangelndes Wissen hinsichtlich der Einleitung des Beschlussverfahrens sowie der konkreten Antragstellung eines Verfahrens nach § 17 Abs. 2 AGG i.V.m. § 23 Abs. 3 S. 1 BetrVG.[196] Außerdem seien die Betriebsräte bezüglich Diskriminierungssachverhalte nicht hinreichend sensibilisiert, um diese als solche zu erkennen und zu werten.[197] Selbst wenn die Diskriminierung als solche erkannt wird und die Betriebsräte von ihrem Antragsrecht gemäß § 17 Abs. 2 S. 1 AGG wissen, würden sie häufig von einem Antrag aufgrund des Prozessrisikos in Abwägung mit den Erfolgschancen oder einer gewissen Konfliktscheue absehen.[198]

Zudem sei die Voraussetzung, dass der Verstoß des Arbeitgebers gegen die Rechte der Beschäftigten aus dem Antidiskriminierungsgesetz „grob" und der Antragsteller bei einer ihm obliegenden Feststellungslast den Vollbeweis dazu führen muss, eine zu große Hürde für die Antragsstellung.[199] Weil § 22 AGG keine Anwendung findet,[200] muss der Antragsteller muss dem Arbeitgeber die von § 7 Abs. 1 AGG geforderte Motivation einer Benachteiligung wegen eines der in § 1 AGG genannten Gründe nachweisen.[201] Das sei in der Praxis häufig schwierig.[202]

---

195 BAG, Urt. v. 18.08.2009, 1 ABR 47/08 – AP Nr. 1 zu § 3 AGG; ArbG Berlin, Urt. v. 27.01.2012 – 28 BV 17992/11; LAG Sachsen, Urt. v. 17.09.2010 – 3 TaBV 2/10 – NZA-RR 2011, 72; LAG Saarland, Urt. v. 11.02.2009 – 1 TaBV 73/08; *Brors*, AuR 2019, 398 (399).

196 *Berghahn/Klapp/Tischbirek*, Evaluation des AGG (2016), S. 143.

197 *Berghahn/Klapp/Tischbirek*, Evaluation des AGG (2016), S. 143 f.

198 *Berghahn/Klapp/Tischbirek*, Evaluation des AGG (2016), S. 143.

199 Siehe *Berghahn/Klapp/Tischbirek*, Evaluation des AGG (2016), S. 142; *Brors*, AuR 2019, 398 (399); *Herberger*, RdA 2022, 220 (222).

200 jurisPK-BGB (2023), AGG § 17 Rn. 13; MHdB ArbR Bd. 1/*Oetker* (2024), AGG § 17 Rn. 101; *Adomeit/Mohr* (2006), AGG § 17 Rn. 19; *Bauer/Krieger/Günther* (2018), AGG § 17 Rn. 28; Hey/Forst/*Forst* (2015), AGG § 17 Rn. 38; *Mälzer*, Die kollektivarbeitsrechtlichen Bezüge des Allgemeinen Gleichbehandlungsgesetzes (2015), S. 250–253.; *Meinel/Heyn/Herms* (2010), AGG § 17 Rn. 22; *Peick*, Darlegungs und Beweislast nach § 22 AGG (2009), S. 100–105.; BeckOK ArbR/*Roloff* (2024), AGG § 17 Rn. 12; SSP/*Schleusener* (2022), AGG § 17 Rn. 26; Staudinger-BGB AGG/*Serr* (2020), AGG § 17 Rn. 30; Wendeling-Schröder/Stein/*Wendeling-Schröder* (2008), AGG § 17 Rn. 47; a.A. Erman BGB/Riesenhuber (2023), AGG § 17 Rn. 8.

201 jurisPK-BGB/*Altmayer* (2023), AGG § 17 Rn. 13.

202 jurisPK-BGB/*Altmayer* (2023), AGG § 17 Rn. 13.

Außerdem wird kritisch bewertet, dass nur Betriebsräte eines betriebsratsfähigen Betriebes das Verfahren gemäß § 17 Abs. 2 S. 1 AGG führen dürfen und somit der öffentliche Dienst und der kirchliche Bereich von der Vorschrift nicht umfasst sind.[203] Damit werde der angestrebte Schutz der Beschäftigten nicht erreicht.[204] Es sei offenkundig systemwidrig,[205] dass die Antragsbefugnis auf Betriebsräte und Gewerkschaften beschränkt wird, da nicht ersichtlich sei, dass es in den ausgeschlossenen Wirtschaftsbereichen nicht zu groben Verstößen des Arbeitgebers gegen die in Abschnitt zwei des Antidiskriminierungsgesetzes normierten Pflichten kommt.[206]

Sollte der Betriebsrat beziehungsweise die Gewerkschaft mit dem Antrag nach § 17 Abs. 2 AGG dennoch erfolgreich sein, profitiert der Beschäftigte hinsichtlich seiner individuellen Ansprüche aus dem Antidiskriminierungsgesetz nicht, weil die Antragsberechtigten nach § 17 Abs. 2 S. 3 AGG keine Ansprüche der Benachteiligten geltend machen dürfen. Außerdem entfaltet das Verfahren keine präjudizielle Wirkung für die Durchsetzung der Individualrechte im Urteilsverfahren.[207] Es bleibt also dabei, dass die Benachteiligten für die Durchsetzung finanzieller Ansprüche eine Klage unter Beachtung der zweimonatigen Ausschlussfrist ab Beginn der Kenntnis der Diskriminierung erheben müssen, obwohl das Arbeitsverhältnis durch einen gerichtlichen Konflikt erheblich belastet wird und der Arbeitnehmer mit (auch unterschwelligen) Nachteilen[208] rechnen muss. Sollte der Arbeitnehmer daher zusätzlich einen Anspruch nach § 15 AGG geltend machen wollen, muss er weiterhin das Prozessrisiko im Individualverfahren und gegebenenfalls Nachteile im Arbeitsverhältnis hinnehmen.

Im Ergebnis kann das auf das Arbeitsverhältnis bezogene Verfahren gemäß § 17 Abs. 2 S. 1 AGG nur in wenigen Fällen eingeleitet werden und selbst wenn die Voraussetzungen für einen Antrag nach § 17 Abs. 2 AGG

---

203 MHdB ArbR Bd. 1/*Oetker* (2024), AGG § 17 Rn. 95; Däubler/Beck/*Buschmann* (2022), AGG § 17 Rn. 22; *Herberger*, RdA 2022, 220 (222); *Hayen*, AuR 2007, 6 (10).

204 Däubler/Beck/*Buschmann* (2022), AGG § 17 Rn. 22; MHdB ArbR Bd. 1/*Oetker* (2024), AGG § 17 Rn. 95.

205 MHdB ArbR Bd. 1/*Oetker* (2024), AGG § 17 Rn. 95.

206 Däubler/Beck/*Buschmann* (2022), AGG § 17 Rn. 22.

207 Staudinger-BGB AGG/*Serr* (2020), AGG § 17 Rn. 27; BeckOK ArbR/*Roloff* (2024), AGG § 17 Rn. 15, a.A. *Klumpp* NZA 2006, 904 (905).

208 *Hayen*, AuR 2007, 6 (11).

vorliegen, nutzen der Betriebsrat und die im Betrieb vertretene Gewerkschaf die Befugnis nur äußerst selten, sodass das Verfahren wenig Auswirkungen auf die Durchsetzung der arbeitsrechtlichen Vorschriften des Antidiskriminierungsgesetzes hat.

B. Kollektive Rechtsbehelfe anderer Rechtsgebiete

Allerdings bieten andere Rechtsgebiete Möglichkeiten, Verstöße gegen Diskriminierungsverbote mittels eines kollektiven Rechtsbehelfs zu sanktionieren.

I. Kollektive Rechtsbehelfe des Zivilrechts

1. *Verbraucherschutzrecht und Lauterkeitsrecht*

a) Verbandsklage des Unterlassungsklagegesetzes

Das Unterlassungsklagegesetz sieht in § 1 i.V.m. § 3 Abs. 1 S. 1 Nr. 1 die Anspruchsgrundlage für einen Unterlassungs und Widerrufsanspruch von qualifizierten Einrichtungen bei dem Verwenden oder Empfehlen von AGB-Regelungen, die gegen §§ 307–309 BGB verstoßen, vor. Die Gesetzesbegründung zum Antidiskriminierungsgesetz stellt klar, dass Verbände Verstöße gegen zivilrechtliche Benachteiligungsverbote auch nach dem Unterlassungsklagegesetz verfolgen können. [209] Das kommt deshalb in Betracht, weil Allgemeine Geschäftsbedingungen bei den in einer Vielzahl zustande kommenden Schuldverhältnissen i.S.d. § 19 Abs. 1 Nr. 1 AGG, also bei Massengeschäften, häufig zur Anwendung kommen.[210] Denkbar sind zum Beispiel diskriminierende Beförderungsverträge.[211] Ob auch die Verbandsklage gemäß § 2 i.V.m. § 3 Abs. 1 S. 1 Nr. 1 UKlaG bei einem Verstoß gegen § 19 AGG in Betracht kommt, ist streitig. Uneinigkeit besteht dahingehend, ob § 19 AGG eine verbraucherschützende Vorschrift im Sinne des § 2 UKlaG ist. Zum Teil wird dies mit der Begründung abgelehnt, dass § 19 AGG alle

---

209 Begründung zu § 23 des RegE AGG, BT-Drs. 16/1780, 48 f.; vgl. Staudinger-BGB AGG/*Serr* (2020), § 23 Rn. 27; GrünHome/*Bassenge* (2022), UKlaG § 1 Rn. 5; Däubler/Beck/*Beck* (2022), § 23 Rn. 37; *Braunroth*, VuR 2018, 455 (456).

210 Staudinger-BGB AGG/*Serr* (2020), AGG § 23 Rn. 27; *Braunroth*, Repräsentative Kollektivklagen (2021), S. 248.

211 Vgl. zu einer erfolgreichen Verbandsklage nach § 1 UKlaG wegen des Verstoßes von Beförderungsbedingungen im Nahverkehr gegen § 19 AGG OLG Schleswig, Urt. v. 11.12.2015 – 1 U 64/15 – VuR 2016, 190; *Braunroth*, Repräsentative Kollektivklagen (2021), S. 248.

natürlichen Personen schützt, nicht aber speziell Verbraucher.[212] Damit fehle die Vergleichbarkeit des § 19 Abs. 1 Nr. 1 AGG mit den in § 2 Abs. 2 UKlaG aufgeführten Vorschriften, denen gemein sei, dass sie speziell auf das Verhältnis zwischen Unternehmen und Verbrauchern zugeschnitten sind, beziehungsweise der Verbraucherschutz ihr eigentlicher Zweck sei.[213] Dagegen spricht jedoch, dass nach neuerer Rechtsprechung für die Einordnung als Verbraucherschutzgesetz genügt, dass eine Norm zumindest auch dem Schutz der Verbraucher dient und dieser Schutz nicht nur als zufällige Nebenwirkung auftritt.[214] Gemäß § 2 Abs. 2 Nr. 13 UKlaG gehören dazu alle Bestimmungen der DS-GVO, die für die Verarbeitung von Daten von Verbrauchern durch Unternehmer gelten. Darunter werden auch die Vorschriften der DS-GVO gefasst, die nicht speziell Verbraucher schützen.[215] Wird für die Vorschriften der DS-GVO der verbraucherschützende Charakter im Sinne des § 2 Abs. 1 UKlaG anerkannt, muss dies für § 19 AGG ebenfalls gelten.[216]

Anspruchsberechtigt sind nur die Verbände, die die Voraussetzungen nach § 4 Abs. 2 UKlaG erfüllen und damit in der Liste der qualifizierten Verbraucherverbände eingetragen sind (vgl. § 4 Abs. 1 UKlaG). Zunächst müssen die Verbände die Eintragung beantragen (§ 4 Abs. 1 Hs. 1 UKlaG). Voraussetzung der Eintragung ist unter anderem, dass der Verband gemäß § 4 Abs. 2 Halbsatz 1 UKlaG satzungsgemäß die Interessen der Verbraucher durch nicht gewerbsmäßige Aufklärung und Beratung wahrnimmt. Außerdem muss der Verband seit mindestens einem Jahr im Vereinsregister eingetragen sein und ein Jahr seine satzungsmäßigen Aufgaben wahrgenommen haben (§ 4 Abs. 2 Nr. 2 UKlaG). Antidiskriminierungsverbände i.S.d. § 23 Abs. 1 AGG sind nur dann eintragungsfähig, wenn sie aktiv die Aufklärung und Beratung der von ihnen vertretenen Personenkreise im Hinblick auf den

---

212 OLG Hamm, Urt. v. 03.03.2017 – I-12 U 104/16 –, Rn. 43, juris; LG Kiel, Urt. v. 28.05.2015 – 17 O 79/15 –, Rn. 20; ablehnend auch GrünHome/*Grüneberg* (2025), UKlaG § 2 Rn. 3; KBF/*Köhler/Alexander* (2025), UKlaG § 2 Rn. 9.

213 OLG Hamm, Urt. v. 03.03.2017 – I-12 U 104/16 –, Rn. 42, juris.

214 BGH Urt. v. 06.02.2020 – I ZR 93/18, GRUR 2020, 654 Rn. 15.

215 BGH Urt. v. 27.03.2025 – I ZR 186/17, GRUR-RS 2025, 5867.

216 Dafür auch jurisPK-BGB/*Baetge* (2023), UKlaG § 2 Rn. 88.

Verbraucherschutz betreiben[217] und es sich dabei nicht um eine völlig untergeordnete Nebenaufgabe handelt.[218]

b) Verbandsklage des Gesetzes gegen den unlauteren Wettbewerb

Ebenso können bestimmte Verbände laut dem Gesetzgeber bei Verstößen gegen das zivilrechtliche Benachteiligungsverbot nach § 19 AGG gemäß § 8 Abs. 1, Abs. 3 UWG Beseitigungs und Unterlassungsansprüche geltend machen, wenn es sich hierbei um unzulässige und im Sinne des § 2 Abs. 1 Nr. 1 UWG geschäftliche Handlungen handelt (§ 3 oder § 7 UWG).[219]

Wie nach § 1 i.V.m. § 3 Abs. 1 S. 1 Nr. 1 UKlaG sind nur qualifizierte Verbände, die in die Liste nach § 4 UKlaG eingetragen sind, anspruchsberechtigt (§ 8 Abs. 3 Nr. 3 UKlaG).

c) Wirksamkeit in Bezug auf das Antidiskriminierungsrecht

Die Verbandsklagen des Unterlassungsklagesetz und des Gesetzes gegen den unlauteren Wettbewerb können nur begrenzt Abhilfe gegen Diskriminierung leisten. § 1 UKlaG kann nur bei dem Verwenden und dem Empfehlen von Allgemeinen Geschäftsbedingungen beansprucht werden. Zudem ist das Arbeitsrecht gemäß § 15 UKlaG ohnehin nicht von den Vorschriften des Unterlassungsklagegesetzes erfasst.[220] Auch der Anwendungsbereich des § 2 UKlaG ist begrenzt. Zwar umfasst er auch diskriminierendes Verhalten im Vorfeld eines Vertragsschlusses, allerdings verbietet § 19 AGG nur Diskriminierung bei Massengeschäften (Abs. 1) oder privaten Versicherungsverträgen (Abs. 2). Massengeschäfte sind nach der Legaldefinition des § 19 Abs. 1 Nr. 1 AGG solche, die typischerweise ohne Ansehen der Person zu vergleichbaren Bedingungen in einer Vielzahl von Fällen zustande kommen. Das schließt

---

217 vgl. Begründung zu § 24 Abs. 4 des RegE AGG, BT-Drs. 16/1780, 48; KBF/*Köhler/Alexander* (2024) UKlaG § 4 Rn. 8.

218 KBF/*Köhler/Alexander* (2024), UKlaG § 4 Rn. 8.

219 Begründung zu § 24 Abs. 4 des RegE AGG, BT-Drs. 16/1780, 48; Staudinger-BGB AGG/*Serr* (2020), AGG § 23 Rn. 29; *Braunroth*, VuR 2018, 455 (456).

220 Vgl. Bericht zur der Beschlussempfehlung zu § 15 UKlaG-E, BT-Drs. 14/7052, 209.

bereits einige Sachverhalte aus, wie die Vergabe von Stipendien[221] oder die Zusammensetzung des Besucherkreises einer Party-Event-Veranstaltung.[222]

Außerdem erfüllen nur wenige Antidiskriminierungsverbände die Voraussetzungen nach § 4 Abs. 2 UKlaG, was sowohl nach § 3 Abs. 1 Nr. 1 UKlaG als auch nach § 8 Abs. 3 Nr. 3 UWG erforderlich ist. Die wenigsten Antidiskriminierungsverbände, die sich für den Diskriminierungsschutz einsetzen, nehmen aktiv eine aufklärende oder beratende Tätigkeit hinsichtlich Verbraucherinteressen wahr (§ 4 Abs. 2 Halbsatz 1).[223] Derzeit sind dies lediglich der Bundesverband Selbsthilfe Körperbehinderter e. V. (BSK), der Bundesverband Selbsthilfe Körperbehinderter e. V. und Deutscher Blinden und Sehbehindertenverband e. V.[224]

Außerdem ist der Anwendungsbereich der Verbandsklage des Lauterkeitsrechts begrenzt. Zum einem ist das damit zu begründen, dass unzulässige Handlungen nur selten wirtschaftlich vorteilhaft und somit nach § 2 Abs. 1 Nr. 1 UWG geschäftlich sind.[225] Wenn Unternehmen beispielsweise den Vertragsschluss gegenüber einer bestimmten Personengruppe ungerechtfertigt verweigern und damit Zugangsdiskriminierung ausüben, der Hauptanwendungsfall des zivilrechtlichen Benachteiligungsverbotes,[226] fügen sie sich oft selbst einen wirtschaftlichen Schaden zu.[227] Die Unternehmen handeln in der Regel nicht geschäftlich gemäß § 2 Abs. 1 Nr. 1 UWG,[228] sondern

---

221 BGH, Urt. v. 25.04.2019 – I ZR 272/15 –, Rn. 17 ff.

222 BGH, Urt. v. 05.05.2021 – VII ZR 78/20 –, Rn. 19, juris; Erman BGB/*Armbrüster* (2023), AGG § 19 AGG, Rn. 16.

223 *Braunroth*, Repräsentative Kollektivklagen (2021), VuR 2018, 455 (458 f.); *Beigang et al.*, Möglichkeiten der Rechtsdurchsetzung des Diskriminierungsschutzes (2021), S. 121 (zu § 606 ZPO (a.F.)).

224 Liste der qualifizierten Verbraucherverbände gemäß § 4 des Unterlassungsklagengesetzes (UKlaG), abrufbar unter: https://www.bundesjustizamt.de/SharedDocs/Downloads/DE/Verbraucherschutz/Liste_qualifizierter_Einrichtungen.html (zuletzt abgerufen am …).

225 *Britz*, VVDStRL 2005, 355 (378).

226 *Braunroth*, Repräsentative Kollektivklagen (2021), S. 242.

227 *Braunroth*, Repräsentative Kollektivklagen (2021), S. 242 ff.; *Braunroth*, VuR 2018, 455 (457).

228 *Braunroth*, Repräsentative Kollektivklagen (2021), S. 244; vgl. Riesenhuber/Nishitani/*Riesenhuber*, Wandlungen oder Erosion der Privatautonomie? (2007), S. 49; *Hanau*, in: FS Adomeit (2008), S. 240; *Langenbucher*, BKR 2023, 205 (206); *Britz*, VVDStRL 2005, 355 (376 f.).

werden „unter normalen Umständen zum Feind des eigenen wirtschaftlichen Erfolges“[229]. Nur die ökonomisch rationale Diskriminierung ist vom Anwendungsbereich der UWG-Verbandsklage erfasst (vgl. § 3 Abs. 1 i.V.m. § 2 Abs. 1 Nr. 2 UWG).[230]

Hinzukommt, dass die Zugangsdiskriminierung häufig sachlich gerechtfertigt ist. Denn marktrationale Benachteiligungen im Interesse von Kundengewinnung und bindung sind ausdrücklich nach § 20 Abs. 1 Nr. 3 AGG zulässig.[231] Rassistische oder herkunftsbezogene Benachteiligungen sind wiederum in der Regel nicht auf einen ökonomischen Vorteil ausgerichtet und somit schon nicht als geschäftliche Handlung i.S.d. § 2 Abs. 1 Nr. 1 UWG zu qualifizieren.[232] Als praktischer Anwendungsfall für die UWG-Verbandsklage kommt somit häufig nur das Verwenden von diskriminierenden Vertragsbedingungen in Form Preisdiskriminierungen wie „gender pricing“[233] in Betracht, das nicht gemäß § 20 AGG sachlich gerechtfertigt und eine geschäftliche Handlung i.S.d. § 2 Abs. 1 Nr. 1 AGG ist.[234] In diesem (Ausnahme)Fall kann der Unterlassungs und Beseitigungsanspruch nach § 8 Abs. 1 UWG geltend gemacht werden.

2. *Verbraucherrechtedurchsetzungsgesetz*

a) Abhilfe und Musterfeststellungsklage

Mit dem Verbraucherrechtedurchsetzungsgesetz (VDuG) wurde die am 24. November 2020 in Kraft getretene Verbandsklagerichtlinie im Verbraucherschutzrecht (Verbandsklagerichtlinie (EU) 2020/1828) umgesetzt. Sie soll unerlaubte Praktiken von Unternehmern gegenüber Verbrauchern beenden

---

229 *Zoppel*, Europäische Diskriminierungsverbote (2015), S. 31; vgl. *Bydlinski*, AcP 180 (1980), 1 (35); *Posner*, Economic Analysis of Law, 8th ed. (2011), S. 916.

230 *Braunroth*, Repräsentative Kollektivklagen (2021), S. 247; *Braunroth*, VuR 2018, 455 (457).

231 *Braunroth*, Repräsentative Kollektivklagen *(2021)*, S. 243; MünchKomm-BGB/*Thüsing* (2021), AGG § 20 Rn. 17.

232 *Britz*, VVDStRL 2005, 355 (378); *Braunroth*, Repräsentative Kollektivklagen (2021), S. 244.

233 Zur Begriffsbestimmung *An der Heiden/Wersig*, Preisdifferenzierung nach Geschlecht (2017), S. 10–17.

234 *Braunroth*, Repräsentative Kollektivklagen (2021), S. 245 f.; *Hofmann*, WRP 2016, 1074 (1079); *An der Heiden/Wersig*, Preisdifferenzierung nach Geschlecht (2017), S. 167–173.

und dahingehend Abhilfe schaffen.[235] Umfasst sind zum Beispiel Verstöße gegen Vorschriften die missbräuchliche Klauseln in Verbraucherverträgen verbieten.[236] Nach § 1 Abs. 1 VDuG können klageberechtigte Stellen Abhilfe und Musterfeststellungsklagen erheben. Neu ist die Abhilfeklage nach § 1 Abs. 1 Nr. 1 VDuG. Die Verbraucher können sich an der Verbandsklage beteiligen, indem sie ihre Ansprüche zum Verbandsklageregister bis zum Ablauf von drei Wochen nach dem Schluss der mündlichen Verhandlung gemäß § 46 Abs. 1 VDuG anmelden (Optin). Das Verfahren ist auf eine vollumfängliche Befriedigung der angemeldeten Verbraucher ausgelegt.[237] Anders als die USamerikanischen class action, entfaltet die Verbandsklage ihre Wirkung gegenüber den Verbrauchern ohne ihr Zutun aber nicht.[238]

Der deutsche Gesetzgeber hat beschlossen, um einen Rückfall hinter bereits in Deutschland geltende Verbraucherschutzstandards zu vermeiden, den weiten Anwendungsbereich der Musterfeststellungsklage beizubehalten, sodass der Verbraucherbegriff sich weiter nach § 29c Absatz 2 ZPO bestimmt.[239] Von dem Verbraucherbegriff nach § 29c Abs. 2 ZPO ist die Person umfasst, die rechtsgeschäftlich als Privatperson gehandelt hat und dabei gemäß § 19 AGG benachteiligt worden ist.[240] Die Anwendbarkeit des § 19 AGG setzt zusätzlich voraus, dass Massengeschäfte und massengeschäftsähnliche Rechtsgeschäfte betroffen sind (§ 19 Abs. 1 Nr. 1 AGG). Die Verbandsklagen nach § 1 VDuG setzen ebenfalls bürgerlichen Rechtsstreitigkeiten voraus, die Ansprüche und Rechtsverhältnisse einer Vielzahl von Verbrauchern gegen einen Unternehmer betreffen, sodass die Ansprüche nach § 21 AGG grundsätzlich mit den Verbandsklagen gemäß § 1 Abs. 1 VDuG durchgesetzt werden können.[241]

---

235 Verbandsklagerichtlinie (EU) 2020/1828, Erwägungsgrund Nr. 1.

236 Verbandsklagerichtlinie (EU) 2020/1828, Anhang I, Ziff. 2.

237 Musielak/Voit/*Stadler* (2024), VDuG vor § 1 Rn. 10; *Heerma*, ZZP 2023, 425 (440, 446): „[…] mit der Besonderheit einer 100 %-Quote".

238 *Welling*, jurisPR-BKR 3/2024 Anm. 1.

239 Begründung zu § 1 des RegE VRUG, BT-Drs. 20/6520, 69; KBF/*Scherer* (2024), VDuG § 1 Rn. 5; Zöller/*Schultzky* (2024), ZPO § 29c Rn. 9a.

240 Zu § 606 ZPO (a.F.) *Braunroth*, VuR 2018, 455 (458); Musielak/Voit/*Stadler* (2023), ZPO § 606 Rn. 2.

241 Vgl. zu § 606 ZPO (a.F.) *Braunroth*, VuR 2018, 455 (458 f.); Zöller/*Vollkommer* (2022), ZPO § 606 Rn. 3.

Teilweise wird angenommen, dass § 1 Abs. 1 VDuG auch im Arbeitsrecht Anwendung finden kann, weil § 1 Abs. 1 VDuG von „Verbraucher" spricht und das Bundesarbeitsgericht und der Bundesgerichtshof unter Verbraucher i.S.d. § 13 BGB und § 29c ZPO auch die Arbeitnehmer fasst und § 46 Abs. 2 S. 2 ArbGG ersatzlos gestrichen wurde.[242] Die zutreffende Gegenansicht führt an, dass die Streichung des § 46 Abs. 2 S. 2 ArbGG lediglich auf das ersatzlose Streichen der alten Vorschrift in der Zivilprozessordnung zur Musterfeststellungsklage zurückzuführen ist.[243] Außerdem sollen laut der Bundesregierung arbeitsrechtliche Streitigkeiten nicht mit der Abhilfe oder Musterfeststellungsklage nach dem Verbraucherrechtedurchsetzungsgesetz verfolgt werden können; für diese sollen ausschließlich die Vorschriften des Arbeitsgerichtsgesetz anwendbar bleiben.[244] Daher können Ansprüche nach § 15 AGG nicht mit den Verbandsklagen nach § 1 Abs. 1 VDuG durchgesetzt werden.

b) Wirksamkeit in Bezug auf das Antidiskriminierungsrecht

Die Abhilfe und Musterfeststellungsklage nach § 1 Abs. 1 VDuG sind außerhalb des Arbeitsrechts grundsätzlich geeignet, Schadensersatzansprüche aufgrund eines Verstoßes gegen das Antidiskriminierungsgesetz im Kollektiv geltend zu machen (§ 1 Abs. 1 Nr. 1 VDuG), beziehungsweise einen Verstoß gegen das Antidiskriminierungsrecht feststellen zu lassen (§ 1 Abs. 1 Nr. 2 VDuG) und können somit faktisch einen Beitrag zur besseren Durchsetzung des zivilrechtlichen Benachteiligungsverbots leisten.

Jedoch sind die Rechtsbehelfe beschränkt auf die Durchsetzung der Rechte von Verbrauchern. Außerdem scheitern die Verbandsklagen meistens an Voraussetzungen hinsichtlich der Anspruchsberechtigung der Verbände (§ 1 Abs. 1 i.V.m. § 2 Abs. 1 Ziff. 1 lit. a) i.V.m. § 4 UKlaG). Wie bereits im Rahmen der Verbandsklage des Unterlassungsklagegesetzes festgestellt, nehmen nur die wenigsten Antidiskriminierungsverbände, die sich für den Diskriminierungsschutz einsetzen, aktiv eine aufklärende oder beratende Tätigkeit hinsichtlich Verbraucherinteressen wahr.[245]

---

[242] *Diller* NZA 2023, 673 (674); *Düwell* BB 2023, 1912 (1913).

[243] *Bayat* NZA 2023, 1165 f.; BeckOK BGB/*Horcher* (2024), AGG § 17 Rn. 1; dagegen auch KBF/*Scherer* (2024), VDuG § 1 Rn. 10, der dies bereits aus den Richtlinien interpretiert.

[244] Begründung zu § 1 des RegE VRUG, BT-Drs. 20/6520, 69; *Bayat*, NZA 2023, 1165 f.

[245] s.o. § 1 B. I.

Außerdem fordert die Musterfeststellungsklage nach § 1 Abs. 1 Nr. 2 VDuG im Anschluss einen Individualprozess und kann daher nur bedingt die Klagelast von den Betroffenen abnehmen, [246] sodass die meisten Schwierigkeiten im Zugang zum Recht und in der wirksamen Rechtsdurchsetzung weiterhin bestehen.[247] Nur die Abhilfeklage kommt in Betracht, die Rechtsdurchsetzung des zivilrechtlichen Benachteiligungsverbots des Antidiskriminierungsgesetzes verbessern, weil der einzelne, angemeldete Betroffene mit dem Abhilfeurteil einen Anspruch auf eine konkrete Leistung oder einen Anteil des kollektiven Gesamtbetrags zugesprochen bekommt.[248]

Die Voraussetzungen der Abhilfeklage sind jedoch hoch. Die Abhilfeklage, die auf konkrete Leistung an namentlich benannte Verbraucher (§ 16 Abs. 1 S. 2 VDuG) oder auf die auf Zahlung eines kollektiven Gesamtbetrages (§§ 16 Abs. 1 S. 1, 19 VDuG) gerichtet sein kann,[249] erfordert stets, dass die von der Klage betroffenen Ansprüche von Verbrauchern im Wesentlichen gleichartig sind (§ 15 Abs. 1 VDuG). Der Verband muss in beiden Fällen in der Klageschrift „nachvollziehbar darlegen", dass Ansprüche von mindestens 50 Verbraucher betroffen sein können (§ 4 Abs. 1 Nr. 1 VDuG).[250] Sollte der Verband nicht genügend Informationen über die individuellen Betroffenen haben und daher die betroffenen Verbraucher nicht namentlich benennen können und auf einen kollektiven Gesamtbetrag klagen, muss er eine abstrakt zu beschreibende Gruppe von Verbrauchern mit gleichartigen Ansprüchen beschreiben können.[251] Für die Gleichartigkeit der Ansprüche ist erforderlich, dass die Entscheidung über alle geltend gemachten Ansprüche auf denselben Tatsachen und Rechtsfragen beruht, womit regelmäßig eine identische Anspruchsgrundlage erforderlich ist.[252] Der Verband muss außerdem in der

---

[246] Zu § 606 ZPO (a.F.) *Herberger*, RdA 2022, 220 (225); BeckOK ZPO/*Lutz* (2023), ZPO § 606 Rn. 6.1; *Vianden*, Gleiches Entgelt für gleiche und gleichwertige Arbeit (2020), S. 303.

[247] Vgl. zu § 606 ZPO (a.F.) *Vianden*, Gleiches Entgelt für gleiche und gleichwertige Arbeit (2020), S. 302 f.; *Herberger*, RdA 2022, 220 (225).

[248] Musielak/Voit/*Stadler*, VDuG vor § 1 Rn. 12.

[249] Musielak/Voit/*Stadler* (2024), VDuG vor § 1 Rn. 11.

[250] Musielak/Voit/*Stadler* (2024), VDuG vor § 1 Rn. 11.

[251] Musielak/Voit/*Stadler* (2024), VDuG vor § 1 Rn. 12.

[252] Musielak/Voit/*Stadler* (2024), VDuG § 15 Rn. 2.

Klagschrift die Methode angeben, wie die Höhe der einzelnen Ansprüche zu berechnen ist (§ 15 Abs. 2 VDuG).[253]

Nur selten wird es der Fall sein, dass der Verband bereits alle betroffenen diskriminierten Verbraucher namentlich benennen und die Höhe beziehungsweise den Inhalt ihrer Ansprüche genau angeben kann.[254] Aber auch die abstrakte Beschreibung einer Gruppe von diskriminierten Verbrauchern mit gleichartigen Ansprüchen kann hinsichtlich einer Diskriminierung nach § 19 Abs. 1 AGG eine Schwierigkeit darstellen. Nur sehr wenige Verstöße gegen das zivilrechtliche Benachteiligungsverbot lassen 50 zu beschreibende Verbraucher erkennen. Diskriminierung in Massenverhältnissen trifft häufig schon im Vorfeld des Vertragsschlusses eine Gruppe an Merkmalsträgern nach § 1 AGG, indem sie von dem Vertragsschluss ausgeschlossen wird (Zugangsdiskriminierung).[255] Die Gruppengröße kann in den wenigsten Fällen benannt werden. Schon die Pflicht zur Darlegung, dass von Feststellungszielen Ansprüche von mindestens zehn Verbrauchern abhängen (§ 606 Abs. 2 Nr. 2 ZPO (a.F.)), wurde im Rahmen der Musterfeststellungsklage nach §§ 606 ff. ZPO (a.F.) als eine Hürde zum Zugang zum Recht beurteilt.[256] Schwierig dürfte zudem die zusätzliche Pflicht sein, die Berechnung der Höhe der einzelnen diskriminierungsrechtlichen Ansprüche anzugeben, weil diese höchstpersönlich und einzelfallabhängig sind.

Daneben stellt laut der Studie zu den Möglichkeiten der Rechtsdurchsetzung des Diskriminierungsschutzes und Beendigung zivilrechtlicher Schuldverhältnisse aus dem Jahr 2021 die materiellrechtliche Ausschlussfrist nach § 21 Abs. 5 AGG eine Hürde für die Klage eines Verbands bei Verstößen gegen das Antidiskriminierungsgesetz dar.[257] Gemäß § 21 Abs. 5 AGG müssen die Ansprüche nach § 21 Abs. 1, Abs. 2 AGG spätestens zwei Monate

---

253 Musielak/Voit/*Stadler* (2024), VDuG vor § 1 Rn. 12.

254 Musielak/Voit/*Stadler* (2024), VDuG vor § 1 Rn. 11.

255 Siehe unter § 2 B. 1. c).

256 *Beigang et al.*, Möglichkeiten der Rechtsdurchsetzung des Diskriminierungsschutzes (2021), S. 121; *Braunroth*, VuR 2018, 455 (458) (zu § 606 ZPO (a.F.)), schon nach §§ 606 ff. ZPO (a.F.) scheiterte die Zulässigkeit der Musterfeststellungsklage für die Verbände oftmals an der Anmeldung zum Klageregister nach § 606 Abs. 3 Nr. 3 ZPO (a.F.).

257 zu § 606 f. ZPO (a.F.) *Beigang et al.*, Möglichkeiten der Rechtsdurchsetzung des Diskriminierungsschutzes und Beendigung zivilrechtlicher Schuldverhältnisse (2021), S. 121 f.

nach ihrer Entstehung rechtlich gegenüber dem Geschäftsanbieter geltend gemacht werden. Häufig dürfte die Frist bei Bekanntmachung der Verbandsklage (§ 12 Abs. 2 VDuG) bereits verstrichen sein, weil anzunehmen ist, dass die meisten Betroffenen erst bei Bekanntmachung der Abhilfeklage rechtliche Schritte in Erwägung ziehen.[258] Zudem ist anzunehmen, dass sich angesichts eines zumeist nur gering erwartbaren Ertrags der Abhilfeklage bei Verstößen gegen §§ 19 ff. AGG, nur wenige Betroffene überhaupt mobilisieren lassen.[259]

3. *Tarifvertragsgesetz*

a) Verbandsklage im Tarifvertragsrecht

In § 9 TVG ist die „arbeitsrechtsspezifische“[260] Verbandsklage[261] statuiert. Mithilfe dieses Rechtsbehelfs können Tarifvertragsparteien Streitigkeiten hinsichtlich der Wirksamkeit oder der Interpretation von Tarifnormen eines Tarifvertrages in Form der Erhebung einer Leistungs und Feststellungklage gerichtlich austragen.[262] Streitgegenstand kann daher auch die Nichtbeachtung einer Grenze sein, die das Antidiskriminierungsgesetz den Tarifvertragsparteien setzt, weil Verstöße gegen Benachteiligungsverbote die Unwirksamkeit der Vereinbarungen nach § 7 Abs. 2 AGG zur Folge hat.[263]

---

[258] zu § 606 f. ZPO (a.F.) *Beigang et al.*, Möglichkeiten der Rechtsdurchsetzung des Diskriminierungsschutzes und Beendigung zivilrechtlicher Schuldverhältnisse (2021), S. 121 f.

[259] zu § 606 f. ZPO (a.F.) *Beigang et al.*, Möglichkeiten der Rechtsdurchsetzung des Diskriminierungsschutzes und Beendigung zivilrechtlicher Schuldverhältnisse (2021), S. 121.

[260] *Höland*, in FS Bepler (2012), 221 (228).

[261] Als „Verbandsklage“ bezeichnet von BAG, Urt. v. 22.03.2023 – 10 AZR 499/20 – AP Nr. 37 zu § 6 ArbZG; ErfK/*Franzen* (2024), TVG § 9 Rn. 3; Schaub ArbR-HdB/*Treber* (2023), § 201 Rn. 25; BeckOK ArbR/*Giesen* (2024), TVG § 9 Rn. 1; *Spelge*, RdA 2023, 269; *Höland*, in FS Bepler (2012), 221 (228).

[262] Vgl. BAG, Urt. v. 09.06.1982 – 4 AZR 274/81 – AP Nr. 33 (Ls.) zu § 611 BGB Lehrer, Dozenten; ErfK/*Franzen* (2024), TVG § 9 Rn. 6.

[263] BAG, Urt. v. 15.02.2011 – 9 AZR 584/09 – AP Nr. 34 zu § 1 TVG Vorruhestand; BAG, Urt. v. 11.08.2009 – 3 AZR 23/08 – AP Nr. 139 zu Art. 9 GG; MAH ArbR/*Hamacher/van Laak* (2021), § 70 Rn. 20.

In Betracht kommt insbesondere die sachlich nicht gerechtfertigte Anknüpfung der Höhe der Grundvergütung an Lebensaltersstufen.[264]

Die Vorschrift erweitert die subjektive Rechtskraft von rechtskräftigen Entscheidungen der Gerichte für Arbeitssachen in Rechtsstreitigkeiten zwischen Tarifvertragsparteien bezüglich des Inhalts des Tarifvertrags und/oder über das Bestehen oder Nichtbestehen des Tarifvertrages über die §§ 325 ff. ZPO hinaus.[265] Die Bindungswirkung dieser Entscheidungen erstreckt sich auf die Rechtsbeziehungen der tarifgebundenen Personen (§ 3 TVG) sowie dieser Personen zu Dritten und sind für die Gerichte und Schiedsgerichte bindend (§ 9 TVG). Die Möglichkeit, die Auslegung der Tarifnormen in abstrakter Weise klären zu lassen, besteht auch dann, wenn die tarifunterworfenen Arbeitnehmer die Möglichkeit haben, einen Individualprozess und entsprechende Musterprozesse zu führen.[266] Strittig ist aber, ob auch Arbeitnehmer, die lediglich über Bezugnahmeklauseln in ihrem Arbeitsvertrag an den streitgegenständlichen Tarifvertrag gebunden sind, von der Bindungswirkung erfasst sind.[267]

b) Wirksamkeit in Bezug auf das Antidiskriminierungsrecht

Die Verbandsklage nach § 9 TVG beschränkt sich auf das Tarifvertragsrecht. Auch ihr Anwendungsbereich ist mithin sehr gering und kann keine große Wirksamkeit hinsichtlich der Durchsetzung des Antidiskriminierungsrechts im Allgemeinen entfalten.

Von dem Rechtsbehelf profitiert auch der einzelne Arbeitnehmer nicht. *Nielebock* merkt zutreffend an, dass die Arbeitnehmer – sollten sie von der Rechtskrafterstreckung des Verbandsklageurteils profitieren und einen Individualprozess führen wollen – sich gegenüber ihrem Arbeitgeber zu

---

264 BAG, Urt. v. 10.11.2011 – 6 AZR 148/09 – AP Nr. 12 zu § 27 BAT (m. Anm. Löwisch); EuGH, Urt. v. 08.09.2011 – C-297/10 – AP Nr. 22 zur Richtlinie 2000/78/EG – NZA 2011, 1100; MAH ArbR/*Hamacher/van Laak* (2021), § 70 Rn. 20.

265 BAG, Urt. v. 08.02.1963 – 1 AZR 511/61 – AP Nr. 42 zu § 256 ZPO; BAG, Urt. v. 30.05.1984 – AP Nr. 3 zu § 9 TVG 1969 (m. Anm. Wiedemann); *Höland*, in FS Bepler (2012), 221 (229); ErfK/*Franzen* (2024), TVG § 9 Rn. 2; BeckOK ArbR/*Giesen* (2024), TVG § 9 Rn. 1.

266 BAG, Urt. v. 30.05.1984 – AP Nr. 3 zu § 9 TVG 1969 (m. Anm. Wiedemann); *Höland*, in FS Bepler (2012), 221 (229).

267 Zum Streit siehe ErfK/*Franzen* (2024), TVG § 9 Rn. 14.

erkennen geben müssen, um zu verhindern, dass der Anspruch infolge von Ausschlussfristen untergeht.[268] Das Sichzuerkennengeben ist jedoch für viele Arbeitnehmer aufgrund der Angst vor Nachteilen keine Option.[269] Daher kann das Machtverhältnis zwischen Arbeitgeber und Arbeitnehmer einem Individualprozess trotz des Verbandsklageurteils gemäß § 9 TVG entgegenstehen.[270] Dies könne nur verhindert werden, wenn es der Gewerkschaft gelingt, eine Zusage zur Hemmung der Ausschlussfristen für alle Betroffenen zu erhalten.[271]

II. Kollektive Rechtsbehelfe des Öffentlichen Rechts

1. *Verbandsklage des Behindertengleichstellungsgesetzes und des Berliner Landesantidiskriminierungsgesetzes*

Im öffentlichen Recht sieht das Behindertengleichstellungsgesetz in § 15 Abs. 1 Nr. 1 BGG eine Verbandsklagemöglichkeit vor, wenn ein Verstoß gegen das Benachteiligungsverbot nach § 7 BGG vorliegt. Dieses Benachteiligungsverbot umfasst gemäß § 7 Abs. 1 S. 3 BGG Benachteiligungen nach § 3 Abs. 3, Abs. 4 AGG, also den Schutz vor sexueller und anderer Belästigung. Außerdem hat das Land Berlin eine Verbandsklage in ihrem Landesantidiskriminierungsgesetz eingeführt.

Auch nach § 9 Abs. 1 LADG kann eine Verbandsklage erhoben und damit die Rechte aus dem Landesantidiskriminierungsgesetz durchgesetzt werden. Die Klage ist darauf gerichtet feststellen zu lassen, dass ein verwaltungsrechtliches Handeln objektiv gegen das Diskriminierungsverbot (§ 2 LADG) oder das Maßregelungsverbot (§ 6 LADG) verstößt. Voraussetzung ist jedoch, dass eine über die individuelle Betroffenheit hinausgehende Bedeutung vorliegt und der Verband gemäß § 10 LADG berechtigt ist.

2. *Wirksamkeit in Bezug auf das Antidiskriminierungsrecht*

Die Klagerechte finden nur bei Diskriminierungen durch einen Träger öffentlicher Gewalt Anwendung. Zudem betrifft § 15 BGG wie § 14 BGG im Wesentlichen nur die in § 7 Abs. 1, § 8 Abs. 1, § 9 Abs. 1, § 10 Abs. 1 S. 2,

---

[268] *Nielebock*, in: FS Preis (2021), 913 (919).
[269] S.o. § 1 B. I.
[270] *Nielebock*, in: FS Preis (2021), 913 (919).
[271] *Nielebock*, in: FS Preis (2021), 913 (919, 923).

§ 12a BGG genannten Rechte und erfasst den Bereich des § 7 Abs. 1 AGG und § 19 Abs. 1 AGG nicht.[272] Die Verbandsklage des Landesantidiskriminierungsgesetzes Berlin ist auf das Antidiskriminierungsgesetz des Landes Berlin begrenzt. Die Verbandsklagerechte des öffentlichen Rechts können die Vollzugsdefizite des Antidiskriminierungsgesetzes daher nicht kompensieren.

III. Zwischenfazit

Grundsätzlich können Betroffene bei der Rechtsdurchsetzung Unterstützung durch Vereinigungen erhalten, sei es in Form von Beistand oder – umstritten – in der Rolle als Prozessstandschafter oder Zessionar. Die Möglichkeiten sind jedoch sachlich und persönlich begrenzt. Die Beihilfebefugnis der Antidiskriminierungsverbände nach § 23 Abs. 2 S. 1 AGG ermöglicht lediglich, dass die Betroffenen in ihrem Verfahren – beschränkt durch die Regelungen der Zivilprozessordnung – Hilfe erfahren, aber nicht, dass die Verbände als Bevollmächtigte den Prozess anstelle des Betroffenen führen dürfen. Außerhalb von § 23 Abs. 2 S. 1 AGG ist umstritten, inwieweit und auf welche Weise Verbände Betroffene prozessrechtlich unterstützen dürfen. Während einige die gewillkürte Prozessstandschaft unter Berücksichtigung unionsrechtlicher Vorgaben als Option für eine Verbandsklage sehen, wird auch die Abtretung individueller Ansprüche an einen Verband diskutiert. Diese Möglichkeiten sind bislang richterlich nicht abschließend geklärt.

Außerhalb des Antidiskriminierungsgesetzes sieht das Behindertengleichstellungsgesetz in § 14 sowie das Neunte Sozialgesetzbuch in § 85 die Prozessstandschaft von bestimmten Verbänden vor. Die Vorschriften ermöglichen die Prozessstandschaft allerdings nur bei Verstößen gegen Benachteiligungsverbote, die Menschen mit Behinderung betreffen, womit sie nur einen Teilbereich des Antidiskriminierungsrechts umfassen. Die Befugnis zur Prozessstandschaft von Antidiskriminierungsverbänden nach § 9 Abs. 3 LADG ist lediglich auf das Verwaltungshandeln der berlinerischen Behörden begrenzt.

Eine Lücke in der Rechtsdurchsetzung entsteht in den Fällen, in denen eine Diskriminierung vorliegt, aber kein Betroffener identifiziert werden kann. Neben der individuellen Rechtsdurchsetzung bietet das

---

[272] Siehe unter § 1 C. II.

Antidiskriminierungsrecht in § 17 Abs. 2 AGG i.V.m. § 23 Abs. 3 BetrVG zwar eine Möglichkeit, die kollektiven Interessen der Arbeitnehmer durch den im Betrieb vertretenen Betriebsrat oder die Gewerkschaft durchzusetzen, von dieser Möglichkeit wird jedoch nur selten Gebrauch gemacht. Sie ist außerdem auf den arbeitsrechtlichen Bereich beschränkt und unterliegt strengen Voraussetzungen wie dem „groben Verstoß" des Arbeitgebers gegen seine Pflichten aus dem Antidiskriminierungsgesetz.

Daneben bieten andere Rechtsgebiete kollektive Rechtsbehelfe, deren Anwendbarkeit für die Durchsetzung der Rechte aus dem Antidiskriminierungsgesetz jedoch begrenzt ist. So können Verbände nach §§ 1, 2, 3 Abs. 1 S. 1 Nr. 1 UKlaG einen Unterlassungs beziehungsweise einen Beseitigungsanspruch im Diskriminierungsrecht geltend machen, wenn Allgemeine Geschäftsbedingungen verwendet oder empfohlen werden oder in anderer Weise gegen verbraucherschützende Vorschriften verstoßen wird und dies von § 19 AGG umfasst ist. Eine ökonomisch rationale Diskriminierung kann zudem vom Anwendungsbereich des § 8 Abs. 1, Abs. 3 Nr. 2–4 UWG umfasst sein, wobei der Anspruch häufig daran scheitert, dass die Diskriminierung für das Unternehmen wirtschaftlich nicht vorteilhaft oder sachlich gerechtfertigt ist. Zudem nehmen die wenigsten Antidiskriminierungsverbände, die sich gemäß ihrer Satzung für einen diskriminierungsfreien Rechtsraum einsetzen, Interessen der Verbraucher durch nicht gewerbsmäßige Aufklärung und Beratung wahr und erfüllen damit die Anforderung nach § 4 Abs. 2 Halbsatz 1 UKlaG. Das gilt auch für die Abhilfeklage nach § 1 Abs. 1 Nr. 1 VDuG (§ 2 Abs. 1 Nr. 1 a) VDuG i.V.m. § 4 Abs. 2 S. 1 UKlaG). Für den Bereich des Arbeitsrechts ist das Verbraucherrechtedurchsetzungsgesetz schon nicht anwendbar. Generell bietet das neue Verbraucherrechtedurchsetzungsgesetz für Verbände keinen Rechtbehelf für die Durchsetzung der Rechte von Nicht-Verbrauchern. In § 9 TVG befindet sich ebenfalls eine kollektive Rechtsschutzmöglichkeit, die sich aber auf Rechtsstreitigkeiten zwischen Tarifvertragsparteien beschränkt.

Auch das Behindertengleichstellungsgesetz sieht in § 15 eine Verbandsklage von bestimmten Verbänden vor, die allerdings wie die Prozessstandschaft nach § 14 BGG nur Benachteiligungen von Menschen mit Behinderung durch einen Träger öffentlicher Gewalt erfasst, womit Menschen, die aufgrund ihrer Behinderung durch Private diskriminiert werden, nicht von dem Verbandsklagerecht profitieren. Das Land Berlin hat für den Bereich der Verwaltung ebenfalls eine Verbandsklage vorgesehen (§ 9 Abs. 1 LADG). Diese beschränkt sich jedoch wie die Befugnis zur Prozessstandschaft nach § 9 Abs. 3 LADG auf das Handeln von berlinerischen Behörden und auf die Durchsetzung des Landesantidiskriminierungsrechts. Insgesamt können die Schwächen des Individualrechtsschutzes im Antidiskriminierungsgesetz und die daraus resultierenden Vollzugsdefizite nicht durch die Unterstützung von Vereinigungen mittels Beihilfe, Bevollmächtigung oder eigenmächtigen Klagebefugnissen kompensiert werden.

Die Verbandsklage als geeignetes Rechtsschutzinstrument im Antidiskriminierungsrecht

Angesichts des im ersten Kapitel festgestellten Vollzugsdefizits des Antidiskriminierungsgesetzes, das durch die aktuellen Prozessrollen und eigenständigen Klagerechte der Verbände rechtsgebietsübergreifend nicht ausgeglichen werden kann, sollte die Einführung eines kollektiven Rechtsbehelfs im Antidiskriminierungsgesetz in Erwägung gezogen werden. Bereits seit Jahrzehnten wird erkannt, dass selbst dort, wo ein an sich klagwilliger Betroffener vorhanden ist, die Gefahr besteht, „daß durch den faktisch oder rechtlich begründeten Ausfall privater Klageinitiativen gebotswidriges Verhalten sanktionslos gestellt wird“[273] und daher ein „nicht voll befriedigtes öffentliches Interesse an wirksamer Sanktionierung von Rechtsverletzungen besteht“.[274] *Kötz* stellte zudem bereits im Jahr 1975 fest, dass es Fälle gibt, in denen es an persönlich betroffenen Klägern fehlt und dass es der Einschaltung klagebefugter Dritter deshalb bedarf, „damit das öffentliche Interesse an wirksamer Rechtskontrolle nur überhaupt durch irgendjemandes Klaginitiative vindiziert werden könne“.[275]

Im Folgenden wird untersucht, ob prozessuale Befugnisse von Verbänden im Antidiskriminierungsrecht nach europäischem Recht zulässig oder sogar erforderlich sind (B. I.), welche Ziele durch Verbandsklagerechte verfolgt werden (B. I.) und inwiefern diese – unter Berücksichtigung bestehender Regelungen zu Verbandsklagen – geeignet sind, die angestrebten Ziele zu erreichen (B. II.). Zunächst wird der Begriff ‚Verbandsklage‘ definiert (A.)

[273] Homburger/Kötz/*Kötz* (1975), S. 72.
[274] Homburger/Kötz/*Kötz* (1975), S. 72.
[275] Homburger/Kötz/*Kötz* (1975), S. 101.

§ 3 Definition des Begriffs „Verbandsklage"

Wie bereits in der Einleitung angedeutet, kann nicht von „der einen" Verbandsklage gesprochen werden. Der Begriff „Verbandsklage" umfasst eine Vielzahl kollektiver Verfahren, in denen ein Verband involviert ist. Fehlt ein gesondert statuiertes Verbandsklagerecht, kann sich ein solches nur aus einer gewillkürten Prozessstandschaft kraft besonderer Ermächtigung oder aus Abtretung ergeben.[276] Darüber hinaus besteht nach allgemeiner Ansicht eine Verbandsklagebefugnis zur „gebündelten" Geltendmachung kollektiv gestreuter Einzelinteressen nicht.[277]

Mittlerweile hat der Gesetzgeber von seinem Recht über den individuellen Rechtsschutz hinaus Verbandsklagen einzuführen, unter anderem im Verbraucherschutz, dem Rechts des unlauteren Wettbewerbs, dem Kartellrecht und dem Umwelt und Naturschutzrecht sowie dem Behindertengleichstellungsgesetz Gebrauch gemacht. Je nach Ausgestaltung der Verbandsklage werden die kollektiven Akteure anstelle des Anspruchsinhabers (einzelfallbezogene Verbandsklage), für den Anspruchsinhaber (Verbandsklage mit der Möglichkeit zum Optin) oder sogar selbstständig tätig (allgemeine Verbandsklage).[278] Die Verbandsklage lockert also die individuell subjektivrechtliche Beziehung zwischen Anspruch und Kläger.[279]

Grundsätzlich ist zu differenzieren zwischen der allgemeinen eigenständigen Verbandsklage, losgelöst von einer subjektiven Rechtsverletzung, und der Ermächtigung von Verbänden zur Rechtsdurchsetzung von Individualrechten. Gesondert ist die verfahrensrechtliche Verbandsklage zu betrachten.

A. Die allgemeine Verbandsklage

Die allgemeine Verbandsklage[280] meint die eigenständige Klage von kollektiven Akteuren nicht zum eigenen, sondern zum Schutz spezifischer Interessen

---

276 Zöller/*Althammer* (2024), ZPO Vorb. zu §§ 50–58, Rn. 56, 58.

277 Zöller/*Althammer* (2024), ZPO Vorb. zu §§ 50–58 Rn. 56 mit Verweis auf *Rosenberg/Schwab/Gottwald* (2018), § 47 Rn. 10 ff., 16 ff. und *Tilp/Schiefer*, NVZ 2017, 14 (16, 17) (keine Popularklage).

278 Vgl. *Egidy*, ZUM 2023, 725 (729); *Lembke*, Kollektive Rechtsmobilisierung gegen digitale Gewalt (2017), S. 24.

279 *Egidy*, ZUM 2023, 725 (729).

280 Diese Bezeichnung verwendend *Herberger*, RdA 2022, 220 (223).

einer bestimmten Gruppe.[281] Sie ist eine Form des überindividuellen Rechtsschutzes.[282] Mit der allgemeinen Verbandsklage soll das öffentliche Interesse an der Durchsetzung des objektiven Rechts wahrgenommen werden.[283] Sie ermöglicht, im öffentlichen Interesse Verletzungen des objektiven Rechts vorzubeugen und zu sanktionieren, auch wenn keine Verletzung individueller Rechte vorliegt.[284] So hat *Meller-Hannich* zusammengefasst:

> Bei der Verbandsklage übernimmt [...] der Staat die gesetzliche Fundierung, instrumentalisiert den Verband in öffentlichem Interesse, überlässt aber die Initiative dem einzelnen Verband ohne über die Qualifizierung hinausgehende weitere staatliche Kontrollmöglichkeit. Die staatliche Aufgabenwahrnehmung endet mit der gesetzgeberischen Tätigkeit, die Durchsetzung des öffentlichen Interesses selbst ist nicht mehr hoheitliche Aufgabenwahrnehmung, sondern findet im gesellschaftlichen Bereich statt.[285]

Ein Urteil im Verbandsklageverfahren zugunsten eines Verbands entfaltet in der Regel keine unmittelbare Wirkung für – falls vorhanden – den einzelnen Geschädigten. Dieser profitiert grundsätzlich nur mittelbar, zum Beispiel durch das zukünftige Unterlassen einer wettbewerbswidrigen Handlung eines Unternehmens.[286] Die allgemeine und eigenständige[287] Verbandsklage ist heute kein Fremdkörper mehr im deutschen Rechtsschutzsystem, soweit ihr ein öffentliches Interesse zugrunde liegt.[288] Es kann zwischen zwei Gruppen allgemeiner Verbandsklagen differenziert werden.

---

281 *Egidy*, ZUM 2023, 725 (729).

282 *Höland*, in FS Bepler (2012), 221 (223); *Meller-Hannich*, Verbraucherschutz im Schuldvertragsrecht (2005), S. 270.

283 *Haß*, Gruppenklage (1996), S. 16; *Koch*, JZ 2011, 438 (443); *Schmidt*, NJW 2002, 25 (28); *Blagojevic*, Ansprüche mittels Gruppenklage (2020), S. 44.

284 *Meller-Hannich*, in: EU-Sammelklage (2013), S. 35; *Meller-Hannich*, Kollektiver Rechtsschutz im Zivilprozess (2008), S. 15.

285 *Meller-Hannich*, Kollektiver Rechtsschutz im Zivilprozess (2008), S. 282 f.

286 Vgl. *Tamm*, EuZW 2009, 439 (441); *Blagojevic*, Ansprüche mittels Gruppenklage (2020), S. 44.

287 Vgl. *v. Roetteken* (2024), AGG § 23 Rn. 55, der den Begriff für das Klagerecht nach § 3 UKlaG nutzt.

288 Vgl. *Groteclaes*, GVRZ 2024, 8 Rn. 132; *Guski*, ZZP 131 (2018), 353 (357) und folgende Ausführungen.

I. Verbandsklage mit materiellrechtlichem Anspruch

Unter die erste Gruppe der allgemeinen Verbandsklagen sind die Verbandsklagen nach § 1 i.V.m. § 3 Abs. 1 S. 1 UKlaG, § 8 Abs. 3 UWG, § 33 Abs. 3 GWB, die Gewinnabschöpfungs beziehungsweise Vorteilsabschöpfungsansprüche nach § 10 Abs. 1 UWG und § 34a GWB sowie die betriebsverfassungsrechtliche Verbandsklage nach § 17 Abs. 2 AGG i.V.m. § 23 Abs. 3 BetrVG zu fassen. Ihnen ist gemeinsam, dass die Verbände selbst aktivlegitimiert sind, also einen eigenen materiellrechtlichen Anspruch geltend machen. Die dogmatische Einordnung der Verbandsklagebefugnisse des Unterlassungsklagegesetzes und des Gesetzes gegen den unlauteren Wettbewerb als reine Prozessführungsbefugnis[289] oder als Prozessstandschaft[290] ist mit dem durch § 13 Abs. 2 AGBG (a.F.) und später § 3 Abs. 1 UKlaG sowie § 8 Abs. 3 UWG geänderten Wortlaut von „Ansprüche […] können nur geltend gemacht werden von […]" auf „Ansprüche […] stehen zu" nicht mehr vertretbar.[291] In der Gesetzesbegründung heißt es, dass die Streitfrage, „ob § 13 Abs. 2 AGBG eine Regelung über die Aktivlegitimation oder eine Regelung über die Prozessführungsbefugnis enthält, […] im zuerst genannten Sinne entschieden" werde.[292]

Für einen materiellrechtlichen Anspruch der Betriebsräte und der im Betrieb vertretenen Gewerkschaft nach § 17 Abs. 2 AGG spricht der Verweis in § 17 Abs. 2 AGG auf § 23 Abs. 3 BetrVG, der laut des Bundesgerichtshofes einen Unterlassungsanspruch des Betriebsrats statuiert.[293] Überwiegend

---

[289] *Hadding*, JZ 1970, 305 (310); *Reinel*, Verbandsklage nach dem AGG (1979), S. 126 ff.; *Leipold*, in: Gilles, Effektivität des Rechtsschutzes und verfassungsmäßige Ordnung (1983), S. 79 f.; zustimmend *Göbel*, Prozeßzweck der AGB-Klage (1980), S. 125 ff.; Prütting/Gehrlein/*Halfmeier* ZPO (2023), UKlaG § 3 Rn. 2.

[290] *Gilles*, ZZP 98 (1985), 1 (10); *Marotzke*, ZZP 98 (1985), 160 (198 ff.); zu § 13 Abs. 1a UWG (a.F.) *Hefermehl*, GRUR 1969, 653 (657); *Berg*, JuS 1966, 461 (463).

[291] *Greger*, NJW 2000, 2457 (2462); Ulmer/Brandner/Hensen/*Witt* (2022), UKlaG § 3 Rn. 4; vgl. KBF/*Köhler/Feddersen* (2024), UWG § 8 Rn. 3.10.

[292] Begründung zu Art. 3 des RegE u. a. über Fernabsatzverträge, BT-Drucks. 14/2658, 52; Ulmer/Brandner/Hensen/*Witt* (2022), UKlaG § 3 Rn. 4.

[293] So spricht der BGH im Rahmen des § 23 Abs. 3 BetrVG von einem Unterlassungsanspruch des Betriebsrates BAG, Urt. v. 22. 2. 1983 – 1 ABR 27/81 – NJW 1984, 196 (197); BAG, Urt. v. 18. 4. 1985 – 6 ABR 19/84 – NZA 1985, 783 (784) und BAG, Urt. v. 3. 5. 1994 – 1 ABR 24/93 – NZA 1995, 40 (41); offengelassen hingegen von Richardi BetrVG/*Thüsing* (2022), BetrVG § 23 Rn. 99; *Fitting* (2024), § 23 Rn. 69; von einer

wird angenommen, dass die Vorschrift ein Anspruch des Betriebsrats beziehungsweise der Gewerkschaft vorsieht,[294] jedoch besteht in diesem Punkt Uneinigkeit.[295]

Nicht außer Acht gelassen werden darf die Ansicht, das Verbandsklagerecht nach dem Unterlassungsklagegesetz und dem Gesetz gegen den unlauteren Wettbewerb berechtige die Verbände ausschließlich materiellrechtlich.[296] Diese Ansicht stützt sich darauf, dass die Prozessführungsbefugnis der Verbände bereits aus der im Wortlaut festgelegten Aktivlegitimation folgt, ohne dass es einer gesonderten gerichtlichen Prüfung bedarf.[297] Folgt man dieser Ansicht, bliebe unberücksichtigt, dass dem Verband ohne eigene Rechtsbetroffenheit ein Anspruch eingeräumt wird und er nicht nur im eigenen, sondern zugleich im Interesse Dritter und im öffentlichen Interesse tätig wird. [298] Dies entspricht den Grundzügen einer Prozessstandschaft.[299] Aus dem Grund wird vertreten, dass die Verbände eher als Beliehene anzusehen sind, die eine quasihoheitliche Kontrollkompetenz ausüben.[300] Der Europäische

---

gesetzlichen Prozessstandschaft sprechend ErfK/*Koch* (2024), BetrVG § 23 Rn. 20; für ein Antragsrecht und keine materiellrechtliche Anspruchsgrundlage GK-BetrVG/*Oetker* (2022), BetrVG § 23 Rn. 147.

294 Davon unkritisch ausgehend BeckOK BGB/*Horcher* (2024), AGG § 17 Rn. 3; Schaub ArbR-HdB/*Ahrendt* (2023), § 36 Rn. 155; BeckOK ArbR/*Roloff* (2024), AGG § 17 Rn. 3; Hey/Forst/*Forst* (2015), AGG § 17 Rn. 35; *Brors*, AuR 10 (2019), 398 (399).

295 a.A. MHdB ArbR Bd. 1/*Oetker* (2024), § 17 Rn. 101; Däubler/Beck/*Buschmann* (2022), AGG § 17 Rn. 20; SSP/*Schleusener* (2022), AGG § 17 Rn. 21.

296 So *Alexander*, JuS 2009, 590 (593); *Greger*, ZZP 113 (2000), 399 (406 f.); *Greger*, NJW 2000, 2457, (2462); *Kohler*, Die grenzüberschreitende Verbraucherverbandsklage (2008), S. 65 ff., die die mit der Doppelnatur verfolgten Ziele auch mit dieser Einordnung für erreichbar hält; Staudinger-BGB AGB u. UKlaG/*Piekenbrock* (2022), UKlaG § 3 Rn. 1; Ulmer/Brandner/Hensen/*Witt* (2022), UKlaG § 3 Rn. 4.

297 Ulmer/Brandner/Hensen/*Witt* (2022), UKlaG § 3 Rn. 4; KBF/*Köhler/Feddersen* (2024), UWG § 8 Rn. 3.10; *Greger*, NJW 2000, 2457 (2452); *Schmidt*, NJW 2002, 25 (28); vgl. Zöller/*Althammer* (2024), ZPO Vorb. § 50 ZPO Rn. 16.

298 Vgl. KBF/*Köhler/Feddersen* (2024), UWG § 8 Rn. 3.10; MünchKomm-UWG/*Ottofülling* (2022), UWG § 8 Rn. 394, MünchKomm-ZPO/*Lindacher/Hau* (2020), ZPO vor § 50 Rn. 89.

299 Vgl. KBF/*Köhler/Feddersen* (2024), UWG § 8 Rn. 3.10; MünchKomm-UWG/*Ottofülling* (2022), UWG § 8 Rn. 394, MünchKomm-ZPO/*Lindacher/Hau* (2020), ZPO vor § 50 Rn. 89.

300 MünchKomm-ZPO/*Micklitz/Rott* (2022), UKlaG § 1 Rn. 3; *Bultmann*, Verklagen oder Verhandeln? (1995), S. 37, vgl. *Koch*, KritV 1989, 323 (330).

Gesetzgeber bestätigte diese Auffassung mit der Verordnung (EU) 2017/2394, indem er in Artikel 27 den Verbänden eine Kontrollkompetenz einräumt, die mit denen der Behörden vergleichbar ist.[301] Dieser „abnorme[n] zweite[n] Funktion“[302] – im öffentlichen Interesse mit besonderen Mitteln des Zivil und Zivilprozessrechts Rechtsverstöße abzuwehren[303] – kann nur gerecht werden, indem die Voraussetzungen der Klagebefugnis zugleich Voraussetzungen der Prozessführungsbefugnis sind.[304] Auch der Bundesgerichtshof beurteilte sowohl die Verbandsklage nach § 8 Abs. 3 Nr. 3 UWG als auch eine Verbandsklage nach § 3 Abs. 1 UKlaG im Sinne der Lehre der Doppelnatur.[305] Der gesetzgeberische Wille dieser „Doppelnatur“ der Klagebefugnis wird auch für die Verbandsklagebefugnis des Kartellgesetzes[306] und des Gewinn und Vorteilsabschöpfungsanspruchs[307] angenommen.

Heutzutage werden Verbandsklagebefugnisse des Unterlassungsklagegesetzes und des Gesetzes gegen den unlauteren Wettbewerb daher überwiegend sowohl als prozessuale Klage beziehungsweise Antragsbefugnis als auch als sachlichrechtliche Anspruchsberechtigung und somit als „ein Tertium zur Prozessführungsbefugnis des Inhabers eines subjektiven Rechts und zur

[301] Vgl. auch Erwägungsgrund 35 und 36 der Verordnung (EU) 2017/2394, ABl. 2017 L 345/1; MünchKomm-ZPO/*Micklitz/Rott* (2022), UKlaG § 1 Rn. 3.

[302] MünchKomm-ZPO/*Micklitz/Rott* (2022), UKlaG § 1 Rn. 3.

[303] Vgl. EuGH, Urt. v. 06.10.2009 – C40/08 C-40/08 – Asturcom – CELEX 62008CJ0040; MünchKomm-ZPO/*Micklitz/Rott* (2022), UKlaG § 1 Rn. 3.

[304] Vgl. KBF/*Köhler/Feddersen* (2024), UWG § 8 Rn. 3.10; MünchKomm-UWG/*Ottofülling* (2022), UWG § 8 Rn. 394, MünchKomm-ZPO/*Lindacher/Hau* (2020), ZPO vor § 50 Rn. 89; BeckOK UWG/*Haertel* (2023), UWG § 8 Rn. 163.

[305] BGH, Beschl. v. 28.05.2020 – I ZR 186/17 – ZUM 2020, 890 (892) Rn. 32: „Die Bestimmung des § 8 Abs. 3 Nr. 3 UWG regelt nicht nur die sachlichrechtliche Anspruchsberechtigung, sondern auch die prozessuale Klagebefugnis [...]. Dies gilt entsprechend für § 3 Abs. 1 UKlaG. Diese Bestimmung regelt ebenfalls nicht nur die sachlichrechtliche Anspruchsberechtigung, sondern auch die prozessuale Klagebefugnis [...]“; Ulmer/Brandner/Hensen/*Witt* (2022), UKlaG § 3 Rn. 4.

[306] OLG Düsseldorf, Urt. v. 24.04.2013 – VI-U (Kart) 4/12 – WuW 2013, 989; Immenga/Mestmäcker/*Franck* (2024), GWB § 33 Rn. 36.

[307] Vgl. für § 10 Abs. 1 UWG Ohly/Sosnitza/*Ohly* (2023), UWG § 10 Rn. 13; MünchKomm-UWG/*Micklitz/Namysłowska* (2022), UWG § 10 Rn. 64; Harte-Bavendamm/Henning-Bodewig/*Goldmann* (2021), UWG § 10 Rn. 37; für § 34a GWB Immenga/Mestmäcker/*Emmerich* (2024), GWB § 34a Rn. 6; vgl. LMRKM/*Funke* (2020), GWB § 34a Rn. 10.

Prozessführungsbefugnis eines Dritten über fremde subjektive Rechte“[308] verstanden.[309]

II. Altruistische Verbandsklagen

Die zweite Gruppe der allgemeinen Verbandsklagen bilden die „altruistischen“[310] Verbandsklagen. Die als altruistisch bezeichnete und aufgrund von § 42 Abs. 2 S. 1 VwGO mögliche[311] Verbandsklage knüpft nicht an subjektive Rechte an, die außerhalb des Prozesses selbstständig bestehen, sondern an eigenständige Klagerechte der Vereinigungen, die sich überhaupt erst im Prozess entfalten.[312] Das altruistische Verbandsklagerecht ermöglicht, dass Rechtsverstöße von ausschließlich im öffentlichen Interesse erlassene Rechtsvorschriften von Verbänden gerügt werden können.[313] Der rein prozessrechtlichen Regelung kommt daher keine Rechtsschutz, sondern eine Beanstandungsfunktion zu.[314] Sie ist im Umwelt und Naturschutzrecht[315], im Tierschutzgesetz, im Behindertengleichstellungsrecht[316] und im Antidiskriminierungsrecht des Landes Berlin vorgesehen.

---

[308] MünchKomm-ZPO/*Lindacher/Hau* (2020), ZPO vor § 50 Rn. 89.

[309] Für das UWG str. Rspr. u.a BGH, Urt. v. 17. 8. 2011 – I ZR 148/10 – GRUR 2012, 411 Rn. 12; BGH, Urt. v. 07.05.2015 – I ZR 158/14 – GRUR 2015, 1240 Rn. 13; *Greger*, ZZP 113 (2000), 399; *Guski*, ZZP 131 (2018), 353 (364 f.); *Stadler*, VuR 2010, 83 (85); Zöller/*Althammer* (2024), ZPO Vorb. § 50–58 Rn. 56; Fezer/Büscher/Obergfell/*Büscher* (2016), UWG § 8 Rn. 245 f.; KBF/*Köhler/Feddersen* (2024), UWG § 8 Rn. 3.9; Harte-Bavendamm/Henning-Bodewig/*Goldmann* (2021), UWG § 8 Rn. 326; MünchKomm-UWG/*Ottofülling* (2022), UWG § 8 Rn. 423; Ohly/Sosnitza/*Ohly* (2023), UWG § 8 Rn. 86; für das UKlaG KBF/*Köhler/Alexander* (2024), UKlaG § 3 Rn. 4; jurisPK-BGB/*Baetge* (2023), UKlaG § 3 Rn. 2.

[310] Diesen Begriff verwenden u. a. *Gärditz*, Funktionswandel (2016), D 41; Schoch/Schneider-VwVfG/*Weiß* (2023), VwVfG vor § 72 Rn. 374; *Schlacke*, RsDE 52 (2003), 60 (83).

[311] Schoch/Schneider VwGO/*Riese*, (2024), VwGO vor § 113 Rn. 10.

[312] *Gärditz*, Funktionswandel (2016), D 41.

[313] *Köhler*, ZfSH/SGB 2010, 19 (21); vgl. Ehlers/Fehling/Pünder/*Kloepfer* (2020), II. Umweltrechtliche Verbandsrechtsbehelfe, Rn. 118.

[314] *Bender/Sparwasser*, Umweltrecht (1990), Rn. 1396; *Kloepfer*, Umweltrecht (2016), § 12 Rn. 547.

[315] Auch in einigen naturschutzrechtlichen Verbandsklagen der Länder: § 46 berlNatSchG, § 37 bbgNatSchAG, § 30 NatSchAG M-V, § 34 sächsNatSchG, § 42 schlhNatSchG; *Kloepfer*, Umweltrecht (2016), § 12 Rn. 547.

[316] Kahl/Ludwigs/*Janda*, Handbuch des VerwR (2022), § 102 Rn. 83; *Schlacke*, RsDE 52 (2003), 60 (83); *Köhler*, ZFSH/SGB 2010, 19 (21); *Schrader*, SGb 2020, 336.

Zwischen den altruistischen Verbandsklagen wird teilweise differenziert. Die Verbandsklage nach § 13 BGG, die zwar nicht voraussetzt, dass der Verband in seinen eigenen Rechten verletzt ist, jedoch ausschließlich subjektive Rechte kontrolliert und zugleich aufgrund von § 13 Abs. 2 BGG voraussetzt, dass der Verband mit der Klage die Interessen oder Rechte vieler Menschen mit Behinderung wahrnimmt, wird als „kollektivaltruistische" Verbandsklage eingeordnet.[317] Damit komme laut *Schlacke* zum Ausdruck, dass es im Gegensatz zur altruistischen naturschutzrechtlichen Verbandsklage am objektivrechtlichen Charakter der einzuklagenden Normen fehlt und ein kollektivaltruistischer Charakter vorliegt.[318] Die altruistischnaturschutzrechtliche Verbandsklage sei dementsprechend als „ideellaltruistische" Verbandsklage zu klassifizieren.[319]

Die altruistische Verbandsklage löst seit ihrer Einführung rechtspolitische und rechtssystematische Bedenken aus, weil das Individualschutzsystem verlangt, dass derjenige, der eine Rechtskontrolle durch die Gerichte anstrengen will, möglicherweise in eigenen Rechten oder Interessen betroffen ist.[320] Laut *Gärditz* stünden Verbandsklagen konzeptionell quer zu subjektiven Rechtsschutzfunktionen der Verwaltungsgerichtsbarkeit.[321] Mit der Verbandsklage würden häufig demokratiepolitische beziehungsweise verfassungstheoretische Konzepte verfolgt werden, die strukturelle Änderungen im Staat-Bürger-Verhältnis erzwingen wollen.[322] Dennoch ist die altruistische Verbandsklage heute im Rechtsschutzsystem etabliert. Gerechtfertigt wird dies unter anderem damit, dass die Verbände, wenn sie eine Verletzung des objektiven Rechts rügen, nicht selbst als Kontrolleure der demokratisch legitimierten Verwaltung fungieren, sondern allenfalls als Initiatoren einer solchen Kontrolle.[323] Die eigentliche Kontrolle läge weiterhin bei den unabhängi-

---

317 *Schlacke*, RsDE 52 (2003), 60 (83 f.).

318 *Schlacke*, RsDE 52 (2003), 60 (84).

319 *Schlacke*, RsDE 52 (2003), 60 (84).

320 *Balleis*, Mitwirkungs und Klagerechte (1996), S. 77; Frenz/Müggenborg/*Heselhaus* (2024), BNatSchG § 63 Rn. 9 f.; *Köhler*, ZfSH/SGB 2010, 19 (22); *Kloepfer*, Umweltrecht (2016), § 8 Rn. 82.

321 *Gärditz*, Funktionswandel (2016), D 44.

322 *Gärditz*, Funktionswandel (2016), D 44; *Pernice*, JZ 2015, 967 (673).

323 *Köhler*, ZfSH/SGB 2010, 19 (22).

gen Gerichten.[324] Die Verbandsklage in Umweltbelangen sei in Anbetracht des gesellschaftlichen Wandels, und vor allem aufgrund der Defizite in der hoheitlichen Wahrnehmung von Umweltbelangen, angebracht.[325] Zum Teil wird im Rahmen des Naturschutz und Umweltrechts von den Verbänden als „Anwälte der Umwelt oder der Natur“ gesprochen.[326]

B. Die Verbandsklage mit Einzelfallbezug

Neben der allgemeinen Verbandsklage befinden sich in der deutschen Rechtsordnung Ermächtigungen von Verbänden, für oder anstelle von Anspruchsträgern klägerisch tätig zu werden. Hier steht nicht der Schutz der objektiven Rechtsordnung, sondern der Schutz von Individualrechten im Vordergrund.

I. Verbandsklage mit der Möglichkeit zum Optin

Der Verbandsklage mit Einzelfallbezug sind die Verbandsklagen zuzuordnen, die die Möglichkeit des „Optin“[327] des einzelnen Betroffenen vorsehen. Als Beispiel dient die mit dem Verbraucherrechtedurchsetzungsgesetz eingeführte Abhilfeklage (§ 1 Abs. 1 Nr. 1 VDuG). Diese wurde bereits ausführlich im ersten Kapitel in § 2 unter B. I. 2. vorgestellt.

Klar ist, dass nicht die Verbraucher Parteien der Abhilfeklage werden, sondern lediglich der Verband.[328] Gesetzlich ungeklärt ist hingegen, ob der Verband – wie bei der Unterlassungsklage nach dem Unterlassungsklagegesetz – einen eigenen Anspruch auf Leistung an die Verbraucher geltend macht[329] oder ob es sich um einen Fall der Prozessstandschaft handelt.[330]

---

324 *Köhler*, ZfSH/SGB 2010, 19 (22).

325 Schoch/Schneider-VwGO/*Riese* (2024), VwGO vor § 113 Rn. 10.

326 Unter anderem Schoch/Schneider-VwGO/*Riese* (2024), VwGO vor § 113 Rn. 10; ablehnend aber das BVerfG, Beschl. v. 24.03.2021 – 1 BvR 2656/18, 1 BvR 78/20, 1 BvR 96/20, 1 BvR 288/20, weil die Verbände keine Verfassungsbeschwerde einlegen können.

327 Sog. Optin-Lösung, *Bayat*, IWRZ 2023, 258 (259); vgl. *Nagy*, EuZW 2022, 637 (639); Musielak/Voit/*Stadler* (2024), VDuG vor § 1 Rn. 3; *Bruns*, Stellungnahme zum VRUG (2023), S. 3.

328 KBF/*Scherer* (2024), VDuG § 1 Rn. 4.

329 Dafür: *Bruns*, Umsetzung der EU-Verbandsklagerichtlinie (2022), S. 38–43; *Bruns*, Stellungnahme zum VRUG (2023), S. 20–23; *Thönissen*, r+s 2023, 749 (750); dagegen: *Gsell/Meller-Hannich*, Die Umsetzung der neuen EU-Verbandsklagerichtlinie, Gutachten (2021), S. 24ff.

330 Musielak/Voit/*Stadler* (2024), VDuG vor § 1 Rn. 23.

Die Verbraucherverbandsklagerichtlinie bestimmt den Begriff „Verbandsklage“ lediglich als Klage zum Schutz der Kollektivinteressen der Verbraucher (Art. 3 Ziff. 5).[331] In der Gesetzesbegründung geht der Gesetzgeber jedoch davon aus, dass der Verband keine eigenen Ansprüche verfolgt, sondern zugunsten der Verbraucher klagt.[332] Das stimmt mit der Auffassung von *Gsell/Meller-Hannich* überein, die die Konstruktion des Abhilfeanspruchs als Anspruch aus eigenem Recht zwar theoretisch für denkbar halten, es aber als unnötig kompliziert und praktisch sowie rechtlich bedenklich empfinden.[333]

Richtigerweise ist sowohl hinsichtlich der Klage bei namentlich bekannten als auch bei namentlich unbekannten betroffenen Verbraucher von einer Prozessstandschaft auszugehen.[334] Sind die Betroffenen namentlich bekannt, wird aufgrund der Kontaktaufnahme eine Ermächtigung des Verbands vorliegen und sind die Verbraucher namentlich nicht bekannt, klagt der Verband aufgrund einer gesetzlichen Ermächtigung und mit Anmeldung der Verbraucher aufgrund einer individualisierten Ermächtigung.[335] Die Einklagung eines kollektiven Gesamtbetrags, die von dem Grundsatz abweicht, dass Verbraucher materiellrechtlich nur Anspruch auf einen ihnen individuell zustehenden Betrag haben, sei als verfahrensrechtliche Besonderheit zu behandeln, die in Kauf nimmt, von der materiellen Rechtslage abzuweichen.[336]

Auf materiellrechtlicher Ebene gestaltet sich das Verhältnis zwischen Verbraucher und Verband bei der Abhilfeklage die sich auf eine kollektive Gesamtsumme richtet, also bei Klageerhebung für nicht konkret benennbare Verbraucher, als Auftragsverhältnis oder, wenn die Anmeldung der Verbraucher als Prozesshandlung ohne materiellen Gehalt gesehen wird, als

331 Musielak/Voit/*Stadler* (2024), VDuG vor § 1 Rn. 23.

332 Begründung zu § 13 des RegE VRUG, BT-Drs. 20/6520, 76; Musielak/Voit/*Stadler* (2024), VDuG vor § 1 Rn. 23.

333 *Gsell/Meller-Hannich*, Die Umsetzung der neuen EU-Verbandsklagerichtlinie, Gutachten (2021), S. 24; Musielak/Voit/*Stadler* (2024), VDuG vor § 1 Rn. 23; zum Teil zustimmend Zöller/*Vollkommer* (2024), VDuG § 1 Rn. 15; vgl. schon *Gsell/Rübbeck*, ZfPW 2018, 409 (421); *Schilken*, in: FS Carl Heymanns Verlag (2015), S. 129 f.

334 Musielak/Voit/*Stadler* (2024), VDuG vor § 1 Rn. 23; *Gsell/Meller-Hannich*, Die Umsetzung der neuen EU-Verbandsklagerichtlinie, Gutachten (2021), S. 25; *Gsell/Meller-Hannich*, JZ 2022, 421 (423).

335 Musielak/Voit/*Stadler* (2024), VDuG vor § 1 Rn. 23; *Gsell/Meller-Hannich*, Die Umsetzung der neuen EU-Verbandsklagerichtlinie, Gutachten (2021), S. 24.

336 Musielak/Voit/*Stadler* (2024), VDuG vor § 1 Rn. 23.

Geschäftsführung ohne Auftrag.[337] Die allgemeine Ermächtigung durch den Verbraucher zur Prozessführung lässt das materiellrechtliche Verhältnis von Verbraucher und Verband unberührt.[338]

II. Einzelfallbezogene Verbandsklagen

Bei der einzelfallbezogenen Verbandsklage[339] handelt es sich nicht um ein Verbandsklagerecht im engeren Sinn (wie etwa im Umwelt und Verbraucherschutzbereich),[340] sondern um einen Fall der gesetzlichen[341] Prozessstandschaft.[342] Eine einzelfallbezogene Verbandsklage ist unter anderem in § 14 BGG, § 85 SGB IX und § 9 Abs. 3 LADG vorgesehen. Diese prozessrechtlichen Regelungen[343] ermöglichen die gesetzliche Prozessstandschaft anerkannter Verbände als prozessuales Instrument zur Durchsetzung der Rechte von Menschen mit Behinderung beziehungsweise von diskriminierten Personen.[344] Die gesetzliche Prozessstandschaft zeichnet sich dadurch aus, dass die Geltendmachung fremder Rechte im eigenen Namen auf Grund einer gesetzlichen Ermächtigung erfolgt.[345] Sie ordnet eine Ausnahme von der in der Rechtsprechung geforderten Behauptung einer eigenen Rechtsverletzung an.[346] Die Ermächtigung des Einzelnen legitimiert die Befugnis des Verbands,

---

337 Musielak/Voit/*Stadler* (2024), VDuG vor § 1 Rn. 24.

338 Musielak/Voit/*Stadler* (2024), VDuG vor § 1 Rn. 24.

339 Diesen Begriff verwendend *Herberger*, RdA 2022, 220 (224).

340 Kossens/von der Heide/Maaß/*Schörnig* (2023), SGB IX § 85 Rn. 1 („keine Verbandsklage im engeren Sinn")

341 VGH München, Beschl. v. 17.11.2004 – Az.: 12 CE 04.1580; Meyer-Ladewig/Keller/Schmidt SGG/*Keller* (2023), SGG § 54 Rn.11c; MHdB ArbR Bd. 2/Zimmermann (2021), § 198 Rn. 168; BeckOK SozR/*Jabben* (2024), SGB IX § 85 Rn. 1; Kossens/von der Heide/Maaß/*Schörnig* (2023), SGB IX § 85 Rn. 1; Kossens/von der Heide/Maaß/*Ritz* (2023), BGG § 14 Rn. 9; HK-SGB IX/*Lachwitz* SGB IX, § 63 (a.F.) Rn. 1; *Herberger*, RdA 2022, 220 (224); a.A. (gewillkürte Prozessstandschaft) jurisPK-SGB IX/*Schlette* (2023), SGB IX § 85 Rn. 6; *Schlacke*, RsDE 52, 60 (82).

342 Vgl. zu § 85 SGB IX BayVGH, Urt. v. 17.11.2004 – 12 CE 04.1580 – JZ 2005, 517 (m. Anm. Kocher); Kossens/von der Heide/Maaß/*Schörnig* (2023), SGB IX § 85 Rn. 1.

343 jurisPK-SGB IX/*Schlette* (2023), SGB IX § 85 Rn. 8.

344 Begründung zu § 10 LADG-E, Drs. 18/1996, 35; LPK-SGB IX/*Dau* (2022), BGG § 14 Rn. 2; *Herberger*, RdA 2022, 220 (224).

345 Musielak/Voit/*Weth* (2024), ZPO § 51 Rn. 19; zum SGB IX jurisPK-SGB IX/*Schlette* (2023), SGB IX § 85 Rn. 25.

346 Vgl. zu § 85 SGB IX jurisPK-SGB IX/*Schlette* (2023), SGB IX § 85 Rn. 8.

ein fremdes Recht einzuklagen. Anspruchsberechtigt sind und bleiben aber lediglich die von Diskriminierung betroffenen Menschen. Daher wirkt das ergangene Urteil auch für und gegen den Betroffenen als Rechtsinhaber, soweit im Prozess deutlich erkennbar wird, dass der Verband als Prozessstandschafter ein fremdes Recht einklagt und wer Inhaber des Rechts ist.[347]

Während die „allgemeine" Verbandsklage also unabhängig von einer (behaupteten) konkreten Rechtsverletzung erhoben werden kann und im Allgemeininteresse erfolgt, setzt die einzelfallbezogene Verbandsklage die Geltendmachung einer Rechtsverletzung einer konkreten einzelnen Person voraus. Die Betroffenen profitieren dabei unmittelbar, indem ihre individuellen Ansprüche von dem Verband durchgesetzt werden.

C. Verfahrensrechtliche Verbandsklagen

Mit der verfahrensrechtlichen Verbandsklage[348] machen die Verbände eigene Rechte – auch sogenannte Verfahrensbeteiligungsrechte[349] – im eigenen Interesse geltend. Die Verbandsklage wird daher auch als „Partizipationserzwingungsklage"[350] bezeichnet. Der Verband ist aufgrund eines eigenen verletzten Beteiligungsrechts, zum Beispiel nach § 63 BNatSchG, zur Klage berechtigt.[351]

Die verfahrensrechtliche Verbandsklage kann für das Antidiskriminierungsrecht an dieser Stelle bereits ausgeschlossen werden und wird nicht weiter untersucht, weil Verbänden nach dem Antidiskriminierungsgesetz schon keine Mitwirkungsrechte zustehen.

---

347 Vgl. u. a. BGH, Urt. v. 12.10.1987 – II ZR 21/87 – NJW 1988, 1585 (1586); Musielak/Voit/*Musielak/Wolff* (2024), ZPO § 325 Rn. 22.

348 Diesen Begriff verwendend Kahl/Ludwigs/*Schlacke*, Handbuch des VerwR (2022), § 101 Rn. 10.

349 Diesen Begriff verwendend Kahl/Ludwigs/*Schlacke*, Handbuch des VerwR (2022), § 101 Rn. 10; Ehlers/Fehling/Pünder/*Kloepfer* (2020), II. Umweltrechtliche Verbandsrechtsbehelfe, Rn. 118.

350 *Kloepfer*, Umweltrecht (2016), § 8 Rn. 91 und § 12 Rn. 543; vgl. Schlacke/Schrader/Bunge/*Schlacke/Römling* (2019), § 3 Rn. 158.

351 BVerwG, Urt. v. 31.10.1990 – 4 C 7/88 – NVwZ 1991, 162 (165); *Kloepfer*, Umweltrecht (2016), § 8 Rn. 91 und § 12 Rn. 545.

§ 4 Ausgleich des Vollzugsdefizits durch Verbandsklagerechte

A. Europarechtliche Vorgaben zur Prozessrolle von Antidiskriminierungsverbänden zum Schutz vor Diskriminierung

Ein eigenständiges Verbandsklagerecht („allgemeine" Verbandsklage) wird weder vom Unionsrecht noch vom Europäischen Gerichtshof gefordert.[352] Das ergibt sich aus der Verknüpfung der Beteiligungsmöglichkeiten mit dem jeweiligen Individualrecht einer oder auch mehrerer Personen.[353]

Das Unionsrecht steht der Einführung einer allgemeinen Verbandsklage aber nicht entgegen.[354] Art. 9 Abs. 2 der Richtlinie 2000/78, insbesondere unter Berücksichtigung des Art. 8 Abs. 1 der Richtlinie 2000/78, verwehrt laut dem Europäischen Gerichtshof ein solches Klagerecht nicht.[355] Der Europäische Gerichtshof stellte in der Sache „Feryn" im Jahr 2008 fest, dass Art. 15 RL 2000/43/EG, Art. 17 RL 2000/78/EG und Art. 25 RL 2006/54/EG den Mitgliedstaaten die Pflicht auferlegen, Verstöße gegen das jeweilige Diskriminierungsverbot durch angemessene Maßnahmen unabhängig davon zu sanktionieren, ob einzelne Personen durch den Verstoß beschwert sind und nach Art. 7 RL 2000/43/EG, Art. 9 RL 2000/78/EG oder Art. 17 f. RL 2006/54/EG, individuellen Rechtsschutz als konkrete Opfer einer Diskriminierung

---

352 EuGH, Urt. v. 20.07.2008 – C54/07 – NZA 2008, 929 (931 f.) Rn. 27 – „Feryn"; ErfK/*Schlachter* (2024), AGG § 23 Rn. 1; jurisPK-BGB/Overkamp (2023), § 23 AGG Rn. 19; *v. Roetteken* (2024) AGG § 23 Rn. 30; *Herberger*, RdA 2022, 220 (223); für die Pflicht der Einführung eines Verbandsklagerechts *Coen*, AuR 2000, 11 (12); *Hennig/Baer*, STREIT 2002, 169 (175); *Joussen*, RdA 2015, 305 (307) der anerkennt, dass Verbandsklagerecht nicht verlangt wird, aber bezweifelt, ob dies zukünftig haltbar sein wird.

353 *v. Roetteken* (2024) AGG § 23 Rn. 30; Hey/Forst/*Kremer* (2015), AGG § 23 Rn. 4; Rust/Falke/*Micklitz* (2007), AGG § 23 Rn. 2.

354 EuGH, Urt. v. 23.04.2020 – C-507/18 – NZA 2020, 703 Rn. 63; EuGH, Urt. v. 25.04.2013 – C-81/12 – NZA 2013, 891 Rn. 37; EuGH, Urt. v. 10.07.2008 – C-54/07 – NZA 2008, 929 Rn. 27; *Klapp*, Anmerkung zu EuGH, Urt. v. 23.04.2020, C-507/18, Associazione Avvocatura per i diritti LGBTI AuR 2021, 131 (132); *v. Roetteken* (2024), AGG § 23 Rn. 31; ErfK/*Schlachter* (2024), AGG § 23 Rn. 1; *Herberger*, RdA 2022, 220 (223); *Thüsing/Burg*, ZTR 2007, 71 (72).

355 EuGH, Urt. v. 23.04.2020 – C-507/18 – NZA 2020, 703 Rn. 63; EuGH, Urt. v. 25.04.2013 – C-81/12 – NZA 2013, 891 Rn. 37; EuGH, Urt. v. 10.07.2008 – C-54/07 – NZA 2008, 929 Rn. 27.

in Anspruch nehmen können.[356] Die Ausgestaltung der Sanktionierung der „opferloser" Diskriminierungen überließ der Europäische Gerichtshof den Mitgliedsstaaten,[357] sie müsse aber „wirksam, verhältnismäßig und abschreckend sein".[358]

Zuletzt urteilte der Europäische Gerichtshof im Jahr 2020, die Richtlinie 2000/78 sei dahin auszulegen, dass sie einer nationalen Regelung nicht entgegensteht, wonach eine Vereinigung von Rechtsanwälten, deren satzungsmäßiger Zweck darin besteht, namentlich Personen mit einer bestimmten sexuellen Ausrichtung vor Gericht Beistand zu leisten sowie die Kultur und die Achtung der Rechte dieser Personengruppe zu fördern, aufgrund dieses Zwecks und unabhängig von ihrer etwaigen Gewinnerzielungsabsicht automatisch befugt ist, ein gerichtliches Verfahren zur Durchsetzung der Ansprüche aus dieser Richtlinie einzuleiten und gegebenenfalls Schadensersatz geltend zu machen, wenn Tatsachen eintreten, die den Tatbestand einer Diskriminierung im Sinne dieser Richtlinie gegenüber dieser Personengruppe erfüllen könnten und sich kein Geschädigter feststellen lässt.[359] Damit hat der Europäische Gerichtshof seine Rechtsprechung aus dem Jahr 2008 bestätigt und präzisiert, indem er feststellte, dass Organisationen ein Klagerecht eingeräumt werden kann, wenn es um Diskriminierung ohne identifizierbares Opfer geht.

Auf der Grundlage dieser europäischen Rechtsprechung und aufgrund des Effektivitätsgrundsatzes nach Art. 4 Abs. 3 EUV, wird von einigen seit längerer Zeit gefordert, dass den Rechtsdurchsetzungsdefiziten des Antidiskriminierungsrechts mittels einer allgemeinen Verbandsklage entgegengewirkt werden müsse.[360] Ein solches Verbandsklagerecht würde weitergehen als die Verfahrensbeteiligung, deren Sicherstellung nach Art. 7 Abs. 2 RL 2000/43/EG, Art. 9 Abs. 2 RL 2000/78/EG, Art. 8 Abs. 3 RL 2004/113/EG oder Art. 17

---

[356] EuGH, Urt. v. 20.07.2008 – C-54/07 – NZA 2008, 929 (931 f.) Rn. 37 ff. – „Feryn"; *v. Roetteken* (2024) AGG § 11 Rn. 22.

[357] EuGH, Urt. v. 20.07.2008 – C-54/07 – NZA 2008, 929 (931) Rn. 37 – „Feryn"; *v. Roetteken* (2024), AGG § 11 Rn. 22.

[358] EuGH, Urt. v. 10.07. 2008 – C-54/07 – NZA 2008, 929 (930) Ziff. 23.

[359] EuGH, Urt. v. 23.04.2020 – C-507/18 – NJW 2020, 1789 (1792 f.) Rn. 64 f.

[360] *Kocher*, ZEuP 2004, 260 (273 ff.); *Ponti/Tuchtfeld*, ZRP 2018, 139 (140); *Herberger*, RdA 2022, 220 (222); *Lauscher/Legner*, ZfDR 2022, 367 (389).

Abs. 2 RL 2006/54/EG geboten ist.[361] Es ist bereits in 15 EU-Mitgliedstaaten (Österreich, Belgien, Bulgarien, Kroatien, Frankreich, Deutschland, Ungarn, Italien, Luxemburg, Malta, Niederlande, Portugal, Rumänien, Slowakei und Spanien) in Diskriminierungsfällen nach nationalem Recht – wenn auch teilweise nur beschränkt[362] – vorgesehen.[363]

Unionrechtlich vorgesehen und damit zulässig ist ebenfalls die Prozessstandschaft von Antidiskriminierungsverbänden zur Durchsetzung der Ansprüche aus dem Antidiskriminierungsgesetz mit Einwilligung der Betroffenen. Sie ist als Alternative zur Beihilfe der Verbände in Art. 6 Abs. 3 RL 76/207/EWG in der durch die RL 2002/73/EG geänderten Fassung, Art. 7 Abs. 2 RL 2000/43/EG, Art. 9 Abs. 2 RL 2000/78/EG, Art. 8 Abs. 3 RL 2004/113/EG und Art. 17 Abs. 2 RL 2006/54/EG festgelegt. Danach stellen die Mitgliedstaaten sicher, dass Verbände, Organisationen oder andere juristische Personen, die gemäß den im nationalen Recht festgelegten Kriterien ein rechtmäßiges Interesse daran haben, für die Einhaltung der Bestimmungen der jeweiligen Richtlinie zu sorgen, sich entweder im Namen der beschwerten Person oder zu deren Unterstützung mit deren Einwilligung an den zur Durchsetzung der Ansprüche vorgesehenen Gerichten und/oder Verwaltungsverfahren beteiligen können. Die Durchsetzung „im Namen der beschwerten Person“, also die Prozessstandschaft, wird damit unionsrechtlich für das Antidiskriminierungsrecht ausdrücklich anerkannt.[364] Teilweise wird sogar von der Pflicht zur Einführung der Prozessstandschaft ausgegangen, weil § 23 Abs. 2 S. 2 AGG die unionsrechtliche Vorgabe einer eigenständigen Prozessrolle von Antidiskriminierungsverbänden für die Wahrnehmung der Unterstützung der Diskriminierungsopfer verfehlen würde.[365]

---

361 *v. Roetteken* (2024), AGG § 23 Rn. 31.

362 In Deutschland nur nach dem BGG und dem UKlaG; in Malta ist kein Verband berechtigt, sondern nur die Nationale Kommission für die Förderung der Gleichstellung; in Spanien nur in Strafverfahren; *Chopin/Germaine*, A comparative analysis of nondiscrimination law in Europe (2023), S. 86.

363 *Chopin/Germaine*, A comparative analysis of nondiscrimination law in Europe (2023), S. 86.

364 Auch neben Unterstützungsmöglichkeiten von Verbänden *v. Roetteken* (2024), AGG § 23 Rn. 27, 39.

365 *v. Roetteken* (2024), AGG § 23 Rn. 33, 37; 45 ff.

Auch der Beratende Ausschuss des Europarates forderte in seiner Stellungnahme zu Deutschland im Jahr 2022, die Möglichkeit zu prüfen, die Verbandsklage zuzulassen, um Lücken im Antidiskriminierungsrecht des Bundes und der Länder zu schließen.[366] Der Beratende Ausschuss ist der Ansicht, dass die Möglichkeit für die Antidiskriminierungsstellen und die Verbände, Opfer vor Gericht zu vertreten und Gerichtsverfahren einzuleiten, wichtig ist, um den Zugang zum Recht insbesondere für schutzbedürftige Gruppen wie Angehörige nationaler Minderheiten zu erleichtern.[367]

Zusammenfassend ist festzustellen, dass die EU-Richtlinien keine konkreten Vorgaben zur Ausformung eines kollektiven Rechtsschutzmittels im Kampf gegen Antidiskriminierungsrecht machen. Allerdings hat der Europäische Gerichtshof entschieden, dass die Sanktionen bei einem Verstoß gegen das Antidiskriminierungsrecht wirksam, verhältnismäßig und abschreckend sein müssen, auch dann, wenn kein identifizierbares Opfer identifizierbar ist. Diese Anforderung erfüllt das Antidiskriminierungsgesetz bisher nicht. Der Europäische Gerichtshof hat außerdem entschieden, dass das Unionsrecht der Einführung eines eigenständigen Verbandsklagerechts nicht entgegensteht. In unionsrechtlicher Hinsicht – insbesondere in Anbetracht des Effektivitätsgrundsatzes nach Art. 4 Abs. 3 EUV – besteht daher Handlungsbedarf, dem nach der Ansicht des Beratenden Ausschusses des Bundesrates und vieler Vertreterinnen und Vertreter der Literatur mit der Einführung einer allgemeinen Verbandsklage entsprochen werden kann. Zusätzlich entspricht es dem Unionsrecht, die Prozessstandschaft der Antidiskriminierungsverbände im Namen der Diskriminierungsopfer einzuführen.

B. Geeignetheit der allgemeinen Verbandsklage im Antidiskriminierungsrecht

Ob eine eigenständige allgemeine Verbandsklage geeignet ist, die Defizite bei der Durchsetzung des Antidiskriminierungsgesetzes zu kompensieren, lässt sich anhand der bestehenden Verbandsklagen in der deutschen Rechtsordnung und deren Wirksamkeit beurteilen. *Meller-Hannich* hat zutreffend

366 *Advisory Committee on the Framework Convention for the Protection of National Minorities*, Fünfte Stellungnahme zu Deutschland (2022), Rn. 65.

367 *Advisory Committee on the Framework Convention for the Protection of National Minorities*, Fünfte Stellungnahme zu Deutschland (2022), Rn. 59.

festgestellt: „Von Effektivität kann man bei kollektiven Rechtsschutzinstrumenten vielmehr erst dann ausgehen, wenn – über die [...] primäre Wirkungsdimension hinaus – die überindividuelle kollektive Zielbestimmung erreicht wird."[368] Der Messwert sei der Erfolg der Sanktionierung der bereits bestehenden Rechtsverletzungen und das Unterbleiben von Rechtsverletzungen.[369]

Zunächst ist wichtig herauszuarbeiten, welche überindividuellen kollektiven Zielsetzungen mit der Verbandsklage im Antidiskriminierungsrecht verfolgt werden sollen (I.). Anschließend wird unter II. analysiert, welche Zielbestimmungen den bestehenden Verbandsklagen jeweils zugrunde liegen, und inwieweit sich diese mit denen einer Verbandsklage im Antidiskriminierungsrecht überschneiden. Außerdem wird die Wirkung der Verbandsklagebefugnisse in Bezug auf die Rechtsdurchsetzung untersucht, insbesondere das Sanktionspotenzial und die Präventivwirkung. Anhand der Ergebnisse wird festgestellt, ob die jeweilige Verbandsklage – zumindest in einzelnen Regelungsaspekten – als Vorbild für die Verbandsklage im Antidiskriminierungsrecht dienen kann.

I. Zielbestimmungen einer allgemeinen Verbandsklage

1. *Grundlegendes*

Die Zielbestimmungen der allgemeinen Verbandsklage im Antidiskriminierungsrecht ergeben sich aus den im ersten Kapitel dieser Arbeit aufgezeigten Schwächen der individuellen sowie kollektiven Möglichkeiten der Durchsetzung der Rechte aus dem Antidiskriminierungsrecht. Teilweise wird argumentiert, dass sich die Diskriminierungen von selbst ausräumen würden, weil diese irrational seien.[370] Dagegen wird zutreffend gehalten, dass dies bislang nicht geschehen ist und die Unternehmen weiterhin – wirtschaftlich irrationale – Diskriminierungen ausüben.[371] Wirtschaftlich irrationale Diskriminierung

---

368 *Meller-Hannich*, in: EU-Sammelklage (2013), S. 33.

369 *Meller-Hannich*, in: EU-Sammelklage (2013), S. 39.

370 HStR VII/*Isensee* (2009), § 150 Rn. 143 ff.; Riesenhuber/Nishitani/*Riesenhuber*, Wandlungen oder Erosion der Privatautonomie? (2007), S. 49, zitiert von *Braunroth*, Repräsentative Kollektivklagen (2021), S. 247.

371 *Braunroth*, Repräsentative Kollektivklagen (2021), S. 247; vgl. *Lüttringhaus*, Grenzüberschreitender Diskriminierungsschutz (2010), S. 2; Rudolf/Mahlmann/*Mahlmann* (2007), § 1 Rn. 50; Schiek/*Schiek* (2006), Vorb. Zu 19 ff. Rn. 6 f.; *Zoppel*, Europäische Diskriminierungsverbote (2015), S. 31.

kann sogar Statistiken schaffen, auf deren Grundlage strategische und wirtschaftlich gerechtfertigte diskriminierende Entscheidungen getroffen werden. Als Beispiel ist die präferenzbasierte Kreditvergabeentscheidung, also die auf Vorlieben des Kreditgebers beruhende Kreditvergabeentscheidung, beispielsweise hinsichtlich des Geschlechts oder der Staatsangehörigkeit,[372] zu nennen. Die deutliche Diskriminierung bei der Kreditvergabe von schwarzen Amerikanern aufgrund ihrer Rasse ist wirtschaftlich irrational und beruht lediglich auf den Vorlieben des Kreditgebers. Statistisch gesehen hat diese Diskriminierung aber dazu geführt, dass die Mitglieder dieser Bevölkerungsgruppe bis heute als weniger kreditwürdig eingestuft werden.[373] Die wirtschaftlich irrationale Diskriminierung räumte sich nicht von selbst aus, sondern schuf die Grundlage einer gerechtfertigten Diskriminierung. Die präferenzbasierte Diskriminierung veränderte den Markt dahingehend, dass rein statistisch und wirtschaftlich rational getroffene Kreditentscheidungen zu gleichen Ergebnissen wie die präferenzbasierte Kreditentscheidungen führten.[374] Das zeigt eindrücklich, dass eine Selbstregulierung des Marktes in Bezug auf struktureller präferenzbezogener Diskriminierung, die nicht rational wirtschaftlich begründet ist, nicht zu erwarten ist. Dieser Diskriminierung muss mit gesetzlichen Regelungen aktiv entgegengewirkt werden.

Die Interventionsbefugnis von bestimmten Verbänden ermöglicht eine breitenwirksame Beachtung der Diskriminierungsverbote. Neben der Tatsache, dass die Interventionsbefugnis von bestimmten Verbänden besser zu einem Gemeinwesen passt, als die flächendeckende Kontrolle der Einhaltung der Rechtsvorschriften durch eine Behörde,[375] verhindert die Klagebefugnis

---

[372] *Langenbucher*, BKR 2023, 205 (206).

[373] *Langenbucher*, BKR 2023, 205 (206); *Consumer Financial Protection Bureau*, Data Point: Credit Invisibles (2015), S. 6, wonach etwa 15 Prozent der Schwarzen und Hispanoamerikaner unsichtbar sind (im Vergleich zu 9 Prozent der Weißen und Asiaten) und weitere 13 Prozent der Schwarzen und 12 Prozent der Hispanoamerikaner nicht bewertete Einträge haben (im Vergleich zu 7 Prozent der Weißen); dazu auch *Campisi, Natalie*, From Inherent Racial Bias to Incorrect Data – The Problems With Current Credit Scoring Models, Forbes Advisor, 26.02.2021, abrufbar unter https://www.forbes.com/advisor/credit-cards/from-inherent-racial-bias-to-incorrect-data-the-problems-with-current-credit-scoring-models/ (zuletzt abgerufen am 25.09.2024)

[374] *Langenbucher*, BKR 2023, 205 (206).

[375] Vgl. zum UKlaG *Halfmeier*, Gutachten, 50 Jahre Verbraucherverbandsklage (2015), S. 31.

der Verbände, dass die Interessen der Behörden vorrangig vor den Interessen der privaten Akteure beachtet werden.[376] Auch können mögliche Zurückhaltungen der Behörde aus politischen oder wirtschaftlichen Gründen vermieden werden.[377] Es besteht außerdem die Hoffnung, dass sich die Verbände zeitnäher mit dem Fall auseinandersetzen als Behörden, weil diesen mehr zeitliche Kapazitäten zur Verfügung stehen oder eine größere Dringlichkeit der Bekämpfung der Diskriminierung aufgrund der Nähe zu den Betroffenen verspüren. Immerhin haben die Verbände in ihrer Satzung ein Tätigwerden verbrieft.[378] Vorteil der privaten Rechtsverfolgung ist außerdem, dass behördliche Eingriffswirkungen vermieden werden.[379] Zudem haben Antidiskriminierungsverbände und Gewerkschaften als private Vereinigungen einen besseren Zugang zu den Sachverhalten des Diskriminierungsrechts. Ihre Vertreterinnen und Vertreter verfügen über einen breiten Erkenntnis und Erfahrungshorizont im Diskriminierungsrecht.[380]

2. *Konkrete Zielbestimmungen*

Grundsätzlich ermöglicht die Verbandsklagebefugnis die Rechtsdurchsetzung hinsichtlich drei Konstellationen, in denen diese derzeit unzureichend ist.

Erstens kann die allgemeine Verbandsklage das Vollzugsdefizit kompensieren, dass bei struktureller, systematischer und gruppenbezogener Diskriminierung besteht.[381] Das Vollzugsdefizit entsteht unter anderem, wenn ein Opfer dieser Diskriminierung (noch) nicht identifizierbar ist[382] und somit ein handlungsfähiger Rechtsträger fehlt.[383] Wenn beispielsweise eine diskriminierende Werbungsanzeige eines großen Wohnungsanbieters für eine

---

[376] Vgl. zum UKlaG *Halfmeier*, Gutachten, 50 Jahre Verbraucherverbandsklage (2015), S. 31.

[377] *Guski*, ZZP 131 (2018), 353 (363); Homburger/Kötz/*Kötz* (1975), S. 96 f.

[378] *Meller-Hannich*, Verbraucherschutz im Schuldvertragsrecht (2005), S. 311.

[379] *Pfeiffer*, ZZP 106 (1993), 546 (551).

[380] Vgl. Bericht der BReg zum BGG, Evaluierung, BT-Drs. 20/4440, 178; Begründung zu § 12 des Entwurfs der Fraktionen SPD und Bündnis 90/Die Grünen zur Gleichstellung behinderter Menschen und zur Änderung anderer Gesetze (BGG-E), BT-Drs. 14/7420, 30.

[381] *Herberger*, RdA 220 (226); *Dern*, FoR 4/2005, 120 (124); *Raasch*, ZESAR 2005, 209 (210).

[382] *Kocher*, ZRP 2017, 112 (114).

[383] *Egidy*, ZUM 2023, 725 (729).

Mietwohnung schon für sich genommen einen Verstoß gegen das Benachteiligungsverbot darstellt,[384] bleibt dieser Verstoß solange sanktionslos, bis sich ein Anspruchsteller bewirbt und nicht berücksichtigt wird.[385] Die Ermächtigung zur Verbandsklage ermöglicht die Klage unabhängig von der Rechtsverletzung eines Einzelnen auch im „Vorfeld konkreter Betroffenheit"[386].[387]

Ein Vollzugsdefizit entsteht auch dadurch, dass Menschen aufgrund ihrer Gruppenzugehörigkeit diskriminiert werden.[388] Diese überindividuell wirkende Diskriminierung kann mit einem kollektiven Rechtsmittel sanktioniert werden (vgl. § 9 Abs. 1 LADG).[389] Könnten lediglich die einzelnen Betroffenen die gruppenbezogene Diskriminierung beanstanden, wäre eine Adressierung dieser Diskriminierung häufig gar nicht möglich, weil nur die individuelle Betroffenheit nachgewiesen werden kann.[390] Außerdem kann eine individuelle Klage nicht hinreichend eine Diskriminierung sanktionieren, die sich auf eine Gruppe bezieht.[391] Der Gruppenbezug, der in dem zivilrechtlichen Benachteiligungsverbot in §§ 1, 19 AGG[392] und auch in den arbeitsrechtlichen Vorschriften des Antidiskriminierungsgesetzes verankert ist, was die Antragsbefugnis nach § 17 Abs. 2 AGG zeigt, würde mit der Verbandsklage ein verfahrensrechtliches Äquivalent finden, das derzeit fehlt.[393]

Zweitens ermöglicht die Verbandsklage die Klageerhebung in den Fällen, in denen die Diskriminierung nicht erkannt wird oder dem einzelnen

---

384 So das Beispiel in MünchKomm-BGB/*Thüsing* (2021), AGG § 21 Rn. 8.
385 Wendeling-Schröder/Stein/*Wendeling-Schröder* (2008), AGG § 21 Rn. 8; jurisPK-BGB/*Overkamp* (2023), AGG § 21 Rn. 4.
386 *Kocher*, ZRP 2017, 112 (114).
387 *Berghahn/Klapp/Tischbirek*, Evaluation des AGG (2016), S. 161; so ebenfalls *Herberger*, RdA 220 (220, 227); *Braunroth*, VuR 2018, 455 (460); *Ponti/Tuchtfeld*, ZRP 2018, 139 (141); *Kocher*, ZRP 2017, 112 (114).
388 S.o. § 1 B. II.
389 S.o. § 1 B. II; Begründung zu § 9 LADG-E, Drs. 18/1996, 33; Däubler/Beck/*Klose* (2022), Anhang 2 LADG, Rn. 140; vgl. zur überindividuellen Wirkung EuGH, Urt. v. 10.7.2008 – C-54/07 – AP Nr. 1 zur Richtlinie 2000/43/EG – NZA 2008, 929 (öffentliche Äußerung eines Arbeitgebers, er werde keine Arbeitnehmer einer bestimmten ethnischen Herkunft oder Rasse einstellen).
390 S.o. § 1 B. II.
391 S.o. § 1 B. II.
392 *Braunroth*, Repräsentative Kollektivklagen (2021), S. 295.
393 Vgl. *Braunroth*, Repräsentative Kollektivklagen (2021), S. 295.

Betroffenen der Zugang zum Recht erschwert oder unmöglich ist.[394] Vor allem die strukturelle und systematische Diskriminierung ist für den einzelnen Betroffenen aufgrund von Informationsdefiziten oder fehlender Sensibilisierung in Bezug auf Diskriminierungssachverhalte oft schon gar nicht erkennbar.[395]

Wie bereits in der Einleitung dargestellt, erfordert insbesondere die Einführung von künstlicher Intelligenz ein kollektives Rechtsschutzmittel, weil die Diskriminierungsrisiken steigen, aber der individuelle Rechtsschutz mangels eines Einzelfallbezugs in der Regel an seine Grenzen stößt.[396] Zudem ist für das Individuum in Bezug auf Sachverhalte, die Algorithmen und künstliche Intelligenz involvieren, besonders schwer, Diskriminierung zu erkennen.[397] Noch schwieriger ist es, in diesen Fällen eine Diskriminierung nachzuweisen, weil die Entscheidungsfindung von Algorithmen schlecht nachzuvollziehen ist.[398] Sie fußt auf die für die Algorithmen verwendeten Kriterien oder Kriterienbündel, Typisierungen, Einflüsse subjektiver Vorstellungen der Programmierer, die Auswahl der dem Programm zur Verfügung gestellten Fakten etc., welche im Einzelfall völlig neben der Sache liegen können.[399] Hier kann wieder das Beispiel der Kreditvergabeentscheidung herangezogen werden. Unter anderem kann der Wohnort darüber entscheiden, zu welchen Konditionen einen Kredit gewährt wird.[400] Nach dem „Redlining“, das früher Teil des Kredit-Scorings in den USA war,[401] wurden „Bewohnern eines bestimmten Gebiets Dienstleistungen nicht oder nur verteuert angeboten […]. Der Begriff beschreibt die Praxis, Bereiche einer Karte mit einer roten Linie einzufassen, in denen z. B. eine Bank keine Hypothek oder nur

---

394 *Egidy*, ZUM 2023, 725 (729); *Herberger*, RdA 2022, 220 (226); *Groteclaes*, GVRZ 2024, 8 Rn. 163; zu den Zugangshürden s.o. § 1 B.

395 S.o. zu den Schwierigkeiten der Wahrnehmung von Diskriminierung in § 1 B. I.

396 Däubler/Beck/*Beck* (2022), AGG § 23 Rn. 1; *Herberger*, RdA 2022, 220 (228).

397 *Herberger*, RdA 2022, 220 (228); vgl. *Orwat*, Diskriminierungsrisiken durch Verwendung von Algorithmen (2020), S. 108.

398 *Orwat*, Diskriminierungsrisiken durch Verwendung von Algorithmen (2020), S. 108; vgl. *Martini*, JZ 2017, 1017 (1018); *Herberger*, RdA 2022, 220 (228), hierzu mehr in § 5 G. III. 1. a).

399 BeckOK GG/*Kischel* (2024), GG Art. 3 Rn. 218d.2.2.

400 *Martini*, JZ 2017, 1017 (1018), *Wiedemann*, WRP 2024, 296 (303); vgl. *Püschel*, ZdiW 2023, 247–253.

401 *Wiedemann*, WRP 2024, 296 (303).

zu schlechteren Konditionen vergibt".[402] Wenn in dem rot gekennzeichneten Bereich überproportional eine Gruppe von Merkmalsträgern nach § 1 AGG wohnen, zum Beispiel Personen einer bestimmten Ethnie, werden diese mit dem „Redlining" mittelbar diskriminiert.[403]

Auch im Bewerbungsprozess bergen automatisierte Entscheidungen auf der Grundlage von künstlicher Intelligenz Diskriminierungsrisiken.[404] Personen, die Träger eines bestimmten Namens sind, können bereits durch eine maschinelle Entscheidung vom Bewerbungsprozess ausgeschlossen werden, weil der Algorithmus den Namen mit einer geringeren Zuverlässigkeit assoziiert.[405] Die Trainingsdaten der künstlichen Intelligenz können auch dadurch „‚verzerrt' sein, d.h. einen sog. Bias enthalten"[406], wenn bestimmte demografische Gruppen, zum Beispiel People of Color, in den Trainingsdaten der künstlichen Intelligenz unterrepräsentiert sind.[407] Nachzuweisen, dass eine Vergleichsperson besser behandelt wird, ist für eine Einzelperson in diesen Fällen nicht möglich.[408]

Aufgrund der Ermächtigung der Verbände zur Klage kann erwartet werden, dass sie durch ihre Tätigkeit und ihre Expertenvertreter auch intransparente, indirekte, maschinelle und diskriminierende Entscheidungen erkennen und von ihrem Klagerecht Gebrauch machen.[409] Die eigenständige Verbandsklage bietet die Möglichkeit, auch mittelbare Diskriminierung systematisch zu überprüfen.[410]

Die Verbandsklagebefugnis kann auch dann Abhilfe schaffen, wenn durch eine gruppenbezogene Benachteiligung lediglich Bagatellschäden bei den Einzelnen verursacht wurden und diese aus wirtschaftlichen Gründen von einer Klage absehen. Wenn eine Gruppe diskriminiert wird, löst dies häufig

---

402 *Hammersen/Eisenried*, ZD 2014, 342 (343).

403 *Wiedemann*, WRP 2024, 296 (303); vgl. *Ernst*, JZ 2017, 1026 (1032).

404 zu den Diskriminierungsrisiken im Bewerbungsprozess *Kössel*, DB 2024, 1069 (1071).

405 *Martini* JZ 2017, 1017 (1018); zu Risiken und Chancen der Bewerbervorauswahl per Online-Persönlichkeitstests *Lischka/Klingel*, Wenn Maschinen Menschen bewerten (2017), S. 22 ff.

406 *Kössel*, DB 2024, 1069 (1071); *Beck/Grunwald/Jacob/Matzner*, Künstliche Intelligenz und Diskriminierung (2019), S. 8; vgl. *Lauscher/Legner*, ZfDR 2022, 367 (370).

407 *Kössel*, DB 2024, 1069 (1071).

408 *Orwat*, Diskriminierungsrisiken durch Verwendung von Algorithmen (2020), S. 108.

409 Vgl. *Herberger*, RdA 2022, 220 (228).

410 *Groteclaes*, GVRZ 2024, 8 Rn. 163.

Massenschäden aus. Oftmals überschreiten die Schäden die Bagatellgrenze nicht.[411] Da wo bei dem Einzelnen die Kosten-Nutzen-Abwägung zulasten der Klageerhebung ausfällt,[412] erhebt sich der Verband über die wirtschaftlichen Gründe, die gegen eine Klage sprechen.[413] Die Rechtsverfolgung von struktureller Diskriminierung durch Verbände kann verhindern, dass sich Diskriminierung für den Arbeitgeber oder das Unternehmen in Zukunft wirtschaftlich lohnt.[414]

Drittens ermöglicht ein kollektives Rechtsinstrument von Verbänden die strategische Prozessführung, indem diese mit der Klage weitergehende Ziele als das Gewinnen des konkreten Prozesses verfolgen können.[415] Die strategische Prozessführung kann das Erwirken einer Grundsatzrechtsprechung zum Ziel haben.[416] Von dieser kann das Diskriminierungsopfer bei seiner Entscheidung, eine Individualklage zu erheben, und im Individualklageprozess selbst profitieren, indem das Prozessrisiko gesenkt wird und damit auch das Kostenrisiko.[417] Die strategische Prozessführung kann zudem das Bewirken von gesetzlichen Änderungen oder Einwirken auf soziale und gesellschaftliche Einstellungen durch öffentliche Aufmerksamkeit zum Ziel haben.[418] Letzteres kann sogar dann erreicht werden, wenn der Verband im Prozess unterliegt.[419] So stellt *Depoorter* in seinem Essay fest, dass soziale Bewegungen von ungünstigen Ergebnissen in Rechtstreitigkeiten profitieren können.[420] Eine Niederlage vor Gericht biete einer Bewegung die einmalige Gelegenheit, ein öffentliches und politisches Bewusstsein für das zugrunde liegende

---

411 S.o. § 1 B. II.

412 S.o. § 1 B. II.

413 Vgl. *Egidy*, ZUM 2023, 725 (729).

414 zu dem Problem s.o. § 1 B. II.

415 *Egidy*, ZUM 2023, S. 725 (730), mit Verweis auf *Cross*, Cornell Law Review 86 (2000), S. 1 (2 f.); *Hahn*, Zeitschrift für Rechtssoziologie (2019), S. 5 (8–10); *Lembke*, Kollektive Rechtsmobilisierung gegen digitale Gewalt (2017), S. 22.; *Kinsky*, Mit Recht gegen Rassismus (2017), S. 89 ff.; vgl. *Kocher/Laskowski/Rust/Weber*, in FS Pfarr (2010), S. 144.

416 *Ataman*, Grundlagenpapier (2023), S. 11.

417 *Ataman*, Grundlagenpapier (2023), S. 11.

418 *Egidy*, ZUM 2023, 725 (730).

419 *Egidy*, ZUM 2023, 725 (730); mit Verweis auf die grundlegende Thematisierung in *NeJaime*, Iowa Law Review 96 (2011), 941; *Depoorter*, Columbia Law Review 113 (2013), 817 (845–853).

420 *Depoorter*, Columbia Law Review 113 (2013), 817 (853).

Anliegen zu schaffen und Gesetzesinitiativen auszulösen, die den allgemeinen Rechtsrahmen verbessern.[421] Es wird sogar von „Rechtsausbeutung“[422] gesprochen, womit gemeint ist, dass der Rechtsstreit genutzt wird, um die Normenproduktion voranzutreiben.[423] Eine Fallstudie zu Diskriminierungen an einer Discotür in Hannover[424] bestätigt, dass strategische Klagen eine Rechtsfortbildung oder reform auslösen und die Auslegung materiellen Rechts ändern können.[425] Festgestellt wurde, dass mit der strategischen Prozessführung die Öffentlichkeit, die Zivilgesellschaft und die Politik auf kommunaler sowie auf Landesebene sensibilisiert werden können.[426] Sie trägt außerdem dazu bei, dass die von Diskriminierung betroffenen Gruppemitglieder gestärkt und über ihre Rechte aufgeklärt werden.[427]

Insgesamt verspricht ein eigenständiges Klagerecht von Verbänden eine stärkere Präventivwirkung der Diskriminierungsverbote[428] sowie eine effektivere Durchsetzung des Antidiskriminierungsrechts. Es kann die Lücke in der Rechtsdurchsetzung schließen, die entsteht, wenn (1.) ein Verstoß gegen ein Benachteiligungsverbot vorliegt, aber kein Diskriminierungsopfer identifizierbar ist und somit ein handlungsfähiger Rechtsträger fehlt, (2.) die Diskriminierung nicht als solche wahrgenommen wird oder der Zugang zum Recht für den Einzelnen erschwert oder unmöglich ist und (3.) wenn die Individualklage an die Grenze der subjektiven Rechtskraft stößt und eine Klage mit Breitenwirkung aus strategischen Gründen erhoben werden soll.

II. Erkenntnisse aus allgemeinen Verbandsklagerechten

Die Zielbestimmungen bereits geregelter Verbandsklagen der deutschen Rechtsordnung und deren Umsetzung können Aufschluss darüber geben, ob die unter I. herausgestellten Zielbestimmungen eines kollektiven

---

421 *Depoorter*, Columbia Law Review 113 (2013), 817 (853).

422 *Teubner/Zumbansen*, Zeitschrift für Rechtssoziologie 12 (2000), 189 (200).

423 *Guski*, ZZP 131 (2018), 353 (361); *Teubner/Zumbansen*, Zeitschrift für Rechtssoziologie 12 (2000), 189 (200).

424 *Kinsky*, Mit Recht gegen Rassismus (2017).

425 *Beigang et al.*, Möglichkeiten der Rechtsdurchsetzung des Diskriminierungsschutzes (2021), S. S. 156 ff., S. 164.

426 *Kinsky*, Mit Recht gegen Rassismus (2017), S. 89.

427 *Kinsky*, Mit Recht gegen Rassismus (2017), S. 89.

428 So auch *Ataman*, Grundlagenpapier (2023), S. 11.

Rechtsmittels im Antidiskriminierungsgesetz mit der Einführung eines allgemeinen Verbandsklagerechts erreicht werden können.

1. *Die Verbandsklage des Verbraucherschutzrechts und des Lauterkeitsrechts*

a) Zielbestimmungen

Über die Funktion der Verbandsklage im Verbraucherschutzrecht (§ 3 Abs. 1 i.V.m. §§ 1–2a UKlaG) und im Lauterkeitsrecht (§ 8 Abs. 3 UWG) herrschte lange Uneinigkeit, die zum Teil auch heute noch besteht. Übereinstimmung herrscht lediglich dahingehend, dass die Verbandsklagen im Zivilrecht nicht der Durchsetzung individueller Rechtsansprüche dienen.[429] Früher wurde vertreten, dass die Verbände Träger eines selbstständigen Gruppeninteresses seien, welches sich aus nicht bestimmbaren Einzelinteressen zusammensetze, indem sie typischerweise gerade die gemeinschaftlichen Aspekte der Interessen der Gruppenmitglieder wahrnehmen würden.[430] Die Klageberechtigung des Verbands ergebe sich letztlich aus der Verletzung seiner eigenen Interessen.[431] Gegen die Theorie wird zutreffend angeführt, dass sich weder die Interessen von Verbrauchern noch von Marktakteuren auf homogene Schutzinteressen vereinigen lassen.[432] Mit dem Gruppeninteresse als Bündelung der für sich nicht klagebegründenden Rechtsschutzinteressen der Einzelnen, würden die Rechte eines fiktiven Konstrukts, das man als „integrierter Gesamtperson" bezeichnen könnte, geschützt.[433]

---

[429] *Guski*, ZZP 131 (2018), 353 (356); *Schilken*, in: Kollektiver Rechtsschutz im Zivilprozess (2008), S. 46; jurisPK-BGB/*Baetge* (2023), UKlaG § 1 Rn. 2; Ulmer/Brandner/Hensen/*Witt* (2022), UKlaG § 1; MünchKomm-ZPO/*Micklitz/Rott* (2022), UKlaG § 3 Rn. 3; vgl. EuGH v. 28.04.2022 – C-319/20 – GRUR 2022, 920 Rn. 64–72; BGH Urt. v. 06.12.2012 – III ZR 173/12 – NJW 2013, 593 Rn. 19.

[430] *Wolf*, Klagebefugnis der Verbände (1971), S. 19–23; so auch *Urbanczyk*, Zur Verbandsklage im Zivilprozess (1981), S. 66–68.; *Gilles*, ZZP 98 (1985), 1 (9 f.); siehe *Guski*, ZZP 131 (2018), 353 (356).

[431] *Wolf*, Klagebefugnis der Verbände (1971), S. 23.

[432] *Guski*, ZZP 131 (2018), 353 (356); vgl. *Pfeiffer*, ZZP 106 (1993), 546 (549); *Lindacher*, ZZP 103 (1990), 397 (402).

[433] *Pfeiffer*, ZZP 106 (1993), 546 (549); zustimmend *Guski*, ZZP 131 (2018), 353 (356).

Die heute überwiegende Ansicht ist, dass die Verbandsklage im Verbraucher und Wettbewerbsrecht ein kollektives Interesse schützt,[434] welches sich sowohl aus privaten als auch aus öffentlichen Interessen zusammensetzt und weder lediglich die Kumulation von individuellen Rechten noch gleichbedeutend mit dem allgemeinen öffentlichen Interesse ist.[435] Das öffentliche Interesse meint das Interesse an wirksamer Rechtsdurchsetzung.[436] Das private Interesse meint das Interesse der Gruppenmitglieder.[437] Zwar ist die Durchsetzung von Individualrechten stets auch vom Gemeinwohlinteresse umfasst, weil das allgemeine öffentliche Interesse an wirksamer Rechtsdurchsetzung bereits mit der Rechtsdurchsetzung im Privatrecht verwirklicht wird.[438] Wenn allerdings nur das öffentliche Interesse mit der Verbandsklagebefugnis geschützt würde, wäre ungeklärt, weshalb private Verbände klagebefugt sind.[439] Die gesetzliche Ermächtigung von privaten Verbänden spiegelt die Interessenverfolgung von Gruppenmitgliedern wider.

Die kollektive Ausrichtung des Gesetzes gegen den unlauteren Wettbewerb wird bereits in § 1 UWG verrechtlicht. Danach schützt das Gesetz nicht nur Individualinteressen, sondern auch die Interessen der Verbraucher, der übrigen Marktteilnehmer und der Allgemeinheit.[440] Dies wird verdeutlicht durch die Klageberechtigten nach § 8 Abs. 3 UWG. Das hinter der Verbandsklageberechtigung stehende kollektive Interesse umfasst insbesondere

---

[434] So unter anderem *Kocher*, in: EU-Sammelklage (2013), S. 84; *Meller-Hannich*, in: EU-Sammelklage (2013), S. 35; *Guski*, ZZP 131 (2018), 353 (359); KBF/*Köhler/Feddersen* (2024), UWG § 8 Rn. 3.4; *Klocke*, Rechtsschutz in kollektiven Strukturen (2007), S. 20; Harte-Bavendamm/Henning-Bodewig/*Goldmann* (2021), UWG § 8 Rn. 310; Ohly/Sosnitza/*Ohly* (2023), UWG § 8 Rn. 85.

[435] Erwägungsgrund (3) der Unterlassungsklagerichtlinie 2009/22/EG; *Kocher*, in: EU-Sammelklage (2013), S. 84; *Puttfarken/Franke*, in: Basedow/Hopt/Kötz/Baetge (1999), S. 166.

[436] *Koch*, ZPP 113 (2000), 413 (419); *Lindacher*, ZZP 113 (1990), 397 (402); *Stadler*, in: Brönneke (Hrsg.), 2001, 1 (24 f.); Staudinger-BGB AGB u. UKlaG/*Piekenbrock* (2022), UKlaG § 1 Rn. 1; vgl. Harte-Bavendamm/Henning-Bodewig/*Goldmann* (2021), UWG § 8 Rn. 310.

[437] KBF/*Köhler/Alexander* (2024), UKlaG § 3 Rn. 4; vgl. *Guski*, ZZP 131 (2018), 353 (360).

[438] So bereits *Von Jhering*, Der Kampf um's Recht (1889), S. 49 f.; *Guski*, ZZP 131 (2018), 353 (357); so auch *Schilken*, in: Kollektiver Rechtsschutz im Zivilprozess (2008), S. 25; *Lindacher*, ZZP 113 (1990), 397 (402); *Groteclaes*, GVRZ 2024, 8 Rn. 132.

[439] Ausführlich zum Ganzen *Guski*, ZZP 131 (2018), 353 (358).

[440] Ohly/Sosnitza/*Ohly* (2023), UWG § 8 Rn. 85.

die Kompensation der geringen Klagebereitschaft der Unternehmen bei Rechtsverstößen ihrer Mitbewerber, aus Angst vor hohen Kostenrisiken, dem Wunsch der Vermeidung eines gerichtlichen Konflikts aus Loyalitätsgründen,[441] oder dem Gefühl der Unzuständigkeit der Reinhaltung des Wettbewerbs.[442] Es reiche nicht aus, wenn die Verfolgung von Wettbewerbsverstößen ausschließlich den betroffenen Mitbewerbern überlassen wird, weil diese oftmals aus Angst vor Revanche erst gar nicht gegen ein Mitunternehmen vorgehen.[443] Zugleich sei aufgrund des Eigeninteresses der Verbände die Sicherung der Rechtsdurchsetzung effektiver als durch staatliche Aufsicht.[444]

Das von der Verbandsklage in § 3 Abs. 1 i.V.m. § 1 UKlaG geschützte kollektive Interesse bezieht sich auf den Schutz des Rechtsverkehrs vor missbräuchlichen Klauseln.[445] Bereits das Verwenden von unwirksamen Klauseln soll unterbunden werden, sodass der einzelne Verbraucher nicht mit diesen konfrontiert wird.[446] Dies betrifft insbesondere die kalkulierte rechtswidrige Geschäftspraxis von Unternehmen, welche Streuschäden – also bei dem einzelnen Verbraucher nur Schäden im ein oder zweistelligen Eurobereich – verursacht.[447] Die Verbandsklage in § 3 Abs. 1 i.V.m. § 2 UKlaG, die subsidiär zu der Klage gemäß § 1 UKlaG ist, schützt das kollektive Verbraucherinteresse am Schutz des Rechtsverkehrs vor Zuwiderhandlungen gegen verbraucherschützende Vorschriften in anderer Weise als durch Verwendung oder Empfehlung von Allgemeinen Geschäftsbedingungen.[448]

---

441 Teplitzky Ansprüche/*Büch* (2024), Kap. 13 Rn. 18; MünchKomm-UWG/*Ottofülling* (2022), UWG § 8 Rn. 424.

442 MünchKomm-UWG/*Ottofülling* (2022), UWG § 8 Rn. 424.

443 MünchKomm-UWG/*Ottofülling* (2022), UWG § 8 Rn. 424; Harte-Bavendamm/Henning-Bodewig/*Goldmann* (2021), UWG § 8 Rn. 310.

444 Ohly/Sosnitza/*Ohly* (2023), UWG § 8 Rn. 85.

445 BGH, Urt. v. 13.07.1994 – IV ZR 107/93 – BGHZ 127, 35 – NJW 1994 2693 (2693); BGH, Urt. v. 06.12.2012 – III ZR 173/12 – BGHZ 196, 11 – NJW 2013, 593 (595); KBF/*Köhler/Alexander* (2024), UKlaG § 1 Rn. 1; Ulmer/Brandner/Hensen/*Witt* (2022), UKlaG § 1 Rn. 1; *Klocke*, Rechtsschutz in kollektiven Strukturen (2007), S. 18.

446 Staudinger-BGB AGB u. UKlaG/*Piekenbrock* (2022), UKlaG § 1 Rn. 1.

447 Begründung zu § 8 Abs. 3 des RegE zum UWG, BT-Drs. 15/1487, 23; *Braunroth*, Repräsentative Kollektivklagen (2021), S. 76; *Fezer*, in FS Bornkamm (2014), S. 333.

448 Herberger/Martinek/Rüßmann/Weth/Würdinger/*Baetge*, jurisPK-BGB (2025), UKlaG § 2 UKlG Rn. 1; KBF/*Köhler/Alexander* (2025), UKlaG § 2 Rn. 7; vgl. *Halfmeier/Lilienthal*, VuR 2025, 123 (124).

Die den Verbänden eingeräumte Klagebefugnis soll außerdem verhindern, dass sich eine rechtsunkundige Vertragspartei, von vornherein von der Geltendmachung und Durchsetzung ihrer Rechte abhalten lässt.[449] Die kollektive Verbraucherrechtsdurchsetzung dient damit auch dem Schutz der Schwächeren im Zivilprozess.[450] Der einzelne Betroffene erkennt eine systematische Diskriminierung nur schwer und wird sie in der Regel schon gar nicht nachweisen können.[451] Von dem Verband wird hingegen aufgrund seiner überindividuellen Kontrollfunktion[452] und der daraus resultierenden Marktübersicht zu systematischen Rechtsverletzungen[453] und Expertise[454] erwartet, auch systematische Diskriminierungen zu erkennen und dementsprechend gerichtlich verfolgen.[455] Durch eine Art abstrakter Klauselkontrolle soll bei rechtswidrigen Allgemeinen Geschäftsbedingungen im Interesse der Öffentlichkeit eine Vielzahl von Individualprozessen verhindert und eine

---

449 Zu § 1 UKlaG BGH, Urt. v. 11.02.1981 – VIII ZR 335/79 – NJW 1981, 1511 (1512); BGH, Urt. v. 13.07.1994 – IV ZR 107/93 – NJW 1994, 2693 (2693); KBF/*Köhler/Alexander* (2024), UKlaG § 1 Rn. 1.

450 Vgl. BGH, Urt. v. 09.06.1983 – I ZR 73/81 – NJW 1984, 668 (668): „[…] durch die Einführung der Verbraucherverbandsklage […] sollte dem Informationsnachteil der Verbraucher entgegengewirkt werden, der sich aus der im Verhältnis zur Anbieterseite regelmäßig geringeren Waren und Marktkenntnis ergibt."; *Höland*, in FS Bepler (2012), S. 221 ff. (237); *Guski*, ZZP 131 (2018), 353 (360); *Braunroth*, Repräsentative Kollektivklagen (2021), S. 76; vgl. kritisch dazu *Jestaedt*, VVDStRL 64 (2005), 298 (339 ff.).

451 *Braunroth* (2021), Repräsentative Kollektivklage, S. 77; vgl. Ulmer/Brandner/Hensen/*Witt* AGB-Recht (2022), Vorb. Rn. 3.

452 MünchKomm-ZPO/*Lindacher/Hau* (2020), Vorb. zu § 50 Rn. 88; MünchKomm-ZPO/*Micklitz/Rott* (2022), § 3 UKlaG Rn. 4.

453 Vgl. BGH, 14.11.2006 – XI ZR 294/05 – NJW 2007, 593 (596): „Aufgabe der Verbraucherverbände ist es unter anderem, den Verbraucher davor zu schützen, dass seine Rechte wegen seiner fehlenden Marktübersicht zu Unrecht beschnitten werden"; zur fehlenden Marktübersicht der Verbraucher: Unterrichtung durch die BReg, zur Verbraucherpolitik, BT-Drs. 7/4181, 5; *Meller-Hannich/Höland*, Gutachten Evaluierung Kollektiver Rechtsschutzinstrumente (2011), S. 167; *Braunroth*, Repräsentative Kollektivklagen (2021), S. 77; vgl. Brönneke/Willburger/Bietz/*Bernhardt*, Verbraucherrechtsvollzug (2020), S. 59; *Rädler*, Verfahrensmodelle (1999), S. 323.

454 *Braunroth*, Repräsentative Kollektivklagen (2021), S. 77.

455 *Meller-Hannich/Höland*, Gutachten Evaluierung Kollektiver Rechtsschutzinstrumente (2011), S. 167 f.; *Ponti/Tuchtfeld*, ZRP 2018, 139 (140); *Braunroth*, Repräsentative Kollektivklagen (2021), S. 77.

breitenwirksame Beachtung der Verbraucherinteressen erreicht werden.[456] Damit wird der mangelnden Breitenwirkung der individuellen Inzidentkontrolle entgegengewirkt und eine Effektivität des materiellen Rechtsschutzes der AGB-Vorschriften angestrebt.[457]

b) Vorbild für das Antidiskriminierungsrecht?

aa) Vergleichbare Zielbestimmungen

Vergleichbarkeit der Zielbestimmungen besteht insoweit, als die Verbandsklage im Antidiskriminierungsrecht wie die Verbandsklagen des Verbraucherschutzrechts und des Gesetzes gegen unlauteren Wettbewerb nicht der Durchsetzung individueller Rechtsansprüche dient. Vielmehr dient die Klagebefugnis der Verbände dem Schutz öffentlicher Interessen sowie privater Interessen an der wirksamen Rechtsdurchsetzung des Antidiskriminierungsgesetzes, also einem kollektiven Interesse.

Das öffentliche Interesse meint das gesamtgesellschaftliche Interesse an dem Diskriminierungsschutz,[458] also dem Schutz einfachgesetzlicher objektiver Wertentscheidungen des Art. 3 GG sowie der menschenrechtlichen Verbürgungen in völkerrechtlichen Abkommen.[459] Diesem Interesse kann durch eine Verbandsklagebefugnis unabhängig von der Rechtsverletzung eines Einzelnen, also durch eine objektive Rechtskontrolle, entsprochen werden. Das Verbandsklagerecht soll wie das Klagerecht der Verbände im Verbraucherschutzrecht und im Lauterkeitsrecht dazu beitragen, den Rechtsverkehr bestenfalls im Vorfeld von rechtswidrigen Handlungen freizuhalten. Die abstrakte Überprüfung einer diskriminierenden Handlung ermöglicht vergleichbar zum Verbraucherschutzrecht, dass die Verbände auch strukturelle und systematische Diskriminierung gerichtlich verfolgen können, was für den Einzelnen oftmals nicht möglich ist.[460]

---

456 Staudinger-BGB AGB u. UKlaG/*Piekenbrock* (2022), UKlaG § 1 Rn. 1.

457 Soergel/*Fritzsche* (2019), UKlaG vor § 1 Rn. 2.

458 *Braunroth*, Repräsentative Kollektivklagen (2021), S. 297, 335. *Lüttringhaus*, Grenzüberschreitender Diskriminierungsschutz (2010), S. 230; *Ponti/Tuchtfeld*, ZRP 2018, 139 (139, 141).

459 Siehe hierzu die Einleitung und RegE AGG, BT-Drs. 16/1780, 1; *Lüttringhaus*, Grenzüberschreitender Diskriminierungsschutz (2010), S. 230.

460 S.o. § 1 B.

Das private Interesse meint das Interesse der von Diskriminierung betroffenen Personen an einem diskriminierungsfreien Privatrechtsverkehr. Wie die privaten Verbraucherinteressen lassen sich die Interessen der einzelnen Diskriminierungsopfer nicht auf ein homogenes Interesse vereinigen. Auch wenn Gruppenmitglieder gemeinsam haben, dass sie aufgrund ihres Merkmals nicht diskriminiert werden wollen, bestehen Unterschiede in ihren Interessensausrichtungen und Rechtsschutzbedürfnissen. Zum Beispiel bestehen je nach Art der Behinderung unterschiedliche Bedürfnisse und Interessen. Die Verbandsklagebefugnis im Antidiskriminierungsrecht erfasst daher den Schutz von nicht konkret bestimmbaren Interessen von Merkmalsträgern i.S.d. § 1 AGG.

Somit lässt sich feststellen, dass die Verbandsklagebefugnisse des Verbraucherschutz, Lauterkeits und Antidiskriminierungsrechts gemeinsam haben, dass sie eine abstrakte Funktion erfüllen. Insbesondere die Verbandsklagebefugnis des Verbraucherschutzrechts weist Gemeinsamkeiten hinsichtlich des Schutzes der privaten Interessen auf. Wie die Zielbestimmungen im Einzelnen übereinstimmen, wird im Folgenden erläutert.

(1) Schutz der unterlegenen Vertragspartei

Die Verbandsklagebefugnis im Verbraucherschutzrecht versucht mit der überindividuellen Kontrolle der Einhaltung der Rechtsordnung die typische prozessuale Schwäche der Verbraucherseite als Klagepartei auszugleichen. Auch die Diskriminierungsopfer sind typischerweise die schwächere Klagepartei.[461] Die Vergleichbarkeit der Schutzbedürftigkeit von Verbrauchern und von Diskriminierung betroffenen Personen ergibt sich aus verschiedenen Gesichtspunkten.

Grundlegend hat bereits *Braunroth* festgestellt, dass vertragsrechtlicher Diskriminierungsschutz als eine spezifische Gewährleistung materialer Vertragsfreiheit aufgefasst werden könne, die die tatsächliche Chance auf einen gleichberechtigten Vertragsschluss sichere.[462] Während § 1 UKlaG insbesondere die Inhaltsfreiheit des Verbrauchers schützt, die dadurch bedroht ist, dass der Verwender von AGB den Vertragsinhalt faktisch einseitig bestimmen

---

461 *Braunroth*, Repräsentative Kollektivklagen (2021), S. 195 f.; vgl. *Pfarr/Kocher*, Kollektivverfahren im Arbeitsrecht (1998), S. 129 bezüglich Frauen im Beruf.

462 *Braunroth*, Repräsentative Kollektivklagen (2021), S. 191.

kann,[463] schützt § 2 UKlaG auch die Abschluss und Kontrahentenwahlfreiheit.[464] Abschlussfreiheit meint über das Ob des Vertragsschlusses zu entscheiden und die Kontrahentenwahlfreiheit meint die Freiheit der Vertragspartnerwahl.[465] Auch die Antidiskriminierungsregelungen schützen insbesondere vor Diskriminierung im Vorfeld des Vertragsschlusses.[466]

Übt beispielsweise ein Vermieter von Ferienwohnungen[467] strukturell Diskriminierung aus, indem er seine Wohnung nicht an „junge Erwachsene" vermieten will, wird den damit benachteiligten Personen von vornherein der Vertragsabschluss verweigert. Sie sind aufgrund der Benachteiligung wegen ihres Alters gezwungen, mit einem anderen Vermieter einen Mietvertrag abzuschließen. Die Abschluss und Kontrahentenfreiheit kann im vertragsrechtlichen Diskriminierungsrecht zudem insbesondere in Bezug auf die Nutzung von Freizeiteinrichtungen beeinträchtigt sein,[468] zum Beispiel wenn ein Fitnessstudio keinen Vertrag mit „Ausländern" schließen will. Aber auch die Inhaltsfreiheit kann im vertragsrechtlichen Diskriminierungsrecht betroffen sein.[469] Das ist zum Beispiel der Fall, wenn der Vermieter von Ferienwohnungen mit Personen unter einer bestimmten Altersgrenze Mietverträge schließt, die strengere Vertragsbedingungen enthalten. Die damit benachteiligten Personen müssen sich faktisch dem Willen des Vermieters hingeben, um den Mietvertrag über die Wohnung abschließen zu können.

Die Position der „Schwächeren" sowohl der Verbraucher im Verbrauchervertragsrecht als auch der von Diskriminierung betroffenen Personen und dem daraus resultierende erschwerten Zugang zum Recht, lässt sich zudem häufig mit ihrem Informationsdefizit begründen. Wie bereits im ersten Kapitel in § 1 unter B. I. festgestellt, wird insbesondere systematische Diskriminierung aufgrund eines Informationsdefizits als solche oft gar nicht erkannt – gleiches

---

463 BVerfG, Beschl. v. 07.09.2010 – 1 BvR 2160/09 – NJW 2011, 1339 (1341); *Braunroth*, Repräsentative Kollektivklagen (2021), S. 195.

464 S.o. § 1 B. I.

465 MünchKomm-BGB/*Busche* (2021), BGB vor § 145 Rn. 11.

466 *Jestaedt*, VVDStRL 64 (2005), 298 (342); *Braunroth*, Repräsentative Kollektivklagen (2021), S. 191 f.

467 Zum Mietvertrag über eine Ferienwohnung als Massengeschäft ohne Ansehen der Person MünchKomm-BGB/*Thüsing* (2021), AGG § 19 Rn. 21.

468 MünchKomm-BGB/*Thüsing* (2021), AGG § 19 Rn. 18.

469 *Braunroth*, Repräsentative Kollektivklagen (2021), S. 192 f.

Phänomen ergibt sich für rechtswidrige Allgemeine Geschäftsbedingungen und die systematische Verletzung von verbraucherschützenden Vorschriften. Die Rechtsvorschriften und die aktuelle Rechtsprechung im Verbraucherrecht sind für den Verbraucher kaum durchschaubar.[470] Das beeinträchtigt wiederum den Zugang zur Rechtsdurchsetzung erheblich.

Es ergeben sich zudem in beiden Rechtsgebieten vergleichbare psychische Drucksituationen, die aus der „Unterlegenheit“ in der Verhandlungsposition der von Rechtsverstoß Betroffenen resultieren.[471] Diskriminierung führt häufig dazu, dass die Betroffenen ausgegrenzt und herabgewürdigt werden,[472] wodurch ihr Selbstwertgefühl im Gesamten sinkt.[473] Im Verbraucherschutzrecht ist die Unterlegenheit des Verbrauchers in seiner Verhandlungsposition auf seine faktisch fehlende Verhandlungsmacht zurückzuführen.[474]

Auch ergibt sich die schwächere Position beider Rechtssubjekte aus deren Prozess und Kostenrisiko. Wird die von ihnen behauptete ungerechtfertigte Ungleichbehandlung beziehungsweise der Verstoß gegen verbraucherschützende Vorschriften von dem Gericht nicht als solche anerkannt, müssen sie als Kläger nach den Vorschriften des Zivilprozessrechts die gesamten Kosten tragen. Hier kann nur eine Rechtsschutzversicherung oder Prozesskostenhilfe das Kostenrisiko minimieren.

(2) Die Verbandsklage als Annexfunktion zum materiellen Recht

Im Verbraucherschutzrecht erfüllt das Verbandsklagerecht die „Annexfunktion des Zivilprozessrechts“[475] hinsichtlich der Vorschriften zu den Allgemeinen Geschäftsbedingungen, die dem Schutz einer Vielzahl von Verbrauchern

---

470 Von einem „rechtsunkundigen Vertragspartner“ sprechend, KBF/*Köhler/Alexander* (2024), UKlaG § 1 Rn. 1; *Micklitz/Rott* sprechen von einem „Ungleichgewicht[] der Parteien im Hinblick auf die Macht und Möglichkeit der Durchsetzung ihrer Interessen“ im Hinblick auf Verbraucher und AGB-Verwender, MünchKomm-ZPO/*Micklitz/Rott* (2022), UKlaG vor § 1 Rn. 3.

471 *Braunroth*, Repräsentative Kollektivklagen (2021), S. 195 f.; vgl. *Pfarr/Kocher*, Kollektivverfahren im Arbeitsrecht (1998), S. 129 bezüglich Fraueninteressen im arbeitsrechtlichen Kontext („geringe Organisations und Durchsetzungsfähigkeit“) und S. 130.

472 *Braunroth*, Repräsentative Kollektivklagen (2021), S. 196.

473 S.o. § 1 B. I.

474 *Braunroth*, Repräsentative Kollektivklagen (2021), S. 195.

475 *Braunroth*, Repräsentative Kollektivklagen (2021), S. 78; vgl. MünchKomm-BGB/*Säcker* (2021), BGB Einl. Rn. 8; MünchKomm-ZPO/*Rauscher* (2020), ZPO vor § 1 Rn. 27.

als schwächere Vertragspartei dienen.[476] Damit berücksichtigt das Verfahrensrecht das Ungleichgewicht zwischen Verbrauchern und den Verwendern von Allgemeinen Geschäftsbedingungen.[477] Das Prozessrecht nimmt die Annexfunktion zum materiellen Recht ein.[478] Es verschafft nach der sozialen Prozessauffassung allen Bürgern die gleiche Chance, ein ihnen zustehendes Recht durchzusetzen.[479]

Die Vorschriften des Antidiskriminierungsgesetzes dienen ebenfalls dem Schutz einer Vielzahl von besonders zu schützenden Merkmalsträgern i.S.d. § 1 AGG. Auch das Ungleichgewicht zwischen Diskriminierungsopfer und Diskriminierenden muss im Verfahrensrecht berücksichtigt werden.[480] Im Verfahrensrecht muss der gleiche Zugang zur Rechtsdurchsetzung gewährleistet sein.[481] Für die im materiellen Recht anerkannte diskriminierungsbedingt unterlegene Position sollte ein entsprechender prozessualer Schutz vorgesehen werden.[482] Das ist auch aus dem Grund erforderlich, dass das Antidiskriminierungsgesetz gruppenbezogene Benachteiligungsverbote festlegt.[483] Vorschriften, die sich nicht auf ein Individuum, sondern auf eine Gruppe beziehen,

---

476 Vgl. BGH, Urt. v. 09.06.1983 – I ZR 73/81 – NJW 1984, 668 (668): „[...] durch die Einführung der Verbraucherverbandsklage [...] sollte dem Informationsnachteil der Verbraucher entgegengewirkt werden, der sich aus der im Verhältnis zur Anbieterseite regelmäßig geringeren Waren und Marktkenntnis ergibt.“; *Halfmeier*, 50 Jahre Verbraucherverbandsklage (2015), S. 29 ff., insbesondere S. 34 f.; *Braunroth*, Repräsentative Kollektivklagen (2021), S. 77.

477 *Braunroth*, Repräsentative Kollektivklagen (2021), S. 78; MünchKomm-ZPO/*Rauscher* (2020), Einleitung vor § 1 Rn. 12 f.; vgl. Rspr. des EuGH zur Regelung besonderer Verbrauchergerichtsstände, deren Normzweck es sei, den Verbraucher als den „wirtschaftlich schwächeren und rechtlich weniger erfahrenen Vertragspartner [...]“ zu schützen, Urt. v. 19.01.1993 – Rs. C-89/91 (Shearson Lehmann Hutton) – NJW 1993, 1251 (1251); Urt. v. 20.01.2005 – Rs. C-464/01 (Gruber) – NJW 2005, 653 (654).

478 *Braunroth*, Repräsentative Kollektivklagen (2021), S. 78; MünchKomm-BGB/*Säcker* (2021), Einleitung BGB Rn. 8; vgl. zur Annexfunktion MünchKomm-ZPO/*Rauscher* (2020), Einleitung vor § 1 Rn. 27; *Schilken*, in: Kollektiver Rechtsschutz im Zivilprozess (2008), S. 29.

479 MünchKomm-ZPO/*Rauscher* (2020), Einleitung vor § 1 Rn. 12; *Meyer*, JR 2004, 1.

480 *Braunroth*, Repräsentative Kollektivklagen (2021), S. 295 f.

481 MünchKomm-ZPO/*Rauscher* (2020), Einleitung vor § 1 Rn. 13.

482 *Braunroth*, Repräsentative Kollektivklagen (2021), S. 295 f.

483 Siehe § 1 B. II. und § 4 B. I.

müssen auch überindividuell durchgesetzt werden können.[484] Die gruppenbezogenen Benachteiligungsverbote des Antidiskriminierungsgesetzes finden derzeit hingegen keinen korrespondierenden Rechtsschutz.[485] Im Ergebnis ist es konsequent, wenn das mit den Diskriminierungsverboten durchzusetzende kollektive Interesse an einem diskriminierungsfreien Rechtsraum, wie das kollektive Interesse an der Durchsetzung der verbraucherschützenden Vorschriften, mit einem eigenständigen Verbandsklagerecht entsprochen wird.

bb) Zwischenfazit

Insgesamt ist festzuhalten, dass die Verbandsklagen im Verbraucherschutz und Lauterkeitsrecht eine vergleichbare Funktion erfüllen wie die, die von einer Verbandsklage im Antidiskriminierungsrecht erwartet wird. Zum einen wird mit dem kollektiven Rechtsmittel dem öffentlichen Interesse an der Einhaltung der Vorschriften des Antidiskriminierungsgesetzes als auch den privaten Interessen an einem diskriminierungsfreien Rechtsraum entsprochen. Die abstrakte Überprüfung einer diskriminierenden Handlung soll ermöglichen, dass strukturelle und systematische Diskriminierung gerichtlich verfolgt wird, was für den Einzelnen oftmals nicht oder nur schwer möglich ist. Die Verbandsklagebefugnis soll mit der überindividuellen Kontrolle der Einhaltung der Rechtsordnung die typische prozessuale Schwäche der Opferseite als Klagepartei ausgleichen. Für die im materiellen Recht anerkannte diskriminierungsbedingt unterlegene Position sollte ein entsprechender prozessualer Schutz vorgesehen werden.

cc) Effektivität

Die Verbandsklagen von Verbraucherverbänden haben grundsätzlich eine positive Wirkung auf die Rechts und Wirtschaftsordnung. Laut dem „Gutachten Evaluierung der Effektivität kollektiver Rechtsschutzinstrumente" aus dem Jahr 2011, was im Auftrag des Bundesministeriums für Ernährung, Landwirtschaft und Verbraucherschutz (BMELV) angefertigt wurde, haben Verbraucherverbandsklagen häufig zur Folge, dass das gesamtgesellschaftliche Problem durch die Berichterstattung in den Medien an die breite

---

[484] Siehe § 4 B. I.

[485] Siehe § 1 B. II. und § 4 B. I.

Öffentlichkeit gelangt und dadurch ein gesellschaftlicher Diskurs möglich wird.[486] Das bestätigt ein Gutachten im Auftrag des Verbraucherzentrale Bundesverband e.V. aus dem Jahr 2015, wonach vor allem die AGB-Kontrollklage nach § 1 UKlaG bewirkt, dass gesamtgesellschaftliche Probleme aufgeworfen werden, die höchstrichterlich behandelt und teilweise sogar rechtspolitisch gelöst werden.[487]

Laut dem Gutachten aus dem Jahr 2011 haben sich hinsichtlich des Verfahrens im Allgemeinen die privatrechtlichen und zivilprozessualen Instrumente – insbesondere die zivilprozessualen Dispositionsmaxime als auch die Geltung des Verhandlungsgrundsatzes – bewährt.[488] Die Verbandsklagen von Verbraucherverbänden haben bei Sachverhalten, die das Unterlassungsklagegesetz und das Gesetz gegen den unlauteren Wettbewerb betreffen, bis zum Jahr 2011 eine Erfolgsquote von 68 %.[489] Das zeigt, dass die Verbände ihre Klagebefugnis überlegt und effektiv einsetzen.[490] Der befürchtete Missbrauch des Instruments der Verbandsklage kommt in der Praxis kaum vor.[491] Die Voraussetzungen für die Anspruchsberechtigung der Verbände können dem Missbrauch ausreichend entgegenwirken.[492] *Baetge* weist außerdem darauf hin, dass nicht die Verbandsklage als solche, sondern die Abmahnbefugnis

---

[486] *Halfmeier, Gutachten,* 50 Jahre Verbraucherverbandsklage (2015), S. 26, mit Verweis auf die ausschnittweise Sammlung von zahlreichen Presseartikeln nur aus den Jahren 2009–2010 bei *Meller-Hannich/Höland,* Gutachten Evaluierung Kollektiver Rechtsschutzinstrumente (2011), S. 139 f.

[487] *Halfmeier,* Gutachten, 50 Jahre Verbraucherverbandsklage (2015), S. 25 f.; vgl. *Bultmann*, 30 Jahre Praxis der AGB-Verbandsklage (2008), S. 98 ff.

[488] *Meller-Hannich/Höland,* Gutachten Evaluierung Kollektiver Rechtsschutzinstrumente (2011), S. 141, S. 169; *Halfmeier,* Gutachten, 50 Jahre Verbraucherverbandsklage (2015), S. 27.

[489] *Meller-Hannich/Höland,* Gutachten Evaluierung Kollektiver Rechtsschutzinstrumente (2011), S. 121.

[490] Vgl. *Halfmeier,* Gutachten, 50 Jahre Verbraucherverbandsklage (2015), S. 27; *Axmann*, Die praktische Bedeutung und Effizienz der Verbandsklage nach §§ 13 ff. AGB-Gesetz (1986), S. 142 f.

[491] *Halfmeier,* Gutachten, 50 Jahre Verbraucherverbandsklage (2015), S. 27; so auch *Baetge*, ZZP 112 (1999), 329 (350); *Kocher,* in: EU-Sammelklage (2013), S. 82; siehe lediglich BGH, Urt. v. 25.09.2002 – VIII ZR 253/99 – NJW 2003, 290.

[492] *Halfmeier, Gutachten,* 50 Jahre Verbraucherverbandsklage (2015), S. 28; *Kocher,* in: EU-Sammelklage (2013), S. 82.

und der damit einhergehende potenzielle Aufwendungsersatzanspruch missbrauchsgefährdet ist.[493]

Als Strukturproblem der Verbandsklage des Unterlassungsklagegesetzes wird die unzureichende Verknüpfung des kollektiven mit dem individuellen Rechtsschutz kritisiert. Laut den Ergebnissen der Evaluierung Kollektiver Rechtsschutzinstrumente aus dem Jahr 2011 geht eine Mehrheit von vier Fünfteln der befragten Verbände davon aus, dass Verbraucher selten oder nie von der Möglichkeit Gebrauch machen, Ersatzansprüche im Gefolge von erfolgreichen verbandlichen Unterlassungsklagen geltend zu machen.[494] Als Gründe werden die als zu hoch empfundenen Kostenrisiken, der unverhältnismäßige Aufwand und die Mängel an Rechts und Verfahrenskenntnissen genannt.[495] Grund sei laut den Autorinnen und Autoren des Gutachtens aber weniger das fehlende Interesse an der kollektiven Rechtsdurchsetzung, sondern mehr die unzureichende Unterstützung des Verfahrensrechts bei der Vermittlung zwischen den Handlungsformen und Erfolgen des kollektiven Rechtsschutzes und der individuellen Entscheidungsebene von Verbrauchern.[496] *Meller-Hannich* sieht das Problem auch darin, dass die verbraucherschutzgesetzwidrige oder wettbewerbswidrige Praxis nicht durchgängig mit dem Individualanspruch einhergehen würde, weil von einer Unterlassungsklage zur Vorbeugung der Verletzung des objektiven Rechts nicht erwartet werden könne, dass das objektive Recht sich als Kehrseite eines individuellen Verletztenprozesses hinreichend bewähren kann.[497] Die Rechtsprechung begegnet diesem Problem, indem sie den kollektiven und individuellen Rechtsschutz miteinander verknüpft. Dies geschieht durch die Parallelisierung von Auslegungsregeln[498] und die Anwendung des Unterlassungsgebots

---

[493] *Baetge*, ZZP 112 (1999), 329 (350).

[494] *Meller-Hannich/Höland*, Gutachten Evaluierung Kollektiver Rechtsschutzinstrumente (2011), S. 157.

[495] *Meller-Hannich/Höland*, Gutachten Evaluierung Kollektiver Rechtsschutzinstrumente (2011), S. 157.

[496] *Meller-Hannich/Höland*, Gutachten Evaluierung Kollektiver Rechtsschutzinstrumente (2011), S. 158.

[497] *Meller-Hannich*, in: EU-Sammelklage (2013), S. 35.

[498] BGH, Teilurt. v. 29.04.2008 – KZR 2/07 – NJW 2008, 2172; MünchKomm-ZPO/*Micklitz/Rott* (2022), UKlaG § 1 Rn. 22.

aus Verbandsklageverfahren auf bereits geschlossene Verträge, sodass diese rückabgewickelt werden können.[499]

Besonders gut funktioniert laut dem Gutachten zur Evaluierung Kollektiver Rechtsschutzinstrumente aus dem Jahr 2011 aber das vorgerichtliche Abmahnsystem. Es sei davon auszugehen, dass ein Großteil von Verletzungshandlungen bereits auf die Abmahnung hin eingestellt werde.[500] Auf elf Abmahnungen kommt eine gerichtliche Klage, was für eine starke Aufmerksamkeits und Abschreckungswirkung der Abmahnungen spreche.[501] Sogenannte befürchtete „Abmahnvereine“[502], also Einrichtungen die primär an der Gewinnerzielung und weniger an der Rechtsdurchsetzung interessiert sind,[503] sind ausgeblieben,[504] was auf die strengen Qualifizierungsanforderungen der Verbände nach § 4 UKlaG zurückzuführen sei.[505] Laut *Halfmeier* bestehe die Gefahr des Missbrauchs angesichts der niedrigen und kaum kostendeckenden Kostenpauschalen von etwa 200 Euro, die den klagebefugten Verbänden bei erfolgreicher Abmahnung zugestanden werden, ohnehin kaum.[506]

Die Verbandsklagebefugnisse des Verbraucherschutzrechts und des Lauterkeitsrechts können grundsätzlich als effektiv eingestuft werden. Sie können daher ein Vorbild für eine Verbandsklage im Antidiskriminierungsrecht sein, wenn ihre Zielbestimmungen Überschneidungen zu den Zielbestimmungen der Verbandsklage des Antidiskriminierungsrechts aufweisen.

---

499 MünchKomm-ZPO/*Micklitz/Rott* (2022), UKlaG § 1 Rn. 39 mit Verweis auf ein unveröffentlichtes Urteil des LG Berlin (13.03.1998, GeschNr. 26.0.318/95).

500 *Meller-Hannich/Höland*, Gutachten Evaluierung Kollektiver Rechtsschutzinstrumente (2011), S. 33, S. 169.

501 *Meller-Hannich/Höland*, Gutachten Evaluierung Kollektiver Rechtsschutzinstrumente (2011), S. 166.

502 So bereits *v. Ungern-Sternberg*, NJW 1981, 2328.

503 *Welzel*, GRUR 2003, 762; *Ponti/Tuchtfeld*, ZRP 2018, 139 (140).

504 *Halfmeier*, Gutachten, 50 Jahre Verbraucherverbandsklage (2015), S. 159 f.; *Welzel*, GRUR 2003, 762; *Ponti/Tuchtfeld*, ZRP 2018, 139 (140).

505 *Welzel*, GRUR 2003, 762: *Halfmeier*, Gutachten, 50 Jahre Verbraucherverbandsklage (2015), S. 159 f.; Fezer/Büscher/Obergfell/*Büscher* (2016), UWG § 8 Rn. 241; *Ponti/Tuchtfeld*, ZRP 2018, 139 (140).

506 *Halfmeier*, NJW 2016, 1126 (1128); *Halfmeier*, Gutachten, 50 Jahre Verbraucherverbandsklage (2015), S. 159 f.

dd) Übertragbarkeit der Regelungsstrukturen

Die grundsätzlich positive Wirkung der Verbandsklagen im Verbraucherschutz und Lauterkeitsrecht belegt, dass die Verbandsklage nicht nur theoretisch, sondern auch praktisch zur Verbesserung der Durchsetzung der Rechtsordnung beiträgt. Die Verbände setzen ihre Mittel überlegt und effektiv ein, wenn sie satzungsgemäß im Allgemeininteresse die privaten Interessen der durch die Rechtsordnung geschützten schwächeren Partei und nicht vordergründig eigene Interessen verfolgen. Dies deutet darauf hin, dass die Verbandsklage im Antidiskriminierungsrecht ähnlich ausgestaltet werden kann. Die Verbandsklagebefugnis im Verbraucherschutzrecht zeigt, dass eine vergleichbare Klage im Antidiskriminierungsrecht einen gesellschaftlichen Diskurs anstoßen und auf gesamtgesellschaftliche Diskriminierungsprobleme aufmerksam machen kann. Diese könnten daraufhin höchstrichterlich behandelt und möglicherweise sogar rechtspolitisch gelöst werden.

Die Verbandsklagen des Verbraucherschutzrechts und des Lauterkeitsrecht zeigen zudem, welche Strukturen für die Effektivität der Verbandsklagen förderlich und welche weniger förderlich sind. Die Unterlassungsklage hat sich als präventives Rechtsschutzinstrument bewährt. Die sich ebenfalls bewährte Beschränkung der Anspruchsberechtigung, unter anderem auf bestimmte qualifizierte Einrichtungen, lässt sich auch auf das Antidiskriminierungsrecht übertragen. Im Antidiskriminierungsrecht könnten Antidiskriminierungsverbände qualifizierte Einrichtungen sein. Antidiskriminierungsverbände schützen wie Verbraucherverbände satzungsgemäß kollektive Interessen. Auch Gewerkschaften kommen in Betracht. Dies wird im dritten Kapitel in § 5 unter D. I. untersucht.

Bewährt hat sich zudem das vorgerichtliche Abmahnsystem. Die positive Wirkung des Abmahnsystems durch die starke Aufmerksamkeits und Abschreckungswirkung sollte für das Antidiskriminierungsrecht genutzt werden. Dies wird im dritten in § 5 unter H. II. aufgegriffen und erläutert. Die Praxis im Verbraucherrecht und im Lauterkeitsrecht zeigt, dass dem Missbrauch solcher Abmahnungen hinreichend durch die strengen Anforderungen an die Anspruchsberechtigung vorgebeugt werden kann. Auf die Missbrauchsgefahren einer Verbandsklage im Antidiskriminierungsrecht wird ebenfalls im dritten Kapitel in § 5 unter H. IV. eingegangen.

Die Verbandsklagepraxis im Verbraucherschutzrecht verdeutlicht, dass mit verfahrensrechtlichen Regelungen zwischen dem kollektiven Rechtsschutz und dem Individualrechtsschutz vermittelt werden sollte. Das Verbandsklageurteil sollte in zeitlicher Hinsicht als auch in Bezug auf Auslegungsfragen die Individualklage ermöglichen und unterstützen. Hierauf wird ebenfalls im dritten Kapitel eingegangen. In § 5 unter G. wird eine Hemmung der Ausschlussfristen der Individualansprüche des Antidiskriminierungsrechts diskutiert. In § 5 unter Ziffer I. wird untersucht, welche Wirkung das Verbandsklageurteil auf den Anspruch des einzelnen Betroffenen entfalten kann.

2. *Die Verbandsklage zur Gewinn und Vorteilsabschöpfung im Wettbewerbsrecht*

a) Zielbestimmungen

Die Gewinnabschöpfungs und Vorteilsabschöpfungsansprüche nach § 10 Abs. 1 UWG und § 34a GWB ergänzen die Prävention von schwerwiegenden Wettbewerbsverstößen, indem sie wirtschaftliche Wettbewerbsverstöße neutralisieren.[507] Mit den Ansprüchen sollen insbesondere verursachte Streuschäden erfasst werden.[508] Das sind solche Schäden, die vielfach auftreten, aber nur eine geringe Schadenshöhe beim Einzelnen hervorrufen.[509] Defizite in der Rechtsdurchsetzung entstehen bei Streuschäden dadurch, dass Betroffenen in aller Regel von einer Durchsetzung der ihnen zustehenden Rechte und Ansprüche absehen, etwa weil sie sich ihres Schadens nicht bewusst sind oder weil die Kosten-Risiko-Abwägung zulasten der Klageerhebung ausfällt.[510] Wenn diese Schäden sich häufen und daraufhin zu einem unrechtmäßigen Gewinn führen, erwächst das überindividuelle Interesse an der Sanktion und Prävention dieses Rechtsbruchs.[511] Denn unterbleibt die Sanktionierung solcher Rechtsverstöße, führt dies dazu, dass Unternehmen in kalkulierter Weise Rechtsverstöße begehen, weil selbst Klagen von nur einzelnen Individuen den Gewinn nur marginal schmälern und sich der Rechtsverstoß letztlich lohnt.[512]

---

507 KBF/*Köhler* (2024), UWG § 10 Rn. 8.

508 *Meller-Hannich*, in: EU-Sammelklage (2013), S. 36; vgl. *Fezer*, in FS Bornkamm (2014), S. 333.

509 Vgl. Begründung zu § 10 Abs. 1 des RegE UWG, BT-Drs. 15/1487, 24.

510 KBF/*Köhler* (2024), UWG § 10 Rn. 8.

511 *Meller-Hannich*, Gutachten (2018), A 25.

512 Vgl. *Meller-Hannich*, Gutachten (2018), A 25.

Unterlassungsansprüche können dem nicht entgegenwirken, weil sie nur für die Zukunft wirken.[513] Zudem ist es in der Regel nicht möglich, alle übervorteilten Abnehmer zu ermitteln und zu organisieren, sodass auch Sammelklagen dieses „Marktversagen"[514] nicht korrigieren können.[515] Hinsichtlich dieses Marktversagens soll der Gewinn beziehungsweise Vorteilsabschöpfungsanspruch Abhilfe schaffen.[516] Der Zuwiderhandelnde soll seinen rechtswidrig erzielten Gewinn nicht behalten dürfen.[517] Mit der Vorschrift soll effektiv gegen vorsätzlich begangene Wettbewerbsverstöße vorgegangen werden, indem die Abschöpfung des Gewinns ohne Rücksicht auf die Schadensausgleichsinteressen einzelner Abnehmers ermöglicht wird.[518] Der ergänzende Vorteilsabschöpfungsanspruch nach § 34a GWB soll zudem die Sanktionslücke schließen, die entsteht, wenn die Kartellbehörden im Rahmen ihres Ermessens nicht einschreiten.[519]

Im Vordergrund steht also die Abschöpfung des rechtswidrig erlangten Gewinns. Deshalb – und auch, um die missbräuchliche Geltendmachung des Anspruchs zur bloßen Einnahmeerzielung entgegenzuwirken[520] – fließt der Gewinn gemäß § 10 Abs. 1 UWG beziehungsweise § 34a Abs. 1 GWB in den Bundeshaushalt.[521]

b) Vorbild für das Antidiskriminierungsrecht?

Für das Antidiskriminierungsrecht ist grundsätzlich denkbar, (neben) einer allgemeinen Verbandsklage einen Anspruch auf Gewinnabschöpfung gegen den Diskriminierenden einzuführen, mit welchem sie die Verstöße

---

513 KBF/*Köhler* (2024), UWG § 10 Rn. 9.

514 MünchKomm-UWG/*Micklitz/Namysłowska* (2022), UWG § 10 Rn. 53; *Alexander*, JZ 2006, 890 (893); KBF/*Köhler* (2024), UWG § 10 Rn. 9.

515 KBF/*Köhler* (2024), UWG § 10 Rn. 9; vgl. *Stadler/Micklitz*, WRP 2003, 559 (562).

516 Begründung zu § 8 Abs. 3 des RegE UWG, BT-Drs. 15/1487, 23; vgl. *Alexander*, JZ 2006, 890 (893 f.); KBF/*Köhler* (2024), UWG § 10 Rn. 9; vgl. Immenga/Mestmäcker/*Emmerich* (2024), GWB § 34a Rn. 4; *Alexander*, Schadensersatz (2010), S. 475.

517 KBF/*Köhler* (2024), UWG § 10 Rn. 8.

518 KBF/*Köhler* (2024), UWG § 10 Rn. 9.

519 Begründung zu GWB-E, BT-Drs. 15/3640, 36; Immenga/Mestmäcker/*Emmerich* (2024), GWB § 34a Rn. 4.

520 Harte-Bavendamm/Henning-Bodewig/*Goldmann* (2021), UWG § 10 Rn. 40; *Meller-Hannich*, in: EU-Sammelklage (2013), S. 36.

521 KBF/*Köhler* (2024), UWG § 10 Rn. 9.

gegen das Antidiskriminierungsgesetz neutralisieren können. Fraglich ist, ob überhaupt ein Interesse hinsichtlich der Sanktionierung und Prävention von Verstößen, die Streuschäden verursachen, im Antidiskriminierungsrecht besteht. Dahingestellt sei zunächst die Effektivität dieser Verbandsansprüche.

Streuschäden mit jeweils nur geringem Schaden sind im Antidiskriminierungsrecht zum Beispiel in den Fällen denkbar, in denen ein Arbeitgeber strukturell und institutionell allen weiblichen Angestellten aufgrund ihres Geschlechts ein geringfügig geringeres Entgelt zahlt als männlichen Angestellten in der gleichen Position. Hier ist die Wahrscheinlichkeit hoch, dass die Angestellten aufgrund eines geringen individuellen Schadens von einer Klageerhebung absehen, auch, um das Arbeitsverhältnis nicht zu beschädigen. Dennoch besteht das überindividuelle Interesse an der Sanktionierung und Prävention der Diskriminierung, weil der Zuwiderhandelnde ansonsten vermittelt bekommt, kalkulierte Rechtsverstöße begehen zu können, die sich letztlich für ihn lohnen.

Ein Gewinnabschöpfungsanspruch im Antidiskriminierungsrecht könnte ermöglichen, dass der aus der Diskriminierung resultierende Gewinn ohne Rücksicht auf die Schadensausgleichsinteressen der einzelnen Diskriminierten bei dem Zuwiderhandelnden abgeschöpft werden kann. Anders als im Rahmen eines Entschädigungsanspruchs müsste nicht berechnet werden, wie sich die Diskriminierung auf den Einzelnen auswirkt beziehungsweise auswirken würde. Es müsste lediglich untersucht werden, ob der Unternehmer beziehungsweise Arbeitgeber einen wirtschaftlichen Vorteil durch die Diskriminierung zu Lasten von den nach dem Antidiskriminierungsgesetz geschützten Personen erlangt hat. Der Gewinn des Verletzers könnte sich wie nach § 10 Abs. 1 GWB aus dem Umsatzerlös abzüglich der für die Erbringung der Leistung aufgewandten Kosten und abzüglich der Betriebskosten errechnen, aber ohne Gemeinkosten und sonstige betriebliche Aufwendungen, die auch ohne das diskriminierende Verhalten angefallen wären.[522] Bezogen auf das oben genannte Beispiel, würde sich der Gewinn aus der Differenz zwischen dem Bruttolohn der weiblichen und dem Bruttolohn der männlichen Angestellten errechnen.

---

522 Zu § 10 UWG Ohly/Sosnitza/*Ohly* (2023), UWG § 10 Rn. 6.

Jedoch dürfte der Anwendungsbereich eines Gewinnabschöpfungsanspruch in Diskriminierungssachverhalten gering sein. Wenn der Unternehmer beispielsweise strukturell und systematisch aus rassistischen oder herkunftsbezogenen Gründen keine Massenverträge mit einer bestimmten Personengruppe abschließt, also eine präferenzbasierte (tastebased) Diskriminierung ausübt[523] und keine Entscheidung trifft, die auf rationalen Erwägungen beruht, ist dies in der Regel nicht zu seinem wirtschaftlichen Vorteil.[524] Auch rationale Entscheidungen können an wahrscheinlichen und spürbaren Umsatzbußen missen lassen.[525] Hinzukommt, dass fraglich ist, ob der Gewinnabschöpfungsanspruch mit dem Unionsrecht vereinbar wäre, weil die Kommission im Rahmen der Verbraucherverbandsklagerichtlinie einen Gewinnabschöpfungsanspruch erwogen, aber abgelehnt hat.[526] Dies könnte gegen die generelle Zulässigkeit von der Gewinnabschöpfungsklage im kollektiven Rechtsdurchsetzungsverfahren sprechen.[527]

Außerdem stellt *Köhler* zutreffend in Frage, ob der Gewinnabschöpfungsanspruch im Rahmen des Wettbewerbsrechts zu einem besseren Schutz führt oder nicht lediglich eine übermäßige Belastung der Schuldner und Gerichte bedeutet.[528] Denn nach derzeitiger Rechtslage können die Gewinnabschöpfungsklage, die Individualklage der Verbraucher und die Abhilfeklage der Verbände nebeneinander eingesetzt werden und nach § 10 Abs. 3 UWG können mehrere Verbände gleichzeitig klagen.[529] Diese Kumulation von Anspruchsberechtigten läge im Diskriminierungsrecht ebenfalls vor. Ob diese potentiell mehrfache Inanspruchnahme des Beschuldigten im Einklang mit dem Grundsatz der Verhältnismäßigkeit (Art. 5 Abs. 1 S. 2, Abs. 4 EUV; Art. 52 Abs. 1 S. 2 GRCh) steht, ist fraglich.[530] Insgesamt ist

---

523 *Langenbucher*, BKR 2023, 205 (206).

524 S.o. § 2 B. I. 1. c) zur geschäftlichen Handlung i.S.d. § 2 Abs. 1 Nr. 1 UWG.

525 *Braunroth*, Repräsentative Kollektivklagen (2021) S. 244; Staudinger-BGB AGG/*Serr* (2020), AGG § 20 Rn. 19.

526 Grünbuch über kollektive Rechtsdurchsetzungsverfahren für Verbraucher KOM(2008)794 endg., Nr. 45; KBF/*Köhler* (2024), UWG § 10 Rn. 5.

527 KBF/*Köhler* (2024), UWG § 10 Rn. 5.

528 KBF/*Köhler* (2024), UWG § 10 Rn. 6.

529 KBF/*Köhler* (2024), UWG § 10 Rn. 6.

530 Zu § 10 UWG KBF/*Köhler* (2024), UWG § 10 Rn. 6.

ein Verbandsklagerecht gerichtet auf Gewinnabschöpfung beziehungsweise Vorteilsabschöpfung weniger geeignet.

Hinzutritt die zweifelhafte Effektivität von Gewinn und Vorteilsabschöpfungsansprüchen von Verbänden. Die Regelungen nach § 10 Abs. 1 UWG (a.F.) und § 34a GWB werden als mangelhaft bewertetet, weil das mit ihnen verfolgte Ziel, eine Rechtsdurchsetzungslücke zu schließen, kaum erreicht wird.[531] *Fezer* stellte zu § 10 Abs. 1 UWG (a.F.) fest, der Vorbild für die Regelung in § 34a GWB war,[532] dass die konkreten Tatbestandsvoraussetzungen eine gegen Null tangierende Unrechtserlösabschöpfung verursachen würden.[533] Der Verband trägt das gesamte Kostenrisiko, während er im Falle des Obsiegens nur seine Kosten oder Aufwendungen ersetzt verlangen kann.[534] Im Falle des Unterliegens besteht dieser Aufwendungsersatzanspruch nicht.[535] Insgesamt fehlt den Verbänden der wirtschaftliche Anreiz, das Risiko der Klageerhebung einzugehen.[536] Sollten sich die Verbände entscheiden, den Gewinnabschöpfungsanspruch geltend zu machen, dann nur in Bezug auf Ansprüche, die zwar für den Verband im Falle einer Niederlage kein Kostenrisiko bedeuten, jedoch wenig effektiv zur effektiven breitenwirksamen Durchsetzung des Rechts beitragen.[537] Kritisiert wird zudem das Vorsatzerfordernis und die Nachweispflicht in Bezug auf den wirtschaftlichen Vorteil.[538]

Die Neufassung des § 10 UWG im Jahr 2023[539] ermöglicht theoretisch eine bessere Durchsetzung des Anspruchs, weil das Kostenrisiko der Verbände

---

531 Zu § 34a GWB Immenga/Mestmäcker/*Emmerich* (2024), GWB § 34a Rn. 4a; MüKoUWG/*Micklitz/Namysłowska* (2022), UWG § 10 Rn. 185 f.; Harte-Bavendamm/Henning-Bodewig/*Goldmann* (2021), UWG § 10 Rn. 12.

532 Immenga/Mestmäcker/*Emmerich* (2024), GWB § 34a Rn. 5.

533 *Fezer*, Zweckgebundene Verwendung von Unrechtserlösen und Kartellbußen zur Finanzierung der Verbraucherarbeit (2012), S. 30 f.

534 Immenga/Mestmäcker/*Emmerich* (2024), GWB § 34a Rn. 5.

535 Beschlussempfehlung und Bericht zu § 10 des RegE UWG, BT-Drs. 15/2795, 22 f.; Gloy/Loschelder/DanckwertsUWG-HdB/*Melullis* (2019), § 81 Rn. 24; *Harnos*, GRUR 2020, 1034 (1035); *Alexander*, Schadensersatz (2010), S. 575 ff.; Immenga/Mestmäcker/*Emmerich* (2024), GWB § 34a Rn. 33.

536 Immenga/Mestmäcker/*Emmerich* (2024), GWB § 34a Rn. 5; FrankfurterKomm/*Roth* (2024), GWB § 34a Rn. 6a.

537 Vgl. *Harnos*, GRUR 2020, 1034 (1034).

538 FrankfurterKomm/*Roth* (2024), GWB § 34a Rn. 6.

539 Durch Artikel 13 des Gesetzes v. 08.10.2023, BGBl. 2023 I Nr. 272.

gemindert wurde.[540] Nach § 10 Abs. 6 UWG (n. F.) ist die Prozessfinanzierung zulässig und die Beweislast hinsichtlich der Kausalität zwischen dem Wettbewerbsverstoß und der Gewinnerzielung zulasten des Abnehmers wurde durch § 10 Abs. 1 S. 2 UWG (n. F.) zugunsten des Verbands erleichtert. Es bleibt jedoch abzuwarten, ob mit den Neuregelungen der Anspruch häufiger in geltend gemacht wird.

3. *Die „kleine Verbandsklage" im Arbeitsrecht*

a) Zielbestimmungen

Mit der Antragsbefugnis nach § 17 Abs. 2 AGG i.V.m. § 23 Abs. 3 BetrVG, welche bereits im ersten Kapitel in § 2 unter A. I. beschrieben wurde, werden der Betriebsrat sowie eine im Betrieb vertretene Gewerkschaft ermächtigt, über die Vermeidung von Diskriminierung hinaus, aktiv zur umfassenden Realisierung des Diskriminierungsverbotes beizutragen.[541] Wie *Thüsing* feststellt, werden sie damit für ein Ziel der Allgemeinheit in Dienst genommen.[542] Der Gesetzgeber wollte mit dem Antragsrecht nach § 17 Abs. 2 AGG über § 23 Abs. 3 BetrVG hinausgehen und die soziale Verantwortung der Betriebspartner und der im Betrieb vertretenen Gewerkschaften stärken.[543] Es wird die im Arbeitsverhältnis unterlegene Partei geschützt.

b) Vorbild für das Antidiskriminierungsrecht?

Die Antragsbefugnis nach § 17 Abs. 2 AGG gleicht wie das Verbandsklagerecht im Verbraucherschutzrecht die „schwächere" Position im Vertragsverhältnis aus.[544] Diese ergibt sich aus der Weisungsbefugnis des Arbeitgebers sowie der Angewiesenheit der Arbeitnehmer auf eine Beschäftigung, wodurch eine Abhängigkeit zum Arbeitgeber entstehen kann.[545] Wie bereits erläutert, schrecken Arbeitnehmer aus Angst vor indirekten oder direkten Sanktionen häufig vor einem Tätigkeitwerden gegen den Arbeitgeber zurück.[546]

---

540 Köhler/Bornkamm/Feddersen/*Köhler* (2024), UWG § 10 Rn. 4.
541 MünchKomm-BGB/*Thüsing* (2015), AGG § 17 Rn. 1.
542 MünchKomm-BGB/*Thüsing* (2015), AGG § 17 Rn. 1.
543 Begründung zu § 23 des RegE AGG, BT-Drs. 16/1780, 39; BeckOK ArbR/*Roloff* (2024), AGG § 17 Rn. 5.
544 Vgl. Begründung des RegE AGG, BT-Drs. 16/1780, 22.
545 S.o. § 1 B. I.
546 S.o. § 1 B. I.

Die schwächere Position der Arbeitnehmer wird mit der Befugnis nach § 17 Abs. 2 AGG jedoch nur wenig erfolgreich ausgeglichen. Auf die geringe praktische Relevanz wegen geringer Effektivität des Antrags nach § 17 Abs. 2 AGG wurde bereits im ersten Kapitel in § 2 unter A. II. eingegangen. Hauptkritikpunkt sind die hohen materiellrechtlichen Voraussetzungen an die Antragsbefugnis (grober Verstoß des Arbeitgebers gegen die genannten Vorschriften des Antidiskriminierungsgesetzes) sowie die Beschränkung der Antragsbefugnis durch § 17 Abs. 2 S. 3 AGG.

Im Antidiskriminierungsrecht besteht Bedarf hinsichtlich eines wirksamen überindividuellen Rechtsmittels. § 17 Abs. 2 AGG bietet daher keine Vorbildfunktion für eine allgemeine Verbandsklage im Antidiskriminierungsrecht. Die Antragsbefugnis nach § 17 Abs. 2 AGG verdeutlicht vielmehr, dass hohe materiellrechtliche Voraussetzungen an die Antragsbefugnis die Effektivität der Verbandsklage beeinträchtigen können. Diese Problematik wird im dritten Kapitel in § 5 unter C. aufgegriffen. Dort wird diskutiert, welche inhaltlichen Anforderungen an die Diskriminierung zu stellen sind.

4. *Abhilfeklage des Verbraucherrechtedurchsetzungsgesetzes*

a) Zielbestimmungen

Auch mit der Abhilfeklage gemäß § 1 Abs. 1 Nr. 1 VDuG sollen die Verbraucher, und somit die Schwächeren im Vertragsrecht,[547] geschützt werden. Qualifizierte Verbände sollen mit der Abhilfeklage die Möglichkeit erhalten, individuelle Ansprüche von Verbrauchern und kleinen Unternehmen infolge einer Zuwiderhandlung gebündelt geltend zu machen[548] und so den beklagten Unternehmen auf Augenhöhe zu begegnen.[549] Die Verbraucher sollen von der Abhilfeklage profitieren, ohne dass sie gesondert Klage erheben müssen.[550] Der einzelne, angemeldete Betroffene bekommt mit dem Abhilfeurteil einen Anspruch auf einen Anteil des kollektiven Gesamtbetrags zugesprochen.[551] Damit soll dem Nachteil des Musterfeststellungsverfahrens entgegnet werden,

---

547 Siehe § 4 B. II. 1. b) aa) (1).

548 *Janal*, GRUR 2023, 985 (990).

549 *Meller-Hannich*, DB 2023, 628 (633).

550 Begründung des RegE VRUG, BT-Drs. 20/6520, 60; Musielak/Voit/*Stadler* (2024), VDuG vor § 1 Rn. 2.

551 Musielak/Voit/*Stadler*, VDuG vor § 1 Rn. 12.

der darin liegt, dass die angemeldeten Verbraucher ihren Anspruch im Wege der Individualklage weiterverfolgen müssen.[552] Gleichzeitig dient die Abhilfeklage dem Schutz des Binnenmarktes, indem den negativen Folgen der Zuwiderhandlung Abhilfe geschafft werden kann.[553] Im Interesse der Verbraucher sollen laut der EU-Kommission nicht nur zukünftige Rechtsverstöße verhindert werden, sondern auch die Folgen bereits begangener Verstöße durch eine Klage der Verbraucherschutzverbände korrigiert werden.[554]

b) Vorbild für das Antidiskriminierungsrecht?

Die Gemeinsamkeit zur Verbandsklage im Antidiskriminierungsrecht liegt grundsätzlich darin, dass mit dem überindividuellen Rechtsmittel das Machtungleichgewicht zwischen den Vertragsparteien ausgeglichen werden soll. Der Unterschied ist jedoch, dass der einzelne, angemeldete Betroffene mit dem Abhilfeurteil einen Anspruch auf einen Anteil des kollektiven Gesamtbetrags zugesprochen bekommt und das Urteil des Abhilfeverfahrens dem einzelnen Betroffenen dient. Die allgemeine Verbandsklage im Antidiskriminierungsrecht bezweckt hingegen nicht die Durchsetzung individueller Ansprüche, sondern die Einhaltung der Diskriminierungsverbote im Allgemeinen. Darin unterscheidet sie sich auch von der Abhilfeklage für eine Gruppe nicht individualisierbarer Verbraucher, die als „im Wesentlichen" gleichartige Gruppe definiert wird. Auch wenn diese – wie es für die allgemeine Verbandsklage im Antidiskriminierungsrecht erforderlich ist[555] – erhoben werden kann, wenn die Verbraucher (noch) nicht individualisierbar sind, verfolgt sie den Zweck, individuelle Ansprüche infolge einer Zuwiderhandlung gebündelt geltend zu machen. Der Verband muss im Rahmen der Abhilfeklage stets für eine abstrakt zu beschreibende Gruppe von Verbrauchern mit gleichartigen Ansprüchen klagen. Er klagt im Rahmen der Prozessstandschaft im eigenen Namen das Recht der Betroffenen ein.[556]

---

[552] Begründung des RegE VRUG, BT-Drs. 20/6520, 61; Musielak/Voit/*Stadler* (2024), VDuG vor § 1 Rn. 2.

[553] Begründung des RegE VRUG, BT-Drs. 20/6520, 60.

[554] Vorschlag für einer Verbraucherverbandsklagerichtlinie, COM (2018) 184 final, S. 21; *Vollkommer*, MDR 2021, 129 (129) Rn. 1.

[555] S.o. § 4 B. I. 2.

[556] Siehe § 3 B. I.

Die Verbandsklagebefugnis im Antidiskriminierungsrecht soll aber keine Klage *für* Betroffene, sondern eine Klage im Sinne der Interessen der Öffentlichkeit und der Betroffenen, losgelöst von der Betroffenheit und Ermächtigung zur Prozessführung beziehungsweise Genehmigung einzelner Personen ermöglichen. Dies soll ermöglichen, Diskriminierung bereits im Vorfeld individueller Auswirkungen sowie Diskriminierung, die keine konkret abgrenzbare Gruppe betrifft, zu erfassen. Damit die unter § 4 B. II. genannten Zielbestimmungen des kollektiven Rechtsmittels umgesetzt werden können, bedarf es daher eine Klagemöglichkeit für Verbände, die auf materiellrechtlicher Ebene kein Auftragsverhältnis bedarf beziehungsweise keine Geschäftsführung ohne Auftrag der Verbände bedeutet.[557]

Die Abhilfeklage nach dem Verbraucherrechtedurchsetzungsgesetz kann aber hinsichtlich verfahrensrechtlicher Regelungen interessant für die allgemeine Verbandsklage im Antidiskriminierungsgesetz sein. Zu denken ist an die Regelungen zur Verjährungshemmung oder zu den Finanzierungsmöglichkeiten. Das wird im dritten Kapitel in § 5 untersucht.

5. *Verbandsklage des Behindertengleichstellungsgesetzes*

a) Zielbestimmungen

Die Verbände bekommen mit der Befugnis zur Klageerhebung nach § 15 Abs. 1 BGG die Gelegenheit, die tatsächliche Anwendung der Vorschriften zugunsten der Menschen mit Behinderung des Behindertengleichstellungsgesetzes, in einem objektiven Beanstandungsverfahren – altruistisch und advokatisch – allgemein durchzusetzen.[558] Es kann auch dann eine Klage im Interesse der Menschen mit Behinderung erhoben werden, wenn die Betroffenen sich gegen die Erhebung einer Klage entscheiden, sei es aus finanziellen Gründen oder aus Überforderung.[559] Die Verbandsklage ermöglicht zudem die Beachtung des Gesetzes und die Sanktion von Gesetzesverstößen, indem die Verbände Sachverhalte, bei denen die Diskriminierung für die einzelnen Betroffenen nicht erkennbar ist, gerichtlich klären lassen.[560] Der Verbandsklage wird zudem die Funktion zugeschrieben, zu ermöglichen,

---

557 Siehe § 3 B. I.

558 LPK-SGB IX/*Dau* (2022), BGG § 15 Rn. 2, 3; *Köhler*, ZfSH/SGB 2010, 19 (26).

559 Kossens/von der Heide/Maaß/*Ritz* (2023), BGG § 15 Rn. 4.

560 Kossens/von der Heide/Maaß/*Ritz* (2023), BGG § 15 Rn. 4.

dass der Rechtsstreit ausgetragen wird.[561] Die Verbände würden es nicht so sehr darauf anlegen, einen schnellen pragmatischen Schluss des Verfahrens zu finden, wie der einzelne Betroffene.[562]

b) Vorbild für das Antidiskriminierungsrecht?

aa) Vergleichbare Zielbestimmungen

Die Zielbestimmungen der allgemeinen Verbandsklage des Behindertengleichstellungsgesetzes stimmen mit den Zielbestimmungen einer allgemeinen Verbandsklage im Antidiskriminierungsrecht überein. Die Verbandsklagebefugnis im Antidiskriminierungsrecht soll wie die Verbandsklage im Behindertengleichstellungsgesetz eine Klage unabhängig von der subjektiven Rechtsverletzung eines Einzelnen ermöglichen, was insbesondere die Fälle struktureller und auch mittelbarer Diskriminierung betrifft. Während die antidiskriminierungsrechtliche Verbandsklage Diskriminierung im Privatrecht aufgrund der in § 1 AGG beschriebenen Merkmale und somit auch die Benachteiligung aufgrund einer Behinderung umfasst, sanktioniert die Verbandsklage des Behindertengleichstellungsgesetzes die Diskriminierung aufgrund einer Behinderung durch einen öffentlichen Träger. In Bezug auf die Menschen mit Behinderung besteht daher ein gemeinsamer Schutzanspruch. Die Verbandsklagen beider Rechtsgebiete sollen ermöglichen, dass Rechtsverstöße gegen die Benachteiligungsverbote zum Schutz von Menschen mit Behinderung in einem objektiven Beanstandungsverfahren im öffentlichen Interesse sowie im Interesse der Benachteiligten aufgedeckt und gerichtlich verfolgt werden. Die Präventivwirkung der Diskriminierungsverbote soll verstärkt werden. Gleichzeitig wird mit der Verbandsklagebefugnis sowohl im Behindertengleichstellungsgesetz als auch im Antidiskriminierungsgesetz das Ziel verfolgt, Grundsatzrechtsprechung zu schaffen, womit dem Einzelnen der Zugang zum Recht aufgrund eines geringeren Prozessrisikos erleichtert wird.

bb) Effektivität

Die Wirkung der allgemeinen Verbandsklage des Behindertengleichstellungsgesetzes hinsichtlich der Durchsetzung des Behindertengleichstellungsgesetzes ist jedoch begrenzt. Die Evaluation zum Behindertengleichstellungsgesetz,

---

[561] So Kossens/von der Heide/Maaß/*Ritz* (2023), BGG § 15 Rn. 4.

[562] Kossens/von der Heide/Maaß/*Ritz* (2023), BGG § 15 Rn. 4.

die im Dezember 2022 veröffentlicht wurde, hat ergeben, dass die Verbandsklage nach § 15 Abs. 1 BGG wenig genutzt wird.[563] Seit der Novellierung des Behindertengleichstellungsgesetzes kam es zu keiner Entscheidung, die im Wege einer Verbandsklage nach § 15 BGG ergangen wäre,[564] und auch bis heute[565] ist keine Entscheidung aufgrund eines Verfahrens nach § 15 BGG ergangen.[566] Von den inzwischen 30 verbandsklagebefugten Verbänden wurden nahezu keine Verfahren geführt.[567] Die Bedeutung des Verbandsklagerechts ist – gemessen an den bisher entschiedenen und bekannt gewordenen Streitigkeiten – gering.[568]

Ein ähnliches Bild ergibt sich für die Behindertengleichstellungsgesetze der Länder, nach denen bislang ein Urteil und ein Vergleich in einem Verbandsklageerfahren ergangen sind.[569] Unter anderem liegt dies laut den befragten Rechtsschutzvertreterinnen und vertretern an mangelnden finanziellen, personellen und zeitlichen Ressourcen sowie anders gelagerte Prioritäten.[570] Diese bemängelten auch fehlende rechtliche Kenntnisse in dem Bereich.[571] Nur fünf der befragten Rechtsschutzvertreterinnen und vertretern haben nach eigenen Angaben ein Verbandsklageverfahren zu einem Thema vorgeschlagen, das die Belange von Menschen mit Behinderungen betrifft.[572]

---

563 Bericht der BReg zum BGG, Evaluierung, BT-Drs. 20/4440, 168, 361.

564 So bereits der Bericht der BReg zum BGG, Evaluierung, BT-Drs. 20/4440, 168.

565 Stand 25.09.2024.

566 So die Ergebnisse der Suchportale „Beckonline" und „juris".

567 Bericht der BReg zum BGG, Evaluierung, BT-Drs. 20/4440, 361; aktuell ist jedoch das Recht auf selbstbestimmte Mobilität von Menschen mit Behinderungen und die Barrierefreiheit in Zügen der Deutschen Bahn Gegenstand einer Verbandsklage nach § 15 BGG der Initiative Selbstbestimmt Leben (ISL) gegen das Bundesministerium für Digitales und Verkehr (BMDV) und das Eisenbahnbundesamt (EBA) (*Interessenvertretung Selbstbestimmt Leben in Deutschland e. V.*, Jederzeit mit der Bahn, Die Klage auf der Schiene!, abrufbar unter: https://jederzeitmitbahn.de (zuletzt abgerufen am 25.09.2024); *Hahn*, GVRZ 2024, 5 Rn. 26.).

568 LPK-SGB IX/*Dau* (2022), BGG § 15 Rn. 3.

569 Bericht der BReg zum BGG, Evaluierung, BT-Drs. 20/4440, 168 mit Verweis auf VG Berlin, Urt. v. 30.04.2003 – 19 A 284.02 –, juris und den Interviews, aus denen sich ein Vergleichsschluss nach einem Verbandsklageverfahren nach dem BremBGG ergeben habe.

570 Bericht der BReg zum BGG, Evaluierung, BT-Drs. 20/4440, 351.

571 Bericht der BReg zum BGG, Evaluierung, BT-Drs. 20/4440, 351.

572 Bericht der BReg zum BGG, Evaluierung, BT-Drs. 20/4440, 351.

Auch das Kostenrisiko der Verbandsklage stellt eine Hürde für die Klageerhebung dar.[573] Finanzierungsprobleme können einer flächendeckenden Tätigkeit der Verbände im Wege stehen und die Bereitschaft, sich zu vergleichen, erhöhen.[574] Zudem wird im Rahmen der Verbandsklage nach § 15 Abs. 1 BGG kritisiert, dass diese sich nur auf die Feststellung eines Rechtsverstoßes richtet, womit die Wirkung der Klage begrenzt ist.[575] Es kann kein Urteil erwirkt werden, dass die Behörde beispielsweise zur Beseitigung einer Barriere verpflichtet.[576] Zwar verpflichte ein Feststellungsurteil die Behörde aufgrund des Grundsatzes der Gesetzmäßigkeit der Verwaltung zum Handeln und gegebenenfalls auch zu einer Leistung,[577] allerdings könne ein Urteil bei einer Leistungs oder Unterlassungsklage – anders als das einer Feststellungsklage – eine konkrete Maßnahme benennen.[578] Ein weiteres Problem sei die Beschränkung des Verbandsklagerechts auf die abschließende Aufzählung der Verletzungstatbestände in § 15 Abs. 1 S. 1 BGG.[579]

Es sei zudem problematisch, dass nahezu ausnahmslos eine „allgemeine Bedeutung" des Falls von dem Verband nachgewiesen werden müsse, weil in der Regel auch das Individuum eine Klage erheben kann (§ 15 Abs. 2 S. 2 BGG).[580] Nachzuweisen, dass eine Vielzahl gleich gelagerter Fälle vorliegt (vgl. § 15 Abs. 2 S. 3 BGG), der Fall also eine allgemeine Bedeutung hat, ist eine zusätzliche Belastung für den Verband.

---

573 Bericht der BReg zum BGG, Evaluierung, BT-Drs. 20/4440, 170, 361; *Beigang et al.*, Möglichkeiten der Rechtsdurchsetzung des Diskriminierungsschutzes (2021), 186.

574 *Beigang et al.*, Möglichkeiten der Rechtsdurchsetzung des Diskriminierungsschutzes (2021), 186.

575 Bericht der BReg zum BGG, Evaluierung, BT-Drs. 20/4440, 43, 167; *Welti et al.*, Evaluation des Behindertengleichstellungsgesetzes (2014), S. 293 f., 488; *Hlava*, SRa, 2013, 54 (55f.).; Kahl/Ludwigs/*Janda*, Handbuch des VerwR (2022), § 102 Rn. 84.

576 Bericht der BReg zum BGG, Evaluierung, BT-Drs. 20/4440, 43, 167.

577 Bericht der BReg zum BGG, Evaluierung, BT-Drs. 20/4440, 43, 167; *Welti et al.*, Evaluation des Behindertengleichstellungsgesetzes (2014), 488; vgl. BVerwG, Urt. v. 05.04.2006 – 9 C 1/05 – BVerwGE 125, 370 Rn. 19.

578 *Welti et al.*, Evaluation des Behindertengleichstellungsgesetzes (2014), S. 488; Bericht der BReg zum BGG, Evaluierung, BT-Drs. 20/4440, 43.

579 Bericht der BReg zum BGG, Evaluierung, BT-Drs. 20/4440, 361.

580 *Welti et al.*, Evaluation des Behindertengleichstellungsgesetzes (2014), S. 487; *Schlacke*, Überindividueller Rechtsschutz (2008), 145; Deinert/Welt/*Hlava*, SWK BR (2022), Verbandsklage Rn. 23.

Bewährt hat sich laut Evaluation des Behindertengleichstellungsgesetzes hingegen das Schlichtungsverfahren nach § 16 BGG.[581] Dies werde als niedrigschwelliges außergerichtliches Verfahren der Streitbewährung kontinuierlich benutzt; in rund 50 % der zulässigen Fälle sei eine gütliche Einigung erzielt worden.[582] Dennoch sei auch dies noch nicht hinreichend bekannt.[583]

cc) Übertragbarkeit der Regelungsstrukturen

Der große Unterschied zur Verbandsklage im Antidiskriminierungsgesetz besteht dahingehend, dass das Behindertengleichstellungsgesetz sich auf behördliches Handeln bezieht. Das wirkt sich auf die Wirksamkeit der Verbandsklage aus, weil die Behörde, anders als ein privates Unternehmen, dem Grundsatz der Gesetzmäßigkeit der Verwaltung unterliegt und bereits durch die gerichtliche Feststellung eines rechtswidrigen Verhaltens zum Handeln gezwungen wird. Die Feststellungsklage dürfte im Privatrecht nicht ausreichen. Das wird im dritten Kapitel in § 5 unter B. erörtert.

Außerdem muss untersucht werden, ob die Verbände durch eine Generalklausel ermächtigt werden, ohne dass ein einzeln aufgezählter Verletzungstatbestand erfüllt sein muss (hierzu im dritten Kapitel in § 5 unter C.). Das Klagerecht der Verbände nach § 15 Abs. 1 BGG gibt außerdem Anlass für die Erwägung, die Klagebefugnis des Verbands nach dem Vorbild des § 15 Abs. 2 S. 2 BGG einzuschränken (hierzu im dritten Kapitel in § 5 unter E. II). Zudem zwingt die geringe Nutzung der Verbandsmöglichkeit im Behindertengleichstellungsgesetz, aufgrund des hohen Kostenrisikos der Verbände über Möglichkeiten nachzudenken, die Kostenlast der Verbände zu senken. Das wird im dritten Kapitel in § 5 unter K. untersucht.

Über die Einführung eines verpflichtenden Schlichtungsverfahrens, welches sich im Behindertengleichstellungsgesetz bewährt hat, kann grundsätzlich auch im Antidiskriminierungsrecht nachgedacht werden. Es ist vorstellbar, dass sich die Antidiskriminierungsverbände und die Gewerkschaften, bevor sie gerichtlich aktiv werden, mit demjenigen in Kontakt treten müssen, die sich nicht an die Vorschriften des Antidiskriminierungsgesetzes

---

581 Bericht der BReg zum BGG, Evaluierung, BT-Drs. 20/4440, 43, 175.
582 Bericht der BReg zum BGG, Evaluierung, BT-Drs. 20/4440, 175.
583 Bericht der BReg zum BGG, Evaluierung, BT-Drs. 20/4440, 362.

halten und versuchen, eine außergerichtliche Lösung zu finden. Ob dies effektiv ist, wird im dritten Kapitel in § 5 unter H. II. 2. untersucht.

Letztlich ist festzuhalten, dass die allgemeine Verbandsklage grundsätzlich als geeignetes Mittel zur Verbesserung der Durchsetzung von Diskriminierungsverboten angesehen wird. Dafür spricht auch, dass der Gesetzgeber im Zuge der Novellierung des Behindertengleichstellungsgesetzes im Jahr 2016 die Verbesserung der Effektivität der Verbandsklage in den Blick genommen und unter anderem das Schlichtungsverfahren eingefügt hat. Eine Zurückhaltung der Verbände hinsichtlich der Klageerhebung wird bis zu einem gewissen Grad nicht verhindert werden können, weil nicht sämtliche einzelne Umstände, die die Verbände von einer Klage abhalten, gesetzlich aufgefangen werden können. Sollte mit der allgemeinen Verbandsklage im Antidiskriminierungsrecht erreicht werden, dass bereits ein Fall der Diskriminierung ohne identifizierbares Opfer gerichtlich entschieden wird, ist dies ein Erfolg. Die Schwierigkeiten, die hinsichtlich der Nutzung des Verbandsklagerechts im Behindertengleichstellungsrecht festgestellt wurden, können bei der Gestaltung der Verbandsklage im Antidiskriminierungsrecht aufgegriffen werden, sodass vergleichbare Hindernisse bei der Inanspruchnahme des Verbandsklagerechts von vornherein möglichst nicht bestehen.

6. *Verbandsklage des Landesantidiskriminierungsgesetzes Berlin*

a) Zielbestimmungen

Das Berliner Landesantidiskriminierungsgesetz schafft in § 9 Abs. 1 LADG eine Klagebefugnis für Verbände, um Verwaltungshandeln, das gegen die Diskriminierungsvorschriften des Landesantidiskriminierungsgesetzes verstößt, zu rügen. Die Vorschrift umfasst insbesondere die Fälle institutioneller und struktureller Diskriminierung, ohne dass eine Person unmittelbar betroffen sein muss.[584] Damit kann die Feststellungsklage auch zur Prävention erhoben werden.[585] Generell soll das Gesetz einen Diskriminierungsschutz bei öffentlichrechtlichem Handeln schaffen, der mit dem privatrechtlichen

584 Däubler/Beck/*Klose* (2022), AGG § 24 Rn. 140; *Nielebock*, in: FS Preis (2021), 913 (923).

585 EuGH 10.07.2008 – C-54/07 (Feryn) – AP Nr.1 zur Richtlinie 2000/43/EG – EuZW 2008, 500; Däubler/Beck/*Klose* (2022), AGG § 24 Rn. 140; *Nielebock*, in: FS Preis (2021), S. 913 (923).

Allgemeinen Gleichstellungsgesetz vergleichbar ist.[586] Damit ergänzt es für das Land Berlin die Lücken, die im Diskriminierungsschutz hinsichtlich behördlichen Handelns bestehen.

b) Vorbild für das Antidiskriminierungsrecht?

Das Verbandsklagerecht des Landesantidiskriminierungsgesetzes Berlin dient der Rechtsverfolgung von Diskriminierung durch einen öffentlichen Träger, bei denen ein einzelner Betroffener aufgrund einer institutionellen und strukturellen Diskriminierung nicht identifizierbar ist, womit es weitestgehend sich mit der Zielbestimmung einer allgemeinen Verbandsklage im Antidiskriminierungsrecht deckt, die der Sanktionierung systematischer und struktureller Diskriminierung im Privatrecht dient.

Das Landesantidiskriminierungsgesetz Berlin wurde erst im Jahr 2020 eingeführt, sodass sich die Evaluation der Verbandsklage nicht auf eine lange Zeitperiode beziehen kann. Der Migrationsrat Berlin e.V. hat als Dachverband von über siebzig Migranten-Selbstorganisationen ein Jahr nach der Einführung des LADGs aber grundsätzlich eine positive Bilanz gezogen.[587] Erst kürzlich hat die Gesellschaft für Freiheitsrechte gemeinsam mit Betroffenen und Verbänden gegen die Humboldt-Universität zu Berlin geklagt.[588] Zwar wurde keine Grundsatzentscheidung getroffen, weil die Universität der Klageforderung nachgekommen ist; die Klage bewirkte jedoch, dass die Diskriminierung unterbunden wurde.[589] Laut dem Folgebericht zur Umsetzung des Landesantidiskriminierungsgesetzes (LADG) und des Allgemeinen Gleichbehandlungsgesetzes (AGG) in der Berliner Verwaltung aus März 2022 waren zum Ende des Berichtsverfahrens elf das

---

586 LADG-E, Drs. 18/1996, Vorblatt; *Heintzen/Siegel*, LKV 2021, 337 (341).

587 *Migrationsrat Berlin e.V.*, Ein Jahr Landes-Antidiskriminierungsgesetz (LADG) vom 15.06.2021, abrufbar unter: https://www.migrationsrat.de/ein-jahr-landes-antidiskriminierungsgesetz-ladg/ (zuletzt abgerufen am 25.09.2024).

588 Gesellschaft für Freiheitsrechte, Deadname auf dem Studierendenausweis: Humboldt-Universität zu Berlin diskriminiert Trans, Inter und Nichtbinäre Studierende, abrufbar unter: https://freiheitsrechte.org/themen/gleichbehandlung/tin (zuletzt abgerufen am 25.09.2024).

589 Gesellschaft für Freiheitsrechte, Deadname auf dem Studierendenausweis: Humboldt-Universität zu Berlin diskriminiert Trans, Inter und Nichtbinäre Studierende, Link unter Fn. 588.

Landesantidiskriminierungsgesetz betreffende Gerichtsverfahren anhängig.[590] Eine Differenzierung nach den Prozessführern (Betroffene oder Verbände) erfolgt durch den Bericht jedoch nicht.

Der Migrationsrat Berlin e.V. stellte auch fest, dass die Hürden, eine Klage zu erheben, sowohl für die Individuen als auch für die Verbände sehr hoch seien, weil Diskriminierung schwer beweisbar sei und es zudem an einem Diskriminierungsverständnis fehle.[591] Die befürchtete Klagewelle sei ausgeblieben.[592] Der Klageerhebung der Verbände steht laut dem Migrationsrat Berlin e.V. zudem das Kostenrisiko entgegen, weshalb er die Einrichtung eines Rechtshilfefonds fordert.[593] Hilfreich sei die LADG-Ombudsstelle, die den Betroffenen Beratung leisten kann, weshalb diese ausgebaut und gestärkt werden sollte.[594] Hinzukommen müsse eine flächendeckende Information über das Landesantidiskriminierungsgesetzes als Handlungsoption.[595]

Die Vorschrift im Landesantidiskriminierungsgesetz des Landes Berlin zeigt, dass die Verbandsklage als Rechtsmittel für die Unterbindung einer solchen Diskriminierung grundsätzlich geeignet ist. Der große Unterschied zur Verbandsklage im Antidiskriminierungsgesetz besteht jedoch dahingehend, dass das Landesantidiskriminierungsgesetz Berlin sich – wie die Verbandsklage nach § 15 BGG – auf behördliches Handeln bezieht. Das wirkt sich – wie bereits festgestellt – auf die Wirksamkeit der Verbandsklage aus, weil die gerichtliche Feststellung eines rechtswidrigen Verhaltens nicht zum Handeln zwingt und gegebenenfalls eine Folgeklage eingelegt werden muss. Die Verbandsklage des Landesantidiskriminierungsgesetzes Berlin kann daher nur bedingt Vorbild sein. Die Anforderungen des Antidiskriminierungsgesetzes des Landes Berlin an die Qualifizierung der klageberechtigten Verbände sowie an die Beweislast können hingegen für die Verbandsklage im

---

590 Folgebericht zur Umsetzung des LADG und des AGG (2022), S. 3.

591 Folgebericht zur Umsetzung des LADG und des AGG (2022), S. 3.

592 *Migrationsrat Berlin e.V.*, Ein Jahr Landes-Antidiskriminierungsgesetz (LADG), Link unter Fn. 587.

593 *Migrationsrat Berlin e.V.*, Ein Jahr Landes-Antidiskriminierungsgesetz (LADG) vom 15.06.2021, Link unter Fn. 587.

594 *Migrationsrat Berlin e.V.*, Ein Jahr Landes-Antidiskriminierungsgesetz (LADG), Link unter Fn. 587.

595 *Migrationsrat Berlin e.V.*, Ein Jahr Landes-Antidiskriminierungsgesetz (LADG), Link unter Fn. 587.

Antidiskriminierungsrecht interessant sein. Untersucht wird dies im dritten Kapitel in § 5 unter D. II.

Die Erfahrung mit der Verbandsklage im Landesantidiskriminierungsgesetz Berlin verdeutlicht außerdem, dass das Kostenrisikos der Verbände begrenzt werden muss und dass weitreichende Informationsarbeit zu leisten ist.

7. *Verbandsklage des Bundesnaturschutz und Umweltrechtsbehelfsgesetzes sowie der Tierschutzgesetze*

a) Zielbestimmungen

Mit der Rechtskontrolle durch die Verbände nach § 64 Abs. 1 BNatSchG und nach § 2 Abs. 1, Abs. 2 UmwRG soll gewährleistet werden, dass die Belange der Natur und der Umwelt bei der behördlichen Entscheidungsfindung vollumfänglich berücksichtigt werden.[596] Mangelhafte Entscheidungen der Behörden können auf dem Klageweg von berechtigten Verbänden angegriffen werden.[597] Die Behörden sollen vermittelt bekommen, dass ihre die Umwelt betreffenden Entscheidungen nicht unbemerkt bleiben und sie daher dazu motivieren, die Entscheidungen von vornherein im Interesse des Natur und Umweltschutzes zu treffen.[598] Das entspricht den objektiven Belangen der Allgemeinheit.[599] In Kombination mit den Beteiligungsmöglichkeiten anerkannter Naturschutz und Umweltverbände an staatlichen Entscheidungsverfahren (§ 63 BNatSchG) soll das Problembewusstsein der zuständigen Behörde geschärft sowie bewirkt werden, dass naturschutz und umweltfachliche Sachverhalte von den zuständigen Behörden besser erkannt werden[600] und sachgerechter mit den Belangen des Naturschut-

---

[596] Frenz/Müggenborg/*Heselhaus* (2024), BNatSchG 2009 § 64 Rn. 4.

[597] Frenz/Müggenborg/*Heselhaus* (2024), BNatSchG 2009 § 64 Rn. 4.

[598] Begründung des Gesetzentwurfs der Fraktionen SPD und Bündnis90/Die Grünen zum BNatSchGNeuregG, BT-Drs. 14/6378, 58.

[599] Frenz/Müggenborg/*Heselhaus* (2024), BNatSchG 2009 § 64 Rn. 5; *Meßerschmidt* (2023), § 64 Rn. 26; *Balleis*, Mitwirkungs und Klagerechte (1996), S. 76; *Harings*, NVwZ 1997, 538 ff. (538); *Kloepfer*, Umweltrecht, § 8 Rn. 86 ff.; *Ziekow*, Verwaltungs-Archiv, 91 (2000), 483 (485 f.).

[600] Vgl. Begründung des Gesetzentwurfs der Fraktionen SPD und Bündnis90/Die Grünen zum BNatSchGNeuregG, BT-Drs. 14/6378, 61; Schumacher/Fischer-Hüftle/*Fischer-Hüftle* (2021), BNatSchG, § 63 Rn.1.

zes und der Umwelt umgegangen wird.[601] Zusätzlich können umwelt und naturschutzrechtliche Interessen mit der Verbandsklage auch entgegen dem Willen der Behörden von den Verbänden durchgesetzt werden, womit sie als Gegenmacht der Vorhabensträger und der öffentlichen Hand fungieren.[602] Die Asymmetrie im Rechtsschutz von Umweltnutzern und Umweltschützern kann abgebaut werden.[603]

Insgesamt soll durch eine objektive Rechtskontrolle das unbestrittene Vollzugsdefizit im Umwelt und Naturschutzrecht beseitigt werden.[604] Vor der Einführung der Verbandsklage scheiterten gerichtliche Kontrollen der behördlichen Entscheidungen sowie Leistungsklagen im Sinne der Umwelt daran, dass die Vorschriften zum Schutz der Natur und der Umwelt keine subjektiven Rechte vermitteln.[605] Die Rechtsfigur des subjektiven öffentlichen Rechts stieß an ihre Grenzen, weil Umweltgüter öffentliche Güter sind, die sich dem Gedanken individueller Erzwingbarkeit entziehen.[606] Auch ist der Individualrechtsschutz wenig geeignet, kollektive und insbesondere infrastrukturelle Probleme zu lösen.[607]

Einen vergleichbaren Zweck erfüllen die Verbandsklagen nach den Tierschutzgesetzen in mittlerweile acht Bundesländern.[608] Die Verbände sollen das Verwaltungshandeln der Behörden auf die Vereinbarkeit mit dem

---

[601] Vgl. OVG Münster, Beschl. v. 15.03.2010 – 11 A 1355/07 – ZUR 2010, 315; Landmann/Rohmer UmweltR/*Gellermann* (2024), BNatSchG § 64 Rn. 1; *Wolf*, ZUR 1994, 1 (2); Gassner/Bendomir-Kahlo/Schmidt-Räntsch/*Gassner* (2002), BNatSchG aF § 61 Rn. 2. f.

[602] Gassner/Bendomir-Kahlo/Schmidt-Räntsch/*Gassner*, BNatSchG (2003), § 58 Rn. 3; Frenz/Müggenborg/*Heselhaus* (2024), § 63 BNatSchG Rn. 11.

[603] *Meßerschmidt* (2023), § 64 Rn. 32; *SRU*, Rechtsschutz für die Umwelt (2005), S. 5 f.

[604] Frenz/Müggenborg/*Heselhaus* (2024), BNatSchG 2009 § 64 Rn. 4; Landmann/Rohmer UmweltR/*Fellenberg/Schille* (2024), UmwRG vor § 2 Rn. 7 mit weiteren Nachweisen; Kahl/Ludwigs/*Schlacke*, Handbuch des VerwR (2022), § 101 Rn. 39; Gassner/Bendomir-Kahlo/Schmidt-Räntsch/*Gassner*, BNatSchG (2003), § 58 Rn. 2.

[605] Landmann/Rohmer UmweltR/*Fellenberg/Schille* (2024), UmwRG vor § 2 Rn. 7.

[606] *Kloepfer*, Umweltrecht (2016), § 8 Rn. 89.

[607] *Meßerschmidt* (2023), BNatSchG § 64 Rn. 32; *Faber*, Die Verbandsklage im Verwaltungsprozess (1972), S.73 ff.

[608] Bremen (§ 1 TSVbklG), Saarland (§ 1 TSVKG), Hamburg (§ 1 HmbTierSchVKG), Rheinland-Pfalz (§ 3 TierSchLMVG), Baden-Württemberg (§ 3 TierSchMVG), Schleswig-Holstein (§ 1 SchlHTierSVbKlG), Niedersachsen (§ 2 TierSchKG) und zuletzt Berlin im Jahr 2020 (§ 4 BlnTSVKG). Nordrhein-Westfalen führte im Jahr 2013 ebenfalls

Tierschutzrecht überprüfen lassen können, ohne dass es auf die sonst zur Klagebefugnis nach § 42 Absatz 2 der Verwaltungsgerichtsordnung notwendige Möglichkeit der Verletzung in eigenen subjektiven Rechten ankommt.[609] Wenn die zuständigen Behörden die Mindestvorgaben des Tierschutzrechts unterschreiten, kann diesen Rechtsverstößen nicht mit Rechtsbehelfen entgegnet werden, weil die Tiere naturgemäß nicht selber klagen können.[610] Die aus fehlenden Individualrechten der Tiere resultierenden Vollzugsdefizite sollen durch eine objektive Rechtskontrolle im Interesse der Allgemeinheit kompensiert werden.[611] Die Klagebefugnis wurde eingeführt, um dem Staatsziel der Stärkung der Tierschutzrechte ein erhöhtes Gewicht zu verleihen.[612] Die Verbandsklagemöglichkeit in den Tierschutzgesetzen der Länder soll das Ungleichgewicht zwischen der Wahrnehmung der Belange des Tierschutzes auf der einen Seite sowie den Rechten – insbesondere der Tierhalter – auf der anderen Seite ausgleichen.[613]

b) Vorbild für das Antidiskriminierungsrecht?

aa) Vergleichbare Zielbestimmungen

Die geschützten öffentlichen Interessen des Umwelt, Natur und Tierschutzrechts erscheinen auf dem ersten Blick wenig vergleichbar mit den Interessen des Antidiskriminierungsrechts. Im Gegensatz zu natur und umweltschutzrechtlichen Verbandsklagen, mit welcher objektivrechtliche Normen eingeklagt werden, dient die Verbandsklage im Antidiskriminierungsgesetz den Interessen und Rechten von Menschen, sodass sie wie die Verbandsklage im

eine Verbandsklage ein (§ 1 TierschutzVMG NRW), befristete das Gesetz aber auf fünf Jahre. Es trat 2018 außer Kraft.

609 Begründung des Gesetzes zur Einführung des Tierschutzverbandsklagerechts des Abgeordnetenhaus Berlin (BlnTSVKG), Drs. 18/2229, 8.

610 Begründung des BlnTSVKG, Drs. 18/2229, 8; *Herzog*, in: *Kloepfer/Kluge*, Die tierschutzrechtliche Verbandsklage (2017), S. 58; *Groß*, Die Rechtsdurchsetzung von Tierbelangen (2018), S. 145 f.

611 *Gärditz*, EurUP 2018, 487 (488); *Groß*, Die Rechtsdurchsetzung von Tierbelangen (2018), S. 94 ff.; *Herzog*, in: *Kloepfer/Kluge*, Die tierschutzrechtliche Verbandsklage (2017), S. 58; Kahl/Ludwigs/*Schlacke*, Handbuch des VerwR (2022), § 101 Rn. 39.

612 MAH AgrarR/*Schäfrich* (2021), § 22 Rn. 82.

613 Begründung des BlnTSVKG, Drs. 18/2229, 8.

Behindertengleichstellungsgesetz einen „kollektivaltruistischen" und keinen „ideellaltruistischen" Charakter hat.[614]

Überschneidungen zum Antidiskriminierungsrecht bestehen jedoch im Hinblick auf Diskriminierungssachverhalte, in denen kein Opfer identifizierbar ist. Das Verbandsklagerecht im Umwelt, Natur und Tierschutzrechts greift dort, wo das System des Individualrechtsschutzes an seine Grenzen stößt, weil die Umwelt, die Natur und die Tiere keine Rechtsträger sind. Soll das Interesse an der Einhaltung der Vorschriften, die die Natur, Umwelt und die Tiere schützen, im Interesse der Allgemeinheit überwacht und durchgesetzt werden, bedarf es der Klage eines Dritten. Für die Rechtsverfolgung eines Verstoßes gegen das Antidiskriminierungsgesetz bedarf es ebenfalls eines klagebreiten Dritten, wenn ein Opfer der Diskriminierung nicht identifizierbar ist, was insbesondere in Fällen struktureller und systematischer Diskriminierung der Fall ist. Die Verbandsklagen des Umwelt, Natur und Tierschutzrechts sowie die Verbandsklage des Antidiskriminierungsrechts greifen also in den Fällen, in denen die individuelle Erzwingbarkeit fehlt, und lösen insbesondere strukturelle Probleme. Übertragbar ist die Rolle der Verbände, die darin besteht, eine Kontrollinstanz der Unternehmen beziehungsweise Arbeitgeber zu sein. Die Unternehmen sollen im Interesse der Allgemeinheit, wie die Behörden im Naturschutz, Umweltrecht und Tierschutzrecht, vermittelt bekommen, dass ihre diskriminierenden Handlungen nicht unbemerkt bleiben und sie dazu anhalten, von vornherein Handlungen, die gegen das Antidiskriminierungsrecht verstoßen, zu unterlassen.

Ebenfalls kann das Machtungleichgewicht zwischen Umweltnutzern und Umweltschützern – als Vertreterinnen und Vertreter der Umwelt und der Natur – mit dem Machtungleichgewicht zwischen Diskriminierungsopfern und Diskriminierenden verglichen werden. Das Machtungleichgewicht führt in beiden Rechtsgebieten dazu, dass ein Vollzugsdefizit der Rechtsordnung entsteht, welches mit einem überindividuellen Rechtsmittel ausgeglichen werden muss. Die Anforderungen an das Verbandsklagerecht sind daher vergleichbar. Zugleich haben die Verbandsklagerechte des Umwelt, Natur und Tierschutzrechts sowie des Antidiskriminierungsrechts gemeinsam, dass sie den Akteuren aufzeigen können, wie im Einklang mit dem Recht

---

614 S.o. § 3 A. II.

Entscheidungen getroffen werden können, indem sie Handlungen gerichtlich bewerten lassen und eine Rechtssprechungspraxis schaffen.

bb) Effektivität

Die Gesamtzahl der altruistischen Verbandsklagen im Umwelt und Naturschutzrecht beläuft sich auf nur hundert bis fünfzig Klagen jährlich.[615] Im Zeitraum von 2013 bis 2020 sind zu 377 Verbandsklagen gerichtliche Entscheidungen ergangen.[616] Hierbei handelt es aber um für das Naturschutzrecht bedeutende Verfahren, die einer sorgfältigen Vorbereitung bedürfen.[617] Außerdem nutzen die Umweltverbände laut dem Umweltbundesamt ihre Klagemöglichkeiten sehr erfolgreich.[618] Das Umweltbundesamt stellte fest, dass die Erfolgsquote laut wissenschaftlichen Untersuchungen im Vergleich zu allgemeinen verwaltungsgerichtlichen Verfahren sehr hoch ist und seit dem Jahr 2006 sogar zunimmt.[619] In dem Zeitraum 2017 bis 2020 lag sie bei 51,8 %,[620] während sie bei allgemeinen verwaltungsgerichtlichen Verfahren nur bei 10 bis 12 % liegt.[621] Daraus wird geschlossen, dass die Umweltver-

---

615 *Meßerschmidt* (2023), BNatSchG § 64 Rn. 39.

616 *Habigt et al.*, Wissenschaftliche Unterstützung des Rechtsschutzes in Umweltangelegenheiten in der 19. Legislaturperiode (2021), S. 41 f.

617 Vgl. zuletzt zur Elbvertiefung BVerwG, Urt. v. 09.02.2017 – 7 A 2/15 – BVerwGE 158, 1–142; *Meßerschmidt* (2023), BNatSchG § 64 Rn. 39.

618 *Umweltbundesamt*, FAQs – Rechtsschutz/Verbandsklage, Wie erfolgreich sind die Umweltverbände mit ihren Klagen nach dem Umwelt-Rechtsbehelfsgesetz?, abrufbar unter: https://www.umweltbundesamt.de/themen/nachhaltigkeit-strategien-internationales/umweltrecht/rechtsschutz-verbandsklage/faqs-rechtsschutzverbandsklage#sind-die-umweltverbandsklagen-eine-der-hauptursachen-fur-den-stockenden-ausbau-der-wind-energie (zuletzt abgerufen am 25.09.2024).

619 *Umweltbundesamt*, FAQs – Rechtsschutz/Verbandsklage, Wie erfolgreich sind die Umweltverbände mit ihren Klagen nach dem Umwelt-Rechtsbehelfsgesetz?, Link unter Fn. 618; Schlacke GK-GBNatSchG/*Schlacke* (2024), § 64 Rn. 2; *Schmidt*, Die Klagetätigkeit der Umweltschutzverbände (2018), S. 26; *Meßerschmidt* (2023), BNatSchG § 64 Rn. 34.

620 *Habigt et al.*, Wissenschaftliche Unterstützung des Rechtsschutzes in Umweltangelegenheiten in der 19. Legislaturperiode (2021), S. 54 ff.

621 *Umweltbundesamt*, FAQs – Rechtsschutz/Verbandsklage, Wie erfolgreich sind die Umweltverbände mit ihren Klagen nach dem Umwelt-Rechtsbehelfsgesetz?, Link unter Fn. 618.

bände ihre Klagemöglichkeiten regelmäßig nur in ausgewählten Fällen mit guten Erfolgsaussichten nutzen.[622]

Auch die Erfahrung mit den Tierschutz-Verbandsklagerechten zeigt, dass die Einführung von Verbandsklagerechten zu keiner Klagewelle führt,[623] sondern die Verbände ihr Klagerecht verantwortungsvoll und konstruktiv nutzen.[624] Indem die Verbände ihr Klagebefugnis in für die Natur und Umwelt bedeutsamen Belangen mit Bedacht einsetzen, sodass sie in den meisten Verfahren obsiegen, haben sie eine große Wirkung auf die bessere Durchsetzung des Umwelt und Naturschutzrechts.

cc) Zwischenfazit

Die guten Erfolgsquoten der Verbandsklagen im Umwelt, Natur und Tierschutzrecht versprechen Hoffnung, dass die Voraussetzungen an die Klageberechtigung der Verbände – wie die satzungsgemäße ideelle und nicht nur vorübergehende Verfolgung der Ziele des Antidiskriminierungsgesetzes (vgl. § 3 Abs. 1 Nr. 1 UmwRG) – die richtigen Weichen dafür stellen, dass die Verbände, auch ohne eigenen Klagevorteil, im Antidiskriminierungsrecht ihre Befugnis zur Klageerhebung im Diskriminierungsrecht geschickt und gewissenhaft nutzen. Die altruistische Verbandsklage des Umwelt und Naturschutzrechts zeigt, dass überindividueller und uneigennütziger Rechtsschutz funktionieren kann und die Verbandsklage für das Antidiskriminierungsrecht grundsätzlich für die Verbesserung der Rechtsdurchsetzung geeignet ist.

Obwohl die Verbandsklagen im Umwelt, Natur und Tierschutzrecht dem öffentlichen Recht zugeordnet und daher prozessrechtlich nicht direkt auf das privatrechtliche Antidiskriminierungsrecht übertragbar sind, verdeutlichen

---

[622] *Habigt et al.*, Wissenschaftliche Unterstützung des Rechtsschutzes in Umweltangelegenheiten in der 19. Legislaturperiode (2021), S. 55.

[623] Laut dem Suchportal „juris“ sind seit dem Jahr 2021 lediglich fünf Klagen von Tierschutzverbänden eingegangen: VG Sigmaringen, Urt. v. 08.05.2024 – 8 K 684/22 –, juris; VG Baden-Württemberg, Urt. v. 07.03.2024 – 6 S 3018/19 –, juris; VG Sigmaringen, Urt. v. 08.12.2022 – 4 K 3428/21 –, juris; VG Stuttgart, Urt. v. 29.09.2021 – 15 K 4096/19 –, juris; VG des Saarlandes, Gerichtsbescheid v. 29.03.2021 – 5 K 2022/18 –, juris.

[624] *Animal Rights Watch e.V.*, Tiere brauchen einen Anwalt: Tierschutz-Verbandsklage, abrufbar unter https://www.ariwa.org/tierschutz-verbandsklage/ (zuletzt abgerufen am 25.09.2024).

sie, dass die deutsche Rechtsordnung – die primär auf individuelle Rechtsdurchsetzung ausgerichtet ist – dennoch Verbandsklagen vorsieht. Diese ermöglichen es Dritten, zu klagen, wenn ansonsten keine Klage erhoben werden kann, und dienen somit als wirksames Rechtsmittel. Vorbildlich könnten die Qualifizierungskriterien sowie die Ausnahmen von den Anforderungen an klageberechtigte Verbände sein. Das wird im dritten Kapitel in § 5 unter D. II. untersucht.

C. Geeignetheit einer Verbandsklage mit Einzelfallbezug im Antidiskriminierungsrecht

I. Zielbestimmungen einer Verbandsklage mit Einzelfallbezug

Die Zielbestimmungen einer Verbandsklage mit Einzelfallbezug ergeben sich wie die der allgemeinen Verbandsklage aus den im ersten Kapitel dieser Arbeit aufgezeigten Schwächen der individuellen sowie kollektiven Möglichkeiten der Durchsetzung der antidiskriminierungsrechtlichen Rechte und Ansprüche. Die Verbandsklage mit Bezug zum Recht des Einzelnen soll das Vollzugsdefizit ausgleichen, das entsteht, wenn ein einzelner Betroffener von seiner Rechtsverfolgung aus verschiedensten Gründen absieht, aber grundsätzlich den Willen hat, sein Recht durchzusetzen.

In Betracht kommt diese Form der Verbandsklage für das Antidiskriminierungsrecht nur neben der Verbandsklage, die sich nicht auf den Einzelfall bezieht und mit welcher der Verband losgelöst von einer individuellen Rechtsverletzung selbstständig Klage erheben kann, also der allgemeinen Verbandsklage. Ansonsten könnten die in § 4 unter B. I. erläuterten Lücken in der Rechtsdurchsetzung nicht gefüllt werden. Die einzelfallbezogene Verbandsklage ist aber eine notwendige Ergänzung im Antidiskriminierungsrecht, um bei unmittelbarer Diskriminierung die individuelle Rechtsdurchsetzung gezielt zu fördern. Die Schwächen der individuellen Rechtsmittel des Antidiskriminierungsrechts wurden bereits im ersten Kapitel in § 1 dieser Arbeit aufgezeigt. Zwar sieht das Antidiskriminierungsrecht eine Unterstützungsmöglichkeit für die Betroffenen vor, diese ist in prozessualer Hinsicht aber auf den Beistand (§ 23 Abs. 2

S. 1 AGG) begrenzt und kann daher die Hindernisse für den Einzelnen im Hinblick auf die Klageerhebung nicht beseitigen.[625]

Die Prozessstandschaft ist gesetzlich nicht vorgesehen. In Betracht kommt lediglich die gewillkürte Prozessstandschaft, wobei diese nach den zu der gewillkürten Prozessstandschaft entwickelten Grundsätzen in der Regel nicht anwendbar ist.[626] Ob die zur gewillkürten Prozessstandschaft entwickelten Grundsätze unter Heranziehung des Unionsrechts unanwendbar sind, sodass die gewillkürte Prozessstandschaft von Antidiskriminierungsverbänden möglich ist, ist weder gesetzlich noch richterlich bestätigt, genauso wie die Überlegung, dass sich die Verbände die Ansprüche der Betroffenen abtreten lassen dürfen und somit als Anspruchsinhaber die Rechte gerichtlich durchsetzen können.[627] Diese rechtlichen Unsicherheiten lassen den Betroffenen lediglich die Möglichkeit, die Antidiskriminierungsverbände als Beistand in Anspruch zu nehmen, wie es das Gesetz in § 23 Abs. 2 S. 1 AGG vorsieht.

Diese unzureichenden Unterstützungsmöglichkeiten von Antidiskriminierungsverbänden geben Anlass für die Einführung einer einzelfallbezogenen Verbandsklage in Form der Prozessstandschaft in das Antidiskriminierungsgesetz. Dahingehend hat sich auch der Bundesgerichtshof hinsichtlich des Verbraucherschutzes geäußert, indem er erklärt hat, dass mit einer solchen Verbandsbeteiligung die Hürden überwunden werden können, die den Einzelnen davon abhalten, eine Individualklage zu erheben, womit gleichzeitig eine effektivere Durchsetzung des kollektiven Interesses ermöglicht werde.[628]

Die Bevollmächtigung der Verbände durch die Betroffenen, in ihrem Namen Klage zu erheben, kann die Chance der gerichtlichen Wahrnehmung der Rechte durch den Einzelnen erhöhen, zum Beispiel dann, wenn der Betroffene ursprünglich aus Gründen wie Angst vor den Konsequenzen, das Gefühl von Hilfslosigkeit oder Zeit und/oder Geldmangel, von einer Klageerhebung absehen wollte. Auch andere Hürden zum Zugang zum Recht wie die psychische Belastung mit einem Gerichtsprozess oder das Absehen von einer Klage aufgrund der Annahme, die Diskriminierung würde sich nicht

---

625 S.o. § 1 C. I. 3.

626 S.o. § 1 C. I. 2.

627 S.o. § 1 C. I. 2.

628 BGH, Urt. v. 14.11.2006 – XI ZR 294/05 – NJW 2007, 593 (595) Rn. 29; *Köhler*, ZfHS SGB 2010, 19 (24).

wiederholen, kann die Bevollmächtigung eines Verbands überwinden. Sie kann dem Einzelnen außerdem die Beweislast abnehmen, wenngleich die Einführung des neuen Rechtsschutzmittels zum Anlass genommen werden sollte, die Beweiserleichterung nach § 22 AGG zu erweitern.[629] Insgesamt soll die Verbandsklage mit Einzelfallbezug die Betroffenen in finanzieller und persönlicher Hinsicht bei der individuellen Rechtsdurchsetzung entlasten,[630] sodass die Betroffenen ihre Rechte selbstbewusster und einfacher wahrnehmen.[631] Gleichzeitig soll sie dazu beitragen, dass die Diskriminierungsverbote zukünftig stärker beachtet werden.[632]

II. Erkenntnisse aus Verbandsklagerechten mit Einzelfallbezug

1. *Abhilfeklage des Verbraucherrechtedurchsetzungsgesetzes*

Die Abhilfeklage mit der Optin-Lösung für Verbraucher als Form der Prozessstandschaft wurde im ersten Kapitel in § 2 unter B. I. 2. und im zweiten Kapitel in § 4 unter B. II. 4. bereits vorgestellt.

Eine Abhilfeklage mit Optin-Lösung käme im Antidiskriminierungsgesetz nur mit dem Anspruchsziel der Unterlassung und Beseitigung der diskriminierenden Handlung in Betracht. Ein Gesamtschadensersatz, der nach dem Vorbild des Verbraucherrechtedurchsetzungsgesetzes auf die Betroffenen verteilt wird, ist bei Rechtsverletzungen aufgrund von Diskriminierung nicht sachgerecht. Gegen eine Kollektivierung des Rechtsschutzes im Bereich der Diskriminierung spricht die Eigenart der jeweiligen Ansprüche.[633] Wie *Kodek* bereits im Jahr 2008 festgestellt hat, können Fragen bezüglich eines Benachteiligungsgrunds und möglichen Rechtsfertigungsgründen nur individuell beurteilt werden.[634] Vor allem die Beurteilung der Höhe des Schadensersatzanspruches kann nur individuell erfolgen.[635] Die Verurteilung auf Zahlung einer „kollektiven Schadenshöhe", die die Diskriminierung einer Gruppe

---

[629] Siehe § 5 G. III. 1. a).

[630] *Groteclaes*, GVRZ 2024, 8 Rn. 163; *Herberger*, RdA 2022, 220 (227); *Dern*, FoR 4/2005, 120 (124).

[631] *Groteclaes*, GVRZ 2024, 8 Rn. 163.

[632] Vgl. *Groteclaes*, GVRZ 2024, 8 Rn. 163.

[633] *Kodek*, in: Europäisches Insolvenzrecht – Kollektiver Rechtsschutz (2008), S. 289.

[634] *Kodek*, in: Europäisches Insolvenzrecht – Kollektiver Rechtsschutz (2008), S. 289.

[635] *Kodek*, in: Europäisches Insolvenzrecht – Kollektiver Rechtsschutz (2008), S. 289.

ausgleichen soll, ist aufgrund der Höchstpersönlichkeit der Diskriminierungen, sachverhalts und interessensfern.

Die Verbände stünden mit der Erhebung einer Klage die ein Optin der Diskriminierungsopfer vorsieht, vor den gleichen Herausforderungen wie derzeit, wenn sie die Rechte von Verbrauchern nach dem Antidiskriminierungsgesetz mit der Abhilfeklage nach § 1 Abs. 1 Nr. 1 VDuG durchsetzen wollen.[636] Erstens wäre die Klage nur für Diskriminierungen anwendbar, die eine Vielzahl von Menschen betrifft und somit lediglich hilfreich für Menschen, die Opfer einer Diskriminierung im Rahmen eines Massengeschäfts beziehungsweise massengeschäftsähnlichen Rechtsgeschäfts geworden sind. Damit ist die Prozessführung der Verbände anstelle der Betroffenen zur erleichterten Rechtsdurchsetzung bereits begrenzt. Zweitens stünde der Verband auch bei der Klage für namentlich nicht benennbarer Verbraucher (vgl. §§ 16 Abs. 1 S. 1, 19 AGG) vor der Herausforderung, eine abstrakt zu beschreibende Gruppe von Menschen mit gleichartigen Ansprüchen darlegen zu müssen. Selbst wenn die Anzahl auf zehn Betroffene mit gleichartigen Ansprüchen herabgesenkt würde, wäre dies eine erhebliche Hürde zur Klage.[637]

Die Abhilfeklage mit der Option zum Optin wäre somit nur in den wenigsten Fällen von Rechtsverletzungen durch Diskriminierung anwendbar und unterläge in Bezug auf Diskriminierungssachverhalte hohen Voraussetzungen. Sie ist als Rechtsmittel, das den Einzelnen bei der Durchsetzung seiner individuellen Rechte des Antidiskriminierungsgesetzes unterstützen soll, nicht geeignet.

2. *Einzelfallbezogene Verbandsklagen*

In Betracht kommt hingegen die einzelfallbezogene Verbandsklage.

a) Zielbestimmungen

Die Vorschriften gemäß § 14 BGG sowie § 85 SGB IX und § 9 Abs. 3 LADG ermöglichen den Verbänden durch eine gesetzliche Prozessstandschaft die Rechte der betroffenen Rechtsgutsträger geltend zu machen. § 14 BGG wurde eingefügt, um Art. 9 Abs. 2 der Richtlinie 2000/78/EG Folge zu leisten,

---

636 S.o. § 2 B. 2. a).
637 S.o. § 2 B. 2. a).

wonach die Mitgliedstaaten sicherstellen, dass Verbände, Organisationen oder andere juristische Personen, die gemäß den in ihrem einzelstaatlichen Recht festgelegten Kriterien ein rechtmäßiges Interesse daran haben, für die Einhaltung der Bestimmungen dieser Richtlinie zu sorgen, sich entweder im Namen der beschwerten Person oder zu deren Unterstützung und mit deren Einwilligung an den in dieser Richtlinie zur Durchsetzung der Ansprüche vorgesehenen Gerichts und/oder Verwaltungsverfahren beteiligen können.[638]

Die Klagebefugnis im Namen und mit Einwilligung der benachteiligten Person soll Abhilfe dahingehend schaffen, dass Menschen mit Behinderung beziehungsweise benachteiligte Menschen ihre Rechte selten oder nur unzureichend durchsetzen.[639] Die Gründe sind vielseitig.[640] Mit einer Verbandsbeteiligung soll den faktischen Zugangsbarrieren zur Rechtsdurchsetzung entgegengewirkt und besonders geschützte Rechte effektiver durchgesetzt werden.[641] Die Prozessstandschaft durch die Verbände nimmt den Betroffenen die Last ab, ihre individuellen Ansprüche geltend zu machen,[642] was bei der allgemeinen Verbandsklage weiterhin notwendig ist.[643] Die prozessuale Durchsetzung der Rechte der Einzelnen sollen gestärkt werden,[644] insbesondere indem die Vertreterinnen und Vertreter der Verbände oder Gruppen über spezielle Kenntnisse der Sach und Rechtslage verfügen und damit einen sachnahen Prozess führen können.[645] Ein wesentlicher Vorteil der Klage durch einen Verband ist außerdem, dass die betroffene Person nicht Partei

---

638 Siehe zu den europarechtlichen Vorgaben in § 4 A.

639 Vgl. Begründung zu § 63 des Entwurfs des SGB IX der Fraktionen der SPD und Bündnis 90/Die Grünen (SGB IX-E), BT-Drs. 14/5074, 111; jurisPK-SGB IX/*Schlette* (2023), SGB IX § 85 Rn. 9; zu Menschen mit Behinderung *Köhler*, ZfSH/SGB 2010, 19 (23).

640 S.o. § 1 B.

641 *Kocher*, Anmerkung zu BGH, Urt. v. 14.11.2006 – XI ZR 294/05 –VuR 2007, 275 (276).

642 *Senatsverwaltung für Arbeit, Soziales, Gleichstellung, Integration, Vielfalt und Antidiskriminierung*, LADG – die Begründung, Begründung 04.06.2019, zu § 9 Abs. 3 LADG, abrufbar unter https://www.berlin.de/sen/lads/recht/ladg/materialien/ (zuletzt abgerufen am 25.09.2024).

643 *Herberger*, RdA 2022, 220 (227).

644 Vgl. Begründung zu § 63 SGB IX-E, BT-Drs. 14/5074, 111; Kossens/von der Heide/Maaß/*Ritz* (2023), BGG § 14 Rn. 12.

645 *Köhler*, ZfSH/SGB 2010, 19 (26); Kossens/von der Heide/Maaß/*Ritz* (2023), BGG § 14 Rn. 9.

eines Rechtsstreits wird und daher auch nicht das – unter Umständen klagehindernde[646] – Risiko der Prozesskosten trägt.[647]

b) Vorbild für das Antidiskriminierungsrecht?

aa) Vergleichbare Zielbestimmungen

§ 14 BGG setzt Art. 9 Abs. 2 der Richtlinie 2000/78/EG im Behindertengleichstellungsgesetz um. Die Richtlinie für die Verwirklichung der Gleichbehandlung in Beschäftigung und Beruf bezieht sich jedoch nicht nur auf den Schutz von Menschen mit Behinderung. In dieser Richtlinie sowie in weiteren Richtlinien zur Gleichbehandlung (Art. 6 Abs. 3 RL 76/207/EWG in der durch die RL 2002/73/EG geänderten Fassung, Art. 7 Abs. 2 RL 2000/43/EG, Art. 9 Abs. 2 RL 2000/78/EG, Art. 8 Abs. 3 RL 2004/113/EG und Art. 17 Abs. 2 RL 2006/54/EG) haben die Mitgliedstaaten festgelegt, sicherzustellen, dass unter anderem Verbände im Namen der beschwerten Person oder zu deren Unterstützung mit deren Einwilligung sich an den Gerichtsverfahren zur Durchsetzung ihrer Ansprüche beteiligen können. Es ist nicht sachgerecht, nur den Menschen mit Behinderung das Rechtsmittel der Prozessstandschaft mit Einwilligungsvorbehalt gesetzlich zur Verfügung zu stellen, den weiteren Merkmalsträgern i.S.d. § 1 AGG aber nicht, obwohl die Mitgliedsstaaten das Rechtsmittel unionsrechtlich festgelegt haben.[648] Auch die nicht aufgrund einer Behinderung Benachteiligten i.S.d. § 1 AGG müssen bei ihrer Rechtsdurchsetzung unterstützt werden. § 14 BGG kann ein Vorbild für Umsetzung der europäischen antidiskriminierungsrechtlichen Richtlinien sein.

Die Zielbestimmungen der einzelfallbezogenen Verbandsklagen nach § 14 BGG, § 85 SGB IX und § 9 Abs. 3 LADG stimmen mit denen, die mit einer einzelfallbezogenen Verbandsklage im Antidiskriminierungsrecht erreicht werden sollen, überein. Die Befugnis zur Prozessstandschaft dient dem Schutz von Menschen, die aufgrund eines oder mehrerer Merkmale des § 1 AGG

---

646 S.o. § 1 B. I.

647 *Senatsverwaltung für Arbeit, Soziales, Gleichstellung, Integration, Vielfalt und Antidiskriminierung*, Fragen und Antworten zum LADG, abrufbar unter: https://www.berlin.de/sen/lads/recht/ladg/materialien/ (zuletzt abgerufen am 25.09.2024).

648 Vgl. *Herberger*, RdA 2022, 220 (227), die die Erstreckung der Prozessstandschaft auf die übrigen Diskriminierungsmerkmale als kohärent betrachtet.

diskriminiert werden. Sie dienen der verbesserten Durchsetzung von Diskriminierungsverboten und Leistungsansprüchen besonders geschützter Menschen und greifen dort, wo der Individualrechtsschutz, zum Beispiel aus Gründen des Gefühls der Hilflosigkeit der Betroffenen in Anbetracht des Verfahrensaufwands oder des Kostenaufwands, an seine Grenzen stößt. Daher kann bei der Ausgestaltung der einzelfallbezogenen antidiskriminierungsrechtlichen Verbandsklage auf die Regelungen in § 14 BGG, § 85 SGB IX und § 9 Abs. 3 LADG grundsätzlich zurückgegriffen werden. Das erfolgt im dritten Kapitel in § 6.

bb) Effektivität

Laut der Studie zur Evaluierung des Behindertengleichstellungsgesetzes aus dem Jahr 2014 ist das Instrument der Verbandsklage in Bezug auf den Einzelfall nach § 12 BGG (a.F.) in der Rechtspraxis bislang jedoch nicht angekommen, weil kein gerichtliches Verfahren bekannt ist, in dem ein Verband auf der Grundlage dieser Norm tätig geworden ist.[649] Die Verbändebefragung im Rahmen der Studie ergab, dass nur 40,5 % der Befragten das Rechtsmittel kennen.[650] Der doch eher geringe Bekanntheitsgrad lässt laut den Autorinnen und Autoren der Studie unter anderem darauf schließen, dass Verbandsklagen nicht zur Arbeitsroutine der Verbände und Vereine zum Schutz von Menschen mit Behinderung gehören.[651] Das bestätigt die Evaluierung des novellierten Behindertengleichstellungsgesetzes aus dem Jahr 2022, wonach die Rezeption des § 14 BGG in der Rechtsprechung und Literatur bislang weitestgehend ausblieb.[652] Auch nach der Novellierung des Behindertengleichstellungsgesetzes im Jahr 2016 und der Anpassung an die Richtlinie 2016/2102 im Jahr 2018 kam es nach einer Recherche im juristischen Informationsportal „juris“ weiterhin zu keiner Entscheidung, die im Wege der gesetzlichen Prozessstandschaft nach § 14 BGG ergangen wäre.

---

649 *Welti et al.*, Evaluation des Behindertengleichstellungsgesetzes (2014), S. 485.
650 *Welti et al.*, Evaluation des Behindertengleichstellungsgesetzes (2014), S. 295.
651 *Welti et al.*, Evaluation des Behindertengleichstellungsgesetzes (2014), S. 295.
652 Bericht der BReg zum BGG, Evaluierung, BT-Drs. 20/4440, 181.

Zur Verbandsklage nach § 85 SGB IX (§ 63 SGB IX (a.F.)) sind bislang ebenfalls kaum Entscheidungen[653] veröffentlicht, sodass davon auszugehen ist, dass von den Klagerechten bislang nur sehr wenig Gebrauch gemacht worden ist und das Klagerecht wenig bedeutsam ist.[654] Höchstrichterliche Rechtsprechung ist zu dem Verbandsklagerecht nach dem SGB IX von den Bundesgerichten bislang ebenfalls nicht ergangen. Hinsichtlich des Landesantidiskriminierungsgesetzes Berlin fehlen belastbare Daten. Laut dem Folgebericht zur Umsetzung des Landesantidiskriminierungsgesetzes (LADG) und des Allgemeinen Gleichbehandlungsgesetzes (AGG) in der Berliner Verwaltung aus März 2022 waren zum Ende des Berichtsverfahrens elf das Landesantidiskriminierungsgesetz betreffende Gerichtsverfahren anhängig, wobei eine Differenzierung der Prozessführer (Betroffene oder Verbände) durch den Bericht nicht erfolgte.[655] Die Bedeutung der einzelfallbezogenen Verbandsklage nach § 9 Abs. 3 LADG kann daher nur schwer eingeschätzt werden.

Die geringe Rechtsprechung zu § 14 BGG und § 85 SGB IX zeigt, dass die Möglichkeit einen Verband im Rahmen einer gesetzlichen Prozessstandschaft in Anspruch zu nehmen, der breiten Öffentlichkeit bekannt gemacht werden muss, weil das Rechtsmittel ansonsten weitestgehend ungenutzt bleibt. Wird der Einzelne nicht darauf aufmerksam, dass er bei seiner Anspruchsdurchsetzung auf die Hilfe eines Verbands zurückgreifen kann, ist es weitestgehend sinnbefreit, das Rechtsinstrument einzuführen. Hoffnung gibt der Ausbau des Beratungsnetzes durch das Förderprogramm der Antidiskriminierungsstelle des Bundes durch die Schaffung von Hilfsangeboten in unterversorgten Gebieten und die Vernetzung von zivilgesellschaftlichen Initiativen sowie die bundesweite Stärkung der Strukturen.[656]

---

653 nach derzeitigem Stand verzeichnet die Datenbank „juris" lediglich das Urteil des VGH München v. 17.11.2004 – 12 CE 04.1580 – JZ 2005, 517, mit Anm. Kocher, und die Entscheidung der Vorinstanz VG Augsburg, Urt. v. 26.05.2004 – Au 3 E 04.753 – juris.

654 jurisPK-SGB IX/*Schlegel* (2023), SGB IX § 85 Rn. 32.

655 S.o. § 4 B. II. 6. b).

656 *Ataman*, Jahresbericht 2023, S. 10, Link unter Fn. 3.

D. Zwischenfazit

Der Einführung einer Verbandsklage, die losgelöst von einer individuellen Rechtsverletzung selbstständig von dem Verband erhoben werden kann und in dieser Arbeit als „allgemeine" Verbandsklage bezeichnet wird, ist geeignet, die in § 4 unter B. I. herausgestellten Ziele eines kollektiven Rechtsmittels im Antidiskriminierungsrecht zu erfüllen. Das Unionsrecht steht der Einführung einer allgemeinen Verbandsklage nicht entgegen.

Die allgemeine Verbandsklage ist (1.) geeignet, die Rechtsschutzlücke zu schließen, die entsteht, wenn ein Opfer der rechtswidrigen Handlung (noch) nicht identifizierbar ist, was insbesondere bei systematischer und gruppenbezogener Diskriminierung der Fall ist. Damit kann die eigenständige Verbandsklage die europarechtlichen Anforderungen an eine wirksame, verhältnismäßige und abschreckende Sanktionierung einer „opferlosen" Diskriminierung erfüllen. Das wird unter anderem durch die Verbandsklagerechte im Verbraucherschutzrecht, im Behindertengleichstellungsgesetz, im Landesantidiskriminierungsgesetz des Landes Berlin sowie des Umwelt und Naturschutzrechts bestätigt. Sie ermächtigen zur Klageerhebung, ohne dass die Individualrechtsdurchsetzung überhaupt möglich ist, weil ein handlungsfähiger Rechtsträger fehlt oder nicht auszumachen ist. Die Rezeption der allgemeinen Verbandsklagen zeigt, dass die Verbandsklage grundsätzlich geeignet ist, diese Lücke in der Rechtsdurchsetzung zu füllen. Mit verschiedenen Regelungen kann auf die teilweise begrenzte Wirksamkeit der Klagerechte reagiert werden.

Das Verbandsklagerecht ermöglicht außerdem, überindividuelle Diskriminierung mit einem überindividuellen Rechtsinstrument rechtlich zu verfolgen, was insbesondere die Verbandsklage im Verbraucherschutzrecht veranschaulicht. Den gruppenbezogenen Benachteiligungsverboten des Antidiskriminierungsgesetzes kann ein Äquivalent im Prozessrecht zugeteilt werden.

Das Verbandsklagerecht kann außerdem (2.) die Anforderung erfüllen, die Lücke in der Rechtsdurchsetzung zu schließen, die entsteht, wenn der Zugang zum Recht für den Einzelnen erschwert oder unmöglich ist und dieser von der Klageerhebung absieht. Das zeigt insbesondere die Verbandsklage des Verbraucherschutzrechts. Sie beweist, dass die allgemeine Verbandsklage ein geeignetes Mittel ist, die objektive Rechtsordnung zum Schutz der schwächeren Vertragspartei im Interesse der Allgemeinheit durchzusetzen.

Die typische prozessuale Schwäche der Opferseite als Klagepartei kann mit dem überindividuellen Rechtsmittel ausgeglichen werden. Der Verband kann die Rolle des klagebefugten Dritten einnehmen und die wirksame Rechtskontrolle im öffentlichen Interesse vindizieren. Mit einem Urteil in einem Verbandsklageverfahren können wirtschaftliche Gründe, die gegen eine Individualklage sprechen, überwunden werden. Es kann verhindert werden, dass sich die Diskriminierung in wirtschaftlicher Hinsicht für den Unternehmer beziehungsweise Arbeitgeber lohnt, weil er nicht mehr davon ausgehen kann, dass er, wenn er den Einzelnen lediglich Bagatellschäden hinzufügt, sanktionsfrei bleibt. Das veranschaulicht die Verbandsklagebefugnis im Verbraucherschutzrecht, die Massenschäden durch rechtswidrige Allgemeine Geschäftsbedingungen oder andere Verletzungen von Verbraucherschutzgesetzen vorbeugt.

Die Verbandsklage kann (3.) auch der strategischen Prozessführung dienen, indem durch das Verbandsklageurteil politische Diskussionen hervorgerufen werden, die Gesellschaft auf Diskriminierung aufmerksam gemacht wird und die Rechtsprechung oder auch die Politik gezwungen wird, Lösungen hervorzubringen. Insbesondere ist die Verbandsklage geeignet, Grundsatzrechtsprechung zu schaffen, die dem Einzelnen bei seiner Rechtsdurchsetzung dient und präventiv wirkt. Das Auslösen einer Wirkung, die über das konkrete Klageziel hinausgeht, haben alle allgemeinen Verbandsklagen der deutschen Rechtsordnung gemeinsam.

Der Blick auf bereits geregelte Verbandsklagen in der deutschen Rechtsordnung gibt außerdem Aufschluss über effektive und weniger effektive Regelungsstrukturen und Norminhalte der Verbandsklagerechte, welche anschließend im dritten Kapitel in § 5 erörtert werden. Es ist festzustellen, dass die allgemeinen Verbandsklagen, die erhoben werden, in den meisten Fällen erfolgreich sind, was bedeutet, dass die prozessualen Instrumente für die jeweiligen Verbandsklagen grundsätzlich funktionieren und die Verbände ihre Befugnis überlegt und gewissenhaft einsetzen. Die Auswertung der „kleinen Verbandsklage" nach § 17 Abs. 2 AGG zeigt aber, dass hohe Anforderungen der Anspruchsbegründetheit die Funktionalität der Verbandsklage einschränken können.[657] Die Verbandsklagen des Behindertengleichstellungs-

[657] Siehe § 2 A. II.

gesetzes und des Berliner Landesantidiskriminierungsgesetzes setzen gesetzlich (faktisch) einen kollektiven Bezug der Zuwiderhandlung voraus, was grundsätzlich auch für die Verbandsklage des Antidiskriminierungsgesetzes erwogen werden kann. In verfahrensrechtlicher Hinsicht funktioniert das Abmahnsystem des Verbraucherschutzrechts besonders gut. Die missbräuchliche Geltendmachung der Verbandsklagen kommt selten vor, sodass das Abmahnsystem aufgrund seiner Vorteile auch für das Antidiskriminierungsgesetz in Betracht kommt. Grundsätzlich kann auch die Einführung eines Schlichtungs oder Beanstandungsverfahrens nach dem Vorbild des § 16 AGG oder § 9 Abs. 1 LADG erwogen werden, weil sich dieses im Behindertengleichstellungsgesetz bewährt hat.

Eingeschränkt wird die Wirkung der Verbandsklagebefugnis in allen Rechtsgebieten durch das Kostenrisiko der Verbände. Das Kostenrisiko müsste bei der Einführung einer Verbandsklage im Antidiskriminierungsrecht beachtet und optimiert werden. Im dritten Kapitel wird ein staatlich finanzierter Prozesskostenfonds oder die Möglichkeit der Prozessfinanzierung diskutiert. Außerdem muss in Erwägung gezogen werden, die Verbandsklage mit dem individuellen Rechtsschutz zu verknüpfen.

Abzulehnen ist die Einführung eines Gewinn beziehungsweise Vorteilsabschöpfungsanspruchs der Verbände. Der Anwendungsbereich wäre sehr gering und die Verhältnismäßigkeit eines Gewinn beziehungsweise Vorteilsabschöpfungsanspruchs neben einem allgemeinen Verbandsklagerecht und dem Individualklagerecht der Betroffenen ist in Frage zu stellen. Ungeeignet ist ebenfalls ein Klagerecht nach dem Vorbild des § 1 Abs. 1 Nr. 1 VDuG, weil es nicht der Durchsetzung von überindividuellen Interessen dient.

Die Untersuchung hat zudem ergeben, dass nach dem Unionsrecht die Einführung der Prozessstandschaft der Verbände, also die einzelfallbezogene Verbandsklage, zulässig ist. Diese ermöglicht die Ermächtigung eines Verbands zur Prozessführung in dessen Namen. Das einzelfallbezogene Verbandsklagerecht ist angesichts der derzeit im Gesetz vorgesehenen unzureichenden Unterstützungsmöglichkeiten der Verbände erforderlich. Die gesetzliche Prozessstandschaft unter Ermächtigungsvorbehalt ist in mehreren europäischen antidiskriminierungsrechtlichen Richtlinien vorgesehen und sollte auf alle Merkmalsträger im Sinne des § 1 AGG erweitert werden. Sie kann den Zugang zum Recht für den Einzelnen erleichtern, was wiederum für eine bessere Durchsetzung der Diskriminierungsverbote sorgt. Die Evaluation der Verbandsklage im Behindertengleichstellungsgesetz zeigt jedoch, dass eine umfassende Aufklärungsarbeit über die Verbandsklagemöglichkeit und die geltende Rechtslage erforderlich ist. Andernfalls werden Vertreterinnen und Vertreter der Antidiskriminierungsverbände und Gewerkschaften selten eine Verbandsklage in Betracht ziehen, und die Klagebefugnis bleibt weitgehend ungenutzt.

Die einzelfallbezogene Verbandsklage ist einer Abhilfeklage nach dem Vorbild des § 1 Abs. 1 Nr. 1 VDuG vorzuziehen, weil sie einen breiteren Anwendungsbereich bietet und sowohl den Einzelnen als auch den Verband geringeren Anforderungen unterstellt und damit zugänglicher ist. Wie eine Ermächtigung zur Prozessstandschaft konkret aussehen kann, wird im dritten Kapitel in § 6 untersucht.

Vorschlag zur Ausgestaltung von Verbandsklagerechten im Antidiskriminierungsrecht

Auf der Grundlage der Feststellung, dass sowohl die allgemeine als auch die einzelfallbezogene Verbandsklage grundsätzlich geeignet sind, die Vollzugsdefizite im Antidiskriminierungsrecht im Einklang mit den europarechtlichen Vorgaben auszugleichen, wird in diesem Kapitel ein Vorschlag zur Ausgestaltung beider Klagemodelle entwickelt.

Es wird untersucht, wie das Klagerecht jeweils dogmatisch einzuordnen ist und an welcher Stelle es im Antidiskriminierungsgesetz angeordnet werden kann. Für die allgemeine Verbandsklage werden sodann in § 5 das Anspruchsziel, die Anspruchsvoraussetzungen und die Anforderungen an die Anspruchsberechtigung festgelegt. Aufgegriffen wird zudem die Klagebefugnis und wer passivlegitimiert ist. Außerdem werden prozessrechtliche Regelungen untersucht, die Rechtskraft des Verbandsklageurteils, mögliche Ausschluss und Verjährungsfristen, etwaige Informationspflichten sowie die Kosten des Verbandsklageverfahrens. Dabei fließen die Ergebnisse aus dem zweiten Teil der Arbeit ein. In § 6 wird ein Vorschlag zur Gestaltung des einzelfallbezogenen Verbandsklagerechts im Antidiskriminierungsrecht unterbreitet. Hierbei werden der Klagegegenstand, die Klagebefugnis und der Klagegegner sowie die Ausschlussfristen, verfahrensrechtliche Aspekte, der Schutz vor Viktimisierung und die Kosten des Verfahrens detailliert erarbeitet.

§ 5 Allgemeine antidiskriminierungsrechtliche Verbandsklage

A. Dogmatische Einordnung und Verortung des Verbandsklagerechts

I. Dogmatische Einordnung

Wird in das Antidiskriminierungsgesetz ein neues Klagerecht eingeführt, sind bei der Ausformung der Vorschrift nicht nur die Besonderheiten der geschützten Rechtsgüter zu berücksichtigen, sondern auch, dass es sich in das geltende Rechtsschutzsystem einfügen muss.[658] Die deutsche Rechtsordnung sieht verschiedene Formen der eigenständigen Verbandsklage vor.[659] Es ist zu untersuchen, welche Form der eigenständigen Verbandsklage sich in das geltende Rechtsschutzsystem des Antidiskriminierungsrechts einfügt.

Das Antidiskriminierungsrecht als Teil des Privatrechts (vgl. § 2 Abs. 3 S. 2 AGG) unterliegt prozessual den Vorgaben der Zivilprozessordnung sowie in Streitigkeiten mit arbeitsrechtlichem Bezug dem Arbeitsgerichtsgesetz, wobei das Arbeitsgerichtsgesetz in weiten Teilen auf die Zivilprozessordnung verweist (vgl. § 46 Abs. 2 ArbGG und § 80 Abs. 2 ArbGG). Der Zivilprozessordnung liegt das System des Individualrechtsschutzes zugrunde, was bedeutet, dass das Verfahren dem Schutz der Interessen der am Prozess beteiligten Rechtssubjekte dient.[660] Das bedeutet wiederum, dass der Kläger grundsätzlich subjektive Rechte oder Ansprüche geltend machen muss.[661] Diese Anforderung wird in der Zivilprozessordnung durch das Erfordernis der Prozessführungsbefugnis in § 51 ZPO verkörpert, [662] die nur dann vorliegt, wenn ein Anspruch als eigener eingeklagt wird oder ein Fall der zulässigen Prozessstandschaft vorliegt.[663] Damit wird unter anderem verhindert, dass sich eine Vereinigung eigenmächtig zum Sachwalter fremder Angelegenheiten macht.[664]

---

658 *Egidy*, ZUM 2023, 725 (727).

659 S.o. § 3.

660 *Schilken*, in: Kollektiver Rechtsschutz im Zivilprozess (2008), S. 23.

661 *Egedy*, ZUM 2023, 725 (726).

662 Musielak/Voit/*Weth* (2024), ZPO § 51 Rn. 14.

663 MünchKomm-ZPO/*Lindacher/Hau* (2020), Vorb. zu § 50 ZPO Rn. 45 f., 84 f.; *Egidy*, ZUM 2023, 725 (726).

664 Musielak/Voit/*Weth* (2024), ZPO § 51 Rn. 14.

Anders als im öffentlichen Recht, wo die Verbände in Ausnahmefällen klagen dürfen, wenn Rechtsträger fehlen, wie bei Umwelt oder Tierschutzschutzbelangen (altruistische Verbandsklage),[665] ist eine solches Verbandsklagerecht, mit welcher der Verband die Verletzung von Rechtsvorschriften rügt, die ausschließlich im öffentlichen Interesse erlassen wurden, im Zivilrecht (bislang) nicht geregelt. Der Bezug zu einem subjektiven Recht muss daher stets vorliegen (Rechtsschutzfunktion).[666] Im Verbraucherschutz und Wettbewerbsrecht sowie im Antidiskriminierungsgesetz im Rahmen der „kleinen Verbandsklage“ (§ 17 Abs. 2 AGG) werden die Verbandsklagerechte dieser Anforderung gerecht, indem den Verbänden mit der Verbandsklagebefugnis ein eigener materieller Anspruch im Hinblick auf die Anspruchsgeltendmachung zugesprochen wird.[667] Nach dem Vorbild dieser zivilrechtlichen Verbandsklagerechte sollten auch die klagebefugten Verbände nach dem Antidiskriminierungsgesetz einen eigenen materiellrechtlichen Anspruch erhalten, um der in der Prozessordnung festgelegten Verbindung von subjektivem Recht und Klagebefugnis gerecht zu werden.

Ein materiellrechtlicher Anspruch der Verbände hat zudem den Vorteil, dass die Anspruchsberechtigung nicht nur Prozessvoraussetzung, sondern Voraussetzung für das Entstehen des Anspruchs ist und somit auch noch in der Revisionsinstanz geprüft werden kann.[668] Das bedeutet konkret, dass die Klagebefugnis schon zur Zeit der Diskriminierungshandlung vorliegen und während der gesamten Dauer des Verfahrens fortbestehen muss.[669] Das ermöglicht eine effiziente Kontrolle.[670] Problematisch ist jedoch, dass die Prüfung des materiellrechtlichen Verstoßes gegen die Vorschriften des Antidiskriminierungsgesetzes bei der Zulässigkeitsprüfung der Klage den Grundsätzen des allgemeinen Verfahrensrechts widerspricht.[671] Diesem kann jedoch

---

665 S.o. § 3 A. II.

666 Vgl. *Schilken*, in: Kollektiver Rechtsschutz im Zivilprozess (2008), S. 23; *Egedy*, ZUM 2023, 725 (726).

667 Siehe § 3 A. I.

668 Vgl. zum UKlaG BGH, Urt. v. 22.09.2011 – I ZR 229/10 – NJW 2012, 1812 Rn. 10; KBF/*Köhler/Alexander* (2024), UKlaG § 3 Rn. 4.

669 Vgl. zum UWG Ohly/Sosnitza/Ohly (2023), UWG § 8 Rn. 91.

670 Vgl. zum UWG Ohly/Sosnitza/*Ohly* (2023), UWG § 8 Rn. 86; Teplitzky Ansprüche/*Büch* (2024), Kap. 13 Rn. 25a.

671 KBF/*Köhler/Feddersen* (2024), UWG § 8 Rn. 3.11; *Alexander*, JuS 2009, 590 (593)).

wie im Rahmen der Verbandsklagen nach dem Unterlassungsklagegesetz und dem Gesetz gegen den unlauteren Wettbewerb Abhilfe geleistet werden, indem bei der Zulässigkeitsprüfung – wie bei der Zulässigkeitsprüfung der Verfassungsbeschwerde – lediglich geprüft wird, ob die Möglichkeit besteht, dass mit der behaupteten Handlung gegen die Diskriminierungsverbote des Antidiskriminierungsgesetzes verstoßen wird beziehungsweise eine Verstoß droht.[672] Außerdem dürften die Fälle, in denen schon bei der Prüfung der Prozessführungsbefugnis die materiellrechtlichen Aspekte der Verletzungshandlung geprüft werden müssen – wie *Büch* im Rahmen der Verbandsklage des Lauterkeitsrechts zutreffend feststellt – gering und das eventuelle Prüfungserfordernis begrenzt sein.[673]

Zusätzlich muss der Besonderheit gerecht werden, dass der Verband nicht im eigenen, sondern im Interesse Dritter und im Allgemeininteresse tätig wird und dies den Grundzügen einer Prozessstandschaft entspricht.[674] Dieser „abnormen zweiten Funktion“[675] – im öffentlichen Interesse mit besonderen Mitteln des Zivil und Zivilprozessrechts ungerechtfertigte Diskriminierung abzuwehren[676] – kann nur gerecht werden, indem die Voraussetzungen der Klagebefugnis zugleich Voraussetzungen der Prozessführungsbefugnis sind.[677] Auch der Bundesgerichtshof beurteilte sowohl die Verbandsklage nach § 8 Abs. 3 Nr. 3 UWG als auch eine Verbandsklage nach § 3 Abs. 1 UKlaG im Sinne der Lehre der Doppelnatur.[678] Das entspricht auch den Vorstellungen des europäischen Gesetzgebers. Dieser hat in der Verordnung (EU) 2017/2394 bestätigt, dass die Verbände als quasihoheitliche Kontrollinstanz anzusehen sind.[679] Diese Kontrollfunktion der Verbände kann auf das Antidiskriminie-

---

[672] KBF/*Köhler/Feddersen* (2024), UWG § 8 Rn. 3.11.

[673] Teplitzky Ansprüche/*Büch* (2024), Kap. 13 Rn. 31.

[674] Vgl. KBF/*Köhler/Feddersen* (2024), UWG § 8 Rn. 3.10; MünchKomm-UWG/*Ottofülling* (2022), UWG § 8 Rn. 394, MünchKomm-ZPO/*Lindacher/Hau* (2020), ZPO vor § 50 Rn. 89.

[675] Siehe § 3 A. I.

[676] Vgl. EuGH, Urt. v. 06.10.2009 – C-40/08 C-40/08 – Asturcom – CELEX 62008CJ0040; MünchKomm-ZPO/*Micklitz/Rott* (2022), UKlaG § 1 Rn. 3.

[677] Vgl. KBF/*Köhler/Feddersen* (2024), UWG § 8 Rn. 3.10; MünchKomm-UWG/*Ottofülling* (2022), UWG § 8 Rn. 394, MünchKomm-ZPO/*Lindacher/Hau* (2020), ZPO vor § 50 Rn. 89; BeckOK UWG/*Haertel* (2023), UWG § 8 Rn. 163.

[678] S.o. § 3 A. I.

[679] S.o. § 3 A. I.

rungsrecht übertragen werden und muss in der rechtlichen Einordnung des Verbandsklagerechts als prozessuale Klagebefugnis zum Ausdruck gebracht werden. Im Ergebnis sollte das allgemeine Verbandsklagerecht im Antidiskriminierungsrecht also wie die anderen Verbandsklagerechte im Zivilrecht eine Doppelnatur haben. Die Vorschrift sollte den Verbänden sowohl eine materiellrechtliche Anspruchsberechtigung, also ein subjektives Recht, als auch die Prozessführungsbefugnis einräumen.

II. Verortung

Zu überlegen ist, ob die Verbandsklage nur im Antidiskriminierungsgesetz oder nur in der Zivilprozessordnung beziehungsweise im Arbeitsgerichtsgesetz verortet werden sollte.[680] Für letzteres spricht, dass so eine „Zerstückelungs und Verweisungslegislatur"[681] vermieden wird.[682] Gleichzeitig wird mit der Anordnung in den Prozessordnungen ermöglicht, auf die Besonderheiten der Verbandsklage einzugehen.[683] Die Überlegungen überzeugen teilweise. In prozessrechtlicher Hinsicht vermag die Regelung der Verbandsklage in den jeweiligen Gerichtsordnungen die einfachere und übersichtlichere Variante bedeuten. Auch aufgrund der strukturellen Ähnlichkeiten der kollektiven Rechtsschutzmöglichkeiten wird teilweise gefordert, dass – jeweils für das öffentliche Recht[684] und für das Zivilrecht[685] und teilweise sogar rechtsübergreifend[686] – eine allgemeine Regelung zu den Anerkennungsvoraussetzungen der Vereinigungen oder generell allgemeine Regelungen zu den kollektiven Klagemöglichkeiten eingeführt werden sollten, „um ein weiteres Auseinanderdriften von Gesetz und Rechtswirklichkeit zu vermeiden"[687] und die „Kohärenz und Ordnungsfunktion der Kodifikation für den Zivilprozess zu wahren"[688].

---

680 Vgl. hierzu *Kocher*, ZEuP 2004, 260 (269); vgl. auch *Greger*, NJW 2000, 2457 (2463).

681 *Greger*, NJW 2000, 2457 (2463) zur Verbandsklage des UKlaG.

682 Vgl. zum UKlaG *Greger*, NJW 2000, 2457 (2463).

683 Vgl. zum UKlaG *Greger*, NJW 2000, 2457 (2463).

684 Kahl/Ludwigs/*Schlacke*, Handbuch des VerwR (2022), § 101 Rn. 57; ausführliche Überlegungen bei *Guckelberger*, Deutsches Verwaltungsprozessrecht (2017), S. 143 ff.

685 *Hess*, JZ 2011, 66 (71 ff.).

686 Kahl/Ludwigs/*Schlacke*, Handbuch des VerwR (2022), § 101 Rn. 57.

687 *Hess*, JZ 2011, 66 (71).

688 *Hess*, JZ 2011, 66 (71).

Gegen diese Vorschläge spricht jedoch der Ausnahmecharakter der Verbandsklage im Hinblick auf das geltende Individualrechtsschutzsystem des Antidiskriminierungsgesetzes.[689] Diesem wird am ehesten gerecht, wenn von Verallgemeinerungen abgesehen und die Verbandsklage als Ausnahme in dem jeweiligen Gesetz geregelt wird. Das ermöglicht, auf die besonderen Anforderungen des jeweiligen Rechtsgebiets und dessen Sachverhalte mit entsprechenden gesetzlichen Regelungen einzugehen. Insbesondere die Anforderungen an die Qualifikation der anspruchsberechtigten Verbände können variieren. Zu denken sind an Unterschiede im Hinblick auf Missbrauchsrisiken oder Anforderungen an die Sach und Rechtskenntnis der Verbände. Daher ist von einer einheitlichen beziehungsweise ausschließlichen Regelung in der Zivilprozessordnung abzusehen und eine Normierung in dem Antidiskriminierungsgesetz zu bevorzugen.

Hierbei muss die Unterteilung des Antidiskriminierungsgesetzes in Schutz der Beschäftigten vor Benachteiligung (Abschnitt zwei), Schutz vor Benachteiligung im Zivilrechtsverkehr (Abschnitt drei) und den Vorschriften zum Rechtsschutz (Abschnitt vier) berücksichtigt werden. Das eigenständige Verbandsklagerecht, das die Aktivlegitimation der Verbände umfasst, kann nicht im vierten Abschnitt unter eingegliedert werden. Das Verbandsklagerecht ist nicht lediglich eine prozessuale Vorschrift. Als Aktivlegitimation muss es in dem Abschnitt verortet werden, auf dessen Vorschriften es sich bezieht. Das Vollzugsdefizit des Antidiskriminierungsgesetzes betrifft die Regelungen und Ansprüche sowohl des ersten als auch des zweiten Abschnitts,[690] sodass die Trennung von diskriminierungsrechtlichen Vorschriften im Beschäftigungsverhältnis und im allgemeinen Zivilrechtsverkehr dazu führt, dass im zweiten als auch im dritten Abschnitt ein Verbandsklagerecht zu regeln ist.

Nachfolgend wird die Verbandsklage im zweiten Abschnitt des Antidiskriminierungsgesetzes als arbeitsrechtliche antidiskriminierungsrechtliche Verbandsklage und die Verbandsklage im dritten Abschnitt als zivilrechtliche antidiskriminierungsrechtliche Verbandsklage bezeichnet. Wo genau in dem

---

689 Vgl. *Herberger*, RdA 2022, 220 (221); *Beigang et al.*, Möglichkeiten der Rechtsdurchsetzung des Diskriminierungsschutzes (2021), S. 95; *Schilken*, in: Kollektiver Rechtsschutz im Zivilprozess (2008), S. 46.

690 S.o. erstes Kapitel.

jeweiligen Abschnitt das Klagerecht verortet werden sollte, ergibt sich aus dem Anspruchsziel und wird unter B. I. untersucht.

B. Anspruchsziel

I. Beseitigungs und Unterlassungsanspruch

Zunächst gilt es zu klären, auf welches Ziel der Anspruch der Verbände gerichtet sein sollte. Die Verbandsklagebefugnisse des Unterlassungsklagegesetzes und des Wettbewerbsrechts sind auf Unterlassung und Beseitigung (und Widerruf) einer rechtswidrigen Handlung gerichtet. Die Verbandsklagebefugnisse dienen also nicht lediglich der Feststellung eines Verstoßes gegen eine Norm. Sie räumen den Verbänden vielmehr die Befugnis ein, den Zuwiderhandelnden zu einer Handlung beziehungsweise zu dem Unterlassen einer Handlung zu zwingen[691] und die fortdauernde Störungsquelle zu beseitigen.[692] Sie sind aufgrund ihrer vorwiegend präventiven Natur verschuldensunabhängig.[693] Das Antragsziel der „kleinen Verbandsklage“ des Antidiskriminierungsgesetzes ist vergleichbar. Nach § 17 Abs. 2 AGG i.V.m. § 23 Abs. 3 BetrVG ist der Betriebsrat befugt, bei groben Verstößen des Arbeitgebers gegen seine Verpflichtungen beim Arbeitsgericht zu beantragen, dem Arbeitgeber aufzugeben, eine Handlung zu unterlassen, die Vornahme einer Handlung zu dulden oder eine Handlung vorzunehmen. Im öffentlichen Bereich haben die Verbände im Umweltrechtbehelfs, Natur und in den meisten Tierschutzgesetzen einen weiten Spielraum hinsichtlich des Klagegegenstands und können auch eine Leistungsklage erheben.[694] Hingegen können Verbände mit der allgemeinen Verbandsklage nach dem Berliner Landesantidiskriminierungsgesetz und dem

---

691 Vgl. KBF/*Köhler/Alexander* (2024), UKlaG § 1 Rn. 12; LMRKM/*Kersting* (2020), GWB § 33 Rn. 44.

692 Vgl. zum UWG KBF/*Bornkamm* (2024), UWG § 8 Rn. 1.109; zum UKlaG KBF/*Köhler/Alexander* (2024), UKlaG § 1 Rn. 17.

693 LMRKM/*Kersting* (2020), GWB § 33 Rn. 2; Ohly/Sosnitza/*Ohly* (2023), UWG § 8 Rn. 1; Gloy/Loschelder/DanckwertsUWG-HdB/*Fritzsche* (2019), § 79 Rn. 3; zu dem Widerrufsanspruch nach § 1 UKlaG KBF/*Köhler/Alexander* (2024), UKlaG § 1 Rn. 15.

694 Zu § 47 Abs. 6 VwGO OVG Saarlouis, Beschl. v. 27.04.2015 – 2 B 39/15 – NuR 2015, 502, 503; zum BNatSchG: Frenz/Müggenborg/*Heselhaus* (2024), BNatSchG 2009 § 64 Rn. 10; zum UmwRG Landmann/Rohmer UmweltR/*Fellenberg/Schille* (2024), UmwRG § 2 Rn. 6.

Behindertengleichstellungsgesetz lediglich einen Rechtsverstoß feststellen lassen. Hier können die Verbände gerichtlich nur erreichen, dass ein Rechtsverstoß festgestellt wird, jedoch nicht die direkte Verurteilung zur Leistung.[695]

Anders als im Behindertengleichstellungsgesetz und im Berliner Landesantidiskriminierungsgesetz sollte der Anspruch der Verbände im Antidiskriminierungsrecht nicht lediglich auf die Feststellung des Rechtsverstoßes gerichtet sein.[696] Könnten die Verbände lediglich einen Verstoß gegen die Vorschriften des Antidiskriminierungsgesetzes feststellen lassen, wäre die Wirkung der Verbandsklage wie die eines Verbandsklageurteils nach dem Behindertengleichstellungsgesetz begrenzt, weil sie nicht zwingend zu Veränderungen führt.[697] Wenn die Diskriminierung lediglich festgestellt wird, fehlt es an der konkreten Aufforderung der Beendigung des diskriminierenden Handelns, weil – anders als im öffentlichen Recht – die Akteure nicht nach dem Grundsatz der Gesetzmäßigkeit der Verwaltung (Art. 20 Abs. 3 GG)[698] an Feststellungsurteile gebunden sind.[699] Zwar stehen die Verbände damit vor der Herausforderung, das Klagebegehren konkret zu benennen, dieses dürfte jedoch häufig kein größeres Problem darstellen, weil ein Umsetzungsspielraum – wie ihn Behörden haben – fehlt.[700] Häufig dürften die Diskriminierungsverbote des Antidiskriminierungsgesetzes den Handlungsspielraum der Klagegegner derart eingrenzen, dass die Verbände im Klageantrag substantiiert vortragen können, welche Handlung beziehungsweise Unterlassung zur Diskriminierung führt und zukünftig zu unterlassen beziehungsweise vorzunehmen ist.[701] Ein gewisses Risiko hinsichtlich des richtigen positiven Leistungsziels ist in Kauf zu nehmen. Im Hinblick auf die Effektivierung des Antidiskriminierungsgesetzes sollten die Verbände ein Leistungsziel wählen

---

[695] § 4 B. II. 5. B) bb) und § 4 B. II. 6. b).

[696] So auch *Herberger*, RdA 2022, 220 (227); *Kocher*, Gesetzentwurf (2002), S. 36.

[697] Vgl. zur begrenzten Wirkung des § 15 BGG Bericht der BReg zum BGG, Evaluierung, BT-Drs. 20/4440, 361.

[698] zur Gesetzmäßigkeit der Verwaltung allgemein BVerwG, Urt. v. 27.10.1970 – VI C 8/69 – NJW 1971, 1284.

[699] Anders im Rahmen der Verbandsklage nach § 15 BGG: Bericht der BReg zum BGG, Evaluierung, BT-Drs. 20/4440, 167.

[700] Vgl. zu § 15 BGG Bericht der BReg zum BGG, Evaluierung, BT-Drs. 20/4440, 361.

[701] Vgl. zu § 15 BGG Bericht der BReg zum BGG, Evaluierung, BT-Drs. 20/4440, 167.

können.[702] Damit sollte sich der Anspruch der Verbände im Antidiskriminierungsgesetz, nach dem Vorbild der § 1 UKlaG, § 8 Abs. 1 UWG, § 33 Abs. 1 GWB und auch des Antrags nach § 17 Abs. 2 AGG, auf Unterlassung und Beseitigung der diskriminierenden Handlung richten.

Die zivilrechtliche antidiskriminierungsrechtliche Verbandsklage kann sich auf den Beseitigungs und Unterlassungsanspruch nach § 21 Abs. 1 AGG beziehen. Es bietet sich die Verortung des Verbandsklagerechts in einem weiteren Absatz in § 21 AGG an. Dieser könnte nach dem Vorbild des § 3 Abs. 1 S. 1 UKlaG und § 8 Abs. 3 UWG in etwa lauten: „Die Ansprüche aus § 21 Abs. 1 AGG steht dem nach [§...] berechtigten Verband zu". Das arbeitsrechtliche Verbandsklagerecht im zweiten Abschnitt des Antidiskriminierungsgesetzes muss hingegen neu geregelt werden, weil § 15 AGG lediglich Ansprüche auf Entschädigung in Geld statuiert. Die Antragsbefugnis nach § 17 Abs. 2 AGG i.V.m. § 23 Abs. 3 S. 1 BetrVG ist eine betriebsverfassungsrechtliche Vorschrift, die sich auf die Akteure des Beschäftigungsverhältnisses und auf die vom Betriebsverfassungsgesetz erfassten Arbeitnehmer beschränkt,[703] und ist ebenfalls nicht geeignet, zu einem arbeitsrechtlichen antidiskriminierungsrechtlichen Verbandsklagerecht umgestaltet oder durch ein solches Recht erweitert zu werden, auch wenn der Antrag auf Unterlassung oder Beseitigung einer Handlung des Arbeitgebers gerichtet sein kann.

Besonders wichtig ist, dass nicht nur eine bereits vorliegende Rechtsverletzung, sondern auch eine drohende Rechtverletzung Gegenstand der Verbandsklage sein kann. Dies hat der Europäische Gerichtshof in der Rechtssache Feryn[704] entschieden. Laut dem Gerichtshof müsse keine Vergleichsperson und auch keine Person identifizierbar sein, die behauptet, Opfer einer Diskriminierung geworden zu sein.[705] Bereits die öffentliche Äußerung eines Arbeitgebers, er werde keine Arbeitnehmenden einer bestimmten ethnischen Herkunft einstellen, begründe eine unmittelbare Diskriminierung.[706] Vergleichbar zu den bereits geregelten Verbandsklagen

---

[702] Vgl. zu § 15 BGG Bericht der BReg zum BGG, Evaluierung, BT-Drs. 20/4440, 167; so auch *Kocher*, Gesetzentwurf (2002), S. 36; *Herberger*, RdA 2022, 220 (227).

[703] MHdB ArbR Bd. 1/*Oetker* (2024), AGG § 17 Rn. 97.

[704] EuGH, Urt. v. 10.07.2008 – C-54/07 – NZA 2008, 929.

[705] EuGH, Urt. v. 10.07.2008 – C-54/07 – NZA 2008, 929 (932) Rn. 25, 40.

[706] EuGH, Urt. v. 10.07.2008 – C-54/07 – NZA 2008, 929 (931) Rn. 25.

des Unterlassungsklagegesetzes, des Wettbewerbsrechts und der Antragsbefugnis nach § 17 Abs. 2 AGG genügt es daher, dass ein Verstoß gegen ein Diskriminierungsverbot nach dem Antidiskriminierungsgesetz droht. Derzeit lautet der Wortlaut des § 21 Abs. 1 S. 1 AGG „der Benachteiligte kann bei einem Verstoß gegen das Benachteiligungsverbot unbeschadet *weiterer Ansprüche* die Beseitigung der Beeinträchtigung verlangen." Damit wird suggeriert, dass die Vorschrift keinen vorbeugenden Unterlassungsanspruch vorsieht, obwohl dies allgemein angenommen wird.[707] Der Wortlaut des § 21 Abs. 1 S. 1 AGG sollte dementsprechend angepasst werden, sodass die vorbeugende Unterlassungsklage ausdrücklich erlaubt ist.

Im Hinblick auf den Inhalt des Beseitigungs und Unterlassungsanspruchs des Verbands kann im Rahmen der zivilrechtlichen als auch arbeitsrechtlichen antidiskriminierungsrechtlichen Verbandsklage weitestgehend auf die zu § 21 Abs. 1 AGG entwickelten Grundsätze zurückgegriffen werden. Klargestellt werden sollte, dass der Anspruch auf Beseitigung der diskriminierenden Handlung auch den Anspruch auf Widerruf als besondere Ausprägung des Beseitigungsanspruchs umfassen kann.[708] Der „Widerruf", also die Rücknahme der Diskriminierung, sollte als actus contrarius grundsätzlich in der gleichen Weise zu erfolgen wie die Diskriminierung.[709] Ein Beispiel hierfür wäre der Widerruf diskriminierender Einmeldungen an die Schufa, die als Grundlage für Kreditentscheidungen dienten.[710]

Streitig ist im Rahmen des § 21 Abs. 1 AGG, ob sich der Beseitigungsanspruch auf den Abschluss eines Vertrags richten kann, also ein sogenannter „Kontrahierungszwang" ausgeübt werden kann.[711] Ein von den Verbänden geltend gemachter Kontrahierungszwang im Rahmen des

---

707 MünchKomm-BGB/*Thüsing* (2021), AGG § 21 Rn. 33; Wendeling-Schröder/Stein/*Wendeling-Schröder* (2008), AGG § 21 Rn. 11; *Bauer/Krieger/Günther* (2018), AGG § 21 Rn. 5; BeckOK BGB/*Wendtland* (2024), AGG § 21 Rn. 11; Gaier/Wendtland/*Gaier* (2006), AGG § 4 Rn. 198; vgl. zu § 1004 BGB BGH, Teilversäumn. und Schlussurt. v. 12.12.2003 – V ZR 98/03 – NJW 2004, 1035; MünchKomm-BGB/*Raff* (2023), BGB § 1004 Rn. 40; Erman BGB/*Ebbing* (2023), BGB § 1004 Rn. 76.

708 Zur „besonderen Ausprägung" KBF/*Köhler/Alexander* (2024), UKlaG § 1 Rn. 15, 18.

709 Zum UKlaG KBF/*Köhler/Alexander* (2024), UKlaG § 1 Rn. 17.

710 Vgl. LG Lüneburg, Urt. v. 14.07.2020 – 9 O 145/19 – BKR 2021, 306; *Langenbucher*, BKR 2023, 205 (209).

711 Siehe zum Ganzen Erman BGB/*Armbrüster* (2023), § 21 AGG Rn. 15 ff.

antidiskriminierungsrechtlichen Verbandsklagerechts kommt unabhängig davon, ob der Kontrahierungszwang im Rahmen des § 21 Abs. 1 AGG anerkannt wird, schon aus dem Grunde nicht in Betracht, weil die Verbände keine einzelne Rechtsgutsverletzung im Namen des Betroffenen geltend machen und nicht in einzelne Rechtsvertragsverhältnisse eingreifen. Ein Kontrahierungszwang, der sich auf eine Vielzahl unbestimmter Betroffene richtet, ist im Hinblick auf die Privatautonomie nicht vorstellbar.[712] Im arbeitsrechtlichen Kontext ist ein solcher Anspruch nach § 15 Abs. 6 AGG von vornherein ausgeschlossen.

II. Schadensersatzanspruch

Zu diskutieren ist, ob die Verbände auch einen Anspruch auf Schadensersatz, zum Beispiel den Anspruch aus § 21 Abs. 2 AGG, geltend machen dürfen. Dies könnte in Anbetracht der Vorgaben der europäischen Antidiskriminierungsrichtlinien angezeigt sein, die besagen, dass die Sanktionen, die gegen einen Verstoß gegen die einzelstaatlichen Vorschriften zur Umsetzung dieser Richtlinie – in Deutschland das Antidiskriminierungsgesetz – zu verhängen sind, „wirksam, verhältnismäßig und abschreckend sein“[713] müssen. Auch die UN-Menschenrechtsausschüsse nennen wirksame Sanktionen als zwingendes Element des Diskriminierungsschutzes des Antidiskriminierungsgesetzes.[714]

Ein Entschädigungsanspruch der Verbände scheint auf den ersten Blick einleuchtend. Im Sinne eines effektiven Antidiskriminierungsschutzes sollten die Diskriminierenden merklich sanktioniert werden. Eine Entschädigung kann die Diskriminierenden schmerzlicher beeinträchtigen als die Pflicht zur Unterlassung und Beseitigung der Diskriminierung. Diese Diskriminierung soll zudem nicht zu einem sanktionslosen Gewinn bei dem gegen die Vorschriften des Antidiskriminierungsgesetz Zuwiderhandelnden führen, die

---

712 Vgl. grundsätzlich zum Kontrahierungszwang nach § 21 AGG Erman BGB/*Armbrüster* (2023), AGG § 21 Rn. 18; *Jestaedt*, VVDStRL 64 (2005), 298 (343), der die Ersetzung des Vertragsschlusswillens nicht als durch die Grundrechte gerechtfertigt ansieht.

713 EuGH, Urt. v. 10.07.2008 – C-54/07 – NZA 2008, 929 (931).

714 *Lembke*, Schriftliche Stellungnahme (2023), S. 12; Committee on the Elimination of Racial Discrimination (CERD), Concluding observations on the combined nineteenth to twentysecond periodic reports of Germany, 30.06.2015, Ziff. 8, abrufbar unter: https://digitallibrary.un.org/record/796649?v=pdf (zuletzt abgerufen am 20.12.2025).

Diskriminierung darf sich nicht lohnen.[715] Auch mit der durch das Verbraucherrechtedurchsetzungsgesetz eingeführten Abhilfeklage kann der qualifizierte Verband Ansprüche auf Zahlung eines kollektiven Schadensersatzes geltend machen (§ 1 Abs. 1 Nr. 1 VDuG).[716] Es wäre daher kein Novum für die deutsche Rechtsordnung, ein Verbandsklagerecht einzuführen, das sich auf eine Schadensersatzleistung bezieht. Bedenken hinsichtlich der Vereinbarkeit eines kollektiven Rechtsbehelfs mit den zentralen Grundsätzen des europäischen Zivilverfahrens[717] sind damit nicht mehr haltbar. Die angeführte Unvereinbarkeit mit den Anforderungen an die Bestimmtheit des Klagebegehrens und mit dem gesetzlichen Parteibegriff auf Gehördefizite der abwesenden Gruppenmitglieder[718] wurde widerlegt.

Allerdings soll das Verbandsklagerecht im Antidiskriminierungsgesetz gerade auch in den Fällen zur Anwendung kommen, in denen (noch) kein identifizierbares Diskriminierungsopfer vorliegt. *Bayreuther* hat zutreffend festgestellt, dass der Funktionszweck des Schadensersatzes nicht sei, eine Präventivfunktion zu leisten, ohne dass ein Schaden vorliegt, der auszugleichen ist.[719] Dies wäre bei einer Diskriminierung ohne identifizierbares Opfer hingegen der Fall. Zudem spricht gegen eine Kollektivierung des Rechtsschutzes im Bereich der Diskriminierung die Eigenart der jeweiligen Ansprüche.[720] Das wurde bereits im zweiten Kapitel in § 4 unter C. II. 1. bei der Erwägung der Abhilfeklage für das Antidiskriminierungsgesetz erläutert. Fragen bezüglich eines Benachteiligungsgrunds und möglichen Rechtsfertigungsgründen sowie die Höhe des Schadensersatzes können nur individuell beurteilt werden.[721]

Die Einführung eines kollektiven Schadensersatzes im Antidiskriminierungsrecht ist daher abzulehnen. Während Beseitigungs und Unterlassungsansprüche bezüglich einer Diskriminierung geltend gemacht werden können, ohne dass die Auswirkungen auf eine konkrete Einzelperson dargelegt werden müssen, erfordert ein kollektiver Schadensersatz stets die Bezifferung einer

---

715 *Lembke*, Schriftliche Stellungnahme (2023), S. 13.

716 Vgl. § 18 Abs. 1 Nr. 1 VDuG; §§ 22 ff. VDuG; *Thönissen*, r+s 2023, 749 Rn. 3.

717 *Kodek*, in: Europäisches Insolvenzrecht – Kollektiver Rechtsschutz (2008), S. 288.

718 *Kodek*, in: Europäisches Insolvenzrecht – Kollektiver Rechtsschutz (2008), S. 288.

719 *Bayreuther*, NZA 2008, 986 (989 f.).

720 *Kodek*, in: Europäisches Insolvenzrecht – Kollektiver Rechtsschutz (2008), S. 289.

721 S.o. § 4 C. II 1.

bestimmten Schadenshöhe. Eine „kollektive Schadenshöhe“, die die Diskriminierung einer Gruppe ausgleichen soll, erscheint aufgrund der Höchstpersönlichkeit der Diskriminierungen, sachverhalts und interessensfern. Die Geltendmachung des Schadensersatzanspruchs soll weiterhin den Betroffenen obliegen. Die Verbände sollen mit dem Urteil des Verbandsklageverfahrens lediglich die (drohende) Diskriminierung unterbinden beziehungsweise vorbeugen und die Diskriminierung beseitigen können. Ob der aus der Diskriminierung resultierende Anspruch im individuellen Fall geltend gemacht wird, muss dem Einzelnen überlassen bleiben.

C. Anspruchsvoraussetzungen

Klärungsbedürftig sind außerdem die Anspruchsvoraussetzungen. Im Rahmen des zivilrechtlichen Verbandsklagerechts richten sich diese nach § 21 Abs. 1 AGG. Es muss ein Verstoß gegen das zivilrechtliche Benachteiligungsverbot nach §§ 19, 20 AGG vorliegen beziehungsweise drohen.

Der arbeitsrechtliche Verbandsklageanspruch muss einen Verstoß gegen die Vorschriften der Regelungen aus dem zweiten Abschnitt des Antidiskriminierungsgesetzes vorrausetzen. Zu überlegen ist, ob der Anspruch nur bei einem Verstoß gegen § 7 AGG oder – wie nach § 17 Abs. 2 AGG – generell bei einem Verstoß des Arbeitgebers gegen Vorschriften aus dem zweiten Abschnitt des Antidiskriminierungsrechts begründet ist. Erstere Lösung scheint in Anbetracht der Kritik hinsichtlich des beschränkten Anwendungsbereichs der Verbandsklage nach § 15 Abs. 1 BGG, aufgrund der enumerativen Auflistung von Normen die verletzt sein müssen, am geeignetsten.[722] Eine Generalklausel nach dem Vorbild des § 17 Abs. 2 AGG entspricht der Funktion der Verbandsklage, die eine verbesserte Rechtsdurchsetzung der gesamten Vorschriften des arbeitsrechtlichen Antidiskriminierungsrechts bewirken soll. Sie stellt sicher, dass das Verbandsklagerecht uneingeschränkt bei Diskriminierungssachverhalten anwendbar ist.[723]

Im Rahmen des § 17 Abs. 2 AGG wird darüber gestritten, ob die Anspruchsberechtigung auch Pflichtverletzungen des Arbeitgebers gegenüber leitenden

---

722 Vgl. zu § 15 Abs. 1 S. 1 BGG: Bericht der BReg zum BGG, Evaluierung, BT-Drs. 20/4440, 361.

723 Vgl. zu § 15 Abs. 1 S. 1 BGG: Bericht der BReg zum BGG, Evaluierung, BT-Drs. 20/4440, 174 f.

Angestellten oder arbeitnehmerähnlichen Personen umfasst.[724] Diese Überlegung ist hinsichtlich der arbeitsrechtlichen antidiskriminierungsrechtlichen Verbandsklage hinfällig. Die Wahrnehmung der Interessen durch den Verband ist, anders als für die Antragsbefugnis nach § 17 Abs. 2 AGG vertreten wird,[725] nicht nur auf die vom Betriebsverfassungsgesetz erfassten Arbeitnehmer beschränkt. Sie erfasst alle Beschäftigten im Sinne des § 6 Abs. 1 AGG. Eine personelle Einschränkung würde zudem nicht dem Zweck der Verbandsklage im Antidiskriminierungsrecht entsprechen. Diese soll möglichst umfassend die Einhaltung der Vorschriften des Antidiskriminierungsgesetzes bewirken.

Es ist in Erwägung zu ziehen, dass der Anspruch wie die Antragsberechtigung des Betriebsrats beziehungsweise der Gewerkschaft nach § 17 Abs. 2 AGG nur bei einem groben Verstoß gegen die Vorschriften des Antidiskriminierungsgesetzes begründet ist. Wie nach § 17 Abs. 2 AGG könnte erforderlich sein, dass die Pflichtverletzung objektiv erheblich und offensichtlich schwerwiegend ist.[726] Dagegen spricht jedoch, dass die Verbandsklage im Antidiskriminierungsrecht die Diskriminierungsverbote absichern soll, welche wiederum Menschenrechte absichern.[727] *Brors* stellt im Rahmen des § 17 Abs. 2 AGG zutreffend fest, dass es geboten sei, geringere Anforderungen an den „groben Pflichtverstoß" zu stellen.[728] Jede Diskriminierung sei eine grobe Pflichtverletzung.[729] Dem ist zuzustimmen, weil die Diskriminierungsverbote bereits die Schwelle der Rechtswidrigkeit eines bestimmten Handelns festlegen. Es ist nicht notwendig die Schwelle der Rechtswidrigkeit heraufzusetzen. Das entspricht nicht dem Sinn und Zweck einer Verbandsklage im Antidiskriminierungsrecht, welche die Durchsetzung der Diskriminierungsverbote des Antidiskriminierungsgesetzes verbessern und nicht erschweren

---

724 Dagegen: MHdB ArbR Bd. 1/*Oetker* (2024), AGG § 17 Rn. 97; dafür: *Amthauer*, Auswirkungen des AGG auf die Betriebsverfassung (2009), S. 205; *Besgen/Roloff*, NZA 2007, 670 (671); DKW/*Buschmann* (2020), BetrVG § 23 Rn. 215; *Schwering*, Das Allgemeine Gleichbehandlungsgesetz als Aufgabe und Instrument (2010), S. 72; Staudinger-BGB AGG/*Serr* (2020), AGG § 17 Rn. 16; BeckOK ArbR/*Roloff* (2024), AGG § 17 Rn. 5.

725 MHdB ArbR Bd. 1/*Oetker* (2024), AGG § 17 Rn. 97.

726 Zu § 23 BetrVG BAG, Urt. v. 18.08.2009 – 1 ABR 47/08 – NZA 2010, 222 (225).

727 Vgl. zu § 17 Abs. 2 AGG *Brors*, AuR 2019, 398 (399).

728 *Brors*, AuR 2019, 398 (399).

729 *Brors*, AuR 2019, 398 (399).

soll. Die Praxis zeigt, dass die hohen Anforderungen mit ursächlich dafür sind, dass die Antragsbefugnis nach § 17 Abs. 2 AGG wenig genutzt wird und somit nur wenig dazu beiträgt, das Vollzugsdefizit des Antidiskriminierungsgesetzes zumindest im Beschäftigungskontext zu beseitigen.[730] Daher ist von einer Erweiterung der Anforderungen an den Verstoß gegen ein Diskriminierungsverbot im Rahmen der antidiskriminierungsrechtlichen Verbandsklagen abzusehen.

D. Anspruchsberechtigung

I. Akteure

Die Verbandsklage unterscheidet sich zur Popularklage dahingehend, dass sie nur bestimmte Verbände, die ein besonderes Interesse an dem Klageziel haben, zur Klage berechtigt und nicht „jedermann".[731] Daher muss festgelegt werden, welche Verbände mit der Verbandsklage ermächtigt werden. Das Antidiskriminierungsgesetz sieht bereits die Antidiskriminierungsverbände als Akteure im Prozessrecht vor (§ 23 AGG). Diese sollten auch zur Erhebung der antidiskriminierungsrechtlichen Verbandsklage i.S.d. § 23 Abs. 1 AGG ermächtigt werden. Nach § 23 Abs. 1 AGG sind Antidiskriminierungsverbände Personenzusammenschlüsse, die nicht gewerbsmäßig und nicht nur vorübergehend entsprechend ihrer Satzung die besonderen Interessen von benachteiligten Personen oder Personengruppen nach Maßgabe von § 1 wahrnehmen (§ 23 Abs. 1 S. 1 AGG), wobei bei der Auslegung der Merkmale „nicht gewerbsmäßig" und „dauerhaft" auf die Auslegung der entsprechenden Voraussetzungen in § 4 Abs. 2 UKlaG zurückgegriffen werden kann.[732] Zudem müssen die Antidiskriminierungsverbände nach § 23 Abs. 1 S. 2 mindestens 75 Mitglieder haben oder einen Zusammenschluss aus mindestens sieben Verbänden nachweisen, um die Befugnisse nach § 23 Abs. 2–4 AGG wahrnehmen zu dürfen. Dies kann grundsätzlich ebenfalls für die Verbandsklagebefugnis gelten.

Es könnte jedoch in Erwägung gezogen werden, die Anforderungen an die Mitglieder beziehungsweise Verbändeanzahl zu senken, damit auch zivilrechtliche Antidiskriminierungsberatungsstellen als Antidiskriminierungsverbände

---

730 S.o. § 2 A. II.

731 Weber Rechtswörterbuch/*Weber* (2024), Popularklage.

732 ErfK/*Schlachter* (2024), AGG § 23 Rn. 2; *Groteclaes*, GVRZ 2024, 8 Rn. 86.

qualifiziert werden können und zur Klageerhebung berechtigt sind.[733] Zivilrechtliche Antidiskriminierungsberatungsstellen beraten Betroffene von Diskriminierung parteilich, vertraulich und kostenlos, da die Beratung durch öffentliche, befristete Projektförderung finanziert wird.[734] Sie unterstützen Betroffene darin, sich gegen Diskriminierung zur Wehr zu setzen und ihr Recht auf Gleichbehandlung einzufordern und leisten damit einen zentralen Beitrag beim Zugang zu der Inanspruchnahme von Recht.[735] Sie verfügen somit über die notwendige Expertenkenntnis in Bezug auf das Diskriminierungsrecht. Die Klagebefugnis dieser Beratungsstellen geht jedoch zu weit. Die zivilrechtlichen Antidiskriminierungsberatungsstellen sind zwar mit Beratern besetzt, welche über Qualifikationen in den sozial, rechts und geisteswissenschaftlichen Disziplinen sowie mehrheitlich über bereichsspezifische Zusatzqualifizierungen verfügen,[736] allerdings sollte die Befugnis zur Klageerhebung nur Verbänden zugesprochen werden, die durch ihre Mitgliederanzahl die Ernsthaftigkeit des Anliegens der Verbände und insbesondere ihre Leistungsfähigkeit für die Interessenwahrung belegen können.[737] Eine Überlegung wäre jedoch, mehr zivilrechtliche Antidiskriminierungsberatungsstellen mit der Befugnis auszustatten, Rechtsdienstleistungen für Betroffene zu besorgen und Unterstützung als Beistände im gerichtlichen

---

733 So *Bündnis AGG-Reform-Jetzt!*, Mehr Fortschritt wagen heißt auch mehr Antidiskriminierung wagen!, 2023, S. 5, Link unter Fn. 20.

734 *Bündnis AGG-Reform-Jetzt!*, Mehr Fortschritt wagen heißt auch mehr Antidiskriminierung wagen!, 2023, S. 5, Link unter Fn. 20; vgl. Antidiskriminierungsstelle des Bundes, Aufgaben der Antidiskriminierungsstelle des Bundes, abrufbar unter: https://www.antidiskriminierungsstelle.de/DE/ueber-uns/unsere-aufgaben/unsere-aufgaben-node.html (zuletzt abgerufen am 25.09.2024); vgl. Senatorin für Arbeit, Soziales, Jugend und Integration (Bremen), Beratung bei Diskriminierung, abrufbar unter: https://www.soziales.bremen.de/integration/antidiskriminierung-25122 (zuletzt abgerufen am 25.09.2024).

735 *Bündnis AGG-Reform-Jetzt!*, Mehr Fortschritt wagen heißt auch mehr Antidiskriminierung wagen! (2023), S. 5, Link unter Fn. 20.

736 *Bartel/Kalpaka*, Auf dem Weg zu einer flächendeckenden Antidiskriminierungsberatung in Deutschland (2023), S. 239.

737 Vgl. ErfK/*Schlachter* (2024), AGG § 23 Rn. 2.

Verfahren nach § 23 Abs. 2 und Abs. 3 AGG zu leisten, wie es das Bündnis AGG-Reform-Jetzt! vorschlägt.[738]

Zur Erhebung der arbeitsrechtlichen antidiskriminierungsrechtlichen Verbandsklage sollten zudem Gewerkschaften und Betriebsräte berechtigt sein. Sie haben eine größere Betriebsnähe und zudem Prozesserfahrung.[739] Auch unter anderem in Belgien sind repräsentative Arbeitnehmerorganisationen zur Erhebung einer Verbandsklage in Diskriminierungsfällen berechtigt.[740] Die Klagebefugnis von Gewerkschaften ist der deutschen Rechtsordnung im diskriminierungsrechtlichen Kontext nicht fremd, da bereits in § 17 Abs. 2 AGG eine Antragsbefugnis im Beschäftigungsrecht vorgesehen ist und auch im Rahmen des § 15 BGG Gewerkschaften zu den klagebefugten Verbänden zählen.[741] Die Gewerkschaften verfügen über erhebliche personelle und finanzielle Ressourcen sowie Erfahrung in der Rechtsvertretung,[742] sodass von ihnen eine hohe Klagebereitschaft erwartet werden kann. Auch wenn die Gewerkschaften als Vereine ohne Rechtspersönlichkeit organisiert sind, ergibt sich ihre Parteifähigkeit im Zivilprozessrecht mittlerweile aus § 54 Abs. 1 S. 1 ZPO.[743] In Arbeitssachen ist ihre Parteifähigkeit zusätzlich in § 10 ArbGG festgelegt.[744]

Auch die Betriebsräte kennen die Arbeitsbeziehungen und betrieblichen Strukturen,[745] sodass sie in der Lage sind, strukturelle Diskriminierung im Betrieb zu erkennen und einen sachnahen Prozess zu führen. Sie sind organisiert und finanziell gesichert,[746] sodass ein verantwortungsvoller

---

738 *Bündnis AGG-Reform-Jetzt!*, Mehr Fortschritt wagen heißt auch mehr Antidiskriminierung wagen! (2023), S. 5, Link unter Fn. 20.

739 *Raasch*, ZESAR 2005, 209 (211); *Herberger*, RdA 2022, 220 (228).

740 *Chopin/Germain*, A comparative analysis of nondiscrimination law in Europe (2023), S. 86.

741 Auflistung der nach § 15 Abs. 3 BGG anerkannten Verbände unter: https://www.bmas.de/DE/Soziales/Teilhabe-und-Inklusion/Barrierefreie-Gestaltung-der-Arbeit/Zielvereinbarungen-und-Mobilitaetsprogramme/zielvereinbarungen-anerkannter-verbaende.html (zuletzt abgerufen am 25.09.2024); vgl. *Köhler*, ZfSH/SGB 2010, 19 (25); siehe auch Bericht der BReg zum BGG, Evaluierung, BT-Drs. 20/4440, 165.

742 Bericht der BReg zum BGG, Evaluierung, BT-Drs. 20/4440, 165.

743 Musielak/Voit/*Weth* (2024), ZPO § 50 Rn. 27 f.

744 MHdB ArbR Bd. 4/*Pulz* (2022), § 390 Rn. 17.

745 *Kocher/Laskowski/Rust/Weber*, in FS Pfarr (2010), S. 143.

746 *Kocher/Laskowski/Rust/Weber*, in FS Pfarr (2010), S. 143.

Umgang mit dem Klagerecht erwartet werden kann. Der Betriebsrat ist im arbeitsgerichtlichen Beschlussverfahren nach §§ 10, 83 Abs. 3 ArbGG parteifähig.[747]

Bedenken dahingehend, dass in den Gewerkschaften und Betriebsräten weibliche Beschäftigte durchschnittlich schwächer repräsentiert sind und deshalb sogar teilweise zu diskriminierenden Strukturen beitragen können, können mit der Klagebefugnis von Antidiskriminierungsverbände entkräftet werden, indem diese solchen Missständen entgegenwirken können.[748] Die Neuregelung eines Verbandsklagerechts im zweiten Abschnitt des Antidiskriminierungsrecht, das wie die Vorschrift nach § 17 Abs. 2 AGG die im Betrieb vertretene Gewerkschaft und den Betriebsrat ermächtigt, aber unter weniger strengen Voraussetzungen steht und weiter reicht als die Befugnis des § 17 Abs. 2 AGG, insbesondere, indem es sich nicht auf die betriebsverfassungsrechtlichen Beteiligten beschränkt, macht die Befugnis in § 17 Abs. 2 AGG obsolet. Das ist in Anbetracht der geringen Wirksamkeit der Befugnis hinzunehmen.[749]

II. Qualifizierung der Akteure

1. *Registrierungsverfahren*

Im Antidiskriminierungsrecht sollten, wie bei den bereits geregelten Verbandsklagen, nur bestimmte Verbände klagebefugt sein (vgl. § 4 UKlaG, § 8 Abs. 3 UWG, § 15 Abs. 3 BGG, § 3 UmwRG, § 10 LADG). Die Verbände sollten sich in eine Liste nach dem Vorbild des § 4 UKlaG eintragen lassen müssen. Eine öffentliche Liste sorgt für Übersichtlichkeit und Transparenz für alle Beteiligten und somit insgesamt für mehr Rechtssicherheit.[750] *Raasch* erhebt gegen eine Registrierungsliste im Antidiskriminierungsrecht den Einwand, diese sei nur sachgerecht, wenn jeder Verband für seinen speziellen Diskriminierungsbereich zugelassen werden würde.[751] Würde dies umgesetzt werden, würden die daraus entstehenden parallelen Listen aber zur

---

[747] MHdB ArbR Bd. 3/*Boemke* (2022), § 286 Rn. 16.

[748] *Kocher/Laskowski/Rust/Weber*, in FS Pfarr (2010), S. 143; so auch bereits *Kocher*, Gesetzentwurf (2002), S. 24.

[749] Zur geringen Wirksamkeit § 2 A. II.

[750] *Raasch*, ZESAR 2005, 209 (211).

[751] *Raasch*, ZESAR 2005, 209 (211).

Unübersichtlichkeit führen, was wiederum eine Hürde für die Inanspruchnahme der Verbandsklage bedeuten würde.[752] Der Einwand von *Raasch* überzeugt nicht. Es ist schon nicht notwendig, verschiedene Registrierungslisten je nach Satzungsgegenstand zu führen. Es genügt, wenn die Liste Verbände umfasst, die sich zum Schutz von Personen aufgrund eines der in § 1 AGG genannten Merkmale ihrer Satzung nach einsetzen. Die Antidiskriminierungsberatungsstellen und Antidiskriminierungsverbände können die Diskriminierungsopfer an den für sie passenden Verband (weiter)verweisen.

Die im Rahmen der arbeitsrechtlichen Verbandsklage befugten Gewerkschaften sollten von der Pflicht zur Eintragung in die Liste qualifizierter Verbände umfasst werden. Zwar sind Gewerkschaften wegen der früher geltenden aufsichtspolitischen Rahmenbedingungen für rechtsfähige Vereine (z. B. Registeranmeldung der Mitglieder) teilweise als Verein ohne Rechtspersönlichkeit gemäß § 54 BGB organisiert.[753] Allerdings sind die Vereine ohne Rechtspersönlichkeit mittlerweile gemäß § 54 Abs. 1 S. 1 ZPO n.F. dem eingetragenen Verein gleichgestellt.[754] Die Gleichstellung sollte auch hinsichtlich der Qualifizierungsvoraussetzungen zur Verbandsklagebefugnis gelten.

Die Betriebsräte unterliegen den Voraussetzungen des § 1 Abs. 1 BetrVG. Erforderlich ist ein Betrieb mit in der Regel mindestens fünf ständig wahlberechtigten Arbeitnehmern (§§ 5, 7 BetrVG), von denen drei wählbar (§ 8 BetrVG) sind.[755] Eine Registrierung der Betriebsräte ist nicht erforderlich.

2. *Qualifizierungsanforderungen*

In Erwägung zu ziehen sind besondere Qualifizierungsanforderungen nach dem Vorbild des § 4 Abs. 2 UKlaG, die ebenfalls für die Verbandsklagen gemäß § 3 Abs. 1 S. 1 Nr. 1 UKlaG, § 8 Abs. 3 Nr. 3 UWG, § 33 Abs. 4 Nr. 2 lit. a GWB sowie die Klageberechtigung von Verbänden nach § 2 Abs. 1 VDuG gelten sowie an die Qualifizierungsvoraussetzungen nach § 10 Abs. 1 LADG und § 15 Abs. 3 BGG.

---

[752] *Raasch*, ZESAR 2005, 209 (211).

[753] Schaub/Koch/*Koch* (2024), ArbR von A-Z, „Gewerkschaften"; *Kocher*, ZEuP 2004, 260, (268).

[754] Musielak/Voit/*Weth* (2024), ZPO § 50 Rn. 27.

[755] Zu § 17 Abs. 2 AGG Erman BGB/*Riesenhuber* (2023), AGG § 17 Rn. 5.

Nach diesen Vorschriften müssen die Verbände neben der satzungsgemäßen Wahrnehmung der Interessen der Verbraucher durch nicht gewerbsmäßige Aufklärung und Beratung (§ 4 Abs. 2 S. 1 UKlaG; vgl. § 10 Abs. 1 S. 1 LADG; § 15 Abs. 3 S. 2 Nr. 1 BGG), für eine festgelegte Zeit bestehen und für in diesem Zeitraum die satzungsgemäßen Aufgaben wahrgenommen haben (§ 4 Abs. 2 Nr. 2 UKlaG; § 10 Abs. 1 S. 2 Nr. 2 LADG; § 15 Abs. 3 S. 2 Nr. 3 BGG). Außerdem muss als gesichert erscheinen, dass der Verband auch in Zukunft die satzungsgemäßen Aufgaben wirksam und sachgerecht erfüllen wird (§ 4 Abs. 2 Nr. 3 UKlaG; § 10 Abs. 1 S. Nr. 3; § 15 Abs. 3 S. 2 Nr. 4 BGG). Auch dürfen Mitgliedern der Verbände keine Zuwendungen aus dem Vermögen des Vereins gewährt werden und Personen, die für den Verein tätig sind, dürfen nicht durch unangemessen hohe Vergütungen oder andere Zuwendungen begünstigt werden (§ 4 Abs. 2 Nr. 4 UKlaG). Alternativ hierzu schreiben § 10 Abs. 1 S. 2 Nr. 4 LADG und § 15 Abs. 3 S. 2 Nr. 5 BGG vor, dass die Verbände wegen Verfolgung gemeinnütziger Zwecke nach § 5 Abs. 1 Nr. 9 des Körperschaftsteuergesetzes von der Körperschaftsteuer befreit sein müssen.

Solche Qualifizierungsvoraussetzungen an die Antidiskriminierungsverbände stellen sicher, dass Verbände anspruchsberechtigt sind, die nicht lediglich laut ihrer Satzung kollektive Interessen verfolgen, sondern sich auch tatsächlich für die satzungsgemäßen Ziele einsetzen.[756] Die Voraussetzung, dass der Verband für eine gewisse Dauer seine satzungsgemäßen Aufgaben wahrgenommen haben muss, kann einem Missbrauch des Eintragungsverfahrens vorbeugen.[757] Zudem kann sichergestellt werden, dass nur solche Verbände klagen, die hierfür sachlich, personell und fachlich ausgestattet sind.[758]

Die Anforderungen an die Dauer der satzungsgemäßen Tätigkeit weichen innerhalb der verschiedenen Verbandsklagebefugnisse der deutschen Rechtsordnung voneinander ab. Im Verbraucherrecht und im Wettbewerbsrecht genügt nach § 4 Abs. 2 Nr. 2 UKlaG eine Tätigkeit von einem Jahr, während nach dem Berliner Antidiskriminierungsgesetz eine Tätigkeit von fünf Jahren

---

756 *Kocher/Laskowski/Rust/Weber*, in FS Pfarr (2010), S. 143 f.; *Scholten*, Diskriminierungsschutz im Privatrecht? (2004), S. 233.

757 Vgl. zum UKlaG Bericht zur der Beschlussempfehlung zu § 4 UKlaG-E, BT-Drs. 14/7052, 208.

758 *Scholten*, Diskriminierungsschutz im Privatrecht? (2004), S. 233.

gefordert wird (§ 10 Abs. 1 Nr. 2 LADG). Nach dem Behindertengleichstellungsgesetz genügt für eine Verbandsklage nach § 15 Abs. 1 BGG hingegen die satzungsgemäße Tätigkeit für eine Dauer von drei Jahren (§ 15 Abs. 3 Nr. 3 BGG). Die fünfjährige satzungsgemäße Tätigkeit ist eine zu hohe Anforderung für die Verbandsklagebefugnis des Antidiskriminierungsrechts. Mit dieser Qualifizierungsvoraussetzung wären „jüngere" Verbände, die sich zum Beispiel aufgrund einer neuen Erscheinungsform von Diskriminierung oder aufgrund der steigenden Zahl an Beratungsanfragen in Diskriminierungsfällen[759] gegründet haben, nicht klageberechtigt. Das entspricht nicht der Zielbestimmung des kollektiven Rechtsbehelfs im Antidiskriminierungsrecht, die darin liegt, die Durchsetzung des Diskriminierungsrechts insbesondere dort zu verbessern, wo der Individualschutz seine Grenzen erreicht. Würden Verbänden, die sich gegründet haben, um systematische Diskriminierung zu unterbinden, das Verbandsklagerecht nicht eingeräumt werden, weil sie beispielsweise erst vier Jahre satzungsgemäß tätig sind, würde die Wirksamkeit des Verbandsklagerechts ohne erheblichen Grund stark begrenzt werden. Den Nachweis im Interesse der Öffentlichkeit, sich für die satzungsgemäßen Interessen einzusetzen, erbringen die Antidiskriminierungsverbände bereits hinreichend mit einer dreijährigen satzungsgemäßen Tätigkeit. Gleichzeitig kann mit der Anforderung von drei Jahren satzungsgemäßer Tätigkeit einer Klagewelle von solchen Verbänden vorgebeugt werden, die sich lediglich „spontan" gegründet haben.[760] Um nachzuweisen, dass die Tätigkeiten der Verbände in den letzten Jahren tatsächlich ihrem Satzungszweck entsprochen haben, muss gefordert werden, dass die Verbände ihre Tätigkeiten genau dokumentieren.[761]

Zusammenfassend sollten sich die Qualifizierungsvoraussetzungen der Verbände an Qualifizierungsanforderungen nach § 4 Abs. 2 UKlaG, § 10 Abs. 1 LADG und § 15 Abs. 3 BGG orientieren. Der Verband sollte zum Zeitpunkt der Eintragung in die Liste mindestens drei Jahre bestehen und in diesem Zeitraum im Sinne von § 1 AGG tätig gewesen sein (vgl. § 10 Abs. 1

---

759 Siehe Einleitung.

760 Vgl. Erwägungsgrund 28 der Verbraucherverbandsklagerichtlinie (Richtlinie (EU) 2020/1828): „Diese Richtlinie sollte den Mitgliedstaaten keinen Anreiz bieten, die Möglichkeit zur Adhoc-Benennung qualifizierter Einrichtungen einzuführen."

761 Vgl. zum UKlaG MünchKomm-ZPO/*Micklitz/Rott* (2022), UKlaG § 4 Rn. 19.

S. 1 LADG). Er sollte zusätzlich auf Grund seiner bisherigen Tätigkeit die Gewähr für eine sachgerechte Aufgabenerfüllung erwarten lassen (vgl. § 10 Abs. 1 S. 2 Nr. 3 LADG, § 4 Abs. 2 Nr. 3 lit. a) UKlaG; § 15 Abs. 3 Nr. 4 BGG) und nach § 5 Abs. 1 Nr. 5 S. 1 Alt. 1 oder wegen gemeinnütziger und mildtätiger Zwecke nach § 5 Abs. 1 Nr. 9 des Körperschaftsteuergesetzes von der Körperschaftssteuer befreit sein (vgl. § 10 Abs. 1 S. 2 Nr. 4 LADG; § 15 Abs. 3 S. 2 Nr. 5 BGG). Letzteres stellt die Allgemeinnützigkeit des klagebefugten Antidiskriminierungsverbands sicher.[762]

Zu erwägen ist, auch noch nicht anerkannte Antidiskriminierungsverbände nach dem Vorbild des § 2 Abs. 2 S. 1 UmwRG zur Klage zu ermächtigen. Im Umweltrecht sind Vereinigungen, die bei Einlegung des Rechtsbehelfs die Voraussetzung für eine Anerkennung erfüllen und bereits einen Antrag auf Anerkennung gestellt haben, aber über die Anerkennung aus Gründen, die von der Vereinigung nicht zu vertreten sind, noch nicht entschieden ist, klagebefugt. Damit soll vermieden werden, dass es durch eine Wiedereinsetzung nach § 60 VwGO zu erheblichen Verfahrenserschwerungen oder verzögerungen kommt.[763] Praktisch soll die Vorschrift gewährleisten, dass die Dauer des Anerkennungsverfahrens nicht dem Verband angelastet wird, soweit er Verzögerungen nicht selbst zu vertreten hat.[764]

Für die Klagebefugnis noch nicht anerkannter Vereinigungen im Antidiskriminierungsrecht spricht, dass eine Wiedereinsetzung nach § 233 ZPO vermieden werden kann, welche das Verfahren erheblich erschweren und verzögern würde. Würde die Vorschrift nach dem Vorbild des § 2 Abs. 2 S. 1 UmwRG gestaltet werden, wären die Voraussetzungen an die Klagebefugnis ohne bisherige Eintragung in die Liste qualifizierter Verbände außerdem sehr hoch. Es wären nur die Verbände klageberechtigt, die lediglich formal noch nicht in die Liste der qualifizierten Verbände eingetragen sind, aber ansonsten alle Voraussetzungen erfüllen. Damit könnte weiterhin gewährleistet werden, dass nur die Verbände klagebefugt sind, die sich bereits nachweislich für eine gewisse Dauer für die Belange der von Diskriminierung betroffenen Personen eingesetzt haben. Zwar ist fraglich, ob die Erweiterung des Kreises der

---

[762] Vgl. zu § 15 Abs. 3 BGG Kossens/von der Heide/Maaß/*Ritz* (2023), BGG § 15 Rn. 27.

[763] so die Gesetzesbegründung, BT-Drs. 16/2495, S. 12; Landmann/Rohmer UmweltR/*Fellenberg/Schille* (2024), UmwRG § 2 Rn. 31.

[764] Bunge UmwRG/*Bunge* (2019), § 2 Rn. 81.

anspruchsberechtigten Verbände, auf die noch nicht anerkannten Verbände notwendig ist. Bislang wurden Verfahrensverzögerungen aufgrund von Wiedereinsetzung nach § 233 ZPO nach erfolgreicher Eintragung in den Verband nicht auffällig.[765] Jedoch ist angesichts des Beschleunigungsgrundsatzes als allgemeiner Rechtsgrundsatz, der insbesondere für Arbeitssachen zu beachten ist (§ 9 Abs. 1 ArbGG),[766] sowie die möglichst effektive Rechtsdurchsetzung der Vorschriften des Antidiskriminierungsgesetzes die Ermächtigung noch nicht eingetragener, aber qualifizierter Verbände angezeigt. Eine spätere rechtskräftige Ablehnung im Anerkennungsverfahren würde dazu führen, dass ein zunächst zulässiger Rechtsbehelf einer Vereinigung nachträglich unzulässig wird.[767]

III. Übertragung der Anspruchsberechtigung

Zu überlegen ist, ob die Akteure ihre Anspruchsberechtigung abtreten dürfen. In § 3 Abs. 1 S. 2 UKlaG ist beispielsweise geregelt, dass die Abtretung der Ansprüche möglich ist. Der Anspruch kann jedoch lediglich an Stellen im Sinne des § 1 S. 1 UKlaG abgetreten werden, die bereits aus eigenem Recht anspruchsberechtigt sind.[768] Relevant ist die Abtretungsbefugnis daher nur für den Fall, dass ein Verband nach der Titulierung seines Anspruchs seine Klagebefugnis verloren hat und der Verband den bereits titulierten Anspruch abtritt.[769]

Während im Unterlassungsklagegesetz die Abtretung in § 3 Abs. 2 S. 2 UKlaG geregelt ist, ist eine solche Regelung im Gesetz gegen den unlauteren Wettbewerb nicht vorgesehen. Nach herrschender Ansicht soll auch eine analoge Anwendung der Vorschrift in § 3 Abs. 2 S. 2 UKlaG im Lauterkeitsrecht

---

765 Basierend auf den Ergebnissen der Suchportale „beckonline" und „juris".

766 BAG, Urt. v. 23.02.1967 – AP ZPO § 256 Nr. 45; ErfK/*Ahrendt* (2024), ArbGG § 9 Rn. 1.

767 Vgl. Begründung zu § 2 UmwRG BT-Drs. 16/2495, 12.

768 *Schmidt*, NJW 2002, 25 (28); *Halfmeier*, Popularklage im Privatrecht (2006), S. 155 f.; Ulmer/Brandner/Hensen/*Witt* (2022), § 3 UKlaG, Rn. 28; KBF/*Köhler/Alexander* (2024), UKlaG § 3 Rn. 11.

769 Ulmer/Brandner/Hensen/*Witt* (2022), § 3 UKlaG, Rn. 28; MünchKomm-ZPO/*Micklitz/Rott* (2022), UKlaG § 3 Rn. 8; KBF/*Köhler/Alexander* (2024), UKlaG § 3 Rn. 11; Staudinger-BGB AGB u. UKlaG/*Piekenbrock* (2022), UKlaG § 4c Rn. 3.

nicht in Betracht kommen.[770] Die Abtretung des Anspruchs an Personen, die nicht zu den Anspruchsberechtigten i.S.d. § 8 Abs. 3 UWG gehören, ist von vornherein nach § 399 Alt. 1 BGB ausgeschlossen.[771] Hierfür spricht die abschließende Regelung der Anspruchsberechtigten in § 8 Abs. 3 UWG[772] sowie die Gefahr der Kommerzialisierung der Anspruchsberechtigung durch den Verkauf der Ansprüche.[773]

Ebenfalls ist hinsichtlich des Anspruchs aus § 17 Abs. 2 AGG, aufgrund der auf den Betriebsrat und einer im Betrieb vertretenen Gewerkschaft begrenzten Antragsberechtigung und einer fehlenden gesetzlichen Regelung zur Abtretung davon auszugehen, dass nur der Betriebsrat beziehungsweise eine im Betrieb vertretene Gewerkschaft berechtigt ist, ein Erzwingungsverfahren gegen den Arbeitgeber zu führen und eine Abtretung an andere daher nicht zulässig ist.

Im Antidiskriminierungsrecht muss die Abtretung des Verbandsklageanspruchs ebenfalls grundsätzlich unzulässig sein. Ansonsten wären die strengen Qualifizierungsanforderungen zur Sicherstellung der sachgerechten Nutzung des Verbandsklagerechts hinfällig. Lediglich eine Abtretungserlaubnis nach dem Vorbild des § 3 Abs. 2 S. 2 UKlaG, wonach der Anspruch nur an anspruchsberechtigte Stellen abgetreten werden darf, kommt in Betracht. Mit der Beschränkung der Zessionare auf anspruchsberechtigte Verbände kann der Kommerzialisierung der Anspruchsberechtigung durch Verkauf der Ansprüche vorgebeugt werden.[774]

---

770 KBF/*Köhler/Feddersen* (2024), UWG § 8 Rn. 3.17, 3.21; MünchKomm-UWG/*Ottofülling* (2022), UWG § 8 Rn. 405; Harte-Bavendamm/Henning-Bodewig/*Goldmann* (2021), UWG § 8 Rn. 333; BeckOK UWG/*Haertel/Fritzsche* (2024), UWG § 8 Rn. 165 f.

771 KBF/*Köhler/Feddersen* (2024), UWG § 8 Rn. 3.21.

772 BGH, Urt. v. 03.05.2007 – I ZR 19/05 – GRUR 2007, 978 (980); BGH, Urt. v. 06.06.2019 – I ZR 67/18 – GRUR 2019, 970 Rn. 19; MünchKomm-UWG/*Ottofülling* (2022), UWG § 8 Rn. 404.

773 KBF/*Köhler/Feddersen* (2024), UWG § 8 Rn. 3.21; MünchKomm-UWG/*Ottofülling* (2022), UWG § 8 Rn. 409.

774 Begründung RegE zur Änderung v. § 13 Abs. 2, BT-Drucks. 14/2658, 52; Ulmer/Brandner/Hensen/*Witt* (2022), § 3 UKlaG Rn. 28; MünchKomm-ZPO/*Micklitz/Rott* (2022), UKlaG § 3 Rn. 8.

E. Klagebefugnis

I. Allgemein

Unter A. I. wurde bereits festgestellt, dass die Ermächtigung der Verbände im Rahmen der allgemeinen Verbandsklage im Antidiskriminierungsgesetz sowohl die Aktivlegitimation als auch die Prozessführungsbefugnis umfassen sollte. Die Klagebefugnis der Verbände sollte weder voraussetzen, dass der Verband in seinen eigenen subjektiven Rechten verletzt ist, noch dass ein Mensch konkret in seinen Rechten verletzt ist.[775] Die Verbandsklagebefugnis unterliegt auch nicht dem Vorbehalt der Einverständniserklärung eines möglichen Diskriminierungsopfers zur Klageerhebung.[776]

II. Einschränkung

In Betracht kommt die Einschränkung der Klagebefugnis. Zu erwägen ist, ähnlich wie in § 17 Abs. 2 S. 2 AGG, die Verbandsklagebefugnis auszuschließen, wenn der einzelne Betroffene durch eine Individualklage das gleiche Rechtsschutzziel erreichen könnte, also zu regeln, dass mit der Klage keine Ansprüche des Benachteiligten geltend gemacht werden dürfen.[777] Eine solche Einschränkung muss erwogen werden, weil denkbar ist, dass der individuell Betroffene einen Anspruch gegen den Diskriminierenden auf Unterlassung oder Beseitigung der Diskriminierung nach § 21 Abs. 1 AGG oder § 1004 BGB i.V.m § 15 Abs. 5 AGG geltend machen und dementsprechend eine Individualklage erheben kann, während zugleich der Verband zu einer Klage befugt ist, die sich auf Unterlassung oder Beseitigung der gleichen Handlung richtet. In diesem Fall könnte die Verbandsklage ausgeschlossen werden, damit es dem Benachteiligten überlassen bleibt, ob er Ansprüche geltend machen will oder nicht.[778]

Dagegen spricht jedoch, dass das Individualverfahren einen anderen Streitgegenstand als das Verbandsklageverfahren hat.[779] Der Klagegrund und die Rechtsschutzziele der Ansprüche unterscheiden sich, sodass nicht

---

775 Vgl. zu § 15 Abs. 1 BGG LPK-SGB IX/*Dau* (2022), BGG § 15 Rn. 2.

776 Vgl. zu § 15 Abs. 1 BGG LPK-SGB IX/*Dau* (2022), BGG § 15 Rn. 2.

777 Vgl. zu § 17 Abs. 2 AGG *Bauer/Krieger/Günther* (2018), AGG § 17 Rn. 22.

778 Vgl. zu § 17 Abs. 2 AGG *Bauer/Krieger/Günther* (2018), AGG § 17 Rn. 22.

779 Vgl. zu § 17 Abs. 2 AGG Däubler/Beck/*Buschmann* (2022), AGG § 17 Rn. 57; *Brors*, AuR 2019, 398 (400); BeckOK ArbR/*Roloff* (2024), AGG § 17 Rn. 14.

erforderlich ist, den Vorrang der Individualrechtsdurchsetzung mittels einer solchen Einschränkung sicherzustellen. Während die Individualansprüche das Unterlassen beziehungsweise die Beseitigung eines diskriminierenden Verhaltens bezwecken, das den Betroffenen in seinen Rechten verletzt, richtet sich der verbandsrechtliche Anspruch nicht auf die Durchsetzung des Rechts einer einzelnen Person, sondern auf die Sicherung eines zukünftigen gesetzmäßigen Verhaltens des Zuwiderhandelnden im kollektiven Interesse.[780]

Eingeschränkt werden könnte die Klagebefugnis jedoch wie die altruistischen Verbandsklagebefugnisse nach § 9 Abs. 1 LADG und § 15 Abs. 1 BGG. Nach § 9 Abs. 1 LADG ist erforderlich, dass der Sachverhalt eine „über die individuelle Betroffenheit hinausgehende Bedeutung" (§ 9 Abs. 1 LADG) aufweist. Nach § 15 Abs. 2 S. 2 BGG ist erforderlich, dass ein „Fall von allgemeiner Bedeutung" (§ 15 Abs. 2 S. 2 BGG) vorliegt, wenn der Mensch mit Behinderung selbst seine Rechte durch eine Gestaltungs oder Leistungsklage verfolgen kann oder hätte verfolgen können, was in den meisten Fällen der Fall ist.[781]

Insbesondere die Einschränkung, dass der Sachverhalt eine über die individuelle Betroffenheit hinausgehende Bedeutung haben muss, könnte für das Antidiskriminierungsrecht geeignet sein. Eine überindividuelle Bedeutung in Form der Präventivwirkung liegt insbesondere bei Fällen institutioneller und struktureller Diskriminierung vor, die mittelbar und zuweilen „opferlos" in dem Sinne wirken, dass – wie bei einer diskriminierenden Äußerung – keine beschwerte Person identifizierbar ist oder noch keine Diskriminierung stattgefunden hat.[782] Das entspricht der Auslegung der einschränkenden Regelung nach § 15 Abs. 2 S. 2 BGB, welche dann erfüllt ist, wenn eine Vielzahl gleichgelagerter Fälle vorliegt.[783] Die Beschränkung der Klagebefugnis der Verbände auf die Fälle, in denen die Diskriminierung eine über das individuelle Interesse hinausgehende Beeinträchtigung bedeutet, wahrt das System der individuellen Rechtsdurchsetzung. Dem Einzelnen

---

780 Vgl. *Adomeit/Mohr* (2011), AGG § 17 Rn. 17.

781 *Hlava*, SRa 2013, 54 (55).

782 So auch zum LADG Däubler/Beck/*Klose* (2022), Anhang 2, Rn. 140.

783 Beschlussempfehlung und Bericht des Ausschusses für Arbeit und Sozialordnung zu den Gesetzesentwürfen 14/8043, 14/7420, 14/5985, BT-Drs. 14/8331, 56 zu Art. 1, § 13; Neumann et al./*Winkler* (2024), BGG § 15 Rn. 6.

bleibt die Wahrnehmung seiner Rechte – und auch die Nichtwahrnehmung seiner Rechte – überlassen, indem die Individualklage vor dem kollektiven Verfahren Vorrang hat. Damit kann gleichzeitig dem Einwand begegnet werden, dass die Verbandsklage für die deutsche Rechtsordnung, welche grundsätzlich dem Individuum die Durchsetzung seiner Rechte überlässt, weiterhin eher ungewöhnlich ist.[784] Die Verbandsklage würde auch nicht in ihrer Wirksamkeit beschränkt werden, weil ihre grundlegende Zielbestimmung gerade ist, das Vollzugsdefizit zu kompensieren, das entsteht, wenn eine überindividuelle Diskriminierung vorliegt. Es ist daher sachgerecht, das Verbandsklagerecht im Antidiskriminierungsrecht auf Fälle überindividueller Bedeutung zu beschränken. Ausreichend sollte sein, wenn der Verband geltend machen kann, dass nicht nur im Einzelfall gegen ein Diskriminierungsverbot verstoßen wird. Das entspricht der Zulässigkeitsvoraussetzung nach § 9 Abs. 1 LADG und faktisch der Zulässigkeitsvoraussetzung des § 15 Abs. 2 S. 2 BGG.

Zu diskutieren ist, ob Betroffenen der Diskriminierung ein ‚Vetorecht' eingeräumt werden sollte. Dies könnte so ausgestaltet sein, dass die Verbände ihre Absicht zur Klageerhebung kundtun müssen, sodass sich Personen, die sich von dem Verbandsklageverfahren betroffen fühlen, innerhalb einer bestimmten Frist ein zu begründendes Veto einlegen können. Ein solches Vetorecht erinnert entfernt an das „Optout"[785]-Modell. Nach diesem Modell sind Verbraucher, auf die die Gruppendefinition zutrifft, ohne ihr eigenes Zutun in dem Verbandsverfahren repräsentiert und an dessen Ergebnis gebunden, es sei denn, sie erklären fristgerecht ausdrücklich, nicht in diesem Verfahren repräsentiert werden zu wollen.[786] Ein bekanntes Kollektivverfahren in Form des Optout-Modells ist das der USamerikanischen class action nach Rule 23 (b) (3) FRCP.[787] Weil das Verbandsklageurteil im Antidiskriminierungsrecht aber einen anderen Streitgegenstand als die Individualklage hat und keine echte Bindungswirkung hinsichtlich der Individualansprüche der einzelnen Betroffenen entfaltet, diese dadurch also nicht in der Geltendmachung ihrer Rechte gebunden oder eingeschränkt sind, ist eine „Optout"-Möglichkeit – wie auch

---

784 Vgl. zu § 13 BGG (a.F.) *Hlava*, SRa 2013, 54 (55).
785 *Nagy*, EuZW 2022, 637 (639).
786 *Schuschnigg*, EuZW 2022, 1043 (1045); *Nagy*, EuZW 2022, 637 (639).
787 *Schuschnigg*, EuZW 2022, 1043 (1045).

eine „Optin"-Möglichkeit – nicht erforderlich. Es ist nicht notwendig, dass die Betroffenen erklären, mit dem Verbandsklageverfahren nicht repräsentiert werden zu wollen. Die Betroffenen können stets eine Individualklage erheben, auch wenn sie den gleichen Klagegestand hat, wie die Verbandsklage.

Allerdings ist ein generelles Vetorecht in Bezug auf die Erhebung der Verbandsklage ist in Betracht zu ziehen. Es ist der Fall denkbar, in welchem ein Verband nur vermeintlich im kollektiven Betroffeneninteresse zu klagen beabsichtigt, die Klage aber nicht tatsächlich diesem Interesse entspricht. Für ein Vetorecht spricht ebenfalls die vom Gesetzgeber im Antidiskriminierungsgesetz vorgesehene Geltendmachung der Rechte im Individualverfahren und nicht im Kollektivverfahren; ein von mehreren Seiten vorgeschlagenes Verbandsklagerecht wurde ausdrücklich nicht in das Antidiskriminierungsgesetz übernommen.[788]

Gegen ein solches Vetorecht spricht jedoch, dass bereits die Einschränkungen der Anspruchsberechtigung sicherstellen, dass ein Verband nur zur Klage befugt ist, wenn diese dem Interesse der Betroffenen entspricht. Insbesondere die Qualifizierungsvoraussetzungen der Verbände – unter anderem das Tätigwerden in der Vergangenheit gemäß des Satzungszwecks – kann dies gewährleisten. Außerdem ist die Verbandsklage nur in Fällen von überindividueller Bedeutung zulässig und schließt dahingehend eine Rechtsschutzlücke. Das Individualrechtsschutzsystem wird nicht unterlaufen. Die Betroffenen sind in ihrer Rechtsdurchsetzung nicht beeinträchtigt und sollten die Verbandsklage daher auch nicht verhindern können dürfen. Insgesamt ist ein allgemeines Vetorecht im Hinblick auf die Klageerhebung abzulehnen.

Im Umwelt-Rechtsbehelfsgesetz wird die Klagebefugnis weiter eingeschränkt. Unter anderem dürfen die anerkannten Verbände einen Rechtsbehelf nur einlegen, wenn sie geltend machen, in ihrem satzungsgemäßen Aufgabenbereich der Förderung der Ziele des Umweltschutzes durch die

---

788 *Herberger*, RdA 2022, 220 mit Verweis auf die Antragsgeschichte: „Diskriminierung bekämpfen - Verbandsklagerecht einführen", BT-Drucks. 18/10864, S. 2 und den Antrag „10 Jahre nach dem Inkrafttreten des Allgemeinen Gleichbehandlungsgesetzes - Eine Reform ist überfällig", BT-Drucks. 18/9055, S. 5 und deren Ablehnung siehe Plenarprotokoll 18/240, 24536 (C), (D); auf den Antrag „Verbandsklagerecht im Allgemeinen Gleichbehandlungsgesetz implementieren", BT-Drucks. 18/1474, der sich durch den Ablauf der Wahlperiode erledigt hat wie auch der Antrag der vorherigen Wahlperiode (BT-Drucks. 17/11590).

behördliche Entscheidung oder deren Unterlassen berührt zu sein (§ 2 Abs. 1 Ziff. 2 UmwRG) beziehungsweise in ihrem satzungsgemäßen Aufgaben und Tätigkeitsbereich, soweit sich die Anerkennung darauf bezieht, berührt zu werden (§ 64 Abs. 1 Nr. 2 BNatSchG). Nach dem Bundesnaturschutzgesetz müssen die Verbände zusätzlich ihre Mitwirkungsrechte wahrgenommen haben (§ 64 Abs. 1 Nr. 3 BNatSchG), was teilweise auch nach dem Umwelt-Rechtsbehelfsgesetz erforderlich ist (§ 2 Abs. 1 Nr. 3 lit. b) UmwRG)). Die Einschränkung der Rechtsbehelfsbefugnis wird damit begründet, dass die Verbände keinen „Überraschungsangriff" ausüben sollen.[789] Die Vereine sollen im Verwaltungsverfahren zu der Entscheidung der Behörde von ihren Mitwirkungsrechten Gebrauch machen und Stellung nehmen.[790] Die Mitwirkungsmöglichkeit der Verbände im Verwaltungsverfahren und der nachfolgende Vereinsrechtsbehelf werden damit eng verklammert.[791] Nur wenn den Verbänden keine Gelegenheit zur Mitwirkung gegeben worden ist, können sie auch ohne Mitwirkung im Verwaltungsverfahren von der Rechtsbehelfsbefugnis Gebrauch machen. Auch in den Tierschutzverbandsklagegesetzen der Länder wird eine solche materielle Präklusion geregelt (vgl. § 1 Abs. 3 des Gesetzes über das Verbandsklagerecht für Tierschutzvereine des Land Bremen). Mit dieser sollen die von dem Verwaltungsakt Begünstigten vor einem für sie überraschenden Prozessvortrag geschützt werden und die Vereine werden dazu angehalten, ihren Sachverstand frühzeitig einzubringen.[792]

Im Antidiskriminierungsrecht sind Mitwirkungsrechte, deren Ausübung die Verbandsklagebefugnis bedingen, nicht vorgesehen. Die Verbandsklagebefugnis würde als eine Art „Mitwirkungsrecht" fungieren und das Antidiskriminierungsrecht verfahrensrechtlich absichern. Die „Überraschungsangriffe" von Verbänden aufgrund ihrer eigenständigen Klagebefugnis dienen der Prävention von Verstößen gegen das Antidiskriminierungsrecht und sind zu befürworten.

---

789 Begründung des Gesetzentwurfs der Fraktionen SPD und Bündnis90/Die Grünen zum BNatSchGNeuregG, BT-Drs. 14/6378, 62; Landmann/Rohmer UmweltR/*Gellermann* (2024), BNatSchG § 64 Rn. 21.

790 Landmann/Rohmer UmweltR/*Gellermann* (2024), BNatSchG § 64 Rn. 21.

791 Landmann/Rohmer UmweltR/*Gellermann* (2024), BNatSchG § 64 Rn. 20; Schlacke-GK-BNatSchG/*Schlacke* (2024), § 64 Rn. 56.

792 Antrag v. Fraktionen zur Änderung des Verbandsklagerecht für Tierschutzvereine, Bremische Bürgerschaft-Drs. 20/961, 5.

Es kann jedoch erwogen werden, die Klagebefugnis des Verbands einzuschränken, sollte er aus eigenen organisationspolitischen Gründen, die von den individuellen Gründen abweichen, klagen wollen.[793] Das ist jedoch abzulehnen. Es muss zulässig sein, dass der Verband aus eigener Motivation klagt, weil die Effektivität der Rechtsdurchsetzung ansonsten nicht ausschlaggebend verbessert werden würde.[794] Zutreffend haben *Kocher/Laskowski/Rust/Weber* festgestellt, dass anzuerkennen sei, dass auch materielle Interessen die Rechtsdurchsetzung und damit die Gerechtigkeit befördern können.[795] Die Verbandsklage zeichnet sich gerade dadurch aus, dass der Verband aus eigener Motivation und aus eigener Befugnis klagen darf und nicht durch die einzelnen Interessen von Betroffenen oder Mitgliedern des Verbands eingeschränkt oder erst befugt wird. Darin liegt die Kraft der eigenständigen Verbandsklage. Eine Mitwirkung der einzelnen Betroffenen ist gerade nicht erforderlich. Daher ist notwendig, dass der Verband nach seinem Satzungszweck und seiner eigenen Agenda handeln darf, was bedeuten kann, dass er (auch) aus eigenen organisationspolitischen Gründen handelt. Die strategische Prozessführung der Verbände muss möglich sein.[796] Letztlich muss den Voraussetzungen der Anspruchsberechtigung „vertraut" werden. Diese schränken die Befugnis zur Klageerhebung so weit ein, dass nur Verbände mit ideellen Absichten im Interesse ihrer Mitglieder und der Allgemeinheit – nämlich der Einhaltung der Vorschriften des Antidiskriminierungsgesetzes – gerichtlich tätig werden dürfen. Wie eine mögliche Missbrauchsgefahr der Klagebefugnis geringgehalten werden kann, wird G. IV. erläutert.

F. Passivlegitimation

Klärungsbedürftig ist, wer passivlegitimiert für den Rechtsstreit im Rahmen des allgemeinen Verbandsklageverfahrens im Antidiskriminierungsrecht ist.

---

[793] Vgl. *Kocher/Laskowski/Rust/Weber*, in FS Pfarr (2010), S. 144.

[794] *Kocher/Laskowski/Rust/Weber*, in FS Pfarr (2010), S. 144.

[795] *Kocher/Laskowski/Rust/Weber*, in FS Pfarr (2010), S. 144 f.

[796] S.o. § 4 B. I. 2.

I. Adressaten der Benachteiligungsverbote

Mit dem zivilrechtlichen Benachteiligungsverbot nach § 19 AGG wird laut der Gesetzesbegründung der „Anbieter" verpflichtet.[797] Mithin ist dieser Klagegegner im zivilrechtlichen Verbandsklageverfahren nach dem Antidiskriminierungsgesetz. Auch wenn sich der Begriff „Anbieter" nicht im Gesetz selbst befindet, wird allgemein davon ausgegangen, dass der Anbieter derjenige ist, der ein Schuldverhältnis anbietet.[798]

Adressat des Benachteiligungsverbots im Beschäftigungskontext und damit passivlegitimiert für das arbeitsrechtliche Verbandsklageverfahren ist i.S.d. § 6 Abs. 2 AGG der Arbeitgeber, jedoch nicht ausschließlich.[799] Verboten sind benachteiligende Verhaltensweisen aller Personen, die rein tatsächlich Beschäftigte benachteiligen könnten.[800] Das schließt Vorgesetze, Mitarbeiter und Kollegen ein.[801] Unionsrechtlich ist das Benachteiligungsverbot an alle staatlichen Stellen sowie an Parteien adressiert, die Kollektivverträge schließen.[802] Die Verantwortlichkeit für einen Dritten kann sich ergeben, wenn sich zum Beispiel ein Arbeitgeber zur Anbahnung eines Arbeitsverhältnisses einer Personalvermittlungsfirma bedient.[803]

Adressat der Benachteiligungsverbote und somit Verpflichteter ist jeweils auch der Anweisende im Sinne des § 3 Abs. 5 AGG. In § 3 Abs. 5 AGG regelt das Gesetz eine Zurechnungsvorschrift, wonach die Anweisung zur Benachteiligung einer Person aus einem in § 1 genannten Grund als Benachteiligung gilt. Die Vorschrift versucht bereits der Anweisung zur

---

[797] Begründung des RegE AGG, BT-Drs. 16/1780, 3, 41 ff.; MünchKomm-BGB/*Thüsing* (2021), AGG § 19 Rn. 126.

[798] MünchKomm-BGB/*Thüsing* (2021), AGG § 19 Rn. 127.

[799] Begründung zu § 6 RegE AGG, BT-Drs. 16/1780, 34; LAG Berlin-Brandenburg, Urt. v. 14.10.2022 – 12 Sa 51/22 – NZA-RR 2023, 125 (127); BeckOK ArbR/*Roloff* (2024), AGG § 7 Rn. 1; ErfK/*Schlachter* (2024), AGG § 7 Rn. 2; vgl. die Kritik zu § 15 AGG, der nur den Arbeitgeber verpflichtet, MünchKomm-BGB/*Thüsing* (2021), AGG § 15 Rn. 49; a.A. *Annuß*, BB 2006, 1629 (1630).

[800] ErfK/*Schlachter* (2024), AGG § 7 Rn. 2.

[801] LAG Berlin-Brandenburg, Urt. v. 14.10.2022 – 12 Sa 51/22 – NZA-RR 2023, 125 (127); ErfK/*Schlachter* (2024), AGG § 7 Rn. 2.

[802] EuGH, Urt. v. 08.04.1976 – C-43/75 – BeckRS 2004, 71181; EuGH, Urt. v. 08.05.2019 – C-486/18 – NZA 2019, 1131 (1134); ErfK/*Schlachter* (2024), AGG § 7 Rn. 2.

[803] Begründung zu § 6 RegE AGG, BT-Drs. 16/1780, 34; BeckOK ArbR/*Roloff* (2024), AGG § 7 Rn. 1; ErfK/*Schlachter* (2024), AGG § 7 Rn. 2.

Diskriminierung als solcher entgegenzuwirken und setzt Art. 2 Abs. 4 der Antirassismusrichtlinie, Art. 2 Abs. 2 der revidierten Gleichbehandlungsrichtlinie und Art 4 Abs. 4 der Genderrichtlinie um.[804] Sie umfasst sowohl arbeitsrechtrechtliche Sachverhalte als auch Sachverhalte des allgemeinen Zivilrechts.[805] Eine Anweisung liegt vor, wenn jemand aufgrund des Weisungsrechts des Anweisenden zu einer konkreten Handlung oder Verhaltensweise bestimmt wird,[806] wobei dem Anweisenden die Verbotswidrigkeit nicht bewusst sein muss.[807] Sie liegt insbesondere vor, wenn jemand eine Person zu einem Verhalten bestimmt, das eine Beschäftigte oder einem Beschäftigten wegen eines in § 1 AGG genannten Grundes benachteiligt oder benachteiligen kann (§ 3 Abs. 5 S. 2 AGG). Damit wird dem Arbeitgeber beziehungsweise Unternehmensinhaber auch das Fehlverhalten von Personen zugerechnet, die nicht Vorgesetzte oder Kollegen sind.[808] Es muss lediglich eine Anweisungsbeziehung vorliegen.[809]

Als Anweisung i.S.d. § 3 Abs. 5 AGG muss auch die Anweisung durch einen diskriminierenden Normbefehl eines (unwirksamen) Tarifvertrags gewertet werden, sodass die Tarifvertragsparteien gemeinsam gegenüber dem Diskriminierungsopfer haften.[810] Der diskriminierende Tarifvertrag wirkt als faktischer Befehl gegenüber dem vollziehenden Arbeitgeber.[811] Außerhalb des arbeitsrechtlichen Kontexts kann als Beispiel für einen Anweisungsfall ein Vermieter (von mehr als 50 Wohnungen)[812] angeführt werden, der pauschal keinen Mietvertrag mit Personen einer bestimmten ethnischen Herkunft schließen will und einen Makler mit diesen Vorgaben beauftragt. Der Vermieter kann als Anweisender in Bezug auf den Makler aufgrund der strukturellen Diskriminierung dieses Personenkreises in Anspruch genommen

---

804 Erman BGB/*Armbrüster* (2023), AGG § 3 Rn. 25.

805 Erman BGB/*Armbrüster* (2023), AGG § 3 Rn. 25, 27.

806 ErfK/*Schlachter* (2024), AGG § 3 Rn. 23; Erman BGB/*Armbrüster* (2023), AGG § 3 Rn. 26.

807 Begründung des zu § 3 RegE AGG, BT-Drs. 16/1780, 33; Erman BGB/*Armbrüster* (2023), AGG § 3 Rn. 26.

808 ErfK/*Schlachter* (2024), AGG § 3 Rn. 23.

809 ErfK/*Schlachter* (2024), AGG § 3 Rn. 23.

810 Löwisch/Rieble/*Löwisch/Rieble* (2017), TVG § 1 Rn. 1804.

811 Löwisch/Rieble/*Löwisch/Rieble* (2017), TVG § 1 Rn. 1804.

812 Zur Vermietung von Wohnraum als massengeschäftsähnliches Rechtsgeschäft i.S.d. § 19 Abs. 1 Nr. 1 Alt. 2 AGG MünchKomm-BGB/*Thüsing* (2021), AGG § 19 Rn. 44.

werden, auch wenn noch keine Mieter aufgrund der Anweisung abgelehnt wurden, die Benachteiligung also noch nicht vollzogen wurde.[813] Mit § 3 Abs. 5 AGG wird also bereits der Anweisung als solche entgegengewirkt.[814]

Hat der Angewiesene seine Benachteiligung bereits vollzogen, muss das Verhalten dem Arbeitgeber beziehungsweise Unternehmer zugerechnet werden, um diesen haftbar zu machen. Eine explizite Zurechnungsnorm sieht das Antidiskriminierungsgesetz nicht vor. Es wird auf die §§ 31, (analog)[815] 278, 831 BGB zurückgegriffen.[816]

II. Erweiterung des Adressatenkreises der Benachteiligungsverbote (Exkurs)

Es ist zu erwägen, mit Einführung des Verbandsklagerechts von vornherein den Adressatenkreis der Benachteiligungsverbote zu erweitern. Nach dem Vorbild des § 8 Abs. 2 UWG[817] könnte die Haftung eines Unternehmens für seine Mitarbeiter und Beauftragten ohne Entlastungsmöglichkeit angeordnet werden.[818] Damit würde eine zusätzliche Anspruchsgrundlage[819] und eine Art Zurechnungsnorm[820] geschaffen werden, die neben den anderen

813 Vgl. LG Aachen, Urt. v. 17.03.2009 – 8 O 449/07 – NZM 2009, 318 (319); Erman BGB/*Armbrüster* (2023), § 19 AGG, Rn. 11a.

814 Erman BGB/*Armbrüster* (2023), AGG § 3 Rn. 25; vgl. ErfK/*Schlachter* (2024), AGG § 3 Rn. 23.

815 *Thüsing* möchte nur über (analog) 278 BGB zurechnen, da gemäß dem Wortlaut von § 278 BGB lediglich Verschulden zugerechnet wird, während für Benachteiligungen kein Verschuldensvorwurf erforderlich ist, MünchKomm-BGB (2021), AGG § 19 Rn. 130.

816 Erman BGB/*Armbrüster* (2023), AGG § 3 Rn. 25; vgl. zu § 15 AGG RegE AGG, BT-Drs. 16/1780, 38.

817 und wohl auch nach dem Vorbild des § 2 Abs. 1 S. 2 UKlaG, der ebenso wie § 8 Abs. 2 UWG auszulegen ist (Ohly/Sosnitza/*Ohly* (2023), UWG § 8 Rn. 143).

818 Vgl. zu § 8 Abs. 2 UWG BGH, Beschl. v. 4. 4. 2012 – I ZR 103/11 – NJOZ 2013, 863; Ohly/Sosnitza/*Ohly* (2023), UWG § 8 Rn. 143.

819 Vgl. zu § 8 Abs. 2 UWG statt vieler MünchKomm-UWG/*Fritzsche* (2022), UWG § 8 Rn. 360.

820 Vgl. zu § 8 Abs. 2 UWG BGH, Urt. v. 26.04.2007 – I ZR 34/05 – GRUR 2007, 995 (996); MünchKomm-UWG/*Fritzsche* (2022), UWG § 8 Rn. 360; *Fritzsche*, Unterlassungsanspruch und Unterlassungsklage (2000), S. 443 f.; Ohly/Sosnitza/*Ohly* (2023), UWG § 8 Rn. 143.

Zurechnungsnormen tritt.[821] Anders als nach § 278 BGB wäre keine schuldrechtliche Sonderverbindung zwischen dem Unternehmensinhaber und dem Mitarbeiter oder Beauftragten nötig und der Unternehmensinhaber könnte sich nicht wie nach § 831 BGB entlasten.[822] Voraussetzung für die Haftung wäre ein Verstoß oder das Bevorstehen eines erstmalig unmittelbar drohenden Verstoßes[823] gegen ein Diskriminierungsverbot durch einen Mitarbeiter oder Beauftragten im Zusammenhang mit seinen Aufgaben in dem Unternehmen.[824]

Bedenken bestehen jedoch dahingehend, dass dem Unternehmer die Diskriminierungshandlungen seiner Angestellten und Beauftragten in den wenigsten Fällen zugutekommen.[825] Zu denken sei an die Verhinderung eines Vertragsabschlusses durch die Ablehnung einer Vielzahl von Vertragsverhandlungen aus rassistischen Gründen, die wirtschaftlich irrational und rein präferenzbasiert sind. Dem Unternehmer ein ihm nachteiliges Verhalten einer Person, die keine schuldrechtliche Sonderverbindung zu ihm hat, zuzurechnen und ihn ohne Exkulpationsmöglichkeit persönlich haftbar zu machen, lässt eine solche Haftung unverhältnismäßig erscheinen.[826]

Allerdings sprechen entscheidende Gründe für die Erfolgshaftung des Unternehmensinhabers ohne Exkulpationsmöglichkeit. Zunächst ist das Schutzbedürfnis der (potenziellen) Diskriminierungsopfer anzuführen.[827] Mit der Haftung kann vermieden werden, dass eine arbeitsteilige Organisation eines Unternehmens die Verantwortung des Inhabers für das Verhalten im Rechtsverkehr beseitigt.[828] Es wird verhindert, dass der Unternehmensinha-

---

821 Vgl. zu § 8 Abs. 2 UWG BGH, Urt. v. 25.04.2012 – I ZR 105/10 – GRUR 2012, 1279 Rn. 43; MünchKomm-UWG/*Fritzsche* (2022), UWG § 8 Rn. 361.

822 Vgl. zu § 8 Abs. 2 UWG Fezer/Büscher/Obergfell/*Büscher* (2016), UWG § 8 Rn. 216.

823 Vgl. zu § 8 Abs. 2 UWG MünchKomm-UWG/*Fritzsche* (2022), UWG § 8 Rn. 374; *Köhler*, WRP 2010, 475 (479 f.).

824 Vgl. § 8 Abs. 2 UWG; MünchKomm-UWG/Fritzsche (2022), UWG § 8 Rn. 375.

825 S.o. § 2 B. I. 1. c) und § 4 B. II. 2. b); anders im Rahmen des § 8 Abs. 2 UWG: BGH, Urt. v. 19.12.2002 – I ZR 119/00 – GRUR 2003, 453 (454); BGH, Urt. v. 28.06.2007 – I ZR 153/04 – GRUR 2008, 186 (188); BeckOK UWG/*Haertel* (2024), UWG § 8 Rn. 146; *Köhler*, GRUR 1991, 344 (346); Ohly/Sosnitza/*Ohly* (2023), UWG § 8 Rn. 143.

826 Vgl. *Köhler*, GRUR 1991, 344 (345 f.).

827 Vgl. zu § 8 Abs. 2 UWG *Köhler*, GRUR 1991, 344 (346).

828 Vgl. zu § 8 Abs. 2 UWG Ohly/Sosnitza/*Ohly* (2023), UWG § 8 Rn. 143.

ber sich hinter den von ihm abhängigen Dritten verstecken kann.[829] Zudem ermöglicht die zusätzliche Haftung des Unternehmensinhabers einen effektiveren Schutz vor Diskriminierung.[830] Die Anordnung der Haftung würde wie die Vorschrift nach § 8 Abs. 2 UWG[831] einen eigenständigen Unterlassungsanspruch vorsehen, der neben den Anspruch gegen den Handelnden tritt.[832]

Als zweiter Grund ist die Erweiterung des Geschäftskreises durch die Inanspruchnahme von Mitarbeitern und Dritten, die dem Unternehmensinhaber zugutekommt, anzuführen, weil sie bestimmte Aktivitäten ermöglicht.[833] Wer durch die Erweiterung seines Geschäftskreises ein größeres Risiko für eine betrieblich veranlasste Diskriminierung schafft, sollte hierfür auch einstehen.[834] Der Unternehmensinhaber wäre faktisch dazu verpflichtet, die Handlungen seiner Mitarbeiter und Beauftragten sorgfältiger zu überwachen, womit die Vorschrift vor allem auch präventiv wirken würde.[835] Außerdem hätte die Erfolgshaftung des Unternehmensinhabers den Vorteil, dass dem Verletzten beziehungsweise dem Verband die Beweisführung und die Beweislast hinsichtlich der Verantwortlichkeit für die Diskriminierung abgenommen wird.[836] Das ist angesichts der Annahme, dass der Unternehmensinhaber die Diskriminierung veranlasst oder geduldet hat und der Diskriminierte beziehungsweise der Verband als Außenstehender kaum die Vorgänge und Hintergründe der Diskriminierung aufdecken kann, gerechtfertigt.[837] Im Ergebnis wäre die Erfolgshaftung des Unternehmensinhabers ohne Exkulpationsmöglichkeit gerechtfertigt. Die Einführung einer solchen Vorschrift in das Antidiskriminierungsrecht im Zuge der Einführung der Verbandsklagerechte ist angebracht.

---

829 Vgl. zu § 8 Abs. 2 UWG BGH, Urt. v. 25.4. 2012 – I ZR 105/10 – GRUR 2012, 1279 Rn. 43; Ohly/Sosnitza/*Ohly* (2023), UWG § 8 Rn. 143.

830 Vgl. zu § 8 Abs. 2 UWG *Köhler*, GRUR 1991, 344 (346).

831 KBF/*Köhler/Feddersen* (2024), UWG § 8 Rn. 2.33; Ohly/Sosnitza/*Ohly* (2023), UWG § 8 Rn. 143.

832 Vgl. zu § 8 Abs. 2 UWG KBF/*Köhler/Feddersen* (2024), UWG § 8 Rn. 2.32; Teplitzky Ansprüche/*Büch* (2024), Kap. 14 Rn. 34 f.; Ohly/Sosnitza/*Ohly* (2023), UWG § 8 Rn. 143, 152.

833 Vgl. zu § 8 Abs. 2 UWG *Köhler*, GRUR 1991, 344 (346).

834 Vgl. zu § 8 Abs. 2 UWG *Köhler*, GRUR 1991, 344 (346).

835 Vgl. zu § 8 Abs. 2 UWG *Köhler*, GRUR 1991, 344 (346).

836 Vgl. zu § 8 Abs. 2 UWG *Köhler*, GRUR 1991, 344 (346).

837 Vgl. zu § 8 Abs. 2 UWG *Köhler*, GRUR 1991, 344 (346).

G. Prozessuales

I. Allgemein

1. *Geltendes Prozessrecht und Zuständigkeit*

Für das zivilrechtliche antidiskriminierungsrechtliche Verbandsklageverfahren gelten die Vorschriften der Zivilprozessordnung. Zu klären ist, ob die arbeitsrechtliche antidiskriminierungsrechtliche Verbandsklage, bei der grundsätzlich das Arbeitsgerichtsgesetz Anwendung findet, im Beschluss oder im Urteilsverfahren geführt wird. Wäre der Gegenstand der Verbandsklage lediglich Vorfrage in einem bürgerlichen Rechtsstreit nach § 2 ArbGG, wäre über sie im Urteilsverfahren zu entscheiden.[838] Im Ausgangspunkt handelt es sich bei Verstößen gegen § 7 Abs. 1 AGG um individualrechtliche Streitigkeiten.[839] Jedoch verleiht das Verbandsklagerecht der Streitigkeit einen kollektivrechtlichen Charakter, indem den Verbänden ein eigener Anspruch und ein eigenes Klagerecht zugestanden werden.[840] Sie setzen nicht lediglich individuelle Rechte durch. Somit findet das Beschlussverfahren Anwendung.

Das hat unter anderem zur Folge, dass nach § 83 Abs. 1 ArbGG der Untersuchungsgrundsatz und nicht wie nach der Zivilprozessordnung der Verhandlungsgrundsatz gilt. Dies führt zu der Frage, ob für die antidiskriminierungsrechtlichen Verbandsklageverfahren einheitlich und ausschließlich die Zivilprozessordnung gelten sollte. Auch wenn ein einheitliches Verfahrensrecht zu einer Vereinfachung der Klageerhebung der Verbände führt, ist dies nicht durchsetzbar. Das ist unter anderem darauf zurückzuführen, dass der Gesetzgeber im Rahmen des Erlasses des Gesetzes zur gebündelten Durchsetzung von Verbraucherrechten ausdrücklich festgestellt hat, dass arbeitsrechtliche Streitigkeiten nicht mit Abhilfe oder Musterfeststellungsklagen nach dem Verbraucherrechtedurchsetzungsgesetz verfolgt werden können; für sie blieben laut dem Gesetzgeber ausschließlich die Vorschriften des Arbeitsgerichtsgesetzes anwendbar.[841] Damit hat dieser verdeutlicht, dass das Arbeitsgerichtsgesetz auch in Kollektivverfahren Anwendung finden soll. Daher bleibt es bei der unterschiedlichen Anwendung der

---

[838] Vgl. zu § 17 Abs. 2 AGG BeckOK ArbR/*Roloff* (2024), AGG § 17 Rn. 9.
[839] Vgl. zu § 17 Abs. 2 AGG BeckOK ArbR/*Roloff* (2024), AGG § 17 Rn. 9.
[840] Vgl. zu § 17 Abs. 2 AGG BeckOK ArbR/*Roloff* (2024), AGG § 17 Rn. 9.
[841] Begründung zu § 1 des RegE VRUG, BT-Drs. 20/6520, 69; *Bayat*, NZA 2023, 1165 (1166).

Verfahrensvorschriften für die arbeitsrechtliche und zivilrechtliche Verbandsklage.

Es sollte angeordnet werden, dass für zivilprozessuale Streitigkeiten das Oberlandesgericht erstinstanzlich zuständig ist, damit eine Breitenwirkung erreicht wird[842] und sich nicht zwei Tatsacheninstanzen mit der Verbandsklage befassen müssen, die einen überindividuellen Rechtsschutz erreichen will.[843] Auch die Verbände halten in der Regel die möglichst schnelle grundsätzliche Klärung von Rechtsfragen durch höherrangige Gerichte für erstrebenswert.[844] Die sachliche Zuständigkeit des Oberlandesgerichts wurde auf Grundlage des VRUG[845] ebenfalls bereits in § 6 UKlaG sowie in § 3 VDuG mit Wirkung für die jeweiligen Verbandsklagen geregelt. Durch die erstinstanzliche Zuständigkeit der Oberlandesgerichte sollen die Verfahren beschleunigt werden.[846] Bei den Verfahren über Ansprüche nach dem Unterlassungsklagegesetzes seien überwiegend Rechtsfragen zu klären, so dass eine Tatsacheninstanz ebenso ausreichend sei.[847] Ebenfalls sollen die Effizienz und die Qualität der Entscheidungen erreicht werden, indem sich besondere Gericht organisatorisch und inhaltlich spezialisieren.[848] Die Erwägungen zu den Verbandsklagen des Unterlassungsklagegesetzes sowie zur Abhilfe und Musterfeststellungsklage des Verbraucherrechtedurchsetzungsgesetzes sind auf die Verbandsklage des Antidiskriminierungsrechts übertragbar.

2. *Einschränkung der zivilprozessualen Grundsätze*

Die Durchsetzung des Antidiskriminierungsrechts mittels zivilrechtlicher Ansprüche hat zur Konsequenz, dass die zivilprozessualen Grundsätze und in arbeitsrechtlichen Verfahren die prozessualen Grundsätze des Beschlussverfahrens nach dem Arbeitsgerichtsgesetzes gelten. Das hat zur Folge, dass es im Rahmen der zivilrechtlichen Verbandsklage aufgrund des

---

842 *Kocher*, ZEuP 2004, 260 (269); vgl. auch Begründung zu § 3 VDuG des RegE VRUG, BT-Drs. 20/6520, 70; *Greger*, NJW 2000, 2457 (2463).

843 Vgl. zum UKlaG *Greger*, NJW 2000, 2457 (2463).

844 *Meller-Hannich/Höland*, Gutachten Evaluierung Kollektiver Rechtsschutzinstrumente (2011), S. 136.

845 BGBl. 2023 I Nr. 272.

846 Begründung zu Artikel 9 Nr. 17 des RegE VRUG, BT-Drs. 20/6520, 118.

847 Begründung zu Artikel 9 Nr. 17 des RegE VRUG, BT-Drs. 20/6520, 118.

848 Begründung zu § 3 VDuG des RegE VRUG, BT-Drs. 20/6520, 71.

Verhandlungsgrundsatzes den Verbänden obliegt, den streitigen Sachverhalt darzulegen.[849] Bei arbeitsrechtlichen Streitigkeiten im Beschlussverfahren findet hingegen grundsätzlich der Untersuchungsgrundsatz nach § 83 Abs. 1 ArbGG Anwendung.

a) Verhandlungsgrundsatz

Zu erwägen ist, ob der Verhandlungsgrundsatz bei zivilprozessrechtlichen Verbandsklageverfahren zugunsten der Verbände eingeschränkt werden sollte. Hierzu muss ein Blick auf den Hintergrund des Verhandlungsgrundsatzes geworfen werden. Dem Grundsatz liegt die Auffassung zugrunde, dass durch die Äußerungen der Parteien leichter der tatsächliche Sachverhalt ermittelt werden kann als durch eine gerichtliche Untersuchung.[850] Dem liegen die Erwägungen zugrunde, dass die Parteien dem Sachverhalt näher sind als das Gericht[851] und dass ihre Betroffenheit einen stärkeren Anreiz zum Tätigwerden bietet.[852] Die Erwartung ist, dass das Interesse des Individuums an der Durchsetzung seines subjektiven Rechts dazu führt, dass die erheblichen Tatsachen von den Parteien dem Gericht vorgetragen und bewiesen werden.[853]

Die Erwägungen ist grundsätzlich auf das Verbandsklageverfahren des Antidiskriminierungsrechts anwendbar. Streitgegenstand ist zwar nicht die subjektive Rechtsverletzung, sondern die Überprüfung der Einhaltung der objektiven Rechtsordnung und die Wahrnehmung diskriminierungsrechtlicher Kollektivinteressen.[854] Die Verbände haben dahingehend aber ein in der Satzung festgelegtes Interesse. Es ersetzt das Interesse eines Individuums an der subjektiven Rechtsdurchsetzung und legitimiert die Klagebefugnis

---

[849] Vgl. zum UWG BGH, Beschl. v. 27.10.2022 – I ZR 53/22 – GRUR 2023, 421; KBF/*Köhler/Feddersen* (2024), UWG § 12 Rn. 1.89; *Guski*, ZZP 131 (2018), 353 (367); *Greger*, ZZP 113 (2000), 399 (409 f.).

[850] *Brehm*, Bindung des Richters (1982), S. 21 ff.; *Rosenberg/Schwab/Gottwald* (2018), § 77 Rn. 3; *Meller-Hannich*, Verbraucherschutz im Schuldvertragsrecht (2005), S. 310; vgl. Stein-Jonas/*Leipold* ZPO (1984), vor § 128 BV, Rn. 83.

[851] *Schmidt*, NJW 1989, 1192 (1196).

[852] *Meller-Hannich*, Verbraucherschutz im Schuldvertragsrecht (2005), S. 310.

[853] Musielak/Voit (2024), ZPO Einleitung Rn. 38; *Meller-Hannich*, Verbraucherschutz im Schuldvertragsrecht (2005), S. 310.

[854] zum Verbandsklageverfahren des UKlaG *Meller-Hannich*, Verbraucherschutz im Schuldvertragsrecht (2005), S. 310.

des Verbands.[855] Das Interesse des Verbands an der Verfahrensführung ist somit vergleichbar zu dem Interesse eines Individuums an der Verfahrensführung, worauf der Verhandlungsgrundsatz sich stützt, und ermöglicht eine vergleichbare Nähe zu dem streitgegenständlichen Sachverhalt.[856] Die Vertreterinnen und Vertreter der Antidiskriminierungsverbände sind zudem im besten Fall Experten im Diskriminierungsrecht und wissen, worauf es bei der streitgegenständlichen Handlung ankommt, damit die Voraussetzungen eines Verstoßes gegen ein Diskriminierungsverbot des Antidiskriminierungsgesetzes vorliegen. Zudem stehen die Verbände näher zu den diskriminierten Personen und damit näher zu den entscheidungserheblichen Tatsachen als das Gericht.[857] Die Anwendung des Verhandlungsgrundsatzes ist daher ebenfalls im zivilrechtlichen Verbandsklageverfahren des Antidiskriminierungsrechts grundsätzlich geeignet und zweckmäßig.[858]

b) Dispositionsmaxime

Zudem gelten jeweils die zivilprozessualen Dispositionsmaxime und die arbeitsgerichtlichen Dispositionsmaxime des Beschlussverfahrens (vgl. § 80 Abs. 2 ArbGG). Wie im Rahmen der Evaluation der Verbandsklagen des Unterlassungsklagegesetzes und des Gesetzes gegen den unlauteren Wettbewerb festgestellt,[859] sind die zivilprozessualen Dispositionsmaxime effektiv. In Erwägung gezogen werden muss dennoch, die Dispositionsmaxime aufgrund der Besonderheiten des Verbandsklageverfahrens einzuschränken. Dies wird von einigen Vertreterinnen und Vertretern der Literatur hinsichtlich des

---

855 zum Verbandsklageverfahren des UKlaG *Meller-Hannich*, Verbraucherschutz im Schuldvertragsrecht (2005), S. 311 f.

856 zum Verbandsklageverfahren des UKlaG *Meller-Hannich*, Verbraucherschutz im Schuldvertragsrecht (2005), S. 312 f.

857 Vgl. Begründung zu § 12 des BGG-E, BT-Drs. 14/7420, 30; Bericht der BReg zum BGG, Evaluierung, BT-Drs. 20/4440, 178; zum Verbandsklageverfahren des UKlaG *Meller-Hannich*, Verbraucherschutz im Schuldvertragsrecht (2005), S. 310.

858 Vgl. zum Verbandsklageverfahren des UKlaG *Meller-Hannich*, Verbraucherschutz im Schuldvertragsrecht (2005), S. 312; *Meller-Hannich/Höland*, Gutachten Evaluierung Kollektiver Rechtsschutzinstrumente (2011), S. 139 f.; kritisch hingegen MünchKomm-ZPO/*Micklitz/Rott* (2022), UKlaG vor § 1 Rn. 2.

859 *Meller-Hannich/Höland*, Gutachten Evaluierung Kollektiver Rechtsschutzinstrumente (2011), S. 139 f.; *Schilken*, in: Kollektiver Rechtsschutz im Zivilprozess (2008), S. 50 ff.

Verbandsklagerechts des Unterlassungsklagegesetzes[860] und hinsichtlich einer Gruppenklage im Optin-Modell im Zivilrecht[861] gefordert. Begründet wird die Forderung damit, dass den Verbänden mit der Verbandsklage Autonomie gegeben wird, welche das Missbrauchsrisiko erhöht.[862] Es wird vorgeschlagen, die Dispositionsmöglichkeiten des Verzichts, des Anerkenntnisses, des Vergleichs und der Klagerücknahme zu beschränken, sodass diese nur dann zulässig sind, wenn die Klage durch eine dem Klageantrag entsprechende strafbewehrte Unterlassungserklärung gegenstandslos geworden ist.[863]

Im Hinblick auf das Diskriminierungsrecht ist dies zum Teil sachgerecht. Die Einschränkung des Prozessvergleichs (§ 794 Abs. 1 ZPO und § 83a Abs. 1 und Abs. 2 ArbGG) ist verhältnismäßig im Anbetracht des Missbrauchsrisikos der Klageerhebung. Stünde diese prozessuale Dispositionsmöglichkeit dem klagenden Verband zur Verfügung, würde dies bedeuten, dass auch in Fällen, in denen die Vorwürfe der Diskriminierung nicht ausreichend haltbar für ein Obsiegen im Verbandsklageprozess sind, dem Verband kein allzu großes Prozess und Kostenrisiko droht. Das wiederum erhöht die Gefahr, dass die Verbände ihre Klagebefugnis missbrauchen. Der Prozessvergleich sollte aber vor allem deshalb ausgeschlossen werden, weil die Verbände zur Klageerhebung befugt sind, um die Vollzugsdefizite im Antidiskriminierungsrecht auszugleichen und grundlegende Rechtsprechung zu schaffen. Ein Vergleichsschluss im Diskriminierungsrecht fördert dieses Ziel nicht. Diejenigen, die gegen ein Diskriminierungsverbot verstoßen haben, sollen dafür zur Haftung herangezogen werden. Die Diskriminierung soll nicht unter dem Deckmantel des Vergleichs verschwinden. Das entgegenstehende öffentliche Interesse dahingehend, dass die Diskriminierungshandlung endgültig der Sanktionierung entzogen wird, schließt den Dispositionsgrundsatz

---

860 *Kocher*, in: EU-Sammelklage (2013), S. 82; *Göbel*, Prozeßzweck der AGB-Klage (1980), S. 143 f.

861 *Schilken*, in: FS Carl Heymanns Verlag (2015), S. 130.

862 *Kocher*, in: EU-Sammelklage (2013), S. 82.

863 *Kocher*, in: EU-Sammelklage (2013), S. 82; *Göbel*, Prozeßzweck der AGB-Klage (1980), S. 143 f.; weitere Vorschläge bei *Madaus*, ZEuP 2012, S. 109 ff: gerichtliche Zulassung der Klage und gerichtliche Vergleichskontrolle in bestimmten Fällen.

hier aus, auch wenn andere Verbände noch einen Verstoß gegen das Antidiskriminierungsrecht gerichtlich verfolgen können.[864]

Allerdings sollten der Verzicht (§ 306 ZPO und § 83a Abs. 1 ArbGG)[865] und die Klage beziehungsweise Antragsrücknahme (§ 269 ZPO und § 81 Abs. 2 S. 2 ArbGG) stets zulässig sein. Ansonsten wäre der Verband gezwungen, ein durch neue Erkenntnisse aussichtlos gewordenes Verfahren zu führen. Die Kostentragungspflicht, die den Verband bei der Ausübung dieser Dispositionsmöglichkeiten trifft, stellt ausreichend sicher, dass der Verband nur Klage erhebt, wenn er überzeugt ist, zu Obsiegen oder das Verfahren aus strategischen Gründen führen will. Das führt dazu, dass er nur in den seltensten Fällen von den Dispositionsmöglichkeiten Gebrauch machen wird.

Im Ergebnis darf den Verbänden die Vergleichsmöglichkeit nicht zur Verfügung stehen. Die weiteren Dispositionsmaxime sollten uneingeschränkt Anwendung finden.

II. Vorprozessuale Handlungen

1. *Derzeitige Gesetzeslage*

Im Vorfeld eines Prozesses ist im Antidiskriminierungsgesetz derzeit die Beschwerdemöglichkeit für Beschäftigte in § 13 Abs. 1 AGG vorgesehen. Diese ist eher als ein „weiches“ Recht der Beschäftigten zu verstehen und kann ohne begründete Anhaltspunkte für eine objektive Benachteiligung eingelegt werden.[866] Abgesehen davon, sieht § 13 Abs. 1 S. 1 AGG keine „Popularbeschwerde“ vor,[867] der Beschwerdeführer muss sich also selbst in eigenen Rechten als betroffen wahrnehmen.[868] Damit scheidet die Beschwerdemöglichkeit von Verbänden aus.

§ 27 Abs. 2 S. 2 Nr. 3 AGG sieht vor, dass die Antidiskriminierungsstelle des Bundes eine gütliche Beilegung zwischen den Beteiligten also einer die

---

864 Vgl. mit gegenteiliger Ansicht für das Verbraucherschutzrecht *Meller-Hannich*, Verbraucherschutz im Schuldvertragsrecht (2005), S. 309; *Schilken*, in: Kollektiver Rechtsschutz im Zivilprozess (2008), S. 50.

865 Verzicht ist im Beschlussverfahren möglich, soweit die Beteiligten über den Gegenstand verfügen können, ErfK/*Koch* (2024), ArbGG § 80 Rn. 3.

866 Erman BGB/*Riesenhuber* (2023), AGG § 13 AGG, Rn. 2.

867 Erman BGB/*Riesenhuber* (2023), AGG § 13 AGG, Rn. 2; vgl. zu § 84 BetrVG ErfK/*Kania*, BetrVG § 84 Rn 1.

868 Erman BGB/*Riesenhuber* (2023), AGG § 13 AGG, Rn. 2.

Person, die sich nach § 27 Abs. 1 AGG an die Antidiskriminierungsstelle des Bundes gewandt hat, und zum anderen die Person, gegen die ein Benachteiligungsvorwurf erhoben wird, anstreben kann.[869] Ob und inwieweit die Antidiskriminierungsstelle von der hier eingeräumten Möglichkeit Gebrauch macht, wird nach Einschätzung der Bundesregierung von den Umständen des Einzelfalles abhängen, insbesondere vom Ausmaß der Dialog und Kooperationsbereitschaft der Beteiligten.[870] Hierbei sei die in § 28 Abs. 3 AGG (bis zum 27.05.2022 in § 28 Abs. 1 AGG) vorgesehene Möglichkeit, die Beteiligten um Stellungnahmen zu ersuchen, für die Antidiskriminierungsstelle ein wichtiges Instrument, um die Chancen der gütlichen Beilegung eines Falles abschätzen und gegebenenfalls ausschöpfen zu können.[871]

Grundsätzlich können die Verbände im Vorfeld einer Klage eine gütliche Beilegung des Streits nach § 27 Abs. 2 S. 2 Nr. 3 AGG versuchen. Die freiwillige außergerichtliche Einigung beruht jedoch auf der Bereitschaft zum Dialog der Beteiligten, welche insbesondere für die beschuldigte Partei nicht vorausgesetzt werden kann.

2. *Schlichtungsverfahren als Prozessvoraussetzung*

Wie bereits im zweiten Kapitel angerissen, könnte in Betracht gezogen werden, ein Schlichtungsverfahren (vgl. § 15 Abs. 2 S. 6 BGG) oder Beanstandungsverfahren (§ 9 Abs. 2 LADG) als Prozessvoraussetzung der Verbandsklagen einzuführen. Ein solches würde nach Feststellung des Bundesverfassungsgerichts weder gegen die Rechtsweggarantie (Art. 19 Abs. 4 GG) noch gegen den allgemeinen Justizgewährungsanspruch (Art. 2 Abs. 1 GG i.V.m. Rechtsstaatsprinzip) verstoßen, weil die einvernehmliche Lösung einer richterlichen Streitentscheidung vorzuziehen ist.[872] Ein kostenfreies Schlichtungsverfahren nach dem Vorbild des § 16 BGG oder ein Beanstandungsverfahren nach

---

[869] Begründung zu § 27 RegE AGG, BT-Drucks. 16/1780, 50; *v. Roetteken* (2024), AGG § 27 Rn. 7.

[870] Begründung zu § 27 RegE AGG, BT-Drucks. 16/1780, 50; *v. Roetteken* (2024), AGG § 27 Rn. 7.

[871] Begründung zu § 27 RegE AGG, BT-Drucks. 16/1780, 50; *v. Roetteken* (2024), AGG § 27 Rn. 7.

[872] BVerfG, Urt. v. 14.02.2007 – 1 BvR 1351/01 Rn. 35 – NJW-RR 2007, 1073; *Beigang et al.*, Möglichkeiten der Rechtsdurchsetzung des Diskriminierungsschutzes (2021), S. 208.

dem Vorbild des § 9 Abs. 2 LADG könnte eine niedrigschwellige, aber verpflichtende Form der außergerichtlichen und raschen Konfliktlösung sein.[873]

Das Schlichtungsverfahren nach § 15 Abs. 2 BGG muss vor der Erhebung der Verbandsklage durchgeführt werden (§ 15 Abs. 2 S. 5 BGG) und darf zu keiner gütlichen Einigung geführt haben (§ 15 Abs. 2 S. 6 BGG). Das Beanstandungsverfahren nach § 9 Abs. 2 LADG gibt der Behörde nach schriftlicher Beanstandung des Verstoßes die Gelegenheit, Abhilfe zu schaffen, indem sie verbindlich erklärt, gegen ein Diskriminierungsverbot verstoßen zu haben. Schafft die öffentliche Stelle jedoch ernsthaft und endgültig keine Abhilfe, darf der Verband gemäß § 9 Abs. 2 S. 2 LADG nach Ablauf von drei Monaten nach der Beanstandung Klage erheben.[874]

Die Autorinnen und Autoren der Studie zu den „Möglichkeiten der Rechtsdurchsetzung des Diskriminierungsschutzes bei der Begründung, Durchführung und Beendigung zivilrechtlicher Schuldverhältnisse“ aus dem Jahr 2021 halten die Einführung eines Schlichtungsmechanismus im Antidiskriminierungsgesetz generell für erforderlich.[875] Diese Idee sei in der Grundkonzeption der Antidiskriminierungsstelle des Bundes angelegt (vgl. § 27 Abs. 1 und Abs. 2 AGG) und würde mit der Bezeichnung „AGG-Ombudsstelle“ auch § 1 Abs. 1 VSBG gerecht werden, welcher die Unterscheidbarkeit verschiedener Schlichtungsmechanismen zu materiellähnlichen Fragen des Verbraucherrechts fordert.[876] Sie schlagen vor, dass das Schlichtungsverfahren könnte für das Unternehmen beziehungsweise den Arbeitgeber einseitig verpflichtend sein könnte.[877] Ein für beide Seiten verpflichtendes „echtes“ Schlichtungsverfahren fordert hingegen die Unabhängige Bundesbeauftragte für Antidiskriminierung im jährlichen Bericht.[878]

---

873 Vgl. Bericht der BReg zum BGG, Evaluierung, BT-Drs. 20/4440, 4, 171; Begründung zu Art. 1 Nr. 18 des RegE BGG vom 09.03.2016, BT-Drs. 18/7824, 43.

874 Begründung zu § 9 LADG-E, Drs. 18/1996, 34.

875 *Beigang et al.*, Möglichkeiten der Rechtsdurchsetzung des Diskriminierungsschutzes (2021), S. 271.

876 *Beigang et al.*, Möglichkeiten der Rechtsdurchsetzung des Diskriminierungsschutzes (2021), S. 271.

877 *Beigang et al.*, Möglichkeiten der Rechtsdurchsetzung des Diskriminierungsschutzes (2021), S. 271.

878 *Ataman*, Jahresbericht 2023, S. 43 f., Link unter Fn. 3.

Ein Schlichtungsverfahren im Antidiskriminierungsrecht könnte unnötig kostenintensive und unter Umständen lange Prozesse verhindern. Allerdings wurde das Schlichtungsverfahren in der Vergangenheit im Rahmen der Verbandsklage nach § 15 BGG selten durchgeführt. Insgesamt wurden wenig Schlichtungsanträge gestellt und zuletzt wurden 44 % der Anträge wegen Unzuständigkeit abgelehnt.[879] Außerdem weisen Studien nach, dass die erhoffte Entlastung der Justiz und eine Förderung erfolgreicher Konfliktlösung durch Schlichtung ausbleiben.[880] Auch die Zahlen des Jahresberichts der Unabhängigen Bundesbeauftragten für Antidiskriminierung aus dem Jahr 2023 belegen, dass die Verfahren zur gütlichen Streitbeilegung nur selten effektiv sind. Nur 6 % der Verfahren waren erfolgreich.[881] Selbst wenn die Schlichtungsverfahren – anders als die Schlichtungsverfahren nach dem BGG und LADG – mit einem qualifizierten Schiedsspruch abgeschlossen werden, wie es die Unabhängige Bundesbeauftragte für Antidiskriminierung fordert,[882] ist der Schlichtungsansatz aufgrund der fehlenden Außen und Abschreckungswirkung, ein wenig wirksames Instrument der Bekämpfung von struktureller und systematischer Diskriminierung. Außerdem verhindert es die Entstehung einer Rechtsprechungskultur.[883] Ein verpflichtendes Schlichtungsverfahren im Vorfeld einer Verbandsklage ist eher weniger geeignet, die flächendeckende Einhaltung der Vorschriften des Antidiskriminierungsgesetzes zu bewirken.

3. *Abmahnungsbefugnis*

Ein wirksameres Instrument einer raschen, kostenfreien Konfliktbeilegung ist die Abmahnung, wie sie in (§ 5 UKlaG i.V.m.) § 13 UWG vorgesehen ist.[884] Eine Abmahnung kann sowohl aus Verbandssicht Streitigkeiten vermeiden als

---

879 *Schlichtungsstelle BGG*, Jahresbericht 2020, S. 32 f., abrufbar unter: https://www.schlichtungsstelle-bgg.de/Webs/SchliBGG/DE/AS/service/jahresberichte/jahresberichte-node.html (zuletzt abgerufen am 25.09.2024); Bericht der BReg zum BGG, Evaluierung, BT-Drs. 20/4440, 175.

880 *Beigang et al.*, Möglichkeiten der Rechtsdurchsetzung des Diskriminierungsschutzes (2021), S. 208; *Knodel/Winkler*, ZRP 2008, 183; *Röhl/Weiß*, Die obligatorische Streitschlichtung in der Praxis, (2005), S. 277 ff. mit Ergebnis auf S. 511.

881 *Ataman*, Jahresbericht 2023, S. 43, Link unter Fn. 3.

882 *Ataman*, Jahresbericht 2023, S. 44., Link unter Fn. 3.

883 *Beigang et al.*, Möglichkeiten der Rechtsdurchsetzung des Diskriminierungsschutzes (2021), S. 116; vgl. *Ataman*, Grundlagenpapier (2023), S. 11.

884 S.o. § 4 B. II. 1. b) bb).

auch den Schuldner warnen.[885] Sie erfüllt ebenfalls eine Kostenvermeidungsfunktion.[886] Wie bereits dargelegt, werden häufiger Abmahnungen erhoben als Klagen, was für eine hohe Quote an vorgerichtlicher Streitbeilegung spricht.[887] Gleichzeitig haben die Erfahrungen im Verbraucherschutz und Wettbewerbsrecht gezeigt, dass die Abmahnungen eine starke Aufmerksamkeits und Abschreckungswirkung haben.

Das ist auch für das Antidiskriminierungsrecht erstrebenswert. Eine Abmahnung kann die Schwere des Rechtsverstoßes deutlicher hervorheben als ein Schlichtungsverfahren und bewirken, dass Unternehmen und Arbeitgeber den Verstoß ernst nehmen. Die Androhung einer gerichtlichen Inanspruchnahme kann zur Folge haben, dass von Verstößen gegen die Vorschriften des Antidiskriminierungsgesetzes von vornherein abgesehen wird, also präventiv gegen Rechtsverstöße wirkt. Die Abgabe einer strafbewehrten Unterlassungsklage kann gleichzeitig unmittelbar einen positiven Effekt für die einzelnen Betroffenen auslösen, der von der Belastung mit der diskriminierenden Handlung oder Unterlassung befreit wird. Außerdem ermöglicht die Abmahnung die wenig risikoreiche Auslotung der Erfolgsaussichten des Verfahrens und damit das Vermeiden von hohen Kosten.[888]

Das Abmahnsystem im Antidiskriminierungsrecht kann sich an dem Abmahnsystem der Verbandsklagen des Lauterkeitsrechts beziehungsweise des Unterlassungsklagegesetzes orientieren. Die Abmahnung sollte dem Beklagten die Gelegenheit der Abgabe einer strafbewehrten Unterlassungserklärung geben (§ 13 Abs. 1 UWG), aber keine Pflicht und somit keine Prozessvoraussetzung sein.[889] Sie sollte als Obliegenheit des Gläubigers „gegenüber sich selbst“[890] angeordnet werden, indem eine Klage ohne vorherige Abmahnung nachteilige Rechtsfolgen für ihn auslösen kann.[891] Der Verband als Kläger

---

885 Zum UWG Ohly/Sosnitza/*Sosnitza* (2023), UWG § 13 Rn. 7

886 Ohly/Sosnitza/*Sosnitza* (2023), UWG § 13 Rn. 7.

887 S.o. § 4 B. II. 1. b) bb).

888 *Beigang et al.*, Möglichkeiten der Rechtsdurchsetzung des Diskriminierungsschutzes (2021), 186.

889 Zum UWG Ohly/Sosnitza/*Sosnitza* (2023), UWG § 13 Rn. 9.

890 Ohly/Sosnitza/*Sosnitza* (2023), UWG § 13 Rn. 9.

891 Zum UWG BGH, Urt. v. 07.10.2009 – I ZR 216/07 – GRUR 2010, 257 Rn. 9; OLG Köln, Urt. v. 06.01.1985 6 W 69/85 – WRP 1986, 426 (427); KBF/*Bornkamm/Feddersen* (2024), UWG § 13 Rn. 7.

würde ohne vorherige Abmahnung riskieren, dass der Beklagte den Anspruch sofort anerkennt (§ 93 ZPO) und er die Kosten zu tragen hat.[892] Er würde mit der Klage, ohne zuvor abzumahnen, außerdem riskieren, dass der Beklagte sich unterwirft und dadurch die für den Unterlassungsanspruch erforderliche Wiederholungsgefahr beziehungsweise Erstbegehungsgefahr[893] beseitigt, was wiederum zur Folge hat, dass der Verband die Klage zurücknehmen oder die Hauptsache für erledigt erklären muss.[894]

Der Missbrauch von Abmahnungen ist nicht zu befürchten. Wie die Abmahnungspraxis im Unterlassungsklagegesetz und Lauterkeitsrecht zeigt, bleiben missbräuchliche Abmahnungen, vor allem Abmahnungen zur Generierung von Gebühren und Vertragsstrafen, weitestgehend aus.[895] Als Grund werden hierfür unter anderem die hohen Voraussetzungen der Anspruchsberechtigung genannt. Diese können auch im Antidiskriminierungsrecht hinreichend sicherstellen, dass nur Verbände, die satzungsgemäß ein Interesse an der Durchsetzung des Antidiskriminierungsgesetzes und nicht vorwiegend anderweitige, zum Beispiel wirtschaftliche Interesse verfolgen, Abmahnungen gegenüber Unternehmen aussprechen.

Einem Missbrauch der Abmahnungen kann außerdem vorgebeugt werden, indem der Verband als Gläubiger die tatsächlich erbrachten[896] sowie erforderlichen (vgl. § 91 Abs. 1 S. 1 ZPO)[897] Kosten für die Abmahnung nur ersetzt verlangen kann, wenn sie berechtigterweise erfolgt ist (vgl. § 5 UKlaG i.V.m. § 13 Abs. 3 UWG). Die Abmahnung könnte – wie nach § 13 Abs. 3 UWG – berechtigt sein, wenn sie erforderlich ist, um dem Schuldner einen Weg zu weisen, wie er den Gläubiger ohne Inanspruchnahme der Gerichte klaglos stellen kann.[898] Zudem könnte die Begründetheit des Aufwendungsersatzanspruches von inhaltlichen Anforderungen an die Abmahnung nach dem Vorbild des § 13 Abs. 2 UWG abhängig gemacht werden. Solche umfassen

---

[892] Begründung zu § 12 des RegE UWG, BT-Drs. 15/1487, 25.

[893] Die Abmahnungsobliegenheit gilt nach *Köhler/Feddersen* auch für den vorbeugenden Unterlassungsanspruch, KBF/*Bornkamm/Feddersen* (2024), UWG § 13 Rn. 9.

[894] KBF/*Bornkamm/Feddersen* (2024), UWG § 13 Rn. 9.

[895] S.o. § 4 B. II. 1. b) bb).

[896] Vgl. KBF/*Bornkamm/Feddersen* (2024), UWG § 13 Rn. 113.

[897] Vgl. KBF/*Bornkamm/Feddersen* (2024), UWG § 13 Rn. 116.

[898] BGH, Urt. v. 21.01.2010 – I ZR 47/09 – BGH GRUR 2010, 354 Rn. 8; KBF/*Bornkamm/Feddersen* (2024), UWG § 13 Rn. 99.

Angaben zur Identität des Abmahnenden, zur Anspruchsberechtigung, zum Aufwendungsersatzanspruch und zur Rechtsverletzung. Hinzu tritt die Forderung einer Unterwerfungserklärung, eine angemessene Fristsetzung und das Androhen gerichtlicher Schritte.[899] Mit der Einschränkung des Ersatzanspruchs bleibt dem Verband unbenommen, bei einem höheren Prozessrisiko zunächst abzumahnen und lieber in Kauf zu nehmen, die Kosten der Abmahnung zu tragen.[900]

Im Ergebnis sollte die Abmahnungsbefugnis der Verbände in das Antidiskriminierungsrecht zusammen mit der Verbandsklage eingeführt werden. Die Abmahnung gibt dem Verband eine Möglichkeit, mit einem geringeren Kostenrisiko die Diskriminierung aufgrund der strafbewehrten Unterlassungserklärung effektiv zu beseitigen. Gleichzeitig wird die Schwelle zur Klageerhebung mit einer erfolglosen Abmahnung herabgesetzt. Die Gefahr der übermäßigen Abmahnung besteht kaum und kann begrenzt werden.

Zu klären ist, ob die Antidiskriminierungsverbände auch die Kosten eines für die Abmahnung eingeschalteten Anwalts ersetzt verlangen können. Im Lauterkeitsrecht können Verbraucherverbände Anwaltskosten nach § 13 Abs. 3 UWG ersetzt verlangen, sofern es bei dem Verstoß um eine nicht höchstrichterlich geklärte Frage geht.[901] Andernfalls sind die Anwaltskosten nicht erstattungsfähig, weil den Verbänden, deren Aufgabe es ist, die Interessen der Verbraucher durch nicht gewerbsmäßige Aufklärung und Beratung wahrzunehmen (§ 4 Abs. 2 S. 1 UKlaG), ein gewisses Maß an Expertise vorausgesetzt wird.[902] Den Antidiskriminierungsverbänden, die nach der hier vertretenen Ansicht ebenfalls besonders qualifiziert sein müssen um klagebefugt zu sein, kann ebenfalls zugetraut werden, Diskriminierungen zu erkennen und dementsprechend auch ohne anwaltliche Hilfe berechtigte Abmahnungen erteilen zu können. Sollten sie einen Anwalt beauftragen, zum Beispiel um sicher zu sein, dass eine Diskriminierung vorliegt, obwohl die Rechtsfrage bereits höchstrichterlich geklärt ist, erfolgt diese Beauftragung

---

899 KBF/*Bornkamm/Feddersen* (2024), UWG § 13 Rn. 12.

900 Vgl. zum UWG KBF/*Bornkamm/Feddersen* (2024), UWG § 13 Rn. 101.

901 BGH, Urt. v. 25.7. 2012 – IV ZR 201/10, NJW 2012, 3023 Rn. 74; vgl. OLG Stuttgart, Urt. v. 11.09.2014 – 2 U 178/13, GRUR-RR 2015, 164; KBF/*Bornkamm/Feddersen* (2025), UWG § 13 Rn. 129.

902 OLG Stuttgart, Urt. v. 11.09.2014 – 2 U 178/13, GRUR-RR 2015, 164; KBF/*Bornkamm/Feddersen* (2025), UWG § 13 Rn. 129.

vielmehr im eigenen und nicht im fremden Interesse.[903] Sollte die Rechtsfrage noch nicht höchstrichterlich geklärt sein, kann hingegen durchaus die Erstattung der Anwaltskosten in Betracht kommen.

In Bezug auf Gewerkschaften könnte in Anbetracht der Rechtsprechung des Bundesgerichtshofs zu den klagebefugten Fachverbänden nach § 8 Abs. 3 Nr. 2 i.V.m. § 8b UWG erwogen werden, dass dieselben Grundsätze gelten sollten. Laut dem Bundesgerichtshof sei die Verfolgung von typischen und durchschnittlich schwer zu verfolgenden Wettbewerbsverstößen eine dem Fachverband originär selbst obliegende Aufgabe, auch wenn die Verfolgung von Wettbewerbsverstößen bei dem klagenden Verband keinen erheblichen Umfang einnimmt. Gewerkschaften obliegt die Vertretung der Interessen der Arbeitnehmer.[904] Sie beraten zudem Arbeitnehmer.[905] Sie haben die Aufgabe, Missstände im Betrieb zu erkennen.[906] Dazu gehört auch strukturelle und institutionelle Diskriminierung. Sie können daher in Bezug auf Diskriminierungssachverhalte im Beschäftigungskontext wie Fachverbände nach § 8 Abs. 3 Nr. 2 i.V.m. § 8b UWG behandelt werden, sodass für die Abmahnung eines Arbeitgebers als originär selbst obliegende Aufgabe der Gewerkschaft es nicht erforderlich erachtet werden kann, einen Rechtsanwalt einzuschalten. Die Kosten eines Anwalts dürften der Gewerkschaft auch bei einer berechtigten Abmahnung nicht erstattet werden.

III. Darlegungs und Beweislast

Ein besonderes Augenmerk muss auf die Beweislast gelegt werden. Festgestellt wurde bereits, dass im zivilrechtlichen Verbandsklageverfahren der Verhandlungsgrundsatz und im arbeitsrechtlichen Verbandsklageverfahren der Untersuchungsgrundsatz Anwendung findet. Berücksichtigt werden muss jedoch die Beweiserleichterung nach § 22 AGG und ob diese auch im arbeitsrechtlichen Beschlussverfahren Anwendung finden kann.

---

903 Vgl. BGH, Urt. v. 12.04.1984 – I ZR 45/82; KBF/*Bornkamm/Feddersen* (2024), UWG § 13 Rn. 124.

904 Küttner/*Wißmann* (2024), Gewerkschaftsrechte (im Betrieb) Rn. 14.

905 Küttner/*Wißmann* (2024), Gewerkschaftsrechte (im Betrieb) Rn. 14.

906 Vgl. GK-BetrVG/*Kraft/Franzen* (2022), § 2 Rn 83; Küttner/*Wißmann* (2024), Gewerkschaftsrechte (im Betrieb) Rn. 14.

Mit der Anwendung des § 22 AGG im arbeitsrechtlichen Verbandsklageverfahren müsste der Kläger Indizien beweisen, die seine Benachteiligung wegen eines verbotenen Merkmals als überwiegend wahrscheinlich erscheinen lässt.[907] Damit würde faktisch der Untersuchungsgrundsatz nach § 83 Abs. 1 S. 1 ArbGG aufgehoben werden.[908] Für die Anwendung des § 22 AGG auch spricht jedoch, dass der Gesetzgeber durch die systematische Stellung von § 22 AGG dessen generelle Geltung für das Antidiskriminierungsgesetz verdeutlicht hat.[909] Zudem sollten die Verbände, unabhängig davon, welchem Rechtsgebiet die Diskriminierung zuzuordnen ist, nicht mit unterschiedlichen Anforderungen an die Beweislast konfrontiert werden. Einheitliche Anforderungen sind für den möglichst leichten Zugang zum Recht zu bevorzugen. Daher muss § 22 AGG für beide Verfahren gelten.[910] Dies sollte ausdrücklich gesetzlich angeordnet werden.[911]

1. *Beweis der Benachteiligung aufgrund eines Merkmals nach § 1 AGG*

a) Erweiterung der Beweiserleichterung

Derzeit müsste der Verband beziehungsweise der Betriebsrat/ die Gewerkschaft im Rahmen des Verbandsklageverfahrens gemäß § 22 AGG Indizien beweisen, die es als überwiegend wahrscheinlich erscheinen lassen, dass die Benachteiligung wegen eines nach § 1 AGG geschützten Merkmals erfolgte.[912] Nur wenn dies gelingt, trifft den Gegner die Beweislast hinsichtlich des Verstoßes.[913]

---

907 S.o. § 1 A. I.

908 Vgl. BeckOK ArbR/*Roloff* (2024), AGG § 17 Rn. 12.

909 Vgl. zu § 17 Abs. 2 AGG Erman BGB/*Riesenhuber* (2023), AGG § 17 Rn. 8; Grüneberg/*Grüneberg*, AGG § 22 Rn 1.

910 Vgl. Erman BGB/*Riesenhuber* (2023), AGG § 17 Rn. 8; a.A. zu § 17 Abs. 2 AGG jurisPK-BGB/*Altmayer* (2023), AGG § 17 Rn. 13; BeckOK ArbR/*Roloff* (2024), AGG § 17 Rn. 12.

911 Vgl. BeckOK ArbR/*Roloff* (2024), AGG § 17 Rn. 12.

912 BAG, Urt. v. 26.01.2017 – 8 AZR 736/15 – juris; Erman BGB/*Armbrüster* (2023), AGG § 22 Rn. 1.

913 BAG, Urt. v. 20.01.2016 – 8 AZR 194/14 – NZA 2016, 681; Erman BGB/*Armbrüster* (2023), AGG § 22 Rn. 1.

Diese Auslegung des § 22 AGG[914] genügt jedoch nicht den Anforderungen der Europäischen Union.[915] Aufgrund der Schwierigkeiten, die mit dem Nachweis von Diskriminierung verbunden sind, sehen Art. 8 Abs. 1 der Antirassismusrichtlinie[916] und Art. 10 Abs. 1 der Richtlinie zur Gleichbehandlung in Beschäftigung und Beruf[917] vor, dass Personen, die sich diskriminiert fühlen, vor einem Gericht oder einer anderen zuständigen Behörde lediglich Tatsachen glaubhaft machen müssen, die das Vorliegen einer Diskriminierung vermuten lassen,[918] wobei Strafverfahren ausgenommen sind.[919] Gelingt dies, sehen die Richtlinien vor, dass die Beweislast auf den Beklagten verlagert wird, der beweisen muss, dass keine Verletzung des Gleichbehandlungsgrundsatzes vorgelegen hat.[920] Die europarechtlichen Vorgaben erfordern daher eine Erweiterung der Beweismaßerleichterung mit Gegenbeweis[921] nach § 22 AGG.

Wie nach § 7 LADG muss die Glaubhaftmachung der Tatsachen, die das Vorliegen einer Diskriminierung überwiegend wahrscheinlich machen, ausreichen, damit europarechtlichen Anforderungen erfüllt werden. [922] Die Glaubhaftmachung ist eine besondere Form des Beweises im Prozessrecht, die einen geringeren Grad von Wahrscheinlichkeit fordert als der Vollbeweis (vgl. § 294 ZPO).[923] Demnach genügt es, wenn bei der umfassenden Würdigung der Umstände des Falls mehr für das Vorliegen der in Rede stehenden Behauptung spricht als dagegen.[924]

---

914 Laut *Berghahn/Klapp/Tischbirek* weicht § 22 AGG zwar sprachlich von den Formulierungen der zugrundeliegenden europäischen Richtlinien ab, das allein führe im Ergebnis jedoch nicht zu einem Umsetzungsdefizit, Evaluation des AGG (2016), S. 156; a.A. *Windel*, RdA 2007, 1 (1 f.).

915 *Windel*, RdA 2007, 1 (1 f.).

916 Richtlinie 2000/43/EG des Rates vom 29.06.2000.

917 Richtlinie 2000/78/EG des Rates vom 27.11.2000.

918 *Chopin/Germaine*, A comparative analysis of nondiscrimination law (2023), S. 87.

919 Art. 8 Abs. 3 Richtlinie (EU) 2000/43/EG und Art. 10 Abs. 3 Richtlinie (EU) 2000/78/EG.

920 Art. 8 Abs. 1 Richtlinie (EU) 2000/43/EG und Art. 10 Abs. 1 Richtlinie (EU) 2000/78/EG; *Chopin/Germaine*, A comparative analysis of nondiscrimination law (2023), S. 87.

921 Erman BGB/*Armbrüster* (2023), AGG § 22 Rn. 2.

922 Art. 8 RL 200/43/EG; Art. 10 RL 2000/78/EG; Art. 9 RL 2004/113/EG; Art. 19 RL 2006/54/EG; Handbuch Diskriminierung/*Holzleithner/Demmelbauer* (2023), S. 724.

923 *Wissenschaftlichen Dienste des Deutschen Bundestags*, Ausarbeitung (2020), S. 5.

924 BGH, Beschl. v. 21.10.2010 – V ZB 210/09 – NJW-RR 2011, 136 Rn. 7; BAG, Urt. v. 07.11.2012 – 7 AZR 314/12 – NJW 2013, 1467 Rn. 40.

Die Reform des § 22 AGG ist auch in Anbetracht des Vollzugsdefizits des Antidiskriminierungsrechts angezeigt. Der Vollbeweis der Indizien für das Beruhen der Benachteiligung auf einen der in § 1 AGG genannten Merkmale fällt oft schwer.[925] Ohne die Angabe von Gründen, die zur Bewerbungsabsage oder zur Ablehnung des Vertragsschlusses führen, ist der Beweis laut der Antidiskriminierungsstelle des Bundes oft kaum zu erbringen.[926] Ohne die Reform des § 22 AGG wäre aufgrund der derzeitigen Beweisbelastung auch die Einführung einer Verbandsklage in das Antidiskriminierungsgesetz wenig förderlich hinsichtlich eines verbesserten Rechtsschutzes. Außerdem würde eine Vermutungsregelung nach dem Vorbild des § 7 LADG zu einem nachvollziehbareren und transparenteren Handeln zwingen.[927]

Auch in Anbetracht von Sachverhalten, die künstliche Intelligenz involvieren – insbesondere bei maschinellen Entscheidungsprozessen – ist notwendig, dass die Regelung nach § 22 AGG erweitert wird. Die Studie „Diskriminierungsrisiken durch Verwendung von Algorithmen" aus dem Jahr 2020 stellte fest, dass die schlechte Nachvollziehbarkeit der Wirkungsweise von Algorithmen zur Folge hat, dass es den Betroffenen schwierig oder sogar unmöglich ist, Indizien für eine Benachteiligung durch Algorithmen zu beweisen.[928] Bei Personalisierung und den zielgerichteten, exklusiven Informationen, Diensten oder Produkten, insbesondere in Onlineangeboten und auf Onlineplattformen, könne eine einzelne, möglicherweise betroffene Person den Nachweis schlecht erbringen, dass sie gegenüber Vergleichspersonen schlechter behandelt wird.[929] Wenn sich die Angebote zudem noch dynamisch ändern, werde der Nachweis weiter erschwert.[930] Die Studie hebt zudem hervor, dass der Nachweis einer Ungleichbehandlung durch die unabsichtlich oder absichtlich verschleiernde Nutzung von Ersatzvariablen beziehungsweise Proxys, die mit einem Merkmal aus § 1 AGG korrelieren, noch schwieriger

---

925 *Ataman*, Grundlagenpapier (2023), S. 10.
926 *Ataman*, Grundlagenpapier (2023), S. 10.
927 Vgl. zu § 7 LADG Begründung zu § 11 LADG-E, Drs. 18/1996, 17.
928 *Orwat*, Diskriminierungsrisiken durch Verwendung von Algorithmen (2020), S. 108.
929 *Orwat*, Diskriminierungsrisiken durch Verwendung von Algorithmen (2020), S. 108.
930 *Orwat*, Diskriminierungsrisiken durch Verwendung von Algorithmen (2020), S. 108.

ist.[931] Gleiche Schwierigkeiten in Bezug auf die schwer wahrnehmbaren algorithmischen Diskriminierungsrisiken ergeben sich für die Verbände.[932]

Weiterhin sollte durch den Gesetzgeber klargestellt werden, dass sich die Beweiserleichterung nicht allein auf die Kausalität zwischen Diskriminierungskategorie und Benachteiligung bezieht, sondern auch die Benachteiligung selbst, also den gesamten Tatbestand umfasst, wie es bereits mehrfach gefordert wurde.[933] So sieht es beispielsweise auch das Landesarbeitsgericht Baden-Württemberg.[934] Sowohl die europarechtlichen Richtlinien als auch § 22 AGG ginge es um die Beseitigung von Beweisschwierigkeiten für geschäftsinterne Vorgänge, zu denen ein Arbeitnehmer in der Regel keinen Zugang hat. Da eine derartige Beweisnot auch für die Frage nach dem Vorliegen einer Benachteiligung bestehen kann, sei die Beweiserleichterung auch insofern gerechtfertigt und geboten.

b) Der Umgang mit Normtatsachen

aa) Regelungsbedarf

Im Hinblick auf sogenannte Normtatsachen muss der Verhandlungsgrundsatz beschränkt werden,[935] wie es für Verbandsklage des Unterlassungsklagegesetzes vertreten wird.[936] Mit Normtatsachen sind Tatsachen gemeint, welche die jeweilige Norm mitbestimmen, zum Beispiel Handelsbräuche im Sinne von § 346 HGB und branchentypische Interessen und Gepflogenheiten wie auch die übliche Vergütung.[937] Sie konstituieren die Norm und sind von Amts wegen zu ermitteln.[938] Der Tatbestand der mittelbaren Benachteiligung nach § 3 Abs. 2 AGG, der voraussetzt, dass „dem Anschein nach neutrale Vorschriften, Kriterien oder Verfahren Personen

---

931 *Orwat*, Diskriminierungsrisiken durch Verwendung von Algorithmen (2020), S. 108.

932 *Orwat*, Diskriminierungsrisiken durch Verwendung von Algorithmen (2020), S. 108 f.

933 *Windel*, RdA 2007, 1 (2); Gaier/Wendtland/*Gaier* (2006), AGG Rn. 138; *Berghahn/Klapp/Tischbirek*, Evaluation des AGG (2016), S. 158; *Lembke*, Schriftliche Stellungnahme (2023), S. 12.

934 LAG Baden-Württemberg, Urt. v. 01.02.2011 – 22 Sa 67/10 –, juris Rn. 53.

935 So andeutend *Windel*, RdA 2007, 1 (5).

936 *Schmidt*, NJW 1989, 1192 (1196); *Guski*, ZZP 131 (2018), 353 (367 f.); MünchKomm-ZPO/*Micklitz/Rott* (2022), UKlaG § 5 Rn. 4.

937 *Konzen*, in: FS Gaul (1997), S. 341, 346, 349; *Guski*, ZZP 131 (2018), 353 (367 f.); *Windel*, RdA 2007, 1 (5).

938 *Guski*, ZZP 131 (2018), 353 (368).

wegen eines in § 1 genannten Grundes gegenüber anderen Personen in besonderer Weise benachteiligen können“, kann als eine Normtatsache eingestuft werden.[939]

Im Rahmen der Beweiswürdigung des § 3 Abs. 2 AGG muss der Verband neben den neutralen Vorschriften, Kriterien und Verfahren weitere Indizien und gegebenenfalls Erfahrungssätzen im Rahmen einer Beweiskette oder eines Beweisringes darlegen, die belegen, dass „die überwiegende Wahrscheinlichkeit dafür spricht, dass die Aktivpartei in casu objektiv und mit diskriminierendem Motiv benachteiligt wurde“.[940] Die Möglichkeiten des Verbands Indiztatsachen vorzubringen, die die überwiegende Wahrscheinlichkeit der Diskriminierung aufgrund eines in § 1 AGG genannten Grundes belegen, sind jedoch bei systematischen und strukturellen Diskriminierungen ohne identifizierbares Opfer stark eingeschränkt, wenn nicht sogar unmöglich. Dem Verband fehlt die – schon gar nicht zu erlangende – Sachnähe,[941] die den Verhandlungsgrundsatz konstituiert.[942] Bei einer Klage im kollektiven Interesse ist der Beweis des Anscheins nach § 3 Abs. 2 AGG für den Verband kaum erbringbar. Das gefährdet die Funktion der Verbandsklage.[943]

Daher sollte die Beweislast des Verbands lediglich die Beschaffung von Indiztatsachen erfassen, die ihm zugänglich sind. Das sind die, die er aus der Sphäre der von der Diskriminierung in ihren Rechten betroffenen oder gefährdeten Personen erlangen kann.[944] Zugelassen werden müssen notwendigerweise Testing-Verfahren und Statistiken als Mittel für Indizienvortrag.[945] Dem Beschuldigten muss auferlegt werden, die Intention hinter der ihm vorgeworfenen diskriminierenden Handlung und die Rechtfertigung seiner Handlung darzulegen.[946] Er muss konkrete neutralen Vorschriften, Kriterien und Verfahren und weitere Tatsachen darlegen, die hinter seiner

---

939 *Windel*, RdA 2007, 1 (5).
940 *Windel*, RdA 2007, 1 (5).
941 zum UKlaG MünchKomm-ZPO/*Micklitz/Rott* (2022), UKlaG § 5 Rn. 4.
942 Siehe § 5 G. I. 2. a)
943 Vgl. zum UKlaG *Schmidt*, NJW 2002, 25 (30); MünchKomm-ZPO/*Micklitz/Rott* (2022), UKlaG § 5 Rn. 4.
944 Zum UKlaG MünchKomm-ZPO/*Micklitz/Rott* (2022), UKlaG § 5 Rn. 5.
945 *Berghahn/Klapp/Tischbirek*, Evaluation des AGG (2016), S. 158.
946 Zum UKlaG MünchKomm-ZPO/*Micklitz/Rott* (2022), UKlaG § 5 Rn. 5.

diskriminierenden Handlung stehen.[947] Diese Beweislastverteilung kann die Funktion der Verbandsklage sicherstellen. Das Verfahren kann zudem sachnaher geführt werden, womit eine rationalere Entscheidung durch das Gericht bewirkt werden kann.[948]

bb) Vorschläge zur Umsetzung

Es liegen verschiedene Vorschläge vor, wie die Beweislastverteilung konkretisiert werden kann. Im Hinblick von Entscheidungen durch oder auf Grundlage von künstlicher Intelligenz schlägt der Autor der Studie „Diskriminierungsrisiken durch Verwendung von Algorithmen" aus dem Jahr 2020 vor, rechtlich gesicherte Auskunftsansprüche für Antidiskriminierungsstellen einzuführen, die die Erbringung der Beweise erleichtern.[949] Von Vertreterinnen und Vertretern der Literatur wird vorgeschlagen, die Beweiserleichterung nach § 22 AGG bereits dann eingreifen zu lassen, wenn es an einer Dokumentation der Entscheidung durch künstliche Intelligenz mangele, wie sie nach der KI-VO vorgeschrieben ist.[950] Mit der neuen EU-Richtlinie zur Entgeltdiskriminierung[951] verfolgt der Gesetzgeber der Europäische Union eine ähnliche Richtung, indem Art. 18 Abs. 2 eine komplette Umkehr der Beweislast vorsieht, wenn der Arbeitgeber gegen seine Transparenzpflichten aus der Richtlinie (Art. 5, Art. 6, Art. 7, Art. 9 der RL) verstößt.[952] Das bedeutet, im Falle eines entsprechenden Verstoßes muss der Arbeitgeber beweisen, dass keine Entgeltdiskriminierung vorliegt.[953] Es wird außerdem vorgeschlagen, dass es ausreichend sei, wenn der Einzelne darlegen kann, dass er mit vertretbaren Anstrengungen versucht hat, Zugang zu Statistiken oder anderen Mitteln zu bekommen, um die mittelbare Diskriminierung nachzuweisen.[954]

---

[947] Zum UKlaG MünchKomm-ZPO/*Micklitz/Rott* (2022), UKlaG § 5 Rn. 5.

[948] Zum UKlaG MünchKomm-ZPO/*Micklitz/Rott* (2022), UKlaG § 5 Rn. 5.

[949] *Orwat*, Diskriminierungsrisiken durch Verwendung von Algorithmen (2020), S. 109.

[950] *Lauscher/Legner*, ZfDR 2022, 367 (388); *Sesing/Tschech*, MMR 2022, 24 (28); ähnlich Gutachten zum Dritten Gleichstellungsbericht, BT-Drs. 19/30750, 169.

[951] Richtlinie (EU) 2023/970 des Europäischen Parlaments und des Rates vom 10.05.2023.

[952] *Zimmer*, ZESAR 2024, 3 (8); *Röhner*, ZRP 2023, 145 (146).

[953] *Röhner*, ZRP 2023, 145 (146).

[954] *Lauscher/Legner*, ZfDR 2022, 367 (388)

Es ist sachgerecht, bei Sachverhalten, die künstliche Intelligenz involvieren, das Bemühen um eine Auskunft zur Entscheidung oder eine mangelnde Dokumentation derselben auf der Grundlage von künstlicher Intelligenz ausreichen zu lassen, weil maschinelle Entscheidungsprozesse selten nachvollziehbar sind. Es ist dem Einzelnen in den meisten Fällen unmöglich, eine Verbindung zwischen dem von dem künstlichen Intelligenz-System hervorgebrachten Entscheidungsergebnis und der vom Arbeitgeber ausgehenden tatsächlich durchgeführten Handlung nachzuweisen beziehungsweise begründbare Indizien darzulegen.[955]

Ein Auskunftsanspruch ist auch außerhalb von Sachverhalten mit einem Bezug zu maschinellen Entscheidungen sinnvoll. Dieser ermöglicht, dass die Verbände bereits im Vorfeld des gerichtlichen Rechtsschutzes, Kenntnis von einem Sachverhalt oder von Tatsachen erlangen, die eine Diskriminierung wahrscheinlich machen.[956] Das fordert auch das Bündnis AGG Reform-Jetzt![957] und die Autorinnen und Autoren der Evaluation des Allgemeinen Gleichbehandlungsgesetzes.[958] Ein – unter gerichtlichem Vorbehalt stehender – im Gesetz festgelegter Auskunftsanspruch wird auch im Hinblick auf die erfolgreiche kollektive Rechtsmobilisierung gegen digitale Gewalt als Fortsetzung der Diskriminierung gefordert.[959] Die Regelung des Auskunftsanspruchs im Gesetz ist erforderlich, weil der Europäische Gerichtshof bislang einen Anspruch auf Einsicht in Informationen der für die Glaubhaftmachung relevanten Tatsachen sowie einen Auskunftsanspruch gegen den Arbeitgeber ablehnt.[960]

---

955 *Lauscher/Legner*, ZfDR 2022, 367 (378).

956 Vgl. zum Auskunftsanspruch nach dem Berliner Informationsfreiheitsgesetz, der die Regelung zur Vermutung nach § 7 LADG unterstützt, Begründung zu § 7 LADG-E, Drs. 18/1996, 30 f.

957 *Bündnis AGG Reform-Jetzt!*, Mehr Fortschritt wagen heißt auch mehr Antidiskriminierung wagen! (2023), S. 4, Link unter Fn. 20.

958 *Berghahn/Klapp/Tischbirek*, Evaluation des AGG (2016), S. 158 f.

959 *Lembke*, Kollektive Rechtsmobilisierung gegen digitale Gewalt (2017), S. 32.

960 EuGH, Urt. v. 19.04.2012 – C-415/10 – NZA 2012, 493; EuGH, Urt. v. 21.07.2011 – C-104/10 – ArbRAktuell 2011, 560; *Lauscher/Legner*, ZfDR 2022, 367 (378); Handbuch Diskriminierung/*Holzleithner/Demmelbauer* (2023), S. 724.

2. *Beweis der Wiederholungs beziehungsweise Erstbegehungsgefahr und der überindividuellen Bedeutung*

Für den Beweis der Wiederholungs beziehungsweise Erstbegehungsgefahr als materielle Anspruchsvoraussetzung für den Unterlassungsanspruch beziehungsweise vorbeugenden Unterlassungsanspruch im Rahmen der zivilrechtlichen Verbandsklage gelten die Grundsätze zu § 21 Abs. 1 S. 2 AGG. Für das Vorliegen des Unterlassungsanspruchs der Verbände im arbeitsrechtlichen Bereich sollte die Wiederholungsgefahr aufgrund einer bereits begangenen Zuwiderhandlung wie nach § 21 Abs.1 S. 2 AGG – sowie im Verbraucherschutzrecht, Wettbewerbsrecht und im Rahmen der Antragsbefugnis nach § 17 Abs. 2 AGG – vermutet werden.[961] Die Erstbegehungsgefahr für den vorbeugenden Unterlassungsanspruch muss wie im Rahmen des § 21 Abs. 1 S. 2 AGG bereits vorliegen, wenn sich der Arbeitgeber des Rechts berühmt, eine bestimmte Handlung vorzunehmen.[962] Die Darlegungs und Beweislast für die tatsächlichen Umstände, aus denen sich die Erstbegehungsgefahr ergibt, trifft den Anspruchsteller, also den Verband.[963]

Überlegt werden könnte, bezüglich der überindividuellen Bedeutung der Diskriminierung[964] ebenfalls eine Vermutungsregelung aufzustellen. In arbeitsrechtlichen Sachverhalten könnte das Vorliegen eines kollektiven Tatbestands generell tatsächlich aufgrund von Erfahrungssätzen vermutet werden.[965] So führt *Kocher* aus, dass in der betrieblichen Personalpolitik, Maßnahmen im Bereich des Arbeitsrechts in aller Regel in qualitativer Hinsicht einen kollektiven Bezug haben, soweit sie vor dem Hintergrund einer gleichen oder ungleichen Behandlung vergleichbarer Arbeitsverhältnisse stattfinden.[966] Das ist jedoch zu weitgehend. Die Einschränkung der

---

961 Für § 8 UWG stRspr. BGH, Beschl. v. 16.11.1995 – I ZR 229/93 – BGH GRUR 1997, 379 (380); BGH, Urt. v. 19.06.1997 – I ZR 46/95 – GRUR 1997, 929 (930); BGH, Versäumnisurt. v. 26.10.2000 – I ZR 180/98BGH – GRUR 2001, 453 (455); BGH, Urt. v. 25.10.2001 – I ZR 29/99 – BGH GRUR 2002, 717 (719); KBF/*Bornkamm* (2024), UWG § 8 Rn. 1.43; für § 17 Abs. 2 AGG MHdB ArbR Bd. 1/*Oetker* (2024), § 17 Rn. 100.

962 BGH, Urt. v. 31.05.2001 – I ZR 106/99 – NJW-EE 2001, 1482 (1484); BeckOK BGB/*Wendtland* (2024), AGG § 21 Rn. 11.1.

963 BeckOK BGB/*Wendtland* (2024), AGG § 21 Rn. 11.1.

964 S.o. § 5 E. II.

965 *Kocher*, Gesetzesentwurf (2002), S. 38.

966 *Kocher*, Gesetzesentwurf (2002), S. 38.

Klagebefugnis würde zu stark aufgeweicht werden. Die Einschränkung ist notwendig, da sie sicherstellt, dass der Verband nicht das Recht eines einzelnen Betroffenen ohne dessen Einverständnis einklagt.[967] Der Verband soll nur tätig werden dürfen, wenn dies einem kollektiven und öffentlichen Interesse entspricht.[968] Es ist erforderlich, dass der Verband sowohl im Rahmen der zivilrechtlichen als auch der arbeitsrechtlichen Verbandsklage darlegt, dass nicht nur im Einzelfall gegen ein Diskriminierungsverbot verstoßen wird.

IV. Verbot der missbräuchlichen Geltendmachung

Zu diskutieren ist, ob eine Gefahr der missbräuchlichen Inanspruchnahme der Abmahnungs sowie Klagebefugnis besteht und wenn ja, wie eine solche vermindert werden kann.

Die strategische Prozessführung, also die Klageerhebung zur Erwirkung über das konkret Eingeklagte hinausgehender Ziele,[969] begründet eine Missbrauchsgefahr, weil die Grenzen zwischen gemeinwohlorientierter und missbräuchlicher Klageerhebung bei strategisch geführten Prozessen leicht verschwimmen können.[970] Es droht, dass die Klage im öffentliche Interesse lediglich Vorwand für eine Klage im Interesse einer kleinen Gruppe oder einer Person zur Schädigung der beklagten Person oder beklagten Unternehmens ist.[971] Die Gefahr besteht, dass die Verbände ihre eigentlichen Ziele nicht offenlegen und so die Prüfung der Qualifizierungsvoraussetzungen zur Klagebefugnis bestehen.[972] Zu berücksichtigen ist außerdem, dass die Gerichte durch die strategische Prozessführung von Verbänden für Zwecke vereinnahmt werden können, die außerhalb des Streitgegenstands liegen.[973] Dadurch könnte die Öffentlichkeit die Redlichkeit der Gerichtsentscheidungen in Frage stellen, was die Stabilität der gesamten Judikatur treffen kann.[974] Mit der Einführung der Verbandsklage in das Diskriminierungsrecht müsste

---

[967] S.o. § 5 E. II.
[968] S.o. § 5 E. II.
[969] S.o. § 4 B. I. 2.
[970] *Egidy*, ZUM 2023, 725 (730 f.).
[971] Siehe auch *Egidy*, ZUM 2023, 725 (731).
[972] *Egidy*, ZUM 2023, 725 (731).
[973] *Egidy*, ZUM 2023, 725 (731).
[974] *Egidy*, ZUM 2023, 725 (731).

sichergestellt werden, dass eine nicht gemeinwohlorientierte – und somit missbräuchliche – strategische Prozessführung unterbleibt.

Daher könnte ein explizites Missbrauchsverbot wie im Unterlassungsklagegesetz (§ 2c UKlaG) und im Gesetz gegen den unlauteren Wettbewerb (§ 8c Abs. 1 Nr. 1 UWG) erforderlich sein.

Ein Verbot der missbräuchlichen Geltendmachung der Ansprüche hätte den Vorteil, dass das Gericht das Verbot als Prozessführungsbefugnis in jeder Verfahrenslage von Amts wegen im Wege des Freibeweises zu prüfen hat und somit frühestmöglich einer missbräuchlichen Inanspruchnahme des Anspruchs durch die Verbände entgegenwirken und mittels Prozessurteils die Klage gegebenenfalls als unzulässig abweisen kann.[975] Die missbräuchliche Geltendmachung des Anspruchs würde die Prozessführungsbefugnis entfallen lassen.[976] Indem bereits die missbräuchliche Abmahnung von dem Verbot umfasst wird und diese einen Aufwendungsersatzanspruch des zu Unrecht Abgemahnten begründen kann,[977] könnte aufgrund des erhöhten Kostenrisikos das wirtschaftliche Interesse an Abmahnungen für den Abmahner gesenkt und eine Waffengleichheit zwischen Abmahnenden und Abgemahnten hergestellt werden.[978] In Kombination mit drohenden strafrechtlichen Sanktionen hinsichtlich Abmahnungen, die den Tatbestand des § 263 StGB erfüllen,[979] würde der missbräuchlichen Abmahnung früh und effektiv entgegengewirkt werden.

Zeitgleich könnten die Interessen der Abmahnenden und Klageerhebenden berücksichtigt werden, indem stets eine Abwägung im Einzelfall

---

975 Zu § 8c UWG vgl. BGH, Urt. v. 24.01.2019 – I ZR 200/17 – GRUR 2019, 631 (637); BeckOK UWG/*Dämmer* (2024), UWG § 8c Rn. 49.

976 zum UWG: BGH, Urt. v. 24.01.2019 – I ZR 200/17 – GRUR 2019, 631 Rn. 62; BGH, Urt. v. 14.02.2019 – I ZR 6/17 – GRUR 2019, 638 Rn. 14; BGH, Urt. v. 21.01.2021 – I ZR 17/18 – GRUR 2021, 752 Rn. 38; MünchKomm-UWG/*Fritzsche* (2022), UWG § 8c Rn. 8; BeckOK UWG/*Dämmer* (2024), UWG § 8c Rn. 7a; zum UKlaG: OLG, Urt. v. 28.05.2014 – 15 U 54/14 – BeckRS 2014, 12090 mit Verweis auf die Rechtsprechung des BGH zu § 8 Abs. 4 UWG; MünchKomm-ZPO/*Micklitz/Rott* (2022), UKlaG § 2b Rn. 3.

977 Zu § 8c UWG vgl. BGH, Vers.-Urt. v. 26.04.2018 – I ZR 248/16 – GRUR 2019, 199 (203); BeckOK UWG/*Dämmer* (2024), UWG § 8c Rn. 45.

978 Zu § 8c UWG KBF/*Feddersen* (2024), UWG § 8c Rn. 6.

979 Zu § 8c BGH, Beschl. v. 08.02.2017 – 1 StR 483/16, GRUR 2017, 1046, Rn. 11, UWG KBF/*Feddersen* (2024), UWG § 8c Rn. 8.

durchgeführt wird, die die gesamten Umstände berücksichtigt.[980] Wie im Bereich des Gesetzes gegen den unlauteren Wettbewerb, könnte ein Missbrauch vorliegen, wenn der Anspruchsberechtigte mit der Geltendmachung des Anspruchs überwiegend sachfremde, für sich gesehen nicht schutzwürdige Interessen und Ziele verfolgt und diese als die eigentliche Triebfeder und das beherrschende Motiv der Verfahrenseinleitung erscheinen.[981]

Andererseits könnten bereits die Voraussetzungen der Anspruchsberechtigung ausreichen, um sicherzustellen, dass nur Verbände, die (überwiegend) ideelle Zwecke verfolgen, von der Klagebefugnis Gebrauch machen, sodass ein gesetzlich festgelegtes Missbrauchsverbot nicht erforderlich ist. So empfinden es die Autorinnen und Autoren der „Evaluierung der Regelungen zur Verhinderung des Abmahnmissbrauchs" zur Vorschrift des § 8a UWG. Sie stellen die Vermutung auf, dass die als positiv beschriebenen Auswirkungen der Erhöhung der Anforderungen an die Anspruchsberechtigung darauf zurückzuführen sind, dass es unseriösen Akteuren durch die erhöhten Anforderungen an die Anspruchsberechtigung möglicherweise schwerer fallen könnte, missbräuchliche Abmahnungen auszusprechen.[982]

Im Antidiskriminierungsrecht kann die Qualität der anspruchsberechtigten Verbände ebenfalls durch die Anforderungen an die Anspruchsberechtigung sichergestellt werden, sodass, wie auch *Nebe/Gröhl/Thoma* feststellen, keine steigenden Missbrauchsgefahren zu befürchten sind. [983] Dafür spricht insbesondere, dass der Verband eine sachgerechte Aufgabenerfüllung aufgrund seiner bisherigen Tätigkeit erwarten lassen muss.[984] Außerdem kann aufgrund des Prozess und Kostenrisikos der Verbände mit einem verantwortungsvollen Umgang des Klagerechts gerechnet werden.[985] Hinzu kommt, dass die Vergangenheit gezeigt hat, dass die

---

980 Zu § 8c UWG vgl. BGH, Urt. v. 21.01.2021 – I ZR 17/18 – GRUR 2021, 752 Rn. 45.

981 BGH, Urt. v. 06.10.2011 – I ZR 42/10 – GRUR 2012, 286 Rn. 13; vgl. BGH, Urt. v. 04.07.2019 – I ZR 149/18 – GRUR 2019, 966, Rn. 33; KBF/*Feddersen* (2024), UWG § 8c Rn. 11.

982 *Wiebe/Helmschrot/Kreutz*, Evaluierung der Regelungen zur Verhinderung des Abmahnmissbrauchs (2023), S. 13 f.

983 Vgl. *Nebe/Gröhl/Thoma*, ZESAR 2021, 210 (215).

984 Vgl. zum LADG Begründung zu § 11 LADG-E, Drs. 18/1996, 36.

985 Vgl. zum TierSchMVG Landtag BW, Begründung des Gesetzentwurfs zum TierSchMVG, Drs. 15/6593, 12.

Abmahnungsbefugnis des Unterlassungsklagegesetzes und des Gesetzes gegen den unlauteren Wettbewerb selten missbraucht worden ist.[986] Im Antidiskriminierungsrecht dürfte die Anzahl an Missbräuchen ähnlich gering, wenn nicht sogar geringer sein. Anders als im Lauterkeitsrecht sind Mitbewerber und Wirtschaftsverbände, die im gleichen Markt wie die der Diskriminierung beschuldigten Unternehmen agieren, nicht berechtigt, eine Verbandsklage nach dem Antidiskriminierungsgesetz zu erheben. Diese Einrichtungen werden jedoch am ehesten ein strategisches Verfahren führen, das nicht dem Allgemeinwohl, sondern ihren eigenen Interessen, wie der Schwächung eines Mitbewerbers, dient und somit missbräuchlich ist. Eine solche Intention bezüglich der Klageerhebung ist bei Antidiskriminierungsverbänden und Gewerkschaften nicht zu befürchten. Im Hinblick auf eine missbräuchliche strategische Prozessführung ist den Gerichten ist zuzutrauen, eine missbräuchliche Prozessführung zu erkennen. Im Ergebnis kann davon abgesehen werden ein explizites Missbrauchsverbot zu normieren.

H. Rechtskraft des Verbandsklageurteils

I. Keine präjudizielle Wirkung

Grundsätzlich entfaltet das Urteil im Verbandsklageverfahren keine präjudizielle Wirkung auf das Individualverfahren der von Diskriminierung betroffenen Personen.[987] Das Urteil im Verbandsklageverfahren entfaltet auch keine Wirkung zulasten oder zugunsten eines Dritten, welcher sich in gleicher Weise unlauter verhalten hat.[988] Eine echte präjudizielle Wirkung des Verbandsklageurteils würde gegen den Grundsatz verstoßen, dass sich die Rechtskraft in der deutschen Rechtsordnung in der Regel nur bei gleichen

---

986 S.o. § 4 B. II. 1. b) bb).

987 Zum UKlaG *Guski* ZZP 131 (2018), 353 (371); zu § 17 Abs. 2 AGG: *Besgen/Roloff*, NZA 2007, 670 (674); BeckOK ArbR/*Roloff* (2024), AGG § 17 Rn. 15.

988 Vgl. zu § 13 UWG 1909 BGH, Urt. v. 05.01.1960 – I ZR 100/58 – GRUR 1960, 379 (380); zum UKlaG Staudinger-BGB AGB u. UKlaG/*Piekenbrock* (2022), UKlaG § 1 Rn. 5; *Halfmeier*, Popularklage im Privatrecht (2006), S.100, 138; *Guski* ZZP 131 (2018), 353 (371).

Streitgegenständen auf andere Verfahren erstrecken kann.[989] Die vermeintliche Diskriminierung muss in jedem Individualprozess geprüft werden.[990]

So ist es auch im Behindertengleichstellungsgesetz und im Landesantidiskriminierungsgesetz Berlin geregelt. Die Verbandsklagen haben aufgrund der Verschiedenheit der Beteiligten keine Wirkung auf die individuellen Rechtsdurchsetzungsmöglichkeiten.[991] Sollte beispielsweise der betroffene Mensch mit Behinderung individuelle Ansprüche geltend machen wollen, muss er diese im Anschluss an das Verbandsklageverfahren mittels einer Leistungsklage geltend machen.[992] Individuell kann nur eine einzelfallbezogene Verbandsklage die Betroffenen unterstützen.[993] Jedoch entfalten die Verbandsklagen eine gewisse Ausstrahlungswirkung und erzeugen somit eine „faktische Bindungswirkung".[994]

Zu erwägen ist, dem Einzelnen zu ermöglichen, sich in seinem Individualverfahren mittels einer Einredeklausel auf das Urteil des Verbandsklageverfahrens berufen zu können. In Betracht kommt eine Sonderregelung zur Rechtskrafterstreckung wie sie in § 11 UKlaG vorgesehen ist. Gemäß § 11 S. 1 UKlaG darf sich jeder auf die Wirkung des Unterlassungsurteils gegen den Verwender unwirksamer Allgemeiner Geschäftsbedingungen berufen, sollte dieser einem auf § 1 UKlaG beruhenden Unterlassungsgebot zuwidergehandelt haben. Mit der Norm wird das nach § 1 UKlaG erstrittene Verbot für den Individualprozess zwischen Verbrauchern und Kunden präjudiziell.[995] Die faktische Präjudizialität des Unterlassungsunterteils wird im öffentlichen Interesse verrechtlicht.[996] Mit dieser Rechtskrafterstreckung durch Einrede

---

989 Zu § 17 Abs. 2 AGG BeckOK ArbR/*Roloff* (2024), AGG § 17 Rn. 15.

990 Zum UKlaG Staudinger-BGB AGB u. UKlaG /*Piekenbrock* (2022), UKlaG § 1 Rn. 9.

991 Däubler/Beck/*Klose* (2022), AGG § 24 Rn. 141; *Nielebock*, in: FS Preis (2021), S. 913 (923).

992 zum BGG Kahl/Ludwigs/*Janda*, Handbuch des VerwR (2022), § 102 Rn. 84; *Welti et al.*, Evaluation des Behindertengleichstellungsgesetzes (2014), S. 488; *Roggenkamp*, NVwZ 2006, 1239 (1243).

993 S.o. § 4 C.

994 Unter anderem Begründung zu § 9 LADG-E, Drs. 18/1996, 34; Däubler/Beck/*Klose* (2022), AGG § 24 Rn. 141.

995 KBF/*Köhler/Alexander* (2024), UKlaG § 11 Rn. 1a.

996 MünchKomm-ZPO/*Micklitz/Rott* (2022), UKlaG § 11 Rn. 4.

i.S.d. § 282 Abs. 1. Abs. 2 ZPO kann eine Breitenwirkung des Urteils erreicht werden.[997]

Die Klausel ist nach der Entscheidung des Europäischen Gerichtshofs in der Rechtssache „Invitel" aber als problematisch zu bewerten.[998] Laut dem Europäischen Gerichtshof sei die Befugnis des nationalen Gerichts, von Amts wegen die Missbräuchlichkeit einer Vertragsklausel zu prüfen, ein geeignetes Mittel, um die Verwirklichung des Ziels des Art. 7 der Richtlinie 93/13/EWG der Richtlinie zu fördern.[999] Art und Bedeutung des öffentlichen Interesses, auf dem der durch die Richtlinie den Verbrauchern gewährte Schutz beruht, rechtfertigen es weiter, dass das Gericht von Amts wegen die Missbräuchlichkeit einer Vertragsklausel prüfen muss.[1000] Die nationalen Gerichte, die die Missbräuchlichkeit einer AGB-Klausel feststellen, seien nach Art. 6 I der Richtlinie 93/13/EWG verpflichtet, alle Konsequenzen, die sich daraus nach nationalem Recht ergeben, zu ziehen, damit diese Klauseln für den Verbraucher unverbindlich sind.[1001] *Micklitz/Rott* ziehen daraus zutreffend die Schlussfolgerung, dass nicht der Verbraucher, sondern das Gericht prüfen und erkennen muss, ob die inkriminierte Klausel bereits Gegenstand eines Unterlassungsklageverfahrens oder eines gleichlautenden Individualverfahrens ist.[1002] Nicht er müsse die Einrede erheben, sondern das zuständige Gericht hat sich von Amts wegen einen Überblick zu verschaffen.[1003]

Für die Gestaltung der Verbandsklage im Antidiskriminierungsgesetz muss aus der Rechtsprechung des Europäischen Gerichtshofs eine ähnliche Schlussfolgerung gezogen werden wie in Bezug auf die Einredeklausel des Unterlassungsklagegesetzes. Die Gerichte müssen, wenn sie ein Urteil im Verbandsklageverfahren zugunsten des Verbands fällen, die Konsequenzen für den Einzelnen von Amts wegen berücksichtigen und sicherstellen, dass die Diskriminierung auch in Bezug auf den Einzelnen anerkannt wird,

---

[997] KBF/*Köhler/Alexander* (2024), UKlaG § 11 Rn. 1a.

[998] EuGH, Urt. v. 26.04.2012 – C-472/10 – GRUR 2012, 939; MünchKomm-ZPO/*Micklitz/Rott* (2022), UKlaG § 11 Rn. 10.

[999] EuGH, Urt. v. 26. 4. 2012 – C-472/10 – GRUR 2012, 939.

[1000] EuGH, Urt. v. 26. 4. 2012 – C-472/10 – GRUR 2012, 939.

[1001] EuGH, Urt. v. 26. 4. 2012 – C-472/10 – GRUR 2012, 939.

[1002] MünchKomm-ZPO/*Micklitz/Rott* (2022), UKlaG § 11 Rn. 10.

[1003] MünchKomm-ZPO/*Micklitz/Rott* (2022), UKlaG § 11 Rn. 10.

sodass dieser seine Individualansprüche durchsetzen kann. Das entspricht dem öffentlichen Interesse an dem umfassenden Schutz vor Diskriminierung. Von der Einführung einer Einredeklausel nach dem Vorbild des § 11 S. 1 UKlaG ist abzusehen.

II. Mehrfachverfolgung

Ähnlich wie bei den Verbandsklagen nach dem Unterlassungsklagegesetz, im Wettbewerbsrecht und im Antragsverfahren gemäß § 17 Abs. 2 AGG können grundsätzlich sowohl eine Anspruchsmehrheit als auch, aus prozessrechtlicher Sicht, eine Mehrheit an Streitgegenständen entstehen.[1004] Ein und dieselbe Zuwiderhandlung kann somit Ansprüche einer unbestimmten Vielzahl von Anspruchsberechtigten begründen.[1005] Daher ist grundsätzlich denkbar, dass mehrere Verbände aufgrund einer Zuwiderhandlung Klage erheben.

Zu überlegen ist, ob bei Klageerhebung durch einen Verband wie nach § 8 Abs. 1 VDuG ab Anhängigkeit eine Sperrwirkung eintreten soll, wodurch eine weitere Verbandsklage gegen denselben Beklagten mit identischem Streitgegenstand unzulässig wird. Auch das Umwelt-Rechtsbehelfsgesetz sieht ein Zweit oder Mehrfachklageverbot vor, indem es die Bindungswirkung einer gerichtlichen Entscheidung auf Verbände ausdehnt, die an dem Gerichtsverfahren nicht beteiligt waren (§ 1 Abs. 1 S. 4 UmwRG). Das soll den Unternehmer vor weiteren Verbandsklagen mit identischem Streitgegenstand schützen.[1006] Zudem kann es Ressourcen sparen.[1007]

Im Unterlassungsklagegesetz wurde auf eine solche Sperrwirkung verzichtet, sodass es grundsätzlich möglich ist, dass Verbände in verschiedenen Verbandsklageverfahren gegen denselben Beklagten aus demselben Klagegrund klagen. Die dadurch möglicherweise divergierenden Entscheidungen in verschiedenen Verbandsklageverfahren und die damit verbundene Rechtsunsicherheit und ungleichheit seien laut *Micklitz/Rott* im Interesse eines insgesamt funktionierenden Verbandsklagesystems hinzunehmen.[1008] Das

---

[1004] Zum UWG KBF/*Köhler/Feddersen* (2024), UWG § 8 Rn. 3.3

[1005] KBF/*Köhler/Alexander* (2024), UKlaG § 3 Rn. 3; KBF/*Köhler/Feddersen* (2024), UWG § 8 Rn. 3.2a.

[1006] KBF/*Scherer* (2024), VDuG § 8 Rn. 1.

[1007] Vgl. Bunge UmwRG/*Bunge* (2019), UmwRG § 1 Rn. 47.

[1008] So auch zum UKlaG MünchKomm-ZPO/*Micklitz/Rott* (2022), UKlaG § 3 Rn. 11.

hinter der Verbandsklageeinrichtung stehende öffentliche Ordnungsinteresse werde gerade dadurch gewährleistet, dass eine unbestimmte Vielzahl von Verbänden und Kammern jeweils unabhängig voneinander mit einer eigenen Anspruchs und Klagezuständigkeit ausgestattet ist.[1009] Außerdem würde eine Rechtsungleichheit alsbald durch die höchstrichterliche Rechtsprechung behoben werden.[1010]

Diese Argumentation ist schlüssig und auf die Verbandsklage des Antidiskriminierungsrechts anwendbar. Das Interesse an der verbesserten Durchsetzung der Diskriminierungsverbote des Antidiskriminierungsgesetzes überwiegt dem Interesse eines Unternehmens an einer mehrfachen Inanspruchnahme. Mit mehreren Anspruchsberechtigten lassen sich Diskriminierungen rasch und wirksam bekämpfen.[1011] Für die Verbände sollte das Aktivwerden möglichst einfach sein, damit sie von ihren Befugnissen im Interesse der Öffentlichkeit Gebrauch machen. Den Verbänden würde andernfalls eine weitere Hürde hinsichtlich der Klagerhebung gebaut werden, weil sie erst prüfen müssten, ob die Zuwiderhandlung, die Anlass der Motivation zur Klageerhebung ist, bereits von einem anderen Verband vor Gericht verfolgt wird. Wie *Micklitz/Rott* im Rahmen des Unterlassungsklagegesetzes festgestellt haben, kann die höchstrichterliche Rechtsprechung stets Klarheit schaffen, sollte es überhaupt dazu kommen, dass zwei oder mehrere Verbände gegen denselben Beklagten aufgrund desselben Klagegenstands Klage erheben und divergierende Entscheidungen getroffen werden. In Betracht gezogen werden sollte, im Antidiskriminierungsgesetz nach dem Vorbild des Unterlassungsklagegesetzes eine Norm oder einen Absatz einzuführen, welcher/welchem es der höchstrichterlichen Rechtsprechung ermöglicht, bei divergierenden Verbandsklageurteilen zu derselben Art von Diskriminierung, also eine, die im „Kern" übereinstimmt,[1012] ein Urteil zu korrigieren (vgl. § 10 UKlaG).

1009 MünchKomm-ZPO/*Micklitz/Rott* (2022), UKlaG § 3 Rn. 10.
1010 MünchKomm-ZPO/*Micklitz/Rott* (2022), UKlaG § 3 Rn. 11.
1011 Vgl. zum UWG KBF/*Köhler/Feddersen* (2024), UWG § 8 Rn. 3.2a.
1012 KBF/*Köhler/Alexander* (2024), UKlaG § 10 Rn. 6.

I. Verjährung

I. Verjährungsfrist

Die klageweise Durchsetzung des Anspruchs auf Unterlassung beziehungsweise Beseitigung durch den Verband sollte keiner Ausschlussfrist unterliegen. Die sehr kurzen Ausschlussfristen in § 15 Abs. 4 AGG und § 21 Abs. 5 AGG haben laut dem Bündnis „AGG Reform-Jetzt!" in der Vergangenheit maßgeblich dazu beigetragen, die Rechtsdurchsetzung zu behindern beziehungsweise zu verunmöglichen.[1013] Müssten die Verbandsklageansprüche wie derzeit die Individualansprüche nach § 15 Abs. 4 AGG und § 21 Abs. 5 AGG innerhalb einer Frist von zwei Monaten geltend gemacht werden, hätten die Verbände nach Kenntniserlangung von der Diskriminierung kaum Zeit, ihre Rechtsvertretung gut vorzubereiten. Ihnen muss hinreichend Zeit für die Erforschung des Sachverhalts eingeräumt werden, damit sie in der Lage sind, Tatsachen darzulegen, die das Vorliegen einer Diskriminierung vermuten lassen.

Hingegen sollte die Verjährungsfrist verlängert werden. In Frankreich beispielsweise gelten ebenfalls keine speziellen Verjährungsfristen für Sammelklagen in Diskriminierungsfällen, die über die allgemein geltenden Verjährungsfristen gemäß Artikel 2224 des Code Civil hinausgehen.[1014] Dort gilt für Ansprüche aus Vertrag oder unerlaubter Handlung nach Artikel 2224 Code Civil eine kenntnisabhängige Verjährungsfrist von fünf Jahren. Eine solche ist auch in § 33h GWB vorgesehen, der unter anderem die Verjährungsfrist in Bezug auf die Verbandsklage nach § 33 Abs. 1 GWG regelt. Eine fünfjährige kenntnisabhängige Verjährungsfrist ist auch für die deutsche Verbandsklage des Antidiskriminierungsrechts angebracht. Sie würde den Präventionsdruck der Haftung der Diskriminierenden erhöhen[1015] und gleichzeitig die Asymmetrie im Kräfteverhältnis von Schuldner und Gläubiger ausgleichen, die dadurch entsteht, dass der Gläubiger sich nicht davor schützen kann, bei Inanspruchnahme erst Jahre nach der behaupteten

---

1013 *Bündnis AGG Reform-Jetzt!*, Mehr Fortschritt wagen heißt auch mehr Antidiskriminierung wagen! (2023), S. 10, Link unter Fn. 20.

1014 Vgl. European e-Justice Portal, Time limits on procedures, France, abrufbar unter: https://e-justice.europa.eu/topics/court-procedures/civil-cases/time-limits-procedures/fr_en (zuletzt abgerufen am 20.12.2025).

1015 Vgl. zu § 33h GWB Immenga/Mestmäcker/*Franck* (2024), GWB § 33h Rn. 1.

Zuwiderhandlung in Beweisnot hinsichtlich seiner Unschuld zu geraten.[1016] Eine fünfjährige Verjährungsfrist würde den Verbänden genügend Zeit einräumen, die Diskriminierung zu erkennen und ein Verfahren vorzubereiten.[1017] Sie würde die Ausübung der Rechte „nicht praktisch unmöglich machen oder übermäßig erschweren", wie es unter anderem im Rahmen der Entgelttransparenzrichtlinie 2023/970/EU in Erwägungsgrund 53 gefordert wird (Effektivitätsgrundsatz).[1018]

Zudem sollte verdeckter struktureller Diskriminierung durch eine kenntnisunabhängige Verjährung entweder von zehn Jahren bei einer beendeten Diskriminierung (vgl. § 33h Abs. 3 GWB), oder einer kenntnisunabhängigen Verjährung von 30 Jahren bei einem andauernden Verstoß gegen das Antidiskriminierungsgesetz (vgl. § 33h Abs. 4 GWB) entgegengewirkt werden, indem die Diskriminierung auch lange nach ihrem Entstehen verfolgt werden kann.[1019] Die längeren Verjährungsfristen sollten für alle Diskriminierungstatbestände des Antidiskriminierungsgesetzes gelten.[1020]

II. Hemmung der Ausschlussfrist

Die fehlende Bindungswirkung eines Verbandsklageurteils im Hinblick auf Individualverfahren[1021] verursacht im Verbraucherschutzrecht ein Strukturproblem der Verbandsklage. Dieses äußert sich darin, dass der kollektive Rechtsschutz nur unzureichend mit dem individuellen Rechtsschutz verknüpft ist.[1022] Das ist im Antidiskriminierungsrecht zu berücksichtigen. Betroffene müssen bei der Durchsetzung ihrer Ansprüche infolge einer erfolgreichen Verbandsklage unterstützt werden. Daher sollte die Hemmung der Ausschlussfristen hinsichtlich der Individualansprüche nach dem Vorbild des § 204a Abs. 1 Nr. 2 BGB in Erwägung gezogen werden.

[1016] MünchKomm-BGB/*Grothe* (2021), BGB § 194 Rn. 6; Immenga/Mestmäcker/*Franck* (2024), GWB § 33h Rn. 1.

[1017] Für eine Verjährungsfrist von mindestens drei Jahren *Zimmer*, ZESAR 2024, 3 (8).

[1018] so auch EuGH Urt. v. 09.07.2020 – C-698/18, BeckRS 2020, 15226 Rn. 58.

[1019] Vgl. Immenga/Mestmäcker/*Franck* (2024), GWB § 33h Rn. 1.

[1020] Vgl. Art. 21 Abs. 1 Satz 4 Entgelttransparenzrichtlinie 2023/970/EU; *Zimmer*, ZESAR 2024, 3 (8).

[1021] S.o. § 5 H. I.

[1022] Siehe § 4 B. II. 1. b) bb).

Zu bedenken ist zwar, dass die in Anspruch genommenen Arbeitgeber beziehungsweise Unternehmen mit der Hemmung der Ausschlussfrist lange in Unwissenheit darüber gelassen werden, ob sie zu Recht vom Verband in Anspruch genommen worden sind und deshalb mit weiteren Individualklagen rechnen müssen. Die Verjährungsfrist dient der Rechtssicherheit. Allerdings würde die Hemmung der Ausschlussfrist nach dem Vorbild des § 204a Abs. 1 Nr. 4 BGB den Betroffenen Zeit verschaffen, je nach Ausgang des Verbandsklageverfahrens zu entscheiden, ob sie ihren individuellen Anspruch gerichtlich geltend machen wollen. Damit würden die Zugangshürden zum Individualprozess deutlich verringert werden. Gleichzeitig ermöglicht es die Minimierung des Prozessrisikos der Betroffenen gegen Null. Damit wäre auch dem Grundsatz der Prozessökonomie gedient, weil sich nicht verschiedene Gerichte gleichzeitig mit demselben Sachverhalt beschäftigen müssen. Im Ergebnis überwiegen die Vorteile der Hemmung der Ausschlussfrist mit Erhebung der Verbandsklage. Sie dient dem Interesse der individuell Betroffenen und der Allgemeinheit an der Durchsetzung des Antidiskriminierungsrechts.

Die Hemmung der Ausschlussfrist sollte einsetzen, wenn eine allgemeine Verbandsklage eingelegt wird, die sich auf denselben Rechtsverstoß wie die Individualklage bezieht. Wie nach § 204a Abs. 1 Nr. 2 BGB muss unerheblich sein, welchen Anspruch der Verband im Verbandsklageverfahren geltend gemacht hat. Die Hemmung sollte sich auf alle Ansprüche der persönlich Betroffenen gegen den Beklagten, die aufgrund der Zuwiderhandlung entstanden sind, erstrecken. Sie sollte sechs Monate nach der rechtskräftigen Entscheidung oder anderweitigen Beendigung des eingeleiteten Verfahrens enden (vgl. § 204 Abs. 2 S. 1 BGB).

J. Informationspflichten

Mit der Einführung des Verbandsklagerichtlinienumsetzungsgesetzes (VRUG) wurden in § 5a Abs. 1 UKlaG und § 12 Abs. 1 VDuG Informationspflichten im Zusammenhang mit dem Verbandsklageverfahren nach dem Unterlassungsklagegesetz eingeführt.[1023] Diese Informationspflichten treffen

---

[1023] Umsetzung des Art. 13 der Verbandsklagen-RL; zum UKlaG Art. 10 Nr. 16 VRUG; jurisPK-BGB/*Baetge* (2023), UKlaG § 5a Rn. 2; zum VDuG KBF/*Scherer* (2024), VDuG § 12 Rn. 1.

die anspruchsberechtigten Stellen mit Einreichung einer Klage bei Gericht und dienen der Informations und Transparenzfunktion in Bezug auf die Verbandsklagen.[1024] Es besteht die Pflicht, über den jeweils aktuellen Stand des Verfahrens zu berichten (vgl. § 5a Abs. 1 S. 1 UKlaG).

Diese Informationspflichten sind auch im Rahmen des Verbandsklageverfahrens des Antidiskriminierungsgesetzes angebracht. Zwar haben die Diskriminierungsopfer nicht die Möglichkeit, ihre Ansprüche oder Rechtsverhältnisse zum Verbandsklageregister anzumelden. Dennoch wird ihnen mit der Informationsbereitstellung über das Verbandsklageverfahren ermöglicht, eine fundierte Entscheidung darüber treffen zu können, ob und wann sie selbst rechtliche Schritte einleiten.[1025]

Ebenfalls sollte die Informationspflicht über die Beendigung des Verbandsklageverfahrens nach dem Vorbild des § 5a Abs. 2 UKlaG und § 12 Abs. 2 VDuG eingeführt werden, wovon unanfechtbare Beschlüsse oder Urteile umfasst sind. Damit können die Betroffenen über ihre Rechte nach Feststellung einer Diskriminierung und über alle weiteren zu veranlassenden Schritte informiert werden.[1026] Sie bekommen ausreichend lange Gelegenheit, sich zu informieren.[1027] Die Pflicht sollte die Veröffentlichung des Urteils in anonymisierter Form ab dem Zeitpunkt der Beendigung des Verfahrens für mindestens sechs Monate auf der Internetseite der klageberechtigten Stelle umfassen (vgl. § 12 Abs. 2 VDuG und § 5a Abs. 2 UKlaG). Soweit die Verbände ihre Informationspflicht mit der Veröffentlichung erfüllen, sind die Kosten der Veröffentlichung wie nach § 12 Abs. 3 VDuG und § 5a Abs. 3 UKlaG als Kosten des Rechtsstreites anzusehen, sodass die Kostentragungspflicht den Unternehmer nur dann trifft, wenn der Verband das Verfahren gewinnt.[1028]

Unabhängig davon sollten in den Jahresberichten der Antidiskriminierungsstelle des Bundes, die nach § 27 Abs. 4 AGG gesetzlich vorgeschrieben sind, zukünftig auch Daten zu den Rechtsstreitigkeiten, und nicht lediglich Daten zu den Beratungsanfragen bei der Antidiskriminierungsstelle des

[1024] KBF/*Köhler/Alexander* (2024), UKlaG § 5a Rn. 1 ff.

[1025] Vgl. ErwGr. 58 Verbandsklagen-RL (Richtlinie (EU) 2020/1828).

[1026] Vgl. zu § 12 Abs. 2 VDuG ErwGr. 60 Verbandsklagen-RL (Richtlinie (EU) 2020/1828); KBF/*Scherer* (2024), VDuG § 12 Rn. 5.

[1027] Begründung zu § 12 RegE VRUG, BT-Drs. 20/6520, 76.

[1028] Vgl. zu § 12 Abs. 3 VDuG KBF/*Scherer* (2024), VDuG § 12 Rn. 5.

Bundes, veröffentlicht werden. Die Seltenheit von Rechtsstreitigkeiten selbst kann eine abschreckende Wirkung auf Diskriminierungsopfer haben, weil der Eindruck vorherrschen kann, dass ein Erfolg unwahrscheinlich ist.[1029] Je mehr über Fälle in den Medien berichtet wird, desto mehr wissen die Opfer über ihre Rechte und die Möglichkeiten, diese Rechte durchzusetzen, Bescheid.[1030]

K. Kosten des Verfahrens

Die Verbände müssen in der Lage sein, ein Gerichtsverfahren zu finanzieren.[1031] Im Rahmen der zivilrechtlichen Verbandsklage ist ein Gerichtskostenvorschuss zu leisten (§ 6 GKG) und aufgrund des Anwaltszwangs vor den Landgerichten (§ 78 ZPO) vorab für die erforderliche rechtsanwaltliche Vertretung aufzukommen.[1032] Darin liegt bereits eine Kostenlast der Verbände. In Blick genommen werden muss außerdem das Kostenrisiko der Verbände, das mit der Klageerhebung nach der Zivilprozessordnung verbunden ist. Grundsätzlich hat nach § 91 Abs. 1 S. 1 ZPO die unterliegende Partei die Kosten des Rechtsstreits, welche sich gemäß § 3 ZPO nach dem Streitwert richten, zu tragen. Zu beachten ist, dass selbst im Fall des Obsiegens der eigene Kostenerstattungsanspruch nicht immer durchsetzbar ist, etwa im Fall mittelloser Anspruchsgegner.[1033] Damit ist das Kostenrisiko der Verbände erheblich.

Das Kostenrisiko der Verbände bei Erhebung der Verbandsklage sollte im Interesse der Öffentlichkeit gesenkt werden, weil der Anreiz der Verbände für die Klagerhebung fehlt, wenn sie nicht von dem Verfahren profitieren und zusätzlich das Kostenrisiko tragen. Damit wäre die Funktionalität der Verbandsklage gefährdet. Dies wurde für Verbraucherverbände von der Studie zu der Effektivität kollektiver Rechtsschutzinstrumente für Verbraucher aus dem Jahr 2009 herausgestellt.[1034] Auch im Rahmen der Verbandsklage des Behindertengleichstellungsgesetzes wurde das Kostenrisiko als Hürde zur Klageerhebung hervorgehoben.[1035] Für die Kostenrisikosenkung können verschiedene Ansätze in Betracht gezogen werden.

[1029] *Chopin/Germaine*, A comparative analysis of nondiscrimination law (2023), S. 78.
[1030] *Chopin/Germaine*, A comparative analysis of nondiscrimination law (2023), S. 78.
[1031] *Egidy*, ZUM 2023, 725 (728).
[1032] *Egidy*, ZUM 2023, 725 (728).
[1033] *Egidy*, ZUM 2023, 725 (728).
[1034] S.o. § 4 B. II 1. b) bb).
[1035] S.o. § 4 B. II. 5. b) bb).

I. Gerichtskosten

Zunächst ist zu erwägen, das zivilrechtliche antidiskriminierungsrechtliche Verbandsklageverfahren wie das arbeitsrechtliche Verfahren nach § 2 Abs. 2 GKG gerichtskostenfrei zu stellen.[1036] Begründet werden könnte die Gerichtskostenfreiheit mit dem Tätigwerden der Verbände im öffentlichen Interesse und das Fehlen eines eigenen wirtschaftlichen Vorteils.[1037] Dafür spricht, dass das Verbandsklageverfahren wie das Beschlussverfahren nach § 2a Abs. 1 Nr. 1 i.V.m. Abs. 2 BetrVG kein Parteiverfahren ist. Anders als bei den zwischen Parteien ergehenden Urteilen, beispielsweise in vermögensrechtlichen Streitigkeiten, geht es typischerweise nicht um eine Entscheidung für oder gegen eine von zwei sich wechselseitig ausschließenden Vermögenspositionen, sondern um die gegebenenfalls durchaus im gemeinsamen Interesse liegende Klärung Rechte und Pflichten, die häufig nicht nur die unmittelbar am Verfahren Beteiligten, sondern auch Dritte betrifft.[1038] Für eine Kostenentscheidung ist daher kein Raum.[1039]

Als Beispiel kann Bulgarien dienen. Nach dem bulgarischen Antidiskriminierungsgesetz sind alle Verfahren ausdrücklich von allen Kosten, sowohl staatlichen Gebühren als auch Auslagen, befreit (Artikel 53 und Artikel 75 Absatz 2).[1040]

II. Außergerichtliche Kosten

Außerdem muss die außergerichtliche Kostentragung gesetzlich geregelt werden. Sowohl für die arbeitsrechtliche als auch für die zivilrechtliche antidiskriminierungsrechtliche Verbandsklage sollte eine Kostenentscheidung entsprechend §§ 91 ff. ZPO getroffen werden. Anders als bei betriebsverfassungsrechtlichen Streitigkeiten im Beschlussverfahren nach § 2a Abs. 1 Nr. 1 BetrVG, unterliegt im arbeitsrechtlichen Verbandsklageverfahren stets eine

---

[1036] Für eine Gerichtskostenreduktion *Egidy*, ZUM 2023, 725 (728).

[1037] Vgl. für das UKlaG Ulmer/Brandner/Hensen/*Witt* (2022), § 5 UKlaG, Rn. 72.

[1038] Siehe zum Beschlussverfahren BAG, Beschl. v. 02.10. 2007 – 1 ABR 59/06 – NZA 2008, 372 (373).

[1039] St. Rspr. zu Beschlussverfahren BAG, Beschl. v. 02.10.2007 – 1 ABR 59/06 – NZA 2008, 372 (373); BVerwG, Beschl. v. 02.05.1957 – BVerwG II CO 2/56 – NJW 1957, 1249; GMP/*Spinner* (2022), ArbGG § 84 Rn. 31.

[1040] *Chopin/Germaine*, A comparative analysis of nondiscrimination law (2023), S. 77.

Partei.[1041] Es kann daher die Feststellung getroffen werden, wer im Verfahren unterliegt und die außergerichtlichen Kosten eines Prozesses nach §§ 91 ff. ZPO zu tragen hat.[1042]

1. *Streitwertberechnung*

Die Streitwertberechnung könnte wie im Gesetz gegen den unlauteren Wettbewerb modifiziert werden. Nach dem Vorbild des § 51 Abs. 2 S. 1 GKG könnte der Streitwert nach der sich aus dem Antrag des Verbands für ihn ergebenden Bedeutung der Sache zu bestimmen sein.[1043] Dies entspricht der Rechtsprechung zu § 3 ZPO, wonach auf das Interesse des Klägers hinsichtlich des angestrebten Klageziels abgestellt wird.[1044] Es käme daher auf das kollektive Interesse an dem Klageziel an, weil der Verband keine eigenen wirtschaftlichen Interessen verfolgt.[1045] Einem Missbrauch kann wie im Wettbewerbsrecht vorgebeugt werden, indem die Parteien des Verbandsklageprozesses ausführlich nachvollziehbare und belegbare Tatsachen zur Streitwertbeimessung vortragen müssen, weil sonst ein niedriger Auffangstreitwert angenommen wird (vgl. § 51 Abs. 3 S. 2 und S. 3 GKG). Zudem könnte der Streitwert durch das (Des)interesse der Beklagten an der Zuwiderhandlung begrenzt werden (vgl. § 51 Abs. 3 S. 1 GKG).[1046] Der ermittelte Streitwert könnte dann gemindert werden, wenn die unvorsätzliche unlautere Handlung des Beklagten diesem keine besonderen Vorteile erbracht hat.[1047]

Eine solche Streitwertberechnung ist im Rahmen des Verbandsklageverfahrens des Antidiskriminierungsrechts jedoch nicht sachgerecht, weil sie

---

1041 Vgl. GMP/*Spinner* (2022), ArbGG § 84 Rn. 32.

1042 Vgl. GMP/*Spinner* (2022), ArbGG § 84 Rn. 32.

1043 Vgl. BGH, Beschl. v. 06.06.2013 – I ZR 128/11– GRUR-RS 2013, 12246; MünchKomm-ZPO/*Micklitz/Rott* (2022), UKlaG § 5 Rn. 47.

1044 Vgl. BGH, Beschl. v. 26.04.1990 – I ZR 58/89 – GRUR 1990, 1052 (1053); OLG Dresden, Beschl. v. 02.12.2016 – 14 W 445/16 – juris, Rn. 3; MünchKomm-UWG/*Schlingloff* (2022), UWG § 12); Harte-Bavendamm/Henning-Bodewig/*Tolkmitt* (2021), UWG § 12 Rn. 624.

1045 Vgl. BGH, Beschl. v. 06.06.2013 – I ZR 128/11– GRUR-RS 2013, 12246; MünchKomm-ZPO/*Micklitz/Rott* (2022), UKlaG § 5 Rn. 47.

1046 Zum UWG MünchKomm-UWG/*Schlingloff* (2022), UWG § 12 Rn. 366; *Krbetschek/Schlingloff* WRP 2014, 1 (6).

1047 So folgerichtig für das UWG MünchKomm-UWG/*Schlingloff* (2022), UWG § 12 Rn. 366.

nicht kalkulierbar ist. Beispielsweise kann ein sehr hoher Streitwert ermittelt werden. Dieser würde den Zuwiderhandelnden zwar stärker zur Last fallen als ein niedriger Streitwert, mit der Konsequenz, dass ein Obsiegen im Verbandsklageverfahren einen höheren Sanktionscharakter hätte. Gleichzeitig hätte ein hoher Streitwert aber zur Folge, dass die Verbände ein höheres Kostenrisiko mit der Klageerhebung eingehen würden. Das wiederum hat – wie bereits die Erfahrung mit den Verbandsklagen anderer Rechtsgebiete gezeigt hat – negative Auswirkungen auf die Klagebereitschaft der Verbände. Dies gilt es zu verhindern. Zudem sollte der Streitwert nicht danach beurteilt werden, ob und in welcher Höhe das beklagte Unternehmen aus der Diskriminierung Vorteile gezogen hat. Jede Diskriminierung sollte als Verstoß gegen Art. 3 GG, also ein Verstoß gegen die objektiven Wertentscheidungen, gleichbehandelt werden, zumal die Unternehmen nicht immer wirtschaftliche Vorteile aus der Diskriminierung ziehen.[1048]

Angemessener scheint die Lösung zur Festsetzung des Streitwerts wie sie bei Streitigkeiten nach dem Unterlassungsklagegesetz durch die Gerichte erfolgt. Dort kommt der wirtschaftlichen Bedeutung der Verletzung des gesetzlichen Verbots bei der Bemessung der Beschwer und des Streitwerts in der Regel keine ausschlaggebende Bedeutung zu.[1049] Die Bemessung des Streitwerts gelangt regelmäßig über einen bloßen Symbolwert nicht hinaus.[1050] Der Bundesgerichtshof berücksichtigte zuletzt vielmehr das Prozesskostenetat des Verbands,[1051] um die Verbände vor unangemessenen Kosten zu schützen, wenn sie im Interesse der Allgemeinheit den Rechtsverkehr von missbräuchlichen Klauseln in Allgemeinen Geschäftsbedingungen freihalten.[1052] Nur wenn besondere Umstände vorliegen, zum Beispiel bei einer

---

1048 Siehe § 2 B. I. 1. c).

1049 MünchKomm-ZPO/*Micklitz/Rott* (2022), UKlaG § 5 Rn. 47.

1050 Ulmer/Brandner/Hensen/*Witt* (2022), § 5 UKlaG, Rn. 72.

1051 BGH, Beschl. v. 17.03.2011 – I ZR 183/09 – GRUR 2011, 560; BGH, Beschl. v. 28.06.2016 – X ZR 97/14 – BeckRS 2016, 12970; MünchKomm-ZPO/*Micklitz/Rott* (2022), UKlaG § 5 Rn. 47.

1052 Grundlegend BGH, Beschl. v. 30.04.1991 – XI ZR 298/90 – NJW-RR 1991, 1074; vgl. BGH, Beschl. v. 26. 9. 2012 – IV ZR 208/11 – BGH NJW 2013, 875 Rn. 20; BeckOK KostR/*Toussaint* (2024), GKG § 48 Rn. 28; MünchKomm-ZPO/*Micklitz/Rott* (2022), UKlaG § 5 Rn. 47.

besonders umstrittenen verallgemeinerungsfähigen Rechtsfrage mit großer wirtschaftlicher Tragweite, wird von dieser Bewertung abgewichen.[1053]

Diese Streitwertfestsetzung ähnelt weitestgehend dem Verfahren der Streitwertfestsetzung von Verbandsklageverfahren nach dem Bundesnaturschutz beziehungsweise dem Umweltrechtsbehelfsgesetzes. Aufgrund europarechtlicher Vorgaben darf das Verbandsklageverfahren nach dem Umwelt-Rechtsbehelfsgesetz nicht übermäßig teuer sein (Art. 11 Abs. 4 UVP-RL und Art. 25 Abs. 4 IE-RL), weil der Kläger nicht aufgrund zu hoher Kosten vor der Anstreben eines Verfahrens zurückschrecken darf.[1054] Daher ist bei der Streitwertfestsetzung Zurückhaltung geboten.[1055] Einbezogen werden kann, ob neben der Verletzung des Beteiligungsrechts des Verbands auch materielle Gründe geltend gemacht werden und ob neben den altruistischen Interessen noch weitere Ziele verfolgt werden.[1056] Zu berücksichtigen ist auch, ob der Verband in Kenntnis der Prozessführung die Bildung von Rücklagen unterlassen hat und die Möglichkeit einer Steigerung der Einnahmen besteht.[1057] Das Bundesverwaltungsgericht setzt den Streitwert zumeist zwischen EUR 15.000 und EUR 30.000 fest.[1058] Anhand der Rechtsprechung hat die Streitwertkommission den Streitwertkatalog 2013 entwickelt, an dem sich die Praxis der Verwaltungsgerichte orientiert. Allerdings ist dieser nicht normativ verbindlich.

Die Methoden der Streitwertbestimmung bei Verbandsklagen nach dem Unterlassungsklagegesetz und dem Bundesnaturschutz beziehungsweise dem Umweltrechtsbehelfsgesetzes sind für das Verbandsklageverfahren nach dem Antidiskriminierungsgesetz am geeignetsten. Sie werden dem Interesse an der Funktionalität der Verbandsklagebefugnis im Antidiskriminierungsrecht am besten gerecht, weil sie das Kostenrisiko der Verbände berücksichtigen.

[1053] Vgl. BGH, Beschl. v. 05.02.2015 – I ZR 106/14 – NJOZ 2015, 857; MünchKomm-ZPO/*Micklitz/Rott* (2022), UKlaG § 5 Rn. 47.

[1054] Landmann/Rohmer UmweltR/*Fellenberg/Schille* (2024), UmwRG § 2 Rn. 70.

[1055] Landmann/Rohmer UmweltR/*Fellenberg/Schille* (2024), UmwRG § 2 Rn. 71.

[1056] Landmann/Rohmer UmweltR/*Fellenberg/Schille* (2024), UmwRG § 2 Rn. 72.

[1057] OVG Münster, Beschl. v. 30.04.2008 – 8 D 20/08.AK – DVBl 2008, 1139 (Ls.); Landmann/Rohmer UmweltR/*Fellenberg/Schille* (2024), UmwRG § 2 Rn. 73.

[1058] Siehe die umfangreichen Nachweise der Rechtsprechung der Senate in BVerwG, Beschl. v. 31.01.2006 – 4 B 49.05 – NVwZ 2006, 823 (829); Landmann/Rohmer UmweltR/*Fellenberg/Schille* (2024), UmwRG § 2 Rn. 72.

Anders als im Wettbewerbsrecht sind im Antidiskriminierungsrecht nach der hier vertretenen Ansicht keine Mitbewerber der Zuwiderhandelnden anspruchsberechtigt. Die Antidiskriminierungsverbände, der Betriebsrat und die Gewerkschaft werden in den seltensten Fällen aufgrund einer wirtschaftlichen Motivation klagen. Es entspricht daher vielmehr dem kollektiven Interesse, den Verbänden den Zugang zur Klage eher zu erleichtern als zu erschweren. Das entspricht auch Artikel 20 der Verbandsklagerichtlinie, nach der die Mitgliedstaaten beispielsweise durch eine Begrenzung der Gerichtsgebühren sicherzustellen haben, dass die Kosten einer Verbandsklage die Verbände nicht von deren Erhebung abhalten.[1059] Die Ermessensentscheidung des Gerichts ermöglicht es zugleich, eine starke eigene organisationspolitische oder wirtschaftliche Motivation der Verbände bei der Streitwertfestlegung zu berücksichtigen.

Zusätzlich kann auf das individuelle Prozesskostenetat des jeweiligen Verbands mit der Möglichkeit einer Streitwertbegünstigung nach dem Vorbild des (§ 5 UKlaG i.V.m.) § 12 Abs. 3 UWG und des § 166 VwGO i.V.m. § 116 Abs. 1 Nr. 2 ZPO eingegangen werden.[1060] Die Verbände, die mit den Prozesskosten nach dem vollen Streitwert derart belastet sind, dass ihre wirtschaftliche Lage erheblich gefährdet ist, könnten vor erheblichen Kosten geschützt werden, sodass ihre Klagebereitschaft nicht beeinträchtigt wird.[1061] Das trägt gleichzeitig dem Anspruch auf Gewährleistung eines effektiven Rechtsschutzes aus Art. 2 Abs. 1 i.V.m. Art. 20 Abs. 3 GG sowie aus Art. 6 Abs. 1 Satz 1 EMRK Rechnung.[1062]

2. *Unterstützung bei der Kostentragung*

Weiterhin sollte in Betracht gezogen werden eine Prozessfinanzierung wie nach § 4 Abs. 2 VDuG und auch § 10 Abs. 6 UWG zuzulassen, die die Verbände von dem gesamten Prozess und Kostenrisiko des Verfahrens befreit.[1063] Mit der Prozessfinanzierung kann sichergestellt werden, dass der kollektive

---

[1059] Ulmer/Brandner/Hensen/*Witt* (2022), § 5 UKlaG, Rn. 72.

[1060] Vgl. zu § 15 BGG Bericht der BReg zum BGG, Evaluierung, BT-Drs. 20/4440, 361 f.

[1061] Zum UWG KBF/*Köhler/Feddersen* (2024), UWG § 12 Rn. 4.17.

[1062] BGH, Beschl. v. 29.11.2018 – I ZR 26/17 – juris Rn. 50; jurisPK-BGB/*Baetge* (2023), § 5 UKlaG Rn. 46

[1063] Vgl. Musielak/Voit/*Stadler* (2024), VDuG § 4 Rn. 4.

Rechtsschutz funktioniert, weil die Finanzierung solide ist.[1064] Schon in der Vergangenheit waren viele Verbandsklagen angesichts begrenzter Budgets nur möglich mit der Unterstützung externer Prozessfinanzierer.[1065] Die Prozessfinanzierung durch einen Dritten kann außerdem in wirtschaftlicher Hinsicht die „Waffengleichheit" zu dem beklagten, finanziell meist deutlich besser ausgestatteten Unternehmen herstellen. Die Prozessfinanzierung kann den Verbänden ermöglichen, mehr als nur wenige ausgewählte Fälle vor Gericht zu bringen, also den Zugang zur Justiz zu erleichtern.[1066] Gleichzeitig müsste dem Missbrauch der Prozessfinanzierung vorgebeugt werden. Zum Beispiel müsste das Gericht bei ernsthaften Zweifeln an der Zulässigkeit der Verbandsklage wegen der Finanzierung der Klage, die Offenlegung der Herkunft der Finanzierungsmittel sowie die mit finanzierenden Dritten getroffene Vereinbarung verlangen dürfen (vgl. § 4 Abs. 3 VDuG).

Bevorzugen ist jedoch die Einrichtung eines staatlichen Prozesskostenfonds,[1067] weil ein solcher den Zugang zum Recht wie die Prozessfinanzierung erleichtern kann, aber gleichzeitig weniger Missbrauchsgefahren mit sich bringt. Gerechtfertigt werden könnte der staatlich finanzierte Prozesskostenfond mit der Tätigkeit des Verbands im Interesse der Öffentlichkeit. Vorgeschlagen wurde ein Finanzierungsfond bereits im Rahmen der Durchsetzung der Verbraucherverbandsklagerichtlinie.[1068] Verwiesen wird auf Quebec und

---

[1064] Vgl. zum Erfordernis der soliden Finanzierung *Gsell*, BKR 2021, 521 (527).

[1065] Musielak/Voit/*Stadler* (2024), VDuG vor § 1 Rn. 25.

[1066] Musielak/Voit/*Stadler* (2024), VDuG vor § 1 Rn. 25.

[1067] Vgl. zu § 15 BGG Bericht der BReg zum BGG, Evaluierung, BT-Drs. 20/4440, 362; für einen Rechtshilfefond *Lembke*, Kollektive Rechtsmobilisierung gegen digitale Gewalt (2017), S. 34; auch im Rahmen der Verbandsklage des Landesantidiskriminierungsgesetz Berlin wird von einem Zusammenschluss mehrerer Verbände gefordert, einen Rechtshilfefond einzurichten, weil das Kostenrisiko für die Verbände eine Hürde zu der Klageerhebung darstellt, siehe unter: https://www.migrationsrat.de/ein-jahr-landes-antidiskriminierungsgesetz-ladg/ (zuletzt abgerufen am 25.09.2024).

[1068] Musielak/Voit/*Stadler* (2024), VDuG vor § 1 Rn. 26; siehe zu den Gewinnabschöpfungsklagen etwa *Meller-Hannich*, Gutachten (2018), A 88; *Wagner*, Verhandlungen des 66. DJT Bd. I (2006), A 118; *Micklitz/Stadler*, Unrechtsgewinnabschöpfung (2003), 108 f.; *dies.*, Das Verbandsklagerecht in der Informations und Dienstleistungsgesellschaft (Gutachten BMVEL 2005), S. 1343; *Voet*, Georgia Journal of International and Comparative Law 2013, Vol. 41, 433 (469); *Buchner*, Kollektiver Rechtsschutz für Verbraucher in Europa (2015), S. 201; *Stadler*, JZ 2018, 793 (801 f); *Fezer*, Zweckgebundene

Ontario, wo jeweils ein staatlicher Finanzierungsfond zur Unterstützung kollektiver Maßnahmen eingerichtet ist.[1069] Der Finanzierungsfond biete die Möglichkeit einer zweckgebundenen Mittelverwendung und könne zudem Vorkehrungen zur Verhinderung von Missbrauch vorsehen.[1070]

Der Fond könnte von den Verbänden für ein antidiskriminierungsrechtliches Verbandsklageverfahren in Anspruch genommen werden, wenn die Klage hinreichende Erfolgsaussichten hat.[1071] Dabei könnte sich an den Voraussetzungen der Prozesskostenhilfe orientiert werden.[1072]

§ 6 Einzelfallbezogene antidiskriminierungsrechtliche Verbandsklage

A. Dogmatische Einordnung und Verortung der Verbandsklage

Auch das einzelfallbezogene Verbandsklagerecht als Befugnis zur Prozessstandschaft[1073] muss sich in das geltende Rechtsschutzsystem einfügen.[1074] Einzelfallbezogene Verbandsklagerechte befinden sich bereits im öffentlichen Recht in § 14 BGG, § 85 SGB IX und § 9 Abs. 3 LADG und sind somit nicht neu für die deutsche Rechtsordnung.[1075] Wie *Herberger* zutreffend herausgestellt hat, ist eine einzelfallbezogene Verbandsklage für Diskriminierung

Verwendung von Unrechtserlösen und Kartellbußen zur Finanzierung der Verbraucherarbeit (2012), S. 51 ff.; *Woopen*, JZ 2021, 601 (610).

1069 Quebec: „Fonds d'aide aux recours collectifs", abrufbar unter: https://aqpv.ca/ressources/indemnisation-et-aide-financiere/fonds-daide-aux-actions-collectives/ (zuletzt abgerufen am 25.09.2024); Ontario: „Access to Justice Funds", abrufbar unter: https://lawfoundation.on.ca/apply/access-to-justice-fund/ (zuletzt abgerufen am 25.09.2024); *Stadler*, JZ 2018, 793 (802); *Woopen*, JZ 2021, 601 (610); Musielak/Voit/*Stadler* (2024), VDuG vor § 1 Rn. 26.

1070 Vgl. *Fezer*, Zweckgebundene Verwendung von Unrechtserlösen und Kartellbußen zur Finanzierung der Verbraucherarbeit (2012), S. 51.

1071 So vorgeschlagen für die allgemeine Verbandsklage nach § 15 BGG, Bericht der BReg zum BGG, Evaluierung, BT-Drs. 20/4440, 170, 361 f.

1072 So vorgeschlagen für die allgemeine Verbandsklage nach § 15 BGG, Bericht der BReg zum BGG, Evaluierung, BT-Drs. 20/4440, 170, 361 f.

1073 S.o. § 3 B. II.

1074 Siehe unter § 5 A. I.

1075 S.o. § 3 B. II.

im privatrechtlichen Bereich und aufgrund der weiteren Merkmale des § 1 AGG nur kohärent.[1076]

Es befinden sich zudem bereits Regelungen der gesetzlichen Prozessstandschaft im Zivilrecht.[1077] Bei diesen wird unterschieden zwischen der Prozessführung kraft Amtes, der Prozessführung kraft prozessrechtlicher Ermächtigung und der Prozessführung kraft materiellrechtlicher Ermächtigung.[1078] Systematisch ist die Prozessstandschaft der Verbände im Antidiskriminierungsrecht nach den zivilprozessualen Grundsätzen am ehesten als Prozessführung kraft prozessrechtlicher Ermächtigung einzustufen, weil die Verbände den Rechtsstreit ohne Aktivlegitimation in Prozessführungsbefugnis führen (vgl. § 265 ZPO und § 407 Abs. 2 BGB).[1079] Eine einzelfallbezogene Verbandsklage im Antidiskriminierungsgesetz würde sich daher in das geltende Rechtsschutzsystem einfügen. Sie kann im vierten Abschnitt des Antidiskriminierungsgesetzes als eigenständige Befugnis in § 23 AGG („Unterstützung durch Antidiskriminierungsverbände") verortet werden. Mit der Eingliederung in § 23 AGG wäre sie systematisch sowohl für die Ansprüche des zweiten als auch für die Ansprüche des dritten Abschnitts anwendbar. Ihre Wirkung für den zweiten und dritten Abschnitt sollte dennoch gesetzlich festgelegt werden.

B. Klagegegenstand

Die einzelfallbezogene Verbandsklage zeichnet aus, dass der Verband in Prozessstandschaft die Rechte des individuell Betroffenen geltend macht. Sie bezieht sich nicht auf den Schutz der Allgemeinheit, sondern auf die konkrete Rechtsverletzung des Merkmalsträgers i.S.d. § 1 AGG.[1080] Dieser überträgt sein Klagerecht auf den Verband, weshalb das Klagerecht des Verbands reicht nicht weiter als das des von Diskriminierung Betroffenen.[1081] Somit richtet sich der Klagegenstand – wie auch der Klagegenstand der einzelfallbezogenen Verbandsklagen des § 14 BGG, des § 85 SGB IX und des § 9 Abs. 3

[1076] *Herberger*, RdA 2022, 220 (227).

[1077] Zum Beispiel § 80 InsO; § 265 ZPO; § 2039 BGB.

[1078] Siehe Zöller/*Althammer* (2024), ZPO Vorb. zu §§ 50–58, Rn. 19 ff.

[1079] Vgl. Zöller/*Althammer* (2024), ZPO Vorb. zu §§ 50–58, Rn. 20.

[1080] Vgl. *Köhler*, ZfSH/SGB 2010, 19 (24).

[1081] Vgl. zu § 14 BGG Kossens/von der Heide/Maaß/*Ritz* (2023), BGG § 14 Rn. 20; jurisPK-SGB IX/*Schlette* (2023), SGB IX § 85 Rn. 25.

LADG – nach dem Individualanspruch des Diskriminierungsopfers aus dem Antidiskriminierungsgesetz. Klagegenstand können daher alle Individualansprüche aus dem Antidiskriminierungsgesetz sein.

Es ist zu erwägen, ob auch Ansprüche derjenigen Benachteiligten von einem Verband geltend gemacht werden können, die aufgrund einer drohenden Behinderung benachteiligt werden. Das wurde hinsichtlich der Befugnis nach § 14 BGG vom Gesetzgeber ausgeschlossen; mit dem SGB IX sollte keine „generelle Gleichstellung der von Behinderung bedrohten mit den behinderten Menschen [erfolgen]".[1082] Im Antidiskriminierungsrecht kann jedoch eine Gleichstellung der von Behinderung bedrohten und den von einer Behinderung betroffenen Menschen erfolgen. Das Argument des Gesetzgebers, eine generelle Gleichstellung der der von Behinderung bedrohten mit den behinderten Menschen sei nicht möglich, da eine Reihe von Leistungen und sonstigen Hilfen nur bei eingetretener Behinderung erbracht werden,[1083] kann im Antidiskriminierungsrecht nicht vorgebracht werden. Mit den Vorschriften des Antidiskriminierungsrechts würde den von Behinderung bedrohten Menschen keine gesetzlichen Leistungsansprüche aus dem Sozialgesetzbuch, sondern das Recht auf Gleichbehandlung zu Nicht-Merkmalsträgern zugesprochen werden. Einzelne Leistungen des Sozialgesetzbuches könnten weiterhin nur bei Eintritt einer Behinderung erbracht werden.[1084] An der Rechtsposition der von Behinderung bedrohten Menschen im Hinblick auf die Leistungsansprüche des Sozialgesetzbuches würde die Gleichstellung mit Menschen mit Behinderung daher nichts ändern.[1085]

Es ist angebracht, auch die von Behinderung bedrohten Menschen, wie chronisch erkrankte Menschen[1086], durch das Antidiskriminierungsgesetz

---

[1082] Begründung des § 2 SGB IX-E, BT-Drs. 14/5074, 98; Kossens/von der Heide/Maaß/*Schörnig* (2023), SGB IX § 85 Rn. 2.

[1083] Begründung des § 2 SGB IX-E, BT-Drs. 14/5074, 98; BeckOK SozR/*Niedermeyer* (2024), SGB I § 10 Rn. 17.

[1084] BeckOK SozR/*Jabben* (2024), SGB IX § 2 Rn. 9.

[1085] BeckOK SozR/*Jabben* (2024), SGB IX § 2 Rn. 9; anders Begründung zu § 2 SGB IX-E, BT-Drs. 14/5074, 98.

[1086] Kossens/von der Heide/Maaß/*Schörnig* (2023), SGB IX § 85 Rn. 2.

besonders zu schützen.[1087] Zudem sind auch sie auf die Unterstützung durch Antidiskriminierungsverbände in der Verfahrensführung angewiesen. Ihnen können die gleichen Hindernisse beim Zugang zum Recht entgegenstehen, wie Menschen, die bereits von einer Behinderung betroffen sind.[1088]

C. Klagebefugnis

I. Ermächtigungsvorbehalt

Die Prozessführungsbefugnis des Verbands muss unter dem Vorbehalt der ausdrücklichen Ermächtigung des Einzelnen stehen.[1089] Die ausdrückliche Ermächtigung stellt sicher, dass eine Bevormundung des Diskriminierungsopfers vermieden wird, indem dem Diskriminierungsopfer die Wahl bleibt, selbst den Prozess zu führen.[1090] Mit dem Erfordernis der ausdrücklichen Ermächtigung ist die konkludente Ermächtigung[1091] und die Ersetzung der Ermächtigung durch den vorbehaltlosen Beitritt zu einem Verband, dessen Satzung den Verband zur gerichtlichen Geltendmachung bestimmter Individualrechte seiner Mitglieder berechtigt, ausgeschlossen.[1092] Es ist jedoch nicht erforderlich, dass derjenige Mensch mit Behinderung, der behauptet, von einer Rechtsverletzung betroffen zu sein und sich an einen Verband wendet, Mitglied dieses Verbands ist.[1093] Damit würde die Hilfe bei der individuellen Rechtsdurchsetzung zu stark eingegrenzt und Nichtmitglieder ungerechtfertigterweise benachteiligt werden.

[1087] Vgl. zum § 85 SGB IX HK-SGB IX/*Lachwitz* (2010), SGB IX § 63 (a.F.) Rn. 3; SWK-Behindertenrecht/*Hlava* (2022), Verbandsklage Rn. 9; Kossens/von der Heide/Maaß/*Schörnig* (2023), SGB IX § 85 Rn. 2; BeckOK SozR/*Jabben* (2024), SGB IX § 2 Rn. 9.

[1088] Kossens/von der Heide/Maaß/*Schörnig* (2023), SGB IX § 85 Rn. 2.

[1089] So bereits *Scholten*, Diskriminierungsschutz im Privatrecht? (2004), S. 232; *Herberger*, RdA 2022, 220 (227); vgl. *Rädler*, ZRP 1997, 5 (8).

[1090] *Herberger*, RdA 2022, 220 (227); *Scholten*, Diskriminierungsschutz im Privatrecht? (2004), S. 232.

[1091] Anders für die gewillkürte Prozessstandschaft u. a. BGH, Urt. v. 24.08.2016 – VIII ZR 182/15 – NJW 2017, 487 Rn. 18; MünchKomm-ZPO/*Lindacher/Hau* (2020), ZPO vor § 50 Rn. 62.

[1092] Anders für die gewillkürte Prozessstandschaft BGH, Urt. v. 09.05.1967 – I b ZR 59/65 – NJW 1967, 1558; MünchKomm-ZPO/*Lindacher/Hau* (2020), ZPO vor § 50 Rn. 63.

[1093] Vgl. zu § 85 SGB IX Kossens/von der Heide/Maaß/Schörnig (2023), SGB IX § 85 Rn. 4.

Zwar ist die Ermächtigung wie bei der gewillkürten Prozessstandschaft nicht als bürgerlichrechtliches Rechtsgeschäft einzustufen,[1094] jedoch sollten sich Erteilung, Bestand und Mangel der Ermächtigung, vergleichbar zur gewillkürten Prozessstandschaft, im Allgemeinen nach bürgerlichrechtlichen Grundsätzen richten.[1095] Gemäß §§ 182 ff. BGB kann Ermächtigung in Form der Zustimmung oder in Form einer Genehmigung erfolgen.[1096] Eine generelle Erteilung des Einverständnisses sollte nicht möglich sein.[1097] Anders als für die gewillkürte Prozessstandschaft angenommen, sollte die Ermächtigung aber vor Rechtshängigkeit erteilt werden müssen,[1098] weil ansonsten nicht sichergestellt werden kann, dass der Betroffene hinsichtlich seiner Entscheidung, eine Ermächtigung zu erteilen, unter Druck gerät und letztlich bevormundet wird. Mit Widerruf (§ 183 BGB) des Einverständnisses sollte die Klagebefugnis des Verbandes unmittelbar entfallen.[1099] Er sollte (einseitig) mit materiellrechtlicher Wirkung (vgl. § 185 BGB) auch nach Klageerhebung jederzeit[1100] und mit prozessrechtlicher Wirkung (§ 81 ZPO analog) bis zur Einlassung des Beklagten zur Hauptsache zulässig sein.[1101]

Zu klären ist, ob eine schriftliche Einverständniserklärung erforderlich ist, oder ob eine mündliche Erklärung genügt. Während für die Verbandsklage nach § 9 Abs. 3 LADG ein schriftliches Einverständnis erforderlich ist,

---

1094 Vgl. zur gewillkürten Prozessstandschaft (strittig) BGH, Urt. v. 22.12.1988 – VII ZR 129/88 – NJW 89, 1933 mN; Zöller/*Althammer* (2024), ZPO, Vorb. zu §§ 50–58, Rn. 41.

1095 BGH, Urt. v. 27.02.2015 – V ZR 128/14 – NJW 2015, 2425 Rn. 21; Musielak/Voit/*Weth* (2024), ZPO § 51 Rn. 26; Zöller/*Althammer* (2024), ZPO, Vorb. zu §§ 50–58, Rn. 41; MünchKomm-ZPO/*Lindacher/Hau* (2020), ZPO vor § 50 Rn. 62.

1096 Vgl. zum BGG Kossens/von der Heide/Maaß/*Ritz* (2023), BGG § 14 Rn. 18.

1097 Vgl. Zöller/*Althammer* (2024), ZPO, Vorb. zu §§ 50–58, Rn. 41; vgl. zu § 14 BGG Neumann et al./*Winkler* (2023), BGG § 14 Rn. 5; vgl. zu § 85 SGB IX jurisPK-SGB IX/*Schlette* (2023), SGB IX § 85 Rn. 14.

1098 Zur gewillkürten Prozessstandschaft OLG Naumburg, Urt. v. 17.04.2002 – 9 W 8/02 – NJW-RR 2003, 212; Zöller/*Althammer* (2024), ZPO, Vorb. zu §§ 50–58, Rn. 41.

1099 Vgl. LPK-SGB IX/*Dau* (2022), BGG § 14 Rn. 3 mit Verweis auf LPK-SGB IX/*Joussen* (2022), SGB IV § 85 Rn. 12.

1100 Vgl. zur gewillkürten Prozessstandschaft BGH, Urt. v. 27.02.2015 – V ZR 128/14 – NJW 2015, 2425 Rn. 23; *Dötsch*, Anmerkung zu BGH, Urt. v. 17.02.2015 – V ZR 128/14 – ZfIR 2015, 500 (501); *Hoffmann*, ZZP 130 (2017), 403 (421 f); Zöller/*Althammer* (2024), ZPO Vorb. zu §§ 50–58, Rn. 41.

1101 Vgl. zur gewillkürten Prozessstandschaft Zöller/*Althammer* (2024), ZPO Vorb. zu §§ 50–58, Rn. 41.

schweigen § 14 BGG und § 85 SGB IX diesbezüglich. Für das Schriftformerfordernis im Antidiskriminierungsgesetz spricht, dass die Übertragung der Klägerfunktion eine starke Wirkung hat, weil sie dem Betroffenen lediglich den Status als Beigeladenen belässt.[1102] Mit dem Schriftformerfordernis kann erreicht werden, dass das Diskriminierungsopfer sich der Wirkmacht seiner Erklärung stärker bewusst ist. Das Schriftformerfordernis schützt vor Übereilung.[1103] Für das Schriftformerfordernis spricht ebenfalls, dass im Rahmen der gewillkürten Prozessstandschaft die Zivilordnung entsprechend angewendet wird,[1104] sodass bereits eine bloße Prozessvollmacht schriftlich zu erteilen ist (§ 80 Abs. 1 ZPO).[1105] Daher sollte erst recht die Ermächtigung zur Prozessführung dem Schriftformerfordernis unterliegen.

II. Berechtigte Akteure

Grundsätzlich sollten Antidiskriminierungsverbände nach § 23 Abs. 1 AGG berechtigt sein, zur Klage im Namen des Betroffenen ermächtigt zu werden. Die Vertreterinnen und Vertreter der Verbände verfügen über eine besondere Nähe zu den Betroffenen, indem die Verbände im Bereich der Diskriminierung oft den Charakter einer Selbsthilfegruppe haben, in welcher Betroffene anderen Mitgliedern, die sich in einer vergleichbaren Lebenssituation befinden, Unterstützung gewähren.[1106] Dies ermöglicht einen sachnahen Prozess.[1107] Zudem verfügen die Vertreterinnen und Vertreter der Verbände über spezielle Kenntnisse der Rechtslage, die für die Prozessführung nützlich sind.[1108]

Zu klären ist, ob die gleichen oder ähnliche Qualifizierungs und Eintragungsanforderungen an die zur einzelfallbezogenen Verbandsklage befugten Verbände zu stellen sind wie an die anspruchsberechtigten Verbände der allgemeinen Verbandsklage, oder ob für die Klagebefugnis nach dem Vorbild des § 85 S. 1 IX ausreicht, dass der Verband, der die Voraussetzungen

[1102] jurisPK-SGB IX/*Schlette* (2023), SGB IX § 85 Rn. 13.
[1103] MünchKomm-BGB/*Einsele* (2021), BGB § 126 Rn. 1.
[1104] OLG Düsseldorf, Urt. v. 06.10.2016 – I-3 U 31/15; Zöller/*Althammer* (2024), ZPO Vorb. zu §§ 50–58, Rn. 41.
[1105] jurisPK-SGB IX/*Schlette* (2023), SGB IX § 85 Rn. 13.
[1106] Begründung zu § 12 des BGG-E, BT-Drs. 14/7420, 30.
[1107] Begründung zu § 12 des BGG-E, BT-Drs. 14/7420, 30.
[1108] Begründung zu § 12 des BGG-E, BT-Drs. 14/7420, 30.

nach § 23 Abs. 1 AGG erfüllt, seiner Satzung nach von Diskriminierung betroffene Personen vertritt.

Für strenge Qualifizierungsanforderungen und das Eintragungserfordernis nach dem Vorbild des § 14 BGG i.V.m. § 15 Abs. 3 BGG und § 9 Abs. 3 i.V.m. § 10 LADG, die weitestgehend denen der allgemeinen antidiskriminierungsrechtlichen Verbandsklage entsprechen, spricht, dass sichergestellt werden kann, dass die Vertretung durch Verbände wahrgenommen wird, die bereits langjährig tätig sind. Die langjährige Tätigkeit verspricht eine große Expertise sowie die Fähigkeit, Diskriminierungsschutz in sachlicher und personeller Hinsicht zu betreiben.[1109] Dagegen spricht jedoch, dass anders als bei der allgemeinen Verbandsklage, die Verbände nicht aus eigenem Recht, sondern nur in Anbindung an eine Individualrechtsverletzung und mit ausdrücklicher Ermächtigung des Einzelnen klagen dürfen.[1110] Das Diskriminierungsopfer kann mit der Erteilung seiner Ermächtigung über das Tätigwerden des Verbands hinreichend sicherstellen, dass in seinem Interesse gehandelt wird. Außerdem sollte den Betroffenen nicht vorgeschrieben werden, nur die Verbände ermächtigen zu können, die die strengen Qualifizierungsvoraussetzungen erfüllen und in die entsprechende Liste eingetragen sind. Die Ermächtigung der Verbände allein durch ihren Satzungszweck entspricht den Grundsätzen der gewillkürten Prozessstandschaft, wo ein eigenes schutzwürdiges rechtliches Interesse des Prozessstandschafters an der Prozessführung im eigenen Namen ausreicht.[1111]

Somit sollte ausreichen, dass der Verband sich schwerpunktmäßig mit den Belangen der von Diskriminierung betroffenen Menschen befasst. Der Satzung sollte also eine Außenwirkung zugesprochen werden.[1112] Bereits durch die Ermächtigung des Betroffenen kann sichergestellt werden, dass der Verband nicht missbräuchlich aufgrund eigener oder fremder Interessen tätig wird. Außerdem gewährleistet die Mindestmitgliederzahl nach § 23 Abs. 1 S. 2

1109 *Scholten*, Diskriminierungsschutz im Privatrecht? (2004), S. 233.

1110 *Kocher*, ZEuP 2004, 260 (270).

1111 So u. a. BGH, Urt. v. 27.11.2020 – V ZR 71/20 –, ZWE 2021, 229 Rn. 10; Zöller/*Althammer* (2024), ZPO Vorb. zu §§ 50–58, Rn. 40.

1112 *Kocher*, ZEuP 2004, 260 (268).

AGG ein Mindestmaß an Ernsthaftigkeit und sozialem Gewicht des einzelnen Verbandes.[1113] Als Vorbild kann § 85 S. 1 SGB IX herangezogen werden.

Die „Selbstermächtigung durch Satzungen"[1114] ermöglicht die Prozessführung von Gewerkschaften, was zu begrüßen ist. Zwar vertreten Gewerkschaften als Arbeitnehmerorganisationen die allgemeinen Interessen der Arbeitnehmer und setzen sich nicht schwerpunktmäßig für die Interessen der von Diskriminierung betroffenen Arbeitnehmern ein,[1115] das sollte die Klagebefugnis der Gewerkschaften aber nicht verhindern. Es sollte ausreichen, dass sich die Gewerkschaften ihrer Satzung nach *auch* für Arbeitnehmer, die von Diskriminierung betroffen sind, einsetzen.[1116] Gewerkschaften haben eine größere Betriebsnähe als die Antidiskriminierungsverbände in arbeitsrechtlichen Diskriminierungsfragen und verfügen aufgrund ihrer Parteifähigkeit in bestimmten Fällen über eine gewisse Prozesserfahrung.[1117] Für die Klagebefugnis der Gewerkschaften spricht zudem die Anerkennung ihrer Klagebefugnis im Rahmen von § 15 Abs. 3 BGG und ihre guten finanziellen und personellen Ressourcen.[1118]

Weiter muss geregelt werden, dass eine Beteiligung des Verbands selbst am Prozess nicht vorliegen darf (vgl. § 9 Abs. 2 S. 1 LADG; § 14 S. 1 BGG; § 85 S. 1 SGB IX). Das umfasst Rollen als Kläger, Beklagter oder Beigeladener und Prozessvertreter eines anderen Beteiligten,[1119] sodass eine Doppelrolle des Verbandes und somit eine Interessenkollision verhindert werden kann.[1120] Eine Doppelrolle der Verbände liegt auch vor, wenn sie neben der Prozessbeteiligung Prozessziele verfolgen, die von denen des Rechtsgutsträgers abweichen.[1121] Das darf aber nicht schon der Fall sein, wenn der klagende Verband eigene Gründe mit der Prozessstandschaft verfolgt und

---

1113 jurisPK-BGB/*Overkamp* (2023), AGG § 23 AGG Rn. 7; ErfK/*Schlachter* (2024), § 23 Rn. 2; vgl. Däubler/Beck/*Beck* (2022), AGG § 23 Rn. 19.

1114 *Kocher*, ZEuP 2004, 260 (268).

1115 Vgl. zu § 85 SGB IX jurisPK-SGB IX/*Schlette* (2023), SGB IX § 85 Rn. 20.

1116 Vgl. *Köhler*, ZfSH/SGB 2010, 19 (25).

1117 *Raasch*, ZESAR 2005, 209 (211); *Herberger*, RdA 2022, 220 (228).

1118 S.o. § 5 D. I.

1119 LPK-SGB IX/*Dau* (2022), BGG § 14 Rn. 3; *Köhler*, ZfSH/SGB 2010, 19 (24).

1120 LPK-SGB IX/*Dau* (2022), BGG § 14 Rn. 3.

1121 Vgl. *Köhler*, ZfSH/SGB 2010, 19 (25).

Vorteile aus der Klage zieht.[1122] Dies würde entgegen dem Zweck der einzelfallbezogenen Verbandsklage laufen, die eine bessere Durchsetzung des Antidiskriminierungsrechts herbeiführen soll.[1123]

D. Klagegegner

Da der Klagegenstand sich nach dem Individualanspruch des Diskriminierungsopfers aus dem Antidiskriminierungsgesetz richtet, kommen als Klagegegner Leistungserbringer, Arbeitgeber oder sonst potenzielle Vertragspartner in Betracht.

E. Ausschlussfrist

Die Individualansprüche des Antidiskriminierungsgesetzes müssen grundsätzlich innerhalb von zwei Monaten nach Kenntniserlangung über die Benachteiligung geltend gemacht werden (§ 15 Abs. 4 AGG und § 21 Abs. 5 AGG),[1124] ansonsten erlischt das Recht.[1125]

Die kurzen Ausschlussfristen stehen stark in der Kritik. Die Unabhängige Beauftragte der Antidiskriminierungsstelle des Bundes sowie das Bündnis „AGG Reform-Jetzt" fordern eine Verlängerung der Frist auf mindestens 12 Monate.[1126] Die Kritik ist angemessen. Die zweimonatige Frist erlaubt den Betroffenen zeitlich kaum, sich über die Möglichkeiten der Rechtsdurchsetzung zu informieren, den richtigen Rechtsbeistand zu suchen und die Tatsachen zu erforschen, die eine Diskriminierung überwiegend wahrscheinlich erscheinen lassen. Sie werden unter den Druck der schnellen Klageaktivität gestellt. Zudem erschwert die meist eskalierend wirkende Klage innerhalb

---

[1122] Vgl. VGH München, Beschl. v. 17.11.2004 – 12 CE 04.1580 – JZ 2005, 517 (m. Anm. Kocher); Kossens/von der Heide/Maaß/*Ritz* (2023), BGG § 14 Rn. 19; *Köhler*, ZfSH/SGB 2010, 19 (25).

[1123] Vgl. *Köhler*, ZfSH/SGB 2010, 19 (25).

[1124] BAG, Urt. v. 15.03.2012 – NZA 2012, 910 Rn. 55; ErfK/*Schlachter* (2024), AGG § 15 Rn. 17.

[1125] Vgl. BGH, Urt. v. 04.03.1993 – IX ZR 138/92 – NJW 1993, 1585; BeckOK BGB/*Wendtland* (2024), AGG § 21 Rn. 31.

[1126] *Ataman*, Jahresbericht (2023), S. 22, Link unter Fn. 3; *Bündnis AGG Reform-Jetzt!*, Mehr Fortschritt wagen heißt auch mehr Antidiskriminierung wagen! (2023), S. 10, Link unter Fn. 20.

von zwei Monaten nach Kenntnis der Benachteiligung außergerichtliche Lösungen.[1127]

Mit Einführung der Befugnis der Antidiskriminierungsverbände und Gewerkschaften zur Prozessstandschaft sollten die Ausschlussfristen nach § 15 Abs. 4 AGG und § 21 Abs. 5 AGG verlängert werden. Damit wird die individuelle Rechtsdurchsetzung – sei es durch die Verbände oder durch die Individuen selbst – deutlich erleichtert. Die Forderung des Bündnisses „AGG Reform-Jetzt" von einer Zwölfmonatsfrist scheint angebracht. Zwölf Monate sind verhältnismäßig angesichts der Schwierigkeiten im Hinblick auf Identifizierung der Diskriminierung, der Willensbildung zur Klageerhebung und den belastenden Umständen im Rahmen eines Verfahrens für den Einzelnen. Das Bedürfnis, den Betroffenen die Rechtsdurchsetzung zugänglich zu machen, überwiegt dem Bedürfnis, die bürokratischen Anforderungen der Arbeitgeber zu erleichtern, die alle Dokumentationen aus dem bis zum Ablauf der üblichen Verjährungsfrist von drei Jahren aufbewahren zu müssen.[1128] Zudem werden außergerichtliche Lösungen ermöglicht.

Auch in anderen Ländern sehen die Antidiskriminierungsgesetze eine längere Frist vor. In Griechenland und Lettland gilt im Beschäftigungskontext eine Frist von drei Monaten, während in Dänemark das Gesetz gar keine Ausschlussfrist vorsieht.[1129]

F. Prozessuales

I. Allgemein

Die Verfahrensvoraussetzungen der einzelfallbezogenen Verbandsklage im Antidiskriminierungsrecht stimmen grundsätzlich mit den Voraussetzungen überein, die bei der diskriminierten Person vorliegen müssen, sollten sie persönlich Klage erheben.[1130] Die Verbandsklagebefugnis als Vorschrift des Prozessrechts modifiziert und ergänzt die für den konkreten Rechtsstreit jeweils

---

[1127] *Bündnis AGG Reform-Jetzt!*, Mehr Fortschritt wagen heißt auch mehr Antidiskriminierung wagen! (2023), S. 10, Link unter Fn. 20.

[1128] Zur Begründung der kurzen Frist siehe Begründung zu § 15 AGG RegE AGG, BT-Drs. 16/1780, 38; ErfK/*Schlachter* (2024), AGG § 15 Rn. 16.

[1129] *Chopin/Germaine*, A comparative analysis of nondiscrimination law (2023), S. 78.

[1130] Vgl. zum SGB IX LPK-SGB IX/*Joussen* (2022), SGB IX § 85 Rn. 7; zum LADG LADG-E, Drs. 18/1996, 35.

einschlägige Prozessordnung.[1131] Als besondere Sachurteils und Prozessvoraussetzung fordert die Prozessstandschaft die Ermächtigung desjenigen, in dessen Namen die Klage erhoben wird.[1132] Diese muss sich aber nur auf die Klageerhebung an sich beziehen. Einzelne Prozesshandlungen des Verbands, mit denen der Betroffene nicht einverstanden ist, sind daher dennoch wirksam.[1133] Der Verband handelt durch seine satzungsmäßigen Organe, wobei er einen Rechtsanwalt oder sonstigen Prozessbevollmächtigten beauftragen kann und gegebenenfalls muss (vgl. 79 Abs. 1 S. 2, Abs. 2 ZPO; § 11 Abs. 1 S. 2, Abs. 2 ArbGG).[1134]

Die Autorinnen und Autoren der zuletzt durchgeführten Evaluierung des Behindertengleichstellungsgesetzes halten es für sinnvoll, § 67 Abs. 2 Nr. 6 VwGO an § 73 Abs. 2 S. 2 Nr. 8 SGG anzupassen, um die Prozessstandschaft von Verbänden bei den Verwaltungsgerichten zu erleichtern.[1135] Es solle klar geregelt werden, dass die Verbände als solche durch ihre eigenen Beschäftigten bei den Verwaltungsgerichten postulationsfähig sind.[1136] Entsprechendes kann für § 79 Abs. 2 S. 2 ZPO angeführt werden, um verfahrensrechtlich Klarheit für den Prozessbeteiligten und dem zuständigen Gericht zu schaffen.

II. Vorprozessuale Handlungen

Die Beschwerdemöglichkeit von Beschäftigten nach § 13 Abs. 1 AGG enthält keinen eigenständigen Abhilfeanspruch und das Arbeitsgericht ist rechtlich nicht an die Entscheidung der Beschwerdestelle gebunden.[1137] Die Durchführung der Beschwerde kann nach der Gesetzesbegründung lediglich Grundlage für Maßnahmen des Arbeitsgerichts nach § 12 AGG[1138] als auch für

[1131] Vgl. zu § 85 SGB IX jurisPK-SGB IX/*Schlette* (2023), SGB IX § 85 Rn. 8.

[1132] Siehe § 6 C. I, vgl. zum BGG Neumann et al./*Winkler* (2024), BGG § 14 Rn. 6; zum SGB IX jurisPK-SGB IX/*Schlette* (2023), SGB IX § 85 Rn. 17; zum LADG Begründung zu § 10 LADG-E, Drs.18/1996, 35.

[1133] Zu § 63 SGB IX (a.F.) *Köhler*, ZfSH/SGB 2010, 19 (24).

[1134] Vgl. zu § 85 SGB IX jurisPK-SGB IX/*Schlette* (2023), SGB IX § 85 Rn. 25.

[1135] Bericht der BReg zum BGG, Evaluierung, BT-Drs. 20/4440, 180.

[1136] Bericht der BReg zum BGG, Evaluierung, BT-Drs. 20/4440, 180.

[1137] Erman BGB/*Riesenhuber* (2023), AGG § 13 Rn. 8.

[1138] Ggf. unter erleichterten Voraussetzungen, BAG, Urt, v. 19.04.2012 – 2 AZR 258/11 – NZA-RR 2012, 567; Erman BGB/*Riesenhuber* (2023), AGG § 13 Rn. 8.

weitere Ansprüche der Beschäftigten nach §§ 14, 15 sein.[1139] Damit stellt die Beschwerdemöglichkeit keine sehr wirksame vorprozessuale Handlung für die einzelfallbezogene Verbandsklage dar.

Überlegt werden könnte, das im Rahmen des Verbandsklageverfahrens in Betracht gezogene, aber abgelehnte verpflichtende Schlichtungsverfahren (§ 5 G. II. 2.) für das Individualverfahren und somit auch für die einzelfallbezogene Verbandsklage einzuführen. Dagegen spricht jedoch neben der geringen Erfolgsquote der Schlichtungsversuche im Rahmen der Verbandsklage nach § 15 BGG,[1140] dass ein verpflichtendes Schlichtungsverfahren dazu führen könnte, dass sich die Betroffenen in eine Schlichtung gedrängt sehen, obwohl dies nur bedingt ihren Bedürfnissen und Interessen entspricht.[1141] Insbesondere im Fall von sexueller Belästigung am Arbeitsplatz sei eine gütliche Einigung – beziehungsweise Schlichtung – nicht gewünscht und nicht geeignet, den Betroffenen in ihrem Sinne Unterstützung zu leisten.[1142] Von der Einführung eines verpflichtenden Schlichtungsverfahren ist abzusehen.

III. Darlegungs und Beweislast

Grundsätzlich hat der, der sich im Zivilprozess auf eine Benachteiligung beruft, (voll) zu beweisen, dass er gegenüber einer anderen Person ungünstiger behandelt wurde und nach § 22 AGG Indizien zu beweisen, dass dies wegen eines geschützten Merkmals geschehen ist.[1143] Jedoch muss die Beweiserleichterung nach § 22 AGG, wie im Rahmen der allgemeinen Verbandsklage erläutert,[1144] reformiert werden. Auf die dortigen Ausführungen wird verwiesen. Es muss genügen, dass der Klageberechtigte Tatsachen glaubhaft macht, die das Vorliegen eines Verstoßes gegen das Antidiskriminierungsgesetz überwiegend wahrscheinlich machen. Diese Vermutungsregel kann dazu beitragen, dass Durchsetzungsdefizit der Rechte aus dem Antidiskriminierungsgesetz – unter anderem aufgrund der hohen Anforderungen an

[1139] Begründung zu § 13 RegE AGG, BT-Drs 16/1780, 37; Erman BGB/*Riesenhuber* (2023), AGG § 13 Rn. 8.

[1140] Siehe § 5 G. II. 2.

[1141] *Berghahn/Klapp/Tischbirek*, Evaluation des AGG (2016), S. 119.

[1142] *Berghahn/Klapp/Tischbirek*, Evaluation des AGG (2016), S. 119.

[1143] S.o. § 1 A. I. und § 5 G. III. 1. a).

[1144] S.o. § 5 G. III. 1. a)

den Beweis einer Diskriminierung nach § 22 AGG – kompensiert wird.[1145] Außerdem sollte ein Auskunftsanspruch der Betroffenen gegen den Zuwiderhandelnden eingeführt werden.[1146]

Die besondere Beweislastverteilung, die hinsichtlich Normtatsachen in den allgemeinen Verbandsklageverfahren für erforderlich erachtet wird,[1147] ist für das Individualverfahren nicht angebracht. Dem Individuum fehlt die Sachnähe, anders als einem Verband im Streit um eine Diskriminierung mit überindividueller Bedeutung gerade nicht. Die Indiztatsachen befinden sich in dessen Sphäre und sind demnach erbringbar. Ein Auskunftsanspruch sollte generell eingeführt werden.[1148]

IV. Verbot der missbräuchlichen Geltendmachung

Wie bei den einzelfallbezogenen Verbandsklagen des Behindertengleichstellungsgesetzes, des Neunten Sozialgesetzbuches und des Landesantidiskriminierungsgesetzes Berlin ist nicht erforderlich, dass explizit ein Verbot der missbräuchlichen Geltendmachung der einzelfallbezogenen Verbandsklage geregelt wird, weil der Verband nur mit Ermächtigung des Betroffenen gerichtlich tätig werden darf. Einer Interessenkollision von eigenen Interessen des Verbandes und der Person, dessen Recht geltend gemacht wird, wird bereits dadurch begegnet, dass der Verband nicht selbst am Verfahren beteiligt sein darf.[1149] Eigennützige Motive und Vorteile des Verbands bei der Prozessführung müssen jedoch unbeachtlich bleiben.[1150]

G. Schutz vor Viktimisierung

In Deutschland ist lediglich im Bereich der Beschäftigung durch § 16 AGG ein Maßregelungsverbot statuiert, was den einzelnen Beschäftigten davor schützt, durch die Ausübung seiner Rechte benachteiligt – also viktimisiert – zu

---

[1145] Begründung des LADG-E, Drs. 18/1996, 16 f.

[1146] S.o. § 5 G. III. 1. b). bb).

[1147] S.o. § 5 G. III. 1. b).

[1148] S.o. § 5 G. III. 1. b) bb)

[1149] Vgl. zur Interessenkollision bei einer Verbandsklage nach dem SGB IX BayVGH, Beschl. v. 17.11.2004 – 12 CE 04.1580 – JZ 2005, 517 (m. Anm. Kocher) zu § 63 SGB IX (a.F.); zum LADG Begründung zu § 10 LADG-E, Drs. 18/1996, 35.

[1150] S.o. § 6 C. II.

werden.[1151] Das meint insbesondere den Schutz vor einschüchterndem Verhalten und Drangsalierung.[1152]

Art. 9 der europäischen Antirassismusrichtlinie[1153] und Art. 11 der europäischen Richtlinie zur Gleichbehandlung in Beschäftigung und Beruf[1154] legen fest, dass die Mitgliedstaaten die erforderlichen Maßnahmen treffen, um den einzelnen vor Benachteiligungen zu schützen, die als Reaktion auf eine Beschwerde oder auf die Einleitung eines Verfahrens zur Durchsetzung des Gleichbehandlungsgrundsatzes erfolgen. Die Analyse der Antidiskriminierungsvorschriften der Europäischen Länder aus dem Jahr 2023 hat ergeben, dass in den meisten Ländern der Geltungsbereich des Schutzes sogar weiter gefasst ist.[1155] In Italien ist beispielsweise neben dem Kläger auch „jede andere Person" geschützt,[1156] und in Estland[1157] und Polen[1158] umfasst der Schutz sowohl den Kläger als auch diejenigen, die ihn „unterstützen".[1159] Das französischen Gesetz Nr. 2008496 sieht in Arts. 2 und 3 einen besonderen Schutz vor Viktimisierung vor, der für den gesamten Bereich der zivilrechtlichen Rechtsbehelfe bei unmittelbarer oder mittelbarer Diskriminierung gilt, die von den Richtlinien abgedeckt werden, und die den Schutz auf alle Personen ausdehnen, die „in gutem Glauben" über diskriminierendes Verhalten ausgesagt oder es angezeigt haben.[1160]

Im deutschen Antidiskriminierungsgesetz muss der Schutz vor Viktimisierung im deutschen Antidiskriminierungsgesetz nach den Vorgaben der europäischen Richtlinien auf die Bereiche außerhalb der Beschäftigung ausgedehnt werden. Der Schutz vor Viktimisierung der Betroffenen muss auf Personen erweitert werden, die in gutem Glauben über das diskriminierende Verhalten ausgesagt oder es angezeigt haben.

1151 BeckOK BGB/*Horcher* (2024), AGG § 16 Rn. 1.
1152 *Benecke*, NZA 2011, 481 (484); BeckOK BGB/*Horcher* (2024), AGG § 16 Rn. 1.
1153 Richtlinie (EU) 2000/43/EG.
1154 Richtlinie (EU) 2000/78/EG.
1155 *Chopin/Germaine*, A comparative analysis of nondiscrimination law (2023), S. 89–91.
1156 Art. 4 des Legislative Decree No. 215/2003 Implementing Directive 2000/43/EC.
1157 Art. 3(6) des Equal Treatment Act.
1158 Art. 17 des Act on the Implementation of Certain Provisions of the European Union in the Field of Equal Treatment.
1159 *Chopin/Germaine*, A comparative analysis of nondiscrimination law (2023), S. 90.
1160 *Chopin/Germaine*. A comparative analysis of nondiscrimination law (2023), S. 90.

H. Kosten des Verfahrens

Das Prozessrisiko und die Verfahrenskosten liegen bei dem Verband, weil der Verband im Namen des Betroffenen dessen Recht geltend macht und somit Prozesspartei wird.[1161] Bei einem Prozessverlust trägt der Verband daher auch die Prozesskosten, soweit das jeweilige Verfahren nicht kostenfrei ist.[1162] Prozesskostenhilfe kann nach Auffassung des Bundesgerichtshofs zur gewillkürten Prozessstandschaft in aller Regel nur gewährt werden, wenn weder der Prozessführer noch der Rechtsinhaber im Stande sind, die Prozessführungskosten aufzubringen.[1163] Damit schränkt das Kostenrisiko die Bereitschaft, die einzelfallbezogenen Verbandsklage zu erheben, wie auch die Bereitschaft zur Erhebung der Individualklage, erheblich ein.[1164]

Die Gerichtskostenfreiheit, die für die allgemeinen Verbandsklagen gelten sollte,[1165] ist auch für die Individualverfahren angebracht. Wie die nach § 183 Abs. 1 SGG privilegierten Personen, sind Diskriminierungsopfer besonders schutzbedürftig. Sie erleiden aufgrund von Merkmalen nach § 1 AGG ungerechtfertigterweise Nachteile gegenüber Nicht-Merkmalsträgern, sodass sie im alltäglichen Leben vor Herausforderungen und teilweise nichtüberwindbaren Hindernissen stehen. Sie sollen nicht zusätzlich mit Gerichtskosten belastet werden. Auch im bulgarischen Antidiskriminierungsgesetz sind alle diskriminierungsrechtlichen Verfahren ausdrücklich von allen Kosten, sowohl staatlichen Gebühren als auch Auslagen, befreit (Artikel 53 und Artikel 75 Absatz 2).[1166]

Ein staatlich finanzierter Prozesskostenfond im Hinblick auf die außergerichtlichen Kosten jedoch abzulehnen. Der Verband wird nicht vordergründig im Interesse der Öffentlichkeit, sondern im Interesse des Einzelnen tätig. Die finanzielle Unterstützung der einzelfallbezogenen Verbandsklage durch einen staatlich finanzierten Fond wäre daher schwerlich zu rechtfertigen.

[1161] Musielak/Voit/*Weth* (2024), ZPO § 51 Rn. 31; jurisPK-SGB IX/*Schlette* (2023), SGB IX § 85 Rn. 25.

[1162] jurisPK-SGB IX/*Schlette* (2023), SGB IX § 85 Rn. 25.

[1163] BGH, Urt. v. 02.10.1987 – V ZR 182/86 – NJW-RR 1988, 126; OLG Hamm, Beschl. v. 14.11.1989 – 7 U 70/89 – NJW 1990, 1053; Musielak/Voit/*Weth* (2024), ZPO § 51 Rn. 31.

[1164] S.o. § 1 B.

[1165] S.o. § 5 K. I.

[1166] *Chopin/Germaine*, A comparative analysis of nondiscrimination law (2023), S. 77.

Ergebnisse

1) Die Durchsetzung der Vorschriften des Antidiskriminierungsgesetzes ist unzureichend. Das System des Individualschutzes stößt an seine Grenzen. Lücken in der Rechtsdurchsetzung entstehen dort, wo Einzelpersonen von einer Klage aufgrund verschiedener Umstände, zum Beispiel aufgrund einer gefühlten Machtlosigkeit, von einer Klage absehen oder in den Fällen, in denen eine Diskriminierung vorliegt, aber kein Betroffener identifiziert werden kann. Die Unterstützungsmöglichkeiten der Antidiskriminierungsverbände, die in § 23 AGG vorgesehen sind, können das Vollzugsdefizit des Antidiskriminierungsrechts nicht beheben. Gleiches gilt für den kollektiven Rechtsbehelf im arbeitsrechtlichen Diskriminierungsrecht (§ 17 Abs. 2 AGG i.V.m. § 23 Abs. 3 BetrVG) sowie für die kollektiven Rechtsbehelfe anderer Rechtsgebiete.
2) Die Einführung einer Verbandsklage im Antidiskriminierungsrecht wird seit langem gefordert. Unklar bleibt jedoch in der Regel, was mit dem Begriff „Verbandsklage“ gemeint ist. Der Begriff bezeichnet eine Vielzahl von Klagebefugnissen von Verbänden. Es existiert nicht „die eine“ Verbandsklage. Wird für das Antidiskriminierungsrecht die Einführung einer Verbandsklage gefordert, ist die gesetzliche Ermächtigung der Verbände zu konkretisieren. Grundsätzlich muss zwischen der allgemeinen Verbandsklage, der einzelfallbezogenen Verbandsklage und der verfahrensrechtlichen Verbandsklage differenziert werden. Als allgemeine Verbandsklagen können die „Verbandsklagen mit materiellrechtlichem Anspruch“ und die „Altruistischen Verbandsklagen“ eingestuft werden, während die „Verbandsklage mit der Möglichkeit zum „Optin“, und die „Einzelfallbezogene Verbandsklage“ als Verbandsklagen mit Einzelfallbezug eingruppiert werden können.
3) In europarechtlicher Hinsicht ist die Einführung eines eigenständigen Verbandsklagerechts bisher nicht verpflichtend für die Mitgliedstaaten. Aufgrund der Entscheidung des Europäischen Gerichtshofs in der Sache „Feryn“ im Jahr 2008 und nachfolgenden Entscheidungen des Gerichtshofes, wonach die Mitgliedstaaten verpflichtet sind, auch „opferlose“ Diskriminierungen wirksam, verhältnismäßig und abschreckend zu sanktionieren, und ein eigenständiges Verbandsklagerecht nicht dem Unionsrecht widerspricht, ist die Einführung eines eigenständigen

Verbandsklagerechts, die in dieser Arbeit als „allgemeine Verbandsklage“ bezeichnet wird, auch im Hinblick auf das Vollzugsdefizit des deutschen Antidiskriminierungsgesetzes und letztlich auch aufgrund des Effektivitätsgrundsatzes nach Art. 4 Abs. 3 EUV europarechtlich angezeigt. Mit einem Urteil aus dem Jahr 2020 hat der Europäische Gerichtshof diese Rechtsprechung bestätigt und präzisiert, indem er feststellte, dass Organisationen ein Klagerecht eingeräumt werden kann, wenn es um Diskriminierung ohne identifizierbares Opfer geht. Die europäischen Richtlinien sehen außerdem die Prozessstandschaft von Verbänden zur Unterstützung der Durchsetzung der Ansprüche aus dem Antidiskriminierungsgesetz mit Einwilligung der Betroffenen vor. Die Prozessrolle der Prozessstandschaft fällt unter die Kategorie der „einzelfallbezogenen Verbandsklage“. Die allgemeine Verbandsklage und die einzelfallbezogene Verbandsklage sind die in Betracht kommenden Befugnisse von Verbänden nach dem Antidiskriminierungsgesetz.

4) Die Untersuchung ausgewählter allgemeiner Verbandsklagen des Unterlassungsklagegesetzes, des Lauterkeitsrechts, des Behindertengleichstellungsgesetzes, des Bundesnaturschutzgesetzes, des Umweltrechtsbehelfsgesetzes und des Landesantidiskriminierungsgesetzes Berlin hat Aufschluss darüber gegeben, dass die Ziele, die mit der Einführung eines eigenständigen Verbandsklagerechts im Antidiskriminierungsrecht angestrebt werden, auch tatsächlich erreicht werden können.
   a) Erstens kann das Ziel, Urteile mit Breitenwirkung zu erwirken, um strukturelle und systematische Diskriminierung zu bekämpfen, erreicht werden, indem die Klage losgelöst von einer individuellen Rechtsverletzung erhoben werden kann. Das ermöglicht, überindividuelle Diskriminierung – wie die überindividuelle Beeinträchtigung von Verbrauchern durch das Verwenden und Empfehlen rechtswidriger Allgemeine Geschäftsbedingungen oder durch andere Verletzungen von Verbraucherschutzgesetzen – mithilfe eines überindividuellen Rechtsschutzinstruments gerichtlich zu verfolgen. Den gruppenbezogenen Benachteiligungsverboten des Antidiskriminierungsgesetzes wird somit ein entsprechendes prozessrechtliches Äquivalent zugeordnet.

b) Zweitens ermöglicht die eigenständige Verbandsklage die Klageerhebung in den Fällen, in denen dem einzelnen Betroffenen der Zugang zum Recht erschwert oder unmöglich ist. Diese Funktion ist insbesondere vergleichbar zu der Funktion der Verbandsklage im Verbraucherschutzrecht, weil beide dem Schutz von „Schwächeren“ im Vertragsverhältnis dienen und ein öffentliches Interesse an der mit der Verbandsklage durchzusetzenden Rechtsordnung besteht. Auch mittelbare Diskriminierung und insbesondere diskriminierende maschinelle Entscheidungen durch künstliche Intelligenz können durch den Verband systematisch geprüft werden. Außerdem ermöglicht die Verbandsklagebefugnis die Verfolgung von Verstößen gegen die Diskriminierungsverbote, die lediglich Bagatellschäden bei den Einzelnen verursachen und bei denen eine individuelle Klage aus wirtschaftlicher Sicht unverhältnismäßig wäre.

c) Drittens ermöglicht das Verbandsklagerecht auch strategische Prozesse. Der Verband kann mit der Klage Ziele verfolgen, die über das Gewinnen des Prozesses hinausgehen, wie die Schaffung von Grundsatzrechtsprechung, das Bewirken von gesetzlichen Änderungen sowie eine andere Auslegung des materiellen Rechts. Die Verbandsklage kann zudem auf soziale und gesellschaftliche Einstellungen durch öffentliche Aufmerksamkeit einwirken.

5) Es ist sachgerecht, allen Merkmalsträgern nach § 1 AGG die Möglichkeit der Prozessstandschaft zu eröffnen und nicht nur Menschen mit Behinderung. Die Prozessstandschaft als einzelfallbezogene Verbandsklage eignet sich, die unzureichende Durchsetzung individueller Rechte – etwa aufgrund des Gefühls der Hilflosigkeit der Betroffenen, des Verfahrensaufwands oder der Kosten – zu verbessern und so eine effektivere Durchsetzung der Diskriminierungsverbote zu ermöglichen. Die Verbandsklagebefugnisse mit Einzelfallbezug nach § 14 BGG, § 85 SGB IX und § 9 Abs. 3 LADG sind ein Beispiel dafür, wie die von den Mitgliedstaaten in den europäischen Richtlinien festgelegten Rechtsmittel zur Unterstützung der Durchsetzung diskriminierungsrechtlicher Vorschriften umgesetzt werden können. Die Verbandsklage mit der Möglichkeit zum Optin nach dem Vorbild der Abhilfeklage nach dem Verbraucherrechtsdurchsetzungsgesetz kommt

für das Antidiskriminierungsrecht hingegen nicht in Betracht, weil nur Diskriminierungsopfer einer gruppenbezogenen Benachteiligung von dem Rechtsmittel profitieren würden und die Verbände vor der Herausforderung stehen, eine abstrakt zu beschreibende Gruppe von Menschen mit gleichartigen Ansprüchen darzulegen.

6) In dogmatischer Hinsicht kann sich die allgemeine Verbandsklagebefugnis, die ein eigenständiges Klagerecht der Verbände vorsieht, in das geltende Rechtsschutzsystem einfügen, indem sie – wie die Verbandsklagerechte des Unterlassungsklagegesetzes, des Wettbewerbsrechts sowie die Antragsbefugnis des Betriebsrats beziehungsweise der Gewerkschaft nach § 17 Abs. 2 AGG – eine Doppelfunktion erfüllt. Die Doppelfunktion besteht darin, dass die Verbände durch das Verbandsklagerecht sowohl aktivlegitimiert als auch zur Prozessführung befugt sind. Damit entspricht die allgemeine antidiskriminierungsrechtliche Verbandsklage dem System des Individualrechtsschutzes der Zivilprozessordnung, wonach nur derjenige klagebefugt ist, der entweder einen eigenen Anspruch geltend macht oder zur Klage im Namen eines anderen bevollmächtigt ist. Zugleich wird berücksichtigt, dass ein privater Verband mit einem privatrechtlichen Mittel im öffentlichen Interesse für die Einhaltung der objektiven Rechtsordnung eintritt.

7) Die allgemeine Verbandsklage muss sowohl im zweiten Abschnitt als auch im dritten Abschnitt des Antidiskriminierungsgesetzes verortet werden, weil sie nicht lediglich ein Rechtschutzmittel darstellt, sondern die Verbände aktivlegitimiert. Die zivilrechtliche allgemeine Verbandsklage kann in § 21 AGG eingegliedert werden. Für die arbeitsrechtliche allgemeine Verbandsklage muss ein gesondertes Recht im zweiten Abschnitt normiert werden. Eine Eingliederung in § 15 AGG ist nicht möglich. Die Vorschrift gemäß § 17 Abs. 2 AGG i.V.m. § 23 Abs. 3 S. 1 BetrVG ist für eine Einbindung des Verbandsklagerechts ebenfalls ungeeignet. Vielmehr wird die Antragsbefugnis nach § 17 Abs. 2 AGG mit der Einführung des weitergehenden und besser zugänglichen Verbandsklagerechts obsolet. Die einzelfallbezogene Verbandsklage sollte dogmatisch als gesetzliche Prozessstandschaft mit Ermächtigungsvorbehalt nach dem Vorbild des § 14 BGG, § 85 SGB IX und § 9 Abs. 3 LADG angeordnet werden. Sie kann als Rechtsschutzinstrument in § 23 AGG eingegliedert werden.

8) Ausgestaltung der allgemeinen antidiskriminierungsrechtlichen Verbandsklage
   a) Mit dem allgemeinen antidiskriminierungsrechtlichen Verbandsklagerecht muss der Anspruch auf Beseitigung und Unterlassung einer Diskriminierung geltend gemacht werden können, wobei ausdrücklich auch der vorbeugende Unterlassungsanspruch umfasst sein muss. Ein Kontrahierungszwang im Rahmen des Beseitigungsanspruchs kommt sowohl bei der arbeitsrechtlichen als auch bei der allgemeinen zivilrechtlichen Verbandsklage nicht in Betracht. Außerdem sollten die Verbände nicht befugt sein, Schadensersatz oder Entschädigungsansprüche geltend zu machen.
   b) Bei den Voraussetzungen des allgemeinen zivilrechtlichen Verbandsanspruchs kann auf die Voraussetzungen des § 21 Abs. 1 AGG und die hierzu entwickelten Auslegungsgrundsätze zurückgegriffen werden. Der arbeitsrechtliche Verbandsklageanspruch sollte wie die Antragsbefugnis nach § 17 Abs. 2 AGG unter der Voraussetzung eines Verstoßes gegen die Vorschriften aus dem zweiten Abschnitt des Antidiskriminierungsgesetzes stehen und nicht lediglich bei einem Verstoß gegen das arbeitsrechtliche Benachteiligungsverbot nach § 7 AGG begründet sein. Auch Benachteiligungen gegenüber leitenden Angestellten und arbeitnehmerähnlichen Personen müssen umfasst sein. Anders als die Antragsbefugnis nach § 17 Abs. 2 AGG muss der Verstoß durch den Arbeitgeber nicht „grob“, also objektiv erheblich und offensichtlich schwerwiegend sein.
   c) Anspruchsberechtigt sollten – auch nebeneinander – die nach § 23 Abs. 1 S. 1 AGG berechtigten Verbände sein. Zivilrechtliche Antidiskriminierungsberatungsstellen sollten nicht über eine Herabsenkung der geforderten Mitgliederanzahl in den Kreis der berechtigten Verbände inkludiert werden. Zu § 23 Abs. 1 S. 1 AGG müssen weitere Qualifizierungsanforderungen und ein Registrierungsverfahren nach dem Vorbild des § 4 Abs. 2 UKlaG, § 10 Abs. 1 LADG und § 15 Abs. 3 S. 2 treten, die sicherstellen, dass der Verband nicht nur gemäß seiner Satzung kollektive ideelle Interessen verfolgen. Nach dem Vorbild des § 2 Abs. 2 S. 1 UmwRG sollten Verbände, die noch nicht in die Registrierungsliste eingetragen sind, aber alle Qualifizierungsvoraussetzungen erfüllen, anspruchsberechtigt und

klagebefugt sein. Außerdem sollte nach dem Vorbild des § 3 Abs. 2 S. 2 UKlaG die Abtretung des Anspruchs an ihrerseits anspruchsberechtigte Verbände möglich sein. Hinsichtlich der arbeitsrechtlichen Verbandsklage muss klargestellt werden, dass auch Gewerkschaften und Betriebsräte anspruchsberechtigt sein können.

d) Die Klagebefugnis sollte nach dem Vorbild des § 9 Abs. 1 LADG eingeschränkt werden, sodass der Klagegegenstand eine überindividuelle Bedeutung haben muss. Die Einschränkung der Klagebefugnis wie nach § 17 Abs. 2 S. 3 AGG, wonach der Antrag ausgeschlossen ist, wenn der Betroffene eine Individualklage erheben kann, ist für die allgemeine antidiskriminierungsrechtliche Verbandsklage hingegen abzulehnen. Etwaige „Veto-Rechte" von Betroffenen sind ebenfalls abzulehnen. Eigene organisationspolitische Zwecke, die die Verbände mit der Klage verfolgen, dürfen die Klagebefugnis nicht einschränken. Die strategische Prozessführung muss möglich sein. Die fehlende Ausübung von Mitwirkungsrechten als Versagungsgrund für die Klagebefugnis, wie sie im Umwelt, Natur und Tierschutzrecht auszufinden ist, kommt im Antidiskriminierungsrecht nicht in Betracht.

e) Passivlegitimiert im antidiskriminierungsrechtlichen Verbandsklageverfahren sind grundsätzlich die Adressaten des arbeitsrechtlichen und des allgemeinen zivilrechtlichen Benachteiligungsverbotes nach § 7 ff. und § 19 ff. des Antidiskriminierungsgesetzes. § 3 Abs. 5 AGG gilt auch für die Verbandsklagen. Damit wird bereits der Anweisung zur Diskriminierung als solche entgegengewirkt. Diskriminierendes Verhalten kann zudem über die §§ 31 (analog) 278, 31 BGB zugerechnet werden. Nach dem Vorbild des § 8 Abs. 2 UWG sollte eine zusätzliche Anspruchsgrundlage und Zurechnungsnorm geschaffen werden, wonach der Unternehmensinhaber beziehungsweise Arbeitgeber für das Handeln seiner Mitarbeiter und Beauftragten haftet, ohne dass er sich entlasten kann.

f) Prozessrechtlich gelten für die zivilrechtliche Verbandsklage im Antidiskriminierungsrecht die Verfahrensvorschriften der Zivilprozessordnung und für die arbeitsrechtliche Verbandsklage das Beschlussverfahren nach §§ 80 ff. ArbGG. Der Verhandlungsgrundsatz ist für die zivilprozessuale antidiskriminierungsrechtliche

Verbandsklage angebracht. Der Prozessvergleich nach der Zivilprozessordnung und dem Arbeitsgerichtsgesetz darf den Verbänden nicht als Dispositionsmöglichkeit zur Verfügung stehen. Außerdem sollte die Zuständigkeit der Oberlandesgerichte für eine größere Wirkung des Urteils angeordnet werden.

g) Statt eines verpflichtenden Schlichtungs oder Beanstandungsverfahrens, wie es im Behindertengleichstellungsgesetz und im Landesantidiskriminierungsgesetz vorgesehen ist, sollte die Befugnis zur Abmahnung als vorprozessrechtliche Handlung geregelt werden. Das Abmahnsystem und der mit einer berechtigten Abmahnung einhergehende Aufwendungsersatzanspruch können grundsätzlich nach dem Vorbild des § 13 Abs. 1 UWG gestaltet werden.

h) In beweisrechtlicher Hinsicht gilt die Beweiserleichterung nach § 22 AGG im Hinblick auf die Benachteiligung aufgrund eines Merkmals nach § 1 AGG, wobei dieser unionsrechtskonform reformiert werden muss. Es muss genügen, dass die Indizien, die eine Diskriminierung aufgrund eines der in § 1 AGG genannten Merkmale vermuten lassen, glaubhaft gemacht werden und nicht wie bisher, der volle Beweis erbracht werden, damit die Beweiserleichterung nach § 22 AGG greift. Hinsichtlich Normtatsachen wie § 3 Abs. 2 AGG muss eine differenzierte Beweislastverteilung je nach Sachnähe der jeweiligen Partei gelten.

i) Es besteht kein Erfordernis für die Einführung eines gesetzlichen Verbots der missbräuchlichen Geltendmachung des Verbandsanspruchs, wie es in § 2c UKlaG und § 8a UWG angeordnet ist.

j) Im Hinblick auf den einzelnen Betroffenen entfaltet ein Verbandsklageurteil zugunsten des Verbands lediglich eine „faktische Bindungswirkung". Eine Einredeklausel nach dem Vorbild des § 11 UKlaG ist abzulehnen. Grundsätzlich können mehrere berechtigte Verbände gegen ein und dieselbe Zuwiderhandlung Klage erheben. Eine Sperrwirkung nach dem Vorbild des § 8 Abs. 1 VDuG sollte bei Klagerhebung durch einen Verband nicht eintreten.

k) Ausschlussfristen nach § 15 Abs. 4 AGG und § 21 Abs. 5 AGG dürfen für die allgemeinen Verbandsklagen nicht gelten. Statt Ausschlussfristen sollten längere Verjährungsfristen gelten. Nach dem Vorbild des § 204a Abs. 1 Nr. 2 BGB sollten die Ausschlussfristen der Individualansprüche durch die Einlegung der Verbandsklage gehemmt werden.

l) Die Verbände sollten nach dem Vorbild des § 5a UKlaG und § 12 VDuG verpflichtet sein, mit Einreichung der Klage über das Verbandsklageverfahren und über dessen Ende zu informieren.

m) Die Kosten des Verbandsklageverfahrens müssen geringgehalten werden. Die Gerichtskosten der allgemeinen zivilrechtlichen Verbandsklage sollten wie bei der arbeitsrechtlichen Verbandsklage entfallen. Der Streitwert sollte, wie im Unterlassungsklagegesetz, von den Gerichten festgesetzt werden, wobei ihnen erlaubt sein muss, das Prozesskostenetat des Verbands zu berücksichtigen. In Betracht zu ziehen ist außerdem die Prozessfinanzierung nach dem Vorbild des § 4 Abs. 2 VDuG und ein staatlich finanzierter Prozesskostenfond, dessen Inanspruchnahme unter der Voraussetzung der hinreichenden Erfolgsaussicht der Klage stehen sollte.

9) Ausgestaltung der einzelfallbezogenen antidiskriminierungsrechtlichen Verbandsklage

a) Die einzelfallbezogene Verbandsklage ermöglicht die Geltendmachung der Rechte von Betroffenen durch einen Antidiskriminierungsverband oder eine Gewerkschaft im eigenen Namen auf Grund der Ermächtigung des Betroffenen (Prozessstandschaft). Das Urteil wirkt für und gegen den Betroffenen als Rechtsinhaber.

b) Der Klagegenstand der einzelfallbezogenen Verbandsklage richtet sich nach dem einklagbaren Anspruch des Betroffenen aus dem Antidiskriminierungsgesetz. Dementsprechend ist derjenige passivlegitimiert, der Adressat der antidiskriminierungsrechtlichen Vorschrift ist. Auch diejenigen, die aufgrund einer drohenden Behinderung benachteiligt werden, sollten von § 1 AGG umfasst und dementsprechend anspruchsberechtigt sein, sodass auch sie bei der gerichtlichen Geltendmachung ihres Anspruchs auf die Prozessstandschaft der Verbände zurückgreifen können.

c) Die Prozessführungsbefugnis des Verbands muss unter dem Vorbehalt der ausdrücklichen Ermächtigung stehen. Die Ermächtigung sollte sich nach §§ 182 ff. BGB richten und schriftlich erfolgen. Der Betroffene muss nicht Mitglied des Verbands sein. Es können die Verbände zur Prozessstandschaft ermächtigt werden, die die

Anforderung in § 23 Abs. 1 AGG erfüllen und nach ihrer Satzung von Diskriminierung betroffene Menschen vertreten. Von strengen Qualifizierungsanforderungen und einem Registrierungsverfahren sollte abgesehen werden. Ausdrücklich muss erlaubt sein, auch Gewerkschaften zur Prozessführung zu ermächtigen. Wie nach § 9 Abs. 2 S. 1 LADG, § 14 S. 1 BGG und § 85 S. 1 SGB IX dürfen nicht die Verbände zur Klage ermächtigt werden, die selbst am Prozess beteiligt sind.

d) Die Ausschlussfristen müssen im Zuge der Einführung der einzelfallbezogenen Verbandsklage auf zwölf Monate angepasst werden.

e) Die Verfahrensvoraussetzungen der einzelfallbezogenen Verbandsklage sind die, die bei der betroffenen Person vorliegen müssen, sollte sie persönlich Klage erheben. Die Ermächtigung zur Prozessstandschaft ist eine besondere Sachurteils und Prozessvoraussetzung. § 79 Abs. 2 ZPO sollte um die Prozessstandschaft von Verbänden und Gewerkschaften ergänzt werden. Ein verpflichtendes Schlichtungsverfahren ist abzulehnen. Die Reform des § 22 AGG erleichtert ebenfalls die Darlegungs und Beweislast der Betroffenen im Individualverfahren und somit die der Verbände als Prozessstandschafter. Der Schutz vor Viktimisierung der Betroffenen, für den Fall, dass sie sich gerichtlich gegen die Benachteiligung persönlich oder in Vertretung eines Verbands wehren, muss nach den europarechtlichen Vorgaben über § 16 AGG hinausgehen und auf den Bereich außerhalb des Arbeitsrechts auf Personen erweitert werden, die in gutem Glauben über das diskriminierende Verhalten ausgesagt oder es angezeigt haben.

f) Der Verband trägt die Kosten des Verfahrens. Die diskriminierungsrechtlichen Verfahren sollten jedoch generell gerichtskostenfrei sein.

Literaturverzeichnis

Hinweis: Das Literaturverzeichnis – einschließlich der Internetquellen – befindet sich auf dem aktuellen Stand (25.09.2024).

Adomeit, Klaus/Mohr, Jochen, Kommentar zum AGG und zu anderen Diskriminierungsverboten, 2. Auflage, Stuttgart 2011

Advisory Committee on the Framework Convention for the Protection of National Minorities, Fünfte Stellungnahme zu Deutschland, angenommen am 03.02.2022, abrufbar unter: https://rm.coe.int/5th-op-germany-de-full-version/1680a6e5ca

Alexander, Christian, Kollektiver Rechtsschutz im Zivilrecht und Zivilprozessrecht, 2009, S. 590–597

Ders., Schadensersatz und Abschöpfung im Lauterkeits und Kartellrecht, Tübingen 2010

Ders., Marktsteuerung durch Abschöpfungsansprüche, JZ 2006, S. 890–895

Amthauer, Ingo, Zu den Auswirkungen des AGG auf die Betriebsverfassung, Baden-Baden 2009

An der Heiden, Iris/Wersig, Maria, Preisdifferenzierung nach Geschlecht in Deutschland Forschungsbericht, Baden-Baden 2017, abrufbar unter: https://www.antidiskriminierungsstelle.de/SharedDocs/downloads/DE/publikationen/Expertisen/expertise_preisdifferenzierung_nach_geschlecht.pdf?__blob=publicationFile&v=6

Annuß, Georg, Das Allgemeine Gleichbehandlungsgesetz im Arbeitsrecht, BB 2006, S. 1629–1636

Antidiskriminierungsstelle des Bundes, Diskriminierung in Deutschland – Erfahrungen, Risiken und Fallkonstellationen. Vierter Gemeinsamer Bericht der Antidiskriminierungsstelle des Bundes und der in ihrem Zuständigkeitsbereich betroffenen Beauftragten der Bundesregierung und des Deutschen Bundestages, Stand: Januar 2023, abrufbar unter: https://www.antidiskriminierungsstelle.de/SharedDocs/downloads/DE/publikationen/BT_Bericht/gemeinsamer_bericht_vierter_2021.html?nn=358222

Ataman, Ferda, Vielfalt, Respekt, Antidiskriminierung. Grundlagenpapier zur Reform des Allgemeinen Gleichbehandlungsgesetzes (AGG), hrsg. von der Antidiskriminierungsstelle des Bundes, Stand: November 2023, abrufbar unter: https://www.antidiskriminierungsstelle.de/SharedDocs/downloads/DE/Sonstiges/20230718_AGG_Reform.html?nn=305458

Axmann, Jochen, Die praktische Bedeutung und Effizienz der Verbandsklage nach §§ 13 ff. AGB-Gesetz, Göttingen 1986

Baetge, Dietmar, Das Recht der Verbandsklage auf neuen Wegen, ZZP 1999, 112. Band, S. 329–351

Balleis, Kristina, Mitwirkungs und Klagerechte anerkannter Naturschutzverbände, Frankfurt am Main 1996

Bartel, Daniel/Kalpaka, Annita, Gut beraten! Auf dem Weg zu einer flächendeckenden Antidiskriminierungsberatung in Deutschland, hrsg. von der Antidiskriminierungsstelle des Bundes, Stand: Januar 2023, abrufbar unter: https://www.antidiskriminierungsstelle.de/SharedDocs/downloads/DE/publikationen/Expertisen/gut_beraten_flaechendeckende_antidiskrimberatung.pdf?__blob=publicationFile&v=9

Bauer, Jobst-Hubertus/Krieger, Steffen/Günther, Jens, Allgemeines Gleichbehandlungsgesetz und Entgelttransparenzgesetz Kommentar, 5. Auflage, München 2018

Bayat, Güray, Doch keine Verbandsklage in Arbeitssachen, NZA 2023, S. 1165–1166

Ders., Die Verbandsklage und das Umsetzungsverfahren, IWRZ 2023, S. 258–265

Bayreuther, Frank, Drittbezogene und hypothetische Diskriminierungen, NZA 2008, S. 986–990

Beck'scher Online-Kommentar zum Kostenrecht → siehe unter *Dörndorfer*

Beck'scher Online-Kommentar zum Grundgesetz → siehe unter *Epping*

Beck'scher Online-Kommentar zum Gesetz gegen den unlauteren Wettbewerb → siehe unter *Fritzsche*

Beck'scher Online-Kommentar zum Umweltrecht → siehe unter *Giesberts*

Beck'scher Online-Kommentar zum Bürgerlichen Gesetzbuch → siehe unter *Hau*

Beck'scher Online-Kommentar zum Arbeitsrecht → siehe unter *Rolfs*

Beck'scher Online-Kommentar zur Zivilprozessordnung → siehe unter *Vorwerk*

Beck'scher Online-Kommentar zum Sozialrecht → siehe unter *Rolfs*

Beigang, Steffen/ Fetz, Karolina/Kalkum, Dorina/Otto, Magdalena, Diskriminierungserfahrungen in Deutschland. Ergebnisse einer Repräsentativ und einer Betroffenenbefragung, 1. Auflage, Stand: Dezember 2017, Baden-Baden 2019 (zit.: *Beigang et al.*, Diskriminierungserfahrungen in Deutschland [2017])

Beigang, Steffen/Boll, Friederike/Egenverger, Vera/Hahn, Lisa/Leidinger, Andreas/Tischbirek, Alexander/Turner, Defne, Möglichkeiten der Rechtsdurchsetzung des Diskriminierungsschutzes bei der Begründung, Durchführung und Beendigung zivilrechtlicher Schuldverhältnisse, Baden-Baden 2021, (zit.: *Beigang et al.*, Möglichkeiten der Rechtsdurchsetzung des Diskriminierungsschutzes [2021])

Bender, Bernd/Sparwasser, Reinhard, Umweltrecht, Grundzüge des öffentlichen Umweltschutzrechts, 2. Auflage, Heidelberg 1990

Benecke, Martina, Umfang und Grenzen des Maßregelungsverbots und des Verbots der „Viktimisierung", NZA 2011, S. 481–486

Berg, Hans, Die Prozeßführungsbefugnis im Zivilprozeß, JuS 1966, S. 461–466

Berghahn, Sabine/Egenberger, Vera/Klapp, Micha/Klose, Alexander/ Liebscher, Doris/Supik, Linda/Tischbirek, Alexander, Evaluation des Allgemeinen Gleichbehandlungsgesetzes erstellt im Auftrag der Antidiskriminierungsstelle des Bundes, Baden-Baden 2016 (zit.: *Berghahn/Klapp/Tischbirek*, Evaluation des AGG [2016])

Besgen, Nicolai/Roloff, Sebastian, Grobe Verstöße des Arbeitgebers gegen das AGG – Rechte des Betriebsrats und der Gewerkschaften, NZA 2007, S. 670–674

Besgen, Nicolai, Die Auswirkungen des AGG auf das Betriebsverfassungsrecht, BB 2007, S. 213–218

Bettermann, Karl, Zur Verbandsklage, ZZP 1972, 85. Band, S. 133–144

Blagojevic, Daniel, Ansprüche mittels Gruppenklage, Baden-Baden 2020

Braunroth, Anna, Die zivilprozessuale Musterfeststellungsklage – ein Instrument zur kollektiven Durchsetzung des AGG?, VuR 2018, S. 455–460

Dies., Repräsentative Kollektivklagen im Antidiskriminierungsvertragsrecht: Eine Untersuchung anhand des Verbraucherrechts und des USamerikanischen Fair Housing Act, Baden-Baden 2021

Brehm, Wolfgang, Die Bindung des Richters an den Parteivortrag und Grenzen freier Verhandlungswürdigung, Tübingen 1982

Britz, Gabriele, Diskriminierungsschutz und Privatautonomie, in: Der Sozialstaat in Deutschland und Europa, hrsg. von Christoph Enders et al., VVDStRL Band 64, Berlin 2005, S. 355–399

Brors, Christiane, Das Allgemeine Gleichbehandlungsgesetz und die Rechte des Betriebsrates zum Schutz von Geflüchteten, die als Leiharbeiter beschäftigt werden, AuR 2019, S. 398–401

Brönneke, Tobias/Willburger, Andreas/Bietz, Sabine (Hrsg.), Verbraucherrechtsvollzug, Zugang der Verbraucher zum Recht, 1. Auflage, Baden-Baden 2020

Bruns, Alexander, Umsetzung der EU-Verbandsklagerichtlinie in deutsches Recht, Tübingen 2022

Ders., Stellungnahme zum Regierungsentwurf eines Gesetzes zur Umsetzung der EU-Verbandsklagenrichtlinie (VRUG), 10.05.2023, abrufbar unter: https://www.bundestag.de/resource/blob/946938/d10a247436b5a47af873e824009820dd/Stellungnahme-Bruns.pdf

Buchner, Jenny, Kollektiver Rechtsschutz für Verbraucher in Europa, Göttingen 2015

Bultmann, Friedrich, 30 Jahre Praxis der AGB-Verbandsklage, Gutachten im Auftrag Verbraucherzentrale Bundesverbandes, Juni 2008, abrufbar unter: https://www.vzbv.de/sites/default/files/downloads/gutachten_30_jahre_verbandsklage_vzbv_2008.pdf

Bultmann, Fritz, Verklagen oder Verhandeln? Frankfurt am Main 1995

Bunge, Thomas, Umwelt-Rechtsbehelfsgesetz Kommentar, 2. Auflage, Berlin 2019 (zit.: Bunge UmwRG/*Bearbeiter*)

Bydlinski, Franz, Zu den dogmatischen Grundfragen des Kontrahierungszwanges, AcP 1980, 180. Band, S. 1–46

Chopin, Isabelle/Germaine, Catharina, A comparative analysis of nondiscrimination law in Europe 2023 – The 27 EU Member States compared, hrsg. von dem Publications Office of the European Union,

2024, abrufbar unter: https://data.europa.eu/doi/10.2838/990418 (zit.: *Chopin/Germaine*, A comparative analysis of nondiscrimination law [2023])

Coen, Martin, Neue EU-Antidiskriminierungs-Richtlinien, AuR 2000, S. 11–12

Consumer Financial Protection Bureau, Data Point: Credit Invisibles, hrsg. von dem CFPB Office of Research, 05.05.2015, abrufbar unter: https://www.consumerfinance.gov/data-research/research-reports/data-point-credit-invisibles/

Cross, Frank B., In Praise of Irrational Plaintiffs, Cornell Law Review 2000, 86. Band, S. 1–32

Dau, Dirk/Düwell, Franz Josef/Joussen, Jacob/Luik, Steffen (Hrsg.), Lehr und Praxiskommentar zum Sozialgesetzbuch IX, 6. Auflage, Baden-Baden 2022 (zit.: LPK-SGB IX/*Bearbeiter* [2022])

Däubler, Wolfgang/Beck, Thorsten (Hrsg.), Allgemeines Gleichbehandlungsgesetz, 5. Auflage, Baden-Baden 2022 (zit.: Däubler/Beck/*Bearbeiter* [2022])

Däubler, Wolfgang/Klebe, Thomas/Wedde, Peter (Hrsg.), Kommentar zum Betriebsverfassungsgesetz, 17. Auflage, Frankfurt am Main 2020 (zit.: DKW/*Bearbeiter* [2020])

Deeporter, Ben, The Upside of Losing, Columbia Law Review 2013, 113. Band, S. 814–862

Deinert, Olaf/Welti, Felix/Luik, Steffen/Brockmann, Judith (Hrsg.), Stichwortkommentar zum Behindertenrecht, 3. Auflage, Baden-Baden 2022 (zit.: SWK-Behindertenrecht/*Bearbeiter* [2022])

Der Rat von Sachverständigen für Umweltfragen, Rechtsschutz für die Umwelt die altruistische Verbandsklage ist unverzichtbar, Stellungnahme, 23.02.2005, abrufbar unter: https://www.umweltrat.de/SharedDocs/Downloads/DE/04_Stellungnahmen/2004_2008/2005_Stellung_Rechtsschutz_fuer_die_Umwelt.html (zit.: *SRU*, Rechtsschutz für die Umwelt [2005])

Dern, Susanne, Wer den Schaden hat … ist auch für die Beseitigung zuständig?, Forum Recht 2005, Heft 4, S. 120–124

Diller, Martin, Arbeitsrechtliche Verbandsklagen vor dem OLG?, NZA 2023, S. 673–674

Dombert, Matthias/Witt, Karsten (Hrsg.), Münchener Anwaltshandbuch Agrarrecht, 3. Auflage, München 2022 (zit.: MAH AgrarR/*Bearbeiter* [2022])

Dörndofer, Josef/Wendtland, Holger/Gerlach, Karl-Heinz/Diehn, Thomas (Hrsg.), Beck'scher Online-Kommentar zum Kostenrecht, Loseblattwerk, 46. Edition, Stand: 01.07.2024, München (zit.: BeckOK KostR/*Bearbeiter* [2024])

Dörenbach, Stella, Endlich gleicher Lohn für alle?, Verfassungsblog, 28.02.2023, abrufbar unter: https://verfassungsblog.de/endlich-gleicher-lohn-fur-alle/

Dötsch, Wolfgang, Anmerkung zu BGH, Urt. v. 27.02.2015 – V ZR 128/14, ZfIR 2015, S. 500–502

Duygu, Dagmar, Chancen und Risiken von Künstlicher Intelligenz und Algorithmen aus antidiskriminierungsrechtlicher Perspektive, Gutachten im Auftrag der Stiftung Datenschutz, 2021, abrufbar unter: https://stiftungdatenschutz.org/fileadmin/Redaktion/Dokumente/Gutachten-Studien/Stiftung-Datenschutz_Gutachten-Dr-Duygu-Damar-2021-12.pdf

Düwell, Franz Josef, Das AGG – Ein neuer Versuch zur Umsetzung der Antidiskriminierungsrichtlinien in das Arbeitsrecht, jurisPR-ArbR 2006, Ausgabe 28, Anm. 7

Ders., Beschleunigung für gerichtliche Massenverfahren: Kein Handlungsbedarf in Arbeitssachen?, BB 2023, S. 1912–1915

Egidy, Stefanie, Kollektivrechtsschutz und strategische Prozessführung als Chance?, ZUM 2023, S. 725–734

Ehlers, Dirk/Fehling, Michael/Pünder, Herrmann (Hrsg.), Besonderes Verwaltungsrecht, Band 2, 4. Auflage, Heidelberg 2020 (zit.: Ehlers/Fehling/Pünder/*Bearbeiter*)

Epping, Volker/Hillgruber, Christian (Hrsg.), Beck'scher Online-Kommentar zum Grundgesetz, 58. Edition, Stand: 15.06.2024, München (zit.: BeckOK GG/*Bearbeiter* [2024])

Erfurter Kommentar zum Arbeitsrecht → siehe unter *Müller-Glöge*

Erman Bürgerliches Gesetzbuch Kommentar → siehe unter *Westermann*

Ernst, Christian, Algorithmische Entscheidungsfindung und personenbezogene Daten, JZ 2017, S. 1026–1036

Faber, Heiko, Die Verbandsklage im Verwaltungsprozess, Baden-Baden 1972

Fezer, Karl-Heinz, Zweckgebundene Verwendung von Unrechtserlösen und Kartellbußen zur Finanzierung der Verbraucherarbeit, hrsg. vom Ministerium für Klimaschutz, Umwelt, Landwirtschaft, Natur und Verbraucherschutz des Landes Nordrhein-Westfalen, 21.02.2012, abrufbar unter: https://kops.uni-konstanz.de/server/api/core/bitstreams/5608cc40-9eef-43c5-aa92-77f6b6caecb5/content (zit.: *Fezer*, Zweckgebundene Verwendung von Unrechtserlösen und Kartellbußen zur Finanzierung der Verbraucherarbeit [2012])

Ders., Unrechtserlösabschöpfung – Ein originärer Anspruch sui generis im zivilrechtlichen Haftungssystem, in: Festschrift für Joachim Bornkamm zum 65. Geburtstag, hrsg. von Wolfgang Büscher et al., München 2014, S. 333–352

Fezer, Karl-Heinz/Büscher, Wolfgang/Obergfell, Eva, Kommentar zum Gesetz gegen den unlauteren Wettbewerb (UWG), Band 2, München 2016 (zit.: Fezer/Büscher/Obergfell/*Bearbeiter* [2016])

Fitting, Karl (Begr.), Handkommentar zum Betriebsverfassungsgesetz, 32. Auflage, München 2024

Frankfurter Kommentar zum Kartellrecht → siehe unter *Jaeger*

Frenz, Walter/Müggenborg/Hans-Jürgen (Hrsg.), Kommentar zum Bundesnaturschutzgesetz, 4. Auflage, Berlin 2024 (zit.: Frenz/Müggenborg/*Bearbeiter* [2024])

Fritzsche, Jörg, Unterlassungsanspruch und Unterlassungsklage, Berlin 2000

Fritzsche, Jörg/Münker, Reiner/Stollwerck, Christoph (Hrsg.), Beck'scher Online-Kommentar zum UWG, 25. Edition, Stand: 01.07.2024, München (zit.: BeckOK UWG/*Bearbeiter* [2024])

Gaier, Reinhard/Wendtland, Holger, Allgemeines Gleichbehandlungsgesetz AGG, 1. Auflage, München 2006 (zit.: Gaier/Wendtland/*Bearbeiter* [2006])

Gassner, Erich/Bendomir-Kahlo, Gabriele/Schmidt-Räntsch, Annette/Schmidt-Räntsch, Jürgen, Bundesnaturschutzgesetz, Kommentar, 2. Auflage, München 2003 (zit.: Gassner/Bendomir-Kahlo/Schmidt-Räntsch/*Bearbeiter* [2003])

Gärditz, Klaus, Funktionswandel der Verwaltungsgerichtsbarkeit unter dem Einfluss des Unionsrechts – Umfang des

Verwaltungsrechtsschutzes auf dem Prüfstand, Gutachten D zum 71. Deutschen Juristentag, München 2016 (zit.: *Gärditz*, Funktionswandel [2016])

Ders., Tierschutzverbandsklagen, EurUP 2018, Heft 4, S. 487–497

Germelmann, Claas-Hinrich/Matthes, Hans-Christoph/Prütting, Hanns (Begr.), Arbeitsgerichtsgesetz, 10. Auflage, München 2022

Gilles, Peter, Prozeßrechtliche Probleme von verbraucherpolitischer Bedeutung bei den neuen Verbraucherverbandsklagen im deutschen Zivilrecht, ZZP 1985, 98. Band, S. 1–31

Göbel, Karl, Prozeßzweck der AGB-Klage und herkömmlicher Zivilprozess, Königstein/Ts. 1980

Greger, Reinhard, Neue Regeln für die Verbandsklage im Verbraucherschutz und Wettbewerbsrecht, NJW 2000, S. 2457–2463

Ders., Verbandsklage und Prozeßrechtsdogmatik – Neue Entwicklungen in einer schwierigen Beziehung, ZZP 2000, 113. Band, S. 399–412

Groteclaes, Anna Leoni, Die Einführung eines Verbandsklagerechts im AGG zur Förderung der Entgeltgleichheit, GVRZ 2024, Heft 8, S. 45–60

Groß, Yasemin, Die Rechtsdurchsetzung von Tierbelangen insbesondere durch tierschutzrechtliche Verbandsklagen, Berlin 2018

Grüneberg, Christian (Bearb.), Bürgerliches Gesetzbuch, Kommentar, 83. Auflage, München 2024

Ders. (Bearb. et al.), Bürgerliches Gesetzbuch, GrünHome Teil III, Rechtsstand 15.11.2022, München, abrufbar unter: https://rsw.beck.de/buecher/grueneberg/gruenhome/nebengesetze (zit.: GrünHome/*Bearbeiter* [2022])

Gsell, Beate, Kollektive Klagerechte und ihre Bedeutung im Mietrecht, WuM 2018, S. 537–544

Dies., Europäische Verbandsklagen zum Schutz kollektiver Verbraucherinteressen – Königs oder Holzweg?, BKR 2021, S. 521–529

Dies,, Die Umsetzung der Verbandsklagenrichtlinie, GRUR 2024, S. 979–991

Gsell, Beate/Meller-Hannich, Caroline, Die Umsetzung der neuen EU-Verbandsklagenrichtlinie, Gutachten über die Umsetzung der europäischen Richtlinie über Verbandsklagen zum Schutz der Kollektivinteressen der Verbraucher (RL (EU) 2020/1828) ins deutsche Recht, Berlin 2021, abrufbar unter: https://www.vzbv.de/sites/default/files/downloads/2021/02/03/21-02-04_vzbv_verbandsklagen-rl_gutachten_gsell_meller-hannich.pdf (zit.: *Gsell/Meller-Hannich*, Die Umsetzung der neuen EU-Verbandsklagerichtlinie, Gutachten [2021])

Dies., Die Umsetzung der Verbandsklagen-Richtlinie als Chance für eine Bewältigung von Streu und Massenschadenereignissen, JZ 2022, S. 421–472

Gsell, Beate/Meller-Hannich, Caroline/Stadler, Astrid, Prozessfinanzierung in Deutschland vor dem Hintergrund europäischer Regelungsinitiativen, JZ 2023, S. 989–1000

Gsell, Beate/Rübbeck, Johannes, Beseitigung als Folgenbeseitigung? – Kollektivklagen der Verbraucherverbände auf Rückzahlung unrechtmäßig erzielter Gewinne, ZfPW 2018, S. 409–429

Guckelberger, Annette, Deutsches Verwaltungsprozessrecht unter unionsrechtlichem Anpassungsdruck, Baden-Baden 2017

Guski, Roman, Konfliktermöglichung durch überindividuellen Rechtsschutz: Funktion und Dogmatik der Verbandsklage, ZZP 2018, 131. Band, S. 353–372

Habigt, Lisa/Hamacher, Lisa/Tryjanowski, Alexandra/Zschiesche, Michael/Schmidt, Alexander/Heß, Franziska/Teßmer, Dirk/Franke, Johannes/Wozny, Nicole/Lütkemeyer, Eva Mareen/Sperfeld, Franziska/Hantsche, Louisa/Gärditz, Klaus Ferdinand, Wissenschaftliche Unterstützung des Rechtsschutzes in Umweltangelegenheiten in der 19. Legislaturperiode, Umweltbundesamt, November 2021, abrufbar unter: https://www.umweltbundesamt.de/publikationen/wissenschaftliche-unterstuetzung-des-rechtsschutzes (zit.: Habigt et al., Wissenschaftliche Unterstützung des Rechtsschutzes in Umweltangelegenheiten in der 19. Legislaturperiode [2021])

Hadding, Walther, Die Klagebefugnis der Mitbewerber und der Verbände nach § 13 Abs. 1 UWG im System des Zivilprozeßrechts, JZ 1970, S. 305–312

Hahn, Lisa, Strategische Prozessführung, Zeitschrift für Rechtssoziologie 2019, S. 5–32

Dies., Strategische Prozessführung als Ausdruck eines verfahrensrechtlichen Paradigmenwechsels: Vom Individuum zum Kollektiv, GVRZ 2024, Heft 5, S. 24–30

Halfmeier, Axel, Popularklage im Privatrecht: Zugleich ein Beitrag zur Theorie der Verbandsklage, Tübingen 2006

Ders., Musterfeststellungsklage: Nicht gut, aber besser als nichts, ZRP 2017, S. 201–204

Ders., 50 Jahre Verbraucherverbandsklage, Möglichkeiten und Grenzen kollektiver Rechtsschutzinstrumente: Bilanz und Handlungsbedarf, im Auftrag des Verbraucherzentral Bundesverbands e.V., Berlin 2015 (zit.: *Halfmeier*, Gutachten, 50 Jahre Verbraucherverbandsklage [2015])

Ders., Die neue Datenschutzverbandsklage, NJW 2016, S. 1126–1129

Hammersen, Jens/Eisenried, Ulrich, Ist „Redlining" in Deutschland erlaubt? Plädoyer für eine weite Auslegung des Auskunftsanspruchs, ZD 2014, S. 342–345

Hanau, Hans, „Allgemeines Gleichbehandlungsgesetz" und Kontrahierungszwang, in: Festschrift für Klaus Adomeit, hrsg. von Peter Hanau et al., Köln 2008

Handbuch Diskriminierung → siehe unter *Scherr*

Harings, Lothar, Die Stellung der anerkannten Naturschutzverbände im verwaltungsgerichtlichen Verfahren, NVwZ 1997, S. 538–542

Harnos, Rafael, Drittfinanzierte Gewinnabschöpfungsklagen, GRUR 2020, S. 1034–1043

Harte-Bavendamm, Henning/Henning-Bodewig, Frauke/Goldmann, Michael/ Tolkmitt, Jan (Hrsg.), Gesetz gegen den unlauteren Wettbewerb, 5. Auflage, München 2021 (zit.: Harte-Bavendamm/Henning-Bodewig/ *Bearbeiter* [2021])

Haß, Detlef, Die Gruppenklage, München 1996

Hau, Wolfgang/Poseck, Roman (Hrsg.), Beck'scher Online-Kommentar zum Bürgerlichen Gesetzbuch, 71. Edition, Stand: 01.08.2024, München (zit.: BeckOK BGB/*Bearbeiter* [2024])

Hayen, Ralf-Peter, Handlungsmöglichkeiten und Durchsetzungsdefizite für Interessenvertretungen nach dem Allgemeinen Gleichbehandlungsgesetz, AuR 2007, S. 6–12

Heerma, Hendrik, Das geplante Verbraucherrechtedurchsetzungsgesetz: Abhilfeurteile und deren Umsetzung nach dem VDuG, ZZP 2023, 136. Band, S. 425–458

Heermann, W. Peter/Schlingloff, Jochen, Münchener Kommentar zum Lauterkeitsrecht, Band 1, 3. Auflage, München 2022 (zit.: MünchKomm-UWG/*Bearbeiter* [2022])

Hefermehl, Wolfgang, Die Klagebefugnis der Verbände zur Wahrnehmung der Interessen der Verbraucher, GRUR 1969, S. 653–659

Heintzen, Markus/Siegel, Thorsten, Neues Ordnungsrecht für Berlin – zu den Neuregelungen des ASOG, zum Versammlungsfreiheitsgesetz sowie zum Landesantidiskriminierungsgesetz (2. Teil), LKV 2021, S. 337–343

Hennig, Wiebke/Baer, Susanne, Europarecht als Chance, STREIT 2002, S. 169–175

Herberger, Marie, Verbandsklageverfahren für diskriminierungsrechtliche Ansprüche, RdA 2022, S. 220–228

Herberger, Maximilian/Martinek, Michael/Rüßmann, Helmut/Weth, Stephan/Würdinger, Markus (Hrsg.), juris Praxiskommentar BGB, Band 2 – Schuldrecht, 10. Auflage, Saarbrücken 2023 (zit.: jurisPK-BGB/Bearbeiter [2023])

Herzog, Felix, Dem Klagen der Tiere eine Stimme geben, in: Die tierschutzrechtliche Verbandsklage, hrsg. von Michael Kloepfer und Hans-Georg Kluge, Berlin 2017, S. 47–59

Hess, Burkhard, „Private law enforcement" und Kollektivklagen, JZ 2011, S. 66–74

Hey, Thomas/Forst, Gerrit, AGG Kommentar, 2. Auflage, Frankfurt am Main 2015

Hlava, Daniel, Vorschläge zur Reform der verbandlichen Klagerecht nach SGB IX und BGG, SRa 2013, S. 54–57

Hofmann, Franz, Der maßgeschneiderte Preis, WRP 2016, S. 1074–1081

Hoffmann, Jan Felix, Gewillkürte Prozessstandschaft und materiellrechtliche Ausübungsermächtigung, ZZP 2017, 130. Band, S. 403–437

Homburger, Adolf/Kötz, Hein, Klagen Privater im öffentlichen Interesse, Frankfurt am Main 1975 (Homburger/Kötz/*Bearbeiter* [1975])

Höland, Armin, Der arbeitsgerichtliche Rechtsschutz während des Arbeitsverhältnisses – einige Schwächen, ihre Gründe und ihre Folgen, AuR 2010, S. 452–458

Ders., Kollektiver Rechtsschutz im Arbeitsrecht und im Verbraucher und Wettbewerbsrecht – Vergleichbare Überlegungen, in Festschrift für Klaus Bepler zum 65. Geburtstag, hrsg. von Malte Creutzfeldt et al., München 2012, S. 221–241

Hunecke, Daniel, Ersatzfähigkeit außergerichtlicher Rechtsanwaltskosten, NJW 2015, S. 3745–3749

Immenga, Ulrich/Mestmäcker, Ernst-Joachim (Begr.), Wettbewerbsrecht, Band 2, 7. Auflage, München 2024 (zit.: Immenga/Mestmäcker/*Bearbeiter* [2024])

Isensee, Josef/Kirchhof, Paul (Hrsg.), Handbuch des Staatsrechts, Band VII, 3. Auflage, Heidelberg 2009 (zit.: HStR VII/*Bearbeiter* [2009])

Jaeger, Wolfgang/Pohlmann, Petra/Schroeder, Dirk/Seeliger, Daniela (Hrsg.), Frankfurter Kommentar zum Kartellrecht, Loseblattwerk, 108. Aktualisierung, Stand: Mai 2024, Köln (zit.: FrankfurterKomm/*Bearbeiter* [2024])

Janal, Ruth, Die Umsetzung der Verbandsklagenrichtlinie, GRUR 2023, S. 985–995

Joussen, Jacob, Auswirkungen der Rechtsprechung des EuGH auf das deutsche Arbeitsrecht, RdA 2015, S. 305–321

Jestaedt, Matthias, Diskriminierungsschutz und Privatautonomie, in: Der Sozialstaat in Deutschland und Europa, hrsg. von Christoph Enders et al., VVDStRL Band 64, Berlin 2005, S. 298–351

Joussen, Jacob/Husemann, Tim/Mätzig, Sarah, Fortbildungsveranstaltungen und das AGG – Zu Lücken und Weiterentwicklungsbedarf im Gleichbehandlungsrecht, RdA 2014, S. 279–285

Kahl, Wolfgang/Ludwigs, Markus (Hrsg.), Handbuch des Verwaltungsrechts, Band 4, Heidelberg 2022 (zit.: Kahl/Ludwigs/*Bearbeiter*, Handbuch des VerwR [2022])

Kiel, Heinrich/Lunk, Stefan/Oetker, Hartmut (Hrsg.), Münchener Handbuch zum Arbeitsrecht, Band 1: Individualarbeitsrecht I, 6. Auflage, München 2024 (zit.: MHdB ArbR Bd. 1/*Bearbeiter* [2024])

Dies. (Hrsg.), Münchener Handbuch zum Arbeitsrecht, Band 2: Individualarbeitsrecht II, 5. Auflage, München 2021 (zit.: MHdB ArbR Bd. 2/*Bearbeiter* [2021])

Dies. (Hrsg.), Münchener Handbuch zum Arbeitsrecht, Band 3: Kollektives Arbeitsrecht I, 5. Auflage, München 2022 (zit.: MHdB ArbR Bd. 3/ *Bearbeiter* [2022])

Dies. (Hrsg.), Münchener Handbuch zum Arbeitsrecht, Band 4: Kollektives Arbeitsrecht II, 5. Auflage, München 2022 (zit.: MHdB ArbR Bd. 4/ *Bearbeiter* [2022])

Kinsky, Sara, Mit Recht gegen Rassismus, Chancen und Grenzen strategischer Prozessführung im Rahmen des Allgemeinen Gleichbehandlungsgesetzes (AGG) am Beispiel diskriminierender Einlasskontrollen vor Diskotheken, hrsg. vom Antidiskriminierungsverband Deutschland, Leipzig 2017, (zit.: *Kinsky,* Mit Recht gegen Rassismus [2017])

Klapp, Micha, Anmerkung zu EuGH, Urt. v. 23.04.2020, C-507/18, Associazione Avvocatura per i diritti LGBTI, AuR 2021, S. 128–132

Klocke, Daniel, Rechtsschutz in kollektiven Strukturen, Tübingen 2007

Ders., Rechtsschutz in kollektiven Strukturen: Die Verbandsklage im Verbraucher und Arbeitsrecht, Tübingen 2016

Kloepfer, Michael, Umweltrecht, 4. Auflage, München 2016

Klumpp, Steffen, § 23 BetrG als Diskriminierungssanktion?, NZA 2006, S. 904–906

Knodel, Hermann/Winkler, Tilman, Obligatorische Streitschlichtung – hilfreich oder lästig?, ZRP 2008, S. 183

Koch, Harald, Alternativen zum Zweiparteiensystem im Zivilprozeß: Parteiübergreifende Interessen und objektive Prozeßführungsrechte, KritV 1989, S. 323–340

Ders., Die Verbandsklage in Europa, ZZP 2000, 113. Band, S. 413–441

Ders., Sammelklage und Justizstandorte im internationalen Wettbewerb, JZ 2011, S. 438–445

Kocher, Eva, Gesetzentwurf für eine Verbandsklage im Arbeitsrecht, Gutachten, erstellt im Auftrag der Hans-Böckler-Stiftung, Düsseldorf 2002 (zit.: *Kocher,* Gesetzentwurf [2002])

Dies., Instrumente einer Europäisierung des Prozessrechts – Zu den Anforderungen an den kollektiven Rechtsschutz im Antidiskriminierungsrecht, ZEuP 2004, S. 260–275

Dies., Anmerkung zu BGH, Urt. v. 14.11.2006 – XI ZR 294/05,VuR 2007, S. 275–278

Dies., Kollektiver Rechtsschutz: Effektivität und Erforderlichkeit im Verbraucherrecht, in: Die EU-Sammelklage, hrsg. von Christoph Brömmelmeyer, Band 4, Baden-Baden 2013, S. 71–90 (zit.: *Kocher*, in: EU-Sammelklage [2013])

Dies., Zehn Jahre AGG – brachliegende Potenziale, ZPR 2017, S. 112–114

Kocher, Eva/Laskowski, Silke Ruth/Rust, Ursula/Weber, Ingrid, Gleichstellung der Geschlechter in der Privatwirtschaft – gibt es noch Handlungsbedarf des Gesetzgebers?, in: Festschrift für Heide Pfarr, Geschlechtergerechtigkeit, hrsg. von Christiane Hohmann-Dennhardt et al., Baden-Baden 2010, S. 117–147

Kodek, Georg, Kollektiver Rechtsschutz gegen Diskriminierung im Arbeits und Wirtschaftsrecht – Rechtsvergleichende und rechtspolitische Tendenzen, in: Europäisches Insolvenzrecht – Kollektiver Rechtsschutz, hrsg. von Peter Gottwald, Bielefeld 2008 (zit.: *Kodek*, in: Europäisches Insolvenzrecht – Kollektiver Rechtsschutz [2008])

Kohler, Kristin, Die grenzüberschreitende Verbraucherverbandsklage nach dem Unterlassungsklagegesetz im Binnenmarkt, Frankfurt am Main 2008

Konzen, Horst, Normtatsachen und Erfahrungssätze bei der Rechtsanwendung im Zivilprozess, in: Festschrift für Hans Friedhelm Gaul zum 70. Geburtstag, hrsg. von Eberhard Schilken, Bielefeld 1997, S. 335–357

Kossens, Michael/von der Heide, Dirk/Maaß, Michael (Hrsg.), Kommentar zum SGB IX, 5. Auflage, München 2023 (zit.: Kossens/von der Heide/ Maaß/*Bearbeiter* [2023])

Köhler, Helmut, Die Haftung des Betriebsinhabers für Wettbewerbsverstöße seiner Angestellten und Beauftragten (§ 13 IV UWG), GRUR 1991, S. 344–353

Ders., Neubeurteilung der wettbewerblichen Haftung des Rechtsnachfolgers eines Unternehmers?, WRP 2010, S. 475–481

Köhler, Helmut/Bornkamm, Joachim/Feddersen, Jörn/Alexander, Christian/ Odörfer, Bernd/Scherer, Inge, Gesetz gegen den unlauteren Wettbewerb, 42. Auflage, München 2024 (zit.: KBF/*Bearbeiter* [2024])

Köhler, Helmut/Bornkamm, Joachim/Feddersen, Jörn/Alexander, Christian/ Odörfer, Bernd/Scherer, Inge, Gesetz gegen den unlauteren Wettbewerb, 43. Auflage, München 2025 (zit.: KBF/*Bearbeiter* [2025])

Köhler, Karl Friedrich, Prozessführungsbefugnis und Klagerecht der Verbände behinderter Menschen nach SGB IX und Behindertengleichstellungsgesetz, ZfSH/SGB 2010, S. 19–28

Kössel, Andreas, KI und Arbeitsrecht – Individual und kollektivarbeitsrechtliche Aspekte und Lösungen zum KI-Einsatz, DB 2024, S. 1069–1073

Krbetschek, Clemens/Schlingloff, Jochen, Bekämpfung von Rechtsmissbrauch durch Streitwertbegrenzung?, WRP 2014, S. 1–7

Krüger, Wolfgang/Rauscher, Thomas, Münchener Kommentar zur Zivilprozessordnung, Band 3, 6. Auflage, München 2022 (MünchKomm-ZPO/*Bearbeiter* [2022])

Küttner, Wolfdieter (Begr.), Personalbuch 2014, 31. Auflage, München 2024

Lachwitz, Klaus/Schellhorn, Walter/Welti, Felix (Hrsg.), Handkommentar zum Sozialgesetzbuch, 3. Auflage, Köln 2010 (HK-SGB IX/*Bearbeiter* [2010])

Landmann/Rohmer, Kommentar zum Umweltrecht, hrsg. von Matin Beckmann/Wolfgang Durner/Thomas Mann/Marc Röckinghausen, Band 1, Loseblattwerk, 103. Aktualisierung, Stand: März 2024 (zit.: Landmann/Rohmer/*Bearbeiter* [2024])

Langenbucher, Katja, Diskriminierung bei der Vergabe von Verbraucherkrediten?, BKR 2023, S. 205–214

Lauscher, Anne/Legner, Sarah, Künstliche Intelligenz und Diskriminierung, ZfDR 2022, S. 367–390

Leipold, Dieter, Die Verbandsklage zum Schutz allgemeiner und breitgestreuter Interessen in der Bundesrepublik Deutschland, in: Effektivität des Rechtsschutzes und verfassungsmäßige Ordnung, hrsg. von Peter Gilles, Berlin 1983, S. 57–104

Lembke, Ulrike, Kollektive Rechtsmobilisierung gegen digitale Gewalt, E-Paper der Heinrich-Böll-Stiftung, 2017, abrufbar unter: https://www.gwi-boell.de/sites/default/files/e-paper_43_kollektive_rechtsmobi.pdf (zit.: Kollektive Rechtsmobilisierung gegen digitale Gewalt [2017])

Dies., Schriftliche Stellungnahme zur Anhörung des Rechtsausschusses des Deutschen Bundestages am 8. November 2023 zum Antrag der Fraktion Die Linke „Antidiskriminierungsstelle des Bundes stärken – Diskriminierungsschutz erweitern" BT-Drucksache 20/2696, abrufbar unter: https://www.bundestag.de/resource/blob/975968/73c13460587a0948659276e90f0c2e32/Stellungnahme-Lembke.pdf (zit.: *Lembke*, Schriftliche Stellungnahme [2023])

Lindacher, Walter, Zur „Sonderprozeßrechtsnatur" der lauterkeitsrechtlichen Verbands und Konkurrentenklage sowie der Verbandsklage nach dem AGB-Gesetz, ZZP 1990, 103. Band, S. 397–417

Lischka, Konrad/Klingel, Anita, Wenn Maschinen Menschen bewerten, hrsg. von der Bertelsmann Stiftung, Mai 2017, abrufbar unter: https://www.bertelsmann-stiftung.de/fileadmin/files/BSt/Publikationen/GrauePublikationen/ADM_Fallstudien.pdf

Loewenheim, Ulrich/Meessen, Karl/Riesenkampff (Hrsg.), Kartellrecht Kommentar, 4. Auflage, München 2020 (zit.: LMRKM/*Bearbeiter* [2020])

Loschelder, Michael/Danckwerts, Rolf (Hrsg.), Handbuch des Wettbewerbsrechts, 5. Auflage, München 2019 (zit.: Gloy/Loschelder/Danckwerts UWG-HdB/*Bearbeiter* [2019])

Löwisch, Manfred/Rieble, Volker, Tarifvertragsgesetz, 4. Auflage, München 2017

Lüttringhaus, Jan, Grenzüberschreitender Diskriminierungsschutz – Das Interanationale Privatrecht der Antidiskriminierung, Tübingen 2010

Madaus, Stephan, Keine Effektivität einer Europäischen class action ohne „amerikanische Verhältnisse" bei deren Finanzierung, ZEuP 2012, S. 99–116

Maier-Reimer, Georg, Das Allgemeine Gleichbehandlungsgesetz im Zivilrechtsverkehr, NJW 2006, S. 2577–2583

Marotzke, Wolfgang, Rechtsnatur und Streitgegenstand der Unterlassungsklage aus § 13 UWG, ZZP 1985, 98. Band, S. 160–199

Martini, Mario, Algorithmen als Herausforderung für die Rechtsordnung, JZ 2017, S. 1017–1025

Mälzer, Max Ludwig, Die kollektivarbeitsrechtlichen Bezüge des Allgemeinen Gleichbehandlungsgesetzes, Frankfurt am Main 2015

Meinel, Gernod/Heyn, Judith/Herms, Sascha, Allgemeines Gleichbehandlungsgesetz, Arbeitsrechtlicher Kommentar, 2. Auflage, München 2010

Meller-Hannich, Caroline, Verbraucherschutz im Schuldvertragsrecht, Tübingen 2005

Dies., Kollektiver Rechtsschutz im Zivilprozess, 1. Auflage, Baden-Baden 2008

Dies., Effektivität kollektiver Rechtsschutzinstrumente, in: Die EU-Sammelklage, hrsg. von Christoph Brömmelmeyer, Band 4, Baden-Baden 2013, S. 33–56

Dies., Sammelklagen, Gruppenklagen, Verbandsklagen – Bedarf es neuer Instrumente des kollektiven Rechtsschutzes im Zivilprozess?, Gutachten A zum 72. Deutschen Juristentag, München 2018 (zit.: *Meller-Hannich*, Gutachten [2018])

Dies., Der RefE für ein Verbandsklagenrichtlinienumsetzungsgesetz (VRUG), Der Betrieb 2023, S. 628–635

Dies., Wenn die Klage sich nicht lohnt – Effektiver Rechtsschutz bei geringen Streitwerten, NZM 2022, S. 353–360

Meller-Hannich, Caroline/Höland, Armin, Gutachten Evaluierung der Effektivität kollektiver Rechtsschutzinstrumente, Abschlussbericht, Bonn 2011, abrufbar unter: https://www.bmel.de/SharedDocs/Downloads/DE/Service/AnWis/Heft523.pdf?__blob=publicationFile&v=2 (zit.: *Meller-Hannich/Höland*, Gutachten Evaluierung Kollektiver Rechtsschutzinstrumente [2011])

Meller-Hannich, Caroline/Höland, Armin/Nöhre, Monika, Abschlussbericht zum Forschungsvorhaben „Erforschung der Ursachen des Rückgangs der Eingangszahlen bei den Zivilgerichten“, Berlin 2023, abrufbar unter: https://www.bmj.de/SharedDocs/Downloads/DE/Fachinformationen/Abschlussbericht_Eingangszahlen_Zivilgerichte.html (zit.: *Meller-Hannich/Höland/Nöhre*, Erforschung der Ursachen des Rückgangs der Eingangszahlen bei den Zivilgerichten [2023])

Meßerschmidt, Klaus, Kommentar zum Bundesnaturschutzrecht, Band 2/II, Loseblattwert, 168. Aktualisierung, Stand: Dezember 2023

Meyer, Peter, Wandel des Prozessrechtsverständnisses – vom „liberalen" zum „sozialen" Zivilprozess?, JR 2004, Heft 1, S. 1–6

Meyer-Ladewig, Jens (Begr.), Sozialgerichtsgesetz, 14. Auflage, München 2023

Micklitz, Hans-Wolfgang/Stadler, Astrid, Unrechtsgewinnabschöpfung, Baden-Baden 2003

Dies., Das Verbandsklagerecht in der Informations und Dienstleistungsgesellschaft, Münster-Hiltrup 2005

Moll, Wilhelm (Hrsg.), Münchener Anwaltshandbuch zum Arbeitsrecht, 5. Auflage, München 2021 (zit.: MAH ArbR/*Bearbeiter* [2021])

Musielak, Hans-Joachim/Voit, Wolfgang (Hrsg.), Kommentar zur Zivilprozessordnung, 20. Auflage, München 2023 (zit.: Musielak/Voit/*Bearbeiter* [2023])

Musielak, Hans-Joachim/Voit, Wolfgang (Hrsg.), Kommentar zur Zivilprozessordnung, 21. Auflage, München 2024 (zit.: Musielak/Voit/*Bearbeiter* [2024])

Münchener Handbuch zum Arbeitsrecht → siehe unter *Kiel*

Münchener Kommentar zum Lauterkeitsrecht → siehe unter *Heermann*

Münchener Kommentar zur Zivilprozessordnung → siehe unter *Krüger*

Münchener Kommentar zum Bürgerlichen Gesetzbuch → siehe unter *Säcker*

Müller-Glöge, Rudi/Preis, Ulrich/Schmidt, Ingrid, Erfurter Kommentar zum Arbeitsrecht, 24. Auflage, München 2024 (zit.: ErfK/*Bearbeiter* [2024])

Nagy, Csongor István, Die EU-Richtlinie über Verbandsklagen, EuZW 2022, S. 637–642

Nebe, Katja/Gröhl, Stefanie/Thoma, Nicole, Der Diskriminierungsschutz von Sorgeleistenden (Teil II), ZESAR 2021, S. 210–216

Nebe, Katja/Schmieder, Anna, Die Verantwortung der sozialstaatlichen Institutionen für den effet utile-Grundsatz (Art. 4 Abs. 3 EUV) zur Verwirklichung verschiedener Gleichstellungspflichten in der Arbeitswelt, ZESAR 2024, S. 265–273

NeJaime, Douglas, Winning Through Losing, Iowa Law Review, 2011, 96. Band, S. 941–1012

Neumann, Dirk/Pahlen, Ronald/Winkler, Jürgen/Jabben, Jürgen (Bearb.), Kommentar zum Sozialgesetzbuch IX, 15. Auflage, München 2024 (zit.: Neumann et al./*Bearbeiter* [2024])

Nielebock, Helga, Rechtsdurchsetzung von Mindestbedingungen im Arbeitsverhältnis, in: Festschrift für Ulrich Preis zum 65. Geburtstag, hrsg. von Wiebke Brose et al., München 2021, S. 913–927

Nollert-Borasio, Christiane/Dickerhof-Borello, Elisabeth/Wenckeback, Johanna, Allgemeines Gleichbehandlungsgesetz, Basiskommentar zum AGG unter Berücksichtigung des EntgTranpG, 5. Auflage, Frankfurt am Main 2019

Oetker, Hartmut, Anmerkung zu BAG, Beschluss v. 12.03.2019 – 1 ABR 42/17, AP BetrVG 1972 § 23 Nr. 51

Ohly, Ansgar/Sosnitza, Olaf, Kommentar zum Gesetz gegen den unlauteren Wettbewerb, 8. Auflage, München 2023 (zit.: Ohly/Sosnitza/*Bearbeiter* [2023])

Orwat, Carsten, Diskriminierungsrisiken durch Verwendung von Algorithmen. Eine Studie erstellt mit einer Zuwendung der Antidiskriminierungsstelle des Bundes, 2020, abrufbar unter: https://www.antidiskriminierungsstelle.de/SharedDocs/downloads/DE/publikationen/Expertisen/studie_diskriminierungsrisiken_durch_verwendung_von_algorithmen.html

Panzer-Heemeier, Andrea/Nguyen, Thi Kieu Chinh, Einwand der unzulässigen Rechtausübung gegen den betriebsverfassungsrechtlichen Unterlassungsanspruch des Betriebsrats, BB 2019, S. 1664

Peick, Kai Stefan, Darlegungs und Beweislast nach § 22 Allgemeines Gleichbehandlungsgesetz (AGG), Berlin 2009

Pernice, Ingolf, Umweltvölker und europarechtliche Vorgaben zum Verbandsklagerecht und das System des deutschen Verwaltungsrechtsschutzes, JZ 2015, S. 967–973

Pfarr, Heide/Kocher, Eva, Kollektivverfahren im Arbeitsrecht, Baden-Baden 1998

Pfeiffer, Thomas, Rezension zu Wolfgang Marotzke: Von der schutzgesetzlichen Unterlassungsklage zur Verbandsklage (1992), ZZP 1993, 106. Band, S. 546–553

Ponti, Sarah/Tuchtfeld, Erik, Zur Notwendigkeit einer Verbandsklage im AGG, ZRP 2018, S. 139–141

Posner, Richard, Economic Analysis of law, 8. Edition, New York 2011

Prütting, Hanns/Gehrlein, Markus (Hrsg.), Zivilprozessordnung, 15. Auflage, München 2023

Puttfarken, Hans-Jürgen/Franke, Nicole, Die action civile der Verbände in Frankreich, in: Die Bündelung gleichgerichteter Interessen im Prozeß, hrsg. von Jürgen Basedow/Klaus Hopt/Hein Kötz/Dietmar Baetge, Tübingen 1999

Püschel, Simon, Verwendung eines VPN-Dienstes zur Verschleierung des Aufenthaltsorts bei Vertragsschluss im Internet, ZdiW 2023, S. 247–253

Raasch, Sybille, Diskriminierungsschutz auf neuen Wegen: Verbandsbeteiligung und Antidiskriminierungsstelle im Entwurf eines deutschen Antidiskriminierungsgesetzes, ZESAR 2005, S. 209–217

Rädler, Peter, Gesetze gegen Rassendiskriminierung?, ZRP 1997, S. 5–9

Ders., Verfahrensmodelle zum Schutz vor Rassendiskriminierung, Heidelberg 1999

Reinel, Peter, Die Verbandsklage nach dem AGG, Köln/Berlin/Bonn/München, 1979

Rengeling, Hans-Werner/Middeke, Andreas/Gellermann, Martin (Hrsg.), Handbuch des Rechtsschutzes in der Europäischen Union, 3. Auflage, München 2014 (zit.: Rengeling/Middeke/*Bearbeiter* [2014])

Richardi, Reinhard (Hrsg.), Kommentar zum Betriebsverfassungsgesetz, 17. Auflage, München 2022 (zit.: Richardi BetrVG/*Bearbeiter*)

Riesenhuber, Karl/Nishitani (Hrsg.), Wandlungen oder Erosion der Privatautonomie?, EIW Band 23, Berlin 2007 (zit.: Riesenhuber/Nishitani/*Bearbeiter* [2007])

v. Roetteken, Torsten, Allgemeines Gleichbehandlungsgesetz – AGG, Kommentar zu den arbeits und dienstrechtlichen Regelungen, Loseblattwerk, 92. Aktualisierung, Stand: März 2024, Heidelberg

Roggenkamp, Jan Dirk, Barrierefreies E-Government, NVwZ 2006, S. 1239–1244

Rolfs, Christian/Giesen, Richard/Meßling, Miriam/Udsching, Peter (Hrsg.), Beck'scher Online-Kommentar zum Arbeitsrecht, 72. Edition, Stand: 01.06.2024, München (zit.: BeckOK ArbR/*Bearbeiter* [2024])

Dies. (Hrsg.), Beck'scher Online-Kommentar zum Sozialrecht, 73. Edition, Stand: 01.06.2024, München (zit.: BeckOK SozR/*Bearbeiter* [2024])

Rosenberg, Leo/Schwab, Karl Heinz/Gottwald, Peter, Zivilprozessrecht, 18. Auflage, München 2018

Röhl, Klaus/Weiß, Matthias, Die obligatorische Streitschlichtung in der Praxis, Münster 2005

Röhner, Cara, Equal Pay: EU-Richtlinie zur Lohntransparenz stärkt Entgeltgleichheit, ZRP 2023, S. 145–147

Röttgen, Klaus, Der zivilrechtliche Schutz vor Diskriminierung und seine verfahrensrechtliche Gewährleistung, München 2004

Rudolf, Beate/Mahlmann, Matthias (Hrsg.), Gleichbehandlungsrecht Handbuch, 1. Auflage, Baden-Baden 2007 (zit.: Rudolf/Mahlmann/*Bearbeiter* [2007])

Rust, Ursula/Falke, Josef, AGG, Allgemeines Gleichbehandlungsgesetz mit weiterführenden Vorschriften, Kommentar, Berlin 2007

Säcker, Franz Jürgen (Red.), Münchener Kommentar zum Bürgerlichen Gesetzbuch, Band 1, 7. Auflage, München 2007 (zit.: MünchKomm-BGB/*Bearbeiter* [2007])

Ders. (Red.), Münchener Kommentar zum Bürgerlichen Gesetzbuch, Halbband Allgemeines Gleichbehandlungsgesetz, 5. Auflage, München 2007 (zit.: MünchKomm-BGB/*Bearbeiter* [2015])

Säcker, Franz Jürgen/Roland Rixecker/Oetker, Hartmut/Limperg, Bettina (Hrsg.), Münchener Kommentar zum Bürgerlichen Gesetzbuch, Band 1, 9. Auflage, München 2021 (zit.: MünchKomm-BGB/*Bearbeiter* [2021])

Schaub, Günter (Begr.), Arbeitsrechts-Handbuch, 2. Auflage, München 2023 (zit.: Schaub ArbR-HdB/*Bearbeiter* [2023])

Ders. (Begr.), Arbeitsrecht von A–Z, 28. Auflage, München 2024 (zit.: Schaub/Koch/*Bearbeiter* [2024])

Scherr, Albert/Reinhardt, Anna Cornelia/El-Mafaalani, Aladin (Hrsg.), Handbuch Diskriminierung, 2. Auflage, Wiesbaden 2023 (zit.: Handbuch Diskriminierung/*Bearbeiter* [2023])

Schiek, Dagmar, Differenzierte Gerechtigkeit, Baden-Baden 2000

Dies. (Hrsg.), Allgemeines Gleichbehandlungsgesetz, Ein Kommentar aus europäischer Perspektive, München 2006 (zit.: Schiek/*Bearbeiter* [2006])

Schilken, Eberhard, Der Zweck des Zivilprozesses und der kollektive Rechtsschutz, in: Kollektiver Rechtsschutz im Zivilprozess, Hallesches Symposion zum Zivilverfahrensrecht am 6. Oktober 2007 – Tagungsbands, hrsg. von Caroline Meller-Hannich, Baden-Baden 2008

Ders., Überlegungen zur Umsetzung der Empfehlungen der Europäischen Kommission zum kollektiven Zivilrechtsschutz in Deutschland, in: Festschrift 200 Jahre Carl Heymanns Verlag, hrsg. von Limperg, Bettina et al., Köln 2015

Schink, Alexander/Reidt, Olaf/Mitschang, Stephan, Umweltverträglichkeitsprüfungsgesetz, Umwelt-Rechtsbehelfsgesetz, 2. Auflage, München 2023 (zit.: Schink/Reidt/Mitschang/*Bearbeiter* [2023])

Schlacke, Sabine, Verbandsklage im Behindertenrecht, Beiträge zum Recht der Sozialen Dienste und Einrichtungen (RsDE) 2003, Heft 52, S. 60–86

Dies., Überindividueller Rechtsschutz, Tübingen 2008

Dies. (Hrsg.), Gemeinschaftskommentar zum Bundesnaturschutzgesetz, 3. Auflage, Hürth 2024 (zit.: Schlacke GK-BNatSchG/*Bearbeiter* [2024])

Schlacke, Sabine/Schrader, Christian/Bunge, Thomas (Hrsg.), Information, Beteiligung und Rechtsschutz in Umweltangelegenheiten, 2. Auflage, Berlin 2019 (Schlacke/Schrader/Bunge/*Bearbeiter* [2019])

Schlegel, Rainer/Voelzke, Thomas (Hrsg.), juris PraxisKommentar SGB IX, Saarbrücken 2018 (zit.: jurisPK-SGB IX/*Bearbeiter* [2023])

Schleusener, Aino/Suckow, Jens/Plum, Martin, Kommentar zum Allgemeinen Gleichbehandlungsgesetz, 6. Auflage, Hürth 2022 (zit.: SSP/*Bearbeiter* [2022])

Schmidt, Eike, Die Verbandsklage nach dem AGB-Gesetz, NJW 1989, S. 1192–1197

Ders., Verbraucherschützende Verbandsklagen, NJW 2002, S. 25–30

Schmidt, Alexander, Die Klagetätigkeit der Umweltschutzverbände im Zeitraum von 2013 bis 2016, Empirische Untersuchung zu Anzahl und Erfolg von Verbandsklage im Umweltrecht, Studie im Auftrag des SRU,

März 2018, abrufbar unter: https://www.umweltrat.de/SharedDocs/Downloads/DE/03_Materialien/2016_2020/2018_04_Studie_Verbandsklagen.pdf?__blob=publicationFile&v=6

Schoch, Friedrich/Schneider, Jens-Peter (Hrsg.), Kommentar Verwaltungsrecht, Band I, Kommentar, Loseblattwerk, 45. Aktualisierung, Stand: Januar 2024 (zit.: Schoch/Schneider-VwGO/*Bearbeiter* [2024])

Dies. (Hrsg.), Kommentar Verwaltungsrecht, Band III, Kommentar, Loseblattwerk, 4. Aktualisierung, Stand: November 2023 (zit.: Schoch/Schneider-VwVfG/*Bearbeiter* [2023])

Scholten, Ingo, Diskriminierungsschutz im Privatrecht?, Köln 2004

Schrader, Christian, Verbraucherklage durch Behindertenverbände, SGb 2020, S. 336–342

Schumacher, Jochen/Fischer-Hüftle (Hrsg.), Bundesnaturschutzgesetz Kommentar, 3. Auflage, Stuttgart 2021

Schuschnigg, Artur, Die Verbandsklagen-Richtlinie – Umsetzungsbreite und ihre Grenzen, EuZW 2022, S. 1043–1046

Schwering, Manuel, Das Allgemeine Gleichbehandlungsgesetz als Aufgabe und Instrument des Betriebsrates, Frankfurt am Main 2010

Senatsverwaltung für Justiz, Vielfalt und Antidiskriminierung, Folgebericht zur Umsetzung des Landesantidiskriminierungsgesetzes (LADG) und des Allgemeinen Gleichbehandlungsgesetzes (AGG) in der Berliner Verwaltung, 18.03.2022, abrufbar unter: https://www.parlament-berlin.de/adosservice/19/Haupt/vorgang/h19-0189-v.pdf

Sesing, Andreas/Tschech, Angela, AGG und KI-VO-Entwurf beim Einsatz von Künstlicher Intelligenz, MMR 2022, S. 24–30

Soergel, Hans-Theodor (Begr.), Bürgerliches Gesetzbuch mit Einführungsgesetz und Nebengesetzen (BGB), Band 4, 13. Auflage, Stuttgart 2019 (zit.: Soergel/*Bearbeiter* [2019])

Spelge, Karin, Die Verbandsklage nach § 9 TVG, RdA 2023, S. 269–282

Spieker gen. Döhmann, Indra/Towfigh, Emanuel V., Automatisch benachteiligt, Das Allgemeine Gleichbehandlungsgesetz und Diskriminierung durch algorithmische Entscheidungssysteme, Rechtsgutachten im Auftrag der Antidiskriminierungsstelle des Bundes, April 2023, abrufbar unter: https://www.antidiskriminierungsstelle.

de/SharedDocs/downloads/DE/publikationen/Rechtsgutachten/schutz_vor_diskriminierung_durch_KI.html

Stadler, Astrid, Bündelung von Verbraucherinteressen im Zivilprozeß, in: Kollektiver Rechtsschutz im Zivilprozeßrecht, hrsg. von Tobias Brönneke, Baden-Baden 2001

Dies., Von den Tücken der grenzüberschreitenden Verbands-Unterlassungsklage, VuR 2010, S. 83–91

Dies., Kollektiver Rechtsschutz quo vadis?, JZ 2018, S. 793–802

Dies., (Fehlende) Finanzierung der neuen Verbandsabhilfeklage nach dem VDuG, VuR 2023, S. 321–323

Stadler, Astrid/Micklitz, Hans-W., Der Reformvorschlag der UWG-Novelle für eine Verbandsklage auf Gewinnabschöpfung, WRP 2003, S. 559–562

Staudinger, J. von, Kommentar zum Bürgerlichen Gesetzbuch, Buch 2: Recht der Schuldverhältnisse: §§ 305–310 (AGB-Recht 1 und Unterlassungsklagegesetz), Neubearbeitung 2022, Berlin (zit.: Staudinger-BGB AGB u. UKlaG/*Bearbeiter* [2022])

Ders., Kommentar zum Bürgerlichen Gesetzbuch, Buch 2: Recht der Schuldverhältnisse: Allgemeines Gleichbehandlungsgesetz, 18. Auflage, Berlin 2020 (zit.: Staudinger-BGB AGG/*Bearbeiter* [2020])

Stein, Jonas, Zivilprozessordnung, 1. Band, 20. Auflage, Tübingen 1984

Tamm, Marina, Die Bestrebungen der EU-Kommission im Hinblick auf den Ausbau des kollektiven Rechtsschutzes für Verbraucher, EuZW 2009, S. 439–443

Teplitzky, Otto (Begr.), Wettbewerbsrechtliche Ansprüche und Verfahren, 13. Auflage, Köln 2024 (zit.: Teplitzky Ansprüche/*Bearbeiter* [2024])

Teubner, Gunther/Zumbansen, Peer, Rechtsentfremdungen: Zum gesellschaftlichen Mehrwert des zwölften Kamels, Zeitschrift für Rechtssoziologie 2000, 21. Band, S. 189–215

Thönissen, Stefan, Schadensersatz in der Verbandsabhilfeklage, r+s 2023, S. 749–758

Thüsing, Gregor/Burg, Indra, Unterstützung durch Antidiskriminierungsverbände nach § 23 AGG, ZTR 2007, S. 71–78

Tilp, Andreas W./Schiefer, Marc, VW Dieselgate – die Notwendigkeit zur Einführung einer zivilrechtlichen Sammelklage, NZV 2017, S. 14–19

Ulmer/Brandner/Hensen (Hrsg.), AGB-Recht Kommentar, Kommentar zu den §§ 305–310 BGB und zum UKlaG, 13. Auflage, Köln 2022

v. Ungern-Sternberg, Joachim, Verbandsklagebefugnis für Abmahnvereine?, NJW 1981, S. 2328–2330

Urbancyk, Reinhard, Zur Verbandsklage im Zivilprozess, Berlin 1981

Vianden, Sabine Marion, Gleiches Entgelt für gleiche und gleichwertige Arbeit, Schriften zum deutschen und europäischen Recht der Arbeit und der sozialen Sicherheit, Band 23, Berlin 2020

Dies., Wie könnte die Reform des AGG aussehen?, ESGZ 2024, S. 22–23

Voet, Stefaan, Cultural Dimensions of Group Litigation: The Belgian Case, Georgia Journal of International and Comparative Law 2013, 41. Band, S. 433–479

Vollkommer, Gregor, EU-Verbrauchersammelklage, MDR 2021, S. 129–138

Von Jehring, Rudolf, Kampf um's Recht, Wien 1921

Vorwerk, Volkert/Wolf, Christian, Beck'scher Online-Kommentar zum ZPO, 53. Edition, Stand: 01.07.2024 (zit.: BeckOK ZPO/*Bearbeiter* [2023])

Dies., Beck'scher Online-Kommentar zum ZPO, 53. Edition, Stand: 01.07.2024 (zit.: BeckOK ZPO/*Bearbeiter* [2024])

Wackerbarth, Ulrich, Die Vermeidung einer ungerechtfertigten Inanspruchnahme aus dem AGG (zivilrechtlicher Teil), ZIP 2007, S. 453–461

Wagner, Gerhard, Neue Perspektiven im Schadensersatzrecht – Kommerzialisierung, Strafschadensersatz, Kollektivschaden, Gutachten A für den 66. Deutschen Juristentag, München 2006

Walker, Wolf-Dietrich, NomosKommentar zum Unterlassungsklagegesetz, 1. Auflage, Baden-Baden 2016 (zit.: Nomos-BR/Walker, UKlaG/*Bearbeiter* [2016])

Wandtke, Artur-Axel/Bullinger, Winfried (Hrsg.), Praxiskommentar Urheberrecht, 6. Auflage, München 2022 (zit.: Wandtke/Bullinger/*Bearbeiter* [2022])

Weber, Klaus (Hrsg.), Rechtswörterbuch, 33. Edition, Stand: 01.08.2024, München

Welling, Marius, Die neue Verbandsklage nach VDuG – Gamechanger oder wenig Neues?, jurisPR-BKR 2024, Ausgabe 3, Anm. 1

Welti, Felix/Groskreutz, Henning/Hlava, Daniel/Rambausek, Tonia/Ramm, Diana/Wenckebach, Johanna, Evaluation des Behindertengleichstellungsgesetzes: Abschlussbericht, Forschungsbericht Bundesministerium für Arbeit und Soziales, FB445, vom 31. Mai 2014, abrufbar unter: https://nbn-resolving.org/urn:nbn:de:0168-ssoar-47635-7 (zit.: *Welti et al.*, Evaluation des Behindertengleichstellungsgesetzes [2014])

Welzel, Ralf, Anforderungen an die Struktur von „Abmahnvereinen" seit der UWG-Novelle 1994 – Entgegnung auf Derleder/Zänker, GRUR 2003, S. 762–764

Wendeling-Schröder, Ulrike/Stein, Axel, Beck'sche Kommentare zum Arbeitsrecht, Allgemeines Gleichbehandlungsgesetz, München 2008

Westermann, Harm Peter/Grunewald, Barbara/Meier-Reimer, Georg (Hrsg.), Erman Bürgerliches Gesetzbuch Kommentar, 17. Auflage, Köln 2023 (zit.: Erman BGB/*Bearbeiter* [2023])

Wiebe, Andreas/Helmschrot, Céline/Kreutz, Oliver, Evaluierung der Regelungen zur Verhinderung des Abmahnmissbrauchs, durchgeführt im Auftrag des Bundesministeriums der Justiz, Stand: 31.07.2023, abrufbar unter: https://www.bmj.de/SharedDocs/Publikationen/DE/Fachpublikationen/2022_Schlussbericht_Abmahnmissbrauch.html

Wiedemann, Klaus, Zur Zulässigkeit personalisierter Preise: Datenschutz und Antidiskriminierungsrecht als Teil des modernen Wirtschaftsrechts, WRP 2024, S. 296–305

Wiese, Günther/Kreutz, Peter/Oetker, Hartmut (Hrsg.), Gemeinschaftskommentar Betriebsverfassungsgesetz, Band 1, 12. Auflage, 2022 (zit.: GK-BetrVG/*Bearbeiter* [2022])

Windel, Peter, Der Beweis diskriminierender Benachteiligungen, RdA 2007, S. 1–8

Wissenschaftliche Dienste des Deutschen Bundestags, Ausarbeitung, Fragen zu den Auswirkungen des Berliner Antidiskriminierungsgesetzes, WD 33000157/20, WD 63000061/20, 26.06.2020, abrufbar unter: https://www.bundestag.de/resource/blob/709104/6b0a802a188fab8d4cd2c8ff8da914aa/WD-3-157-20-pdf.pdf

Wolf, Manfred, Die Klagebefugnis der Verbände, Tübingen 1971

Woopen, Herbert, Kollektiver Rechtsschutz – Chancen der Umsetzung, JZ 2021, S. 601–611

Yeung, Karen, Algorithmic regulation: A critical interrogation, Regulation and Governance 2017, 12. Jg., H. 4, S. 505–523

Ziekow, Jan, Klagerechte von Naturschutzverbänden gegen Maßnahmen der Fachplanung, Verwaltungs-Archiv 2000, 91. Band, S. 483–506

Zimmer, Reingard, Fortentwicklung des EntgTranspG durch Umsetzung der Entgelttransparenzrichtlinie 2023/970/EU, ZESAR 2024, S. 3–9

Zoppel, Moritz, Europäische Diskriminierungsverbote und Privatrecht, Tübingen 2015

Zöller, Richard (Begr.), Zivilprozessordnung, 34. Auflage, Köln 2023 (zit.: Zöller/*Bearbeiter* [2023])

Ders. (Begr.), Zivilprozessordnung, 35. Auflage, Köln 2023 (zit.: Zöller/*Bearbeiter* [2023])

www.ingramcontent.com/pod-product-compliance
Ingram Content Group UK Ltd.
Pitfield, Milton Keynes, MK11 3LW, UK
UKHW021932290926
8980IPUK00016B/1589

9 783631 940402